Midas Dekkers

An allem nagt der Zahn der Zeit

Vom Reiz der Vergänglichkeit

Karl Blessing Verlag

Titel der Originalausgabe: De vergankelijkheid
Originalverlag: Uitgeverij Contact, Amsterdam/Antwerpen

Aus dem Niederländischen von Ute Hempen

Der Karl Blessing Verlag ist ein Unternehmen der
Verlagsgruppe Bertelsmann.

2. Auflage
Copyright © der deutschsprachigen Ausgabe by
Karl Blessing Verlag GmbH München 1999
Copyright © by Midas Dekkers 1997
Bildredaktion: Maarten Carbo
Umschlaggestaltung: Design Team München
Satz: Uhl + Massopust, Aalen
Druck und Bindung:
Graphischer Großbetrieb Pößneck
Printed in Germany
ISBN 3-89667-083-2

Inhalt

1
Die Lebensleiter

Wir wissen genau, was wir wollen. Wir wollen vorwärtskommen, weiter und weiter, aber auch höher, an die Spitze. Oben ist es nämlich besser, oben sitzt man am besten.

Oben ist der Himmel, unten die Hölle. Durch einen einzigen Fall werden aus Engeln Teufel. Aber auch auf Erden sollte man oben sein. Vögel fliegen hoch und scheißen nach unten. Indem man die Welt auf den Kopf stellt, bringt man sie am meisten durcheinander. Auch bei uns ist das so. Kopf und Herz gehören nach oben, dort wird gedacht und geliebt, unten im Körper nisten dunkle Lüste, und dampfende Reste werden abtransportiert. Während Kopf und Herz von der wahren Liebe träumen, will das Geschlecht eine Runde vögeln. Sinkt der Körper, erschöpft von seinem zerrissenen Dasein, endlich in die Erde, wo Engerlinge und Asseln ihn umringen, fährt die Seele als Taube gen Himmel. Dieses polare Weltbild erklärt den unbändigen Drang vieler Menschen, unter Gefahr für Leib und Leben einen Berg zu besteigen: nicht, weil es ihn gibt, sondern, weil er hoch ist. Gipfel sind da, um erreicht zu werden.

Menschen betrachten das Leben als Leiter, die schrittweise erklommen werden will, Stufe um Stufe, je höher, desto besser. Von daher sollte man erwarten, daß auf der Leiter nur Gerangel herrscht, daß Ellbogen zum Einsatz kommen, andere hinabgestoßen und Sprossen durchgesägt werden. In Wirklichkeit gehen die Karrieristen in Schule und Büro recht friedlich und kollegial miteinander um, und die Menschen, die sich unten befinden, sind nicht unzufriedener als die in der Mitte oder oben. Eine Karriere ist nicht per se ein Aufstieg, sie ist einfach eine *carraria via*, eine Fahrstraße, und die kann überallhin führen.

Um an die Spitze zu kommen, muß man eine Leiter erklimmen. Das heißt aber nicht, daß Leitern ausschließlich diesen Zweck haben. Gesellschaftliche Leitern dienen vor allem dazu, dort sitzen zu bleiben, wo man sitzt. Dank der Leiter kennt jeder seinen Platz, was bei Hühnern gut zu beobachten ist. Bei Hühnern gibt es eine Hackordnung. Das Oberhuhn ist daran zu erkennen, daß es das einzige ist, nach dem kein anderes hackt. Huhn Nummer 1 hackt auf Huhn 2, 3, 4 und so weiter ein. Ein Huhn in der Mitte der Hierarchie, sagen wir Nr. 50, wird von Nr. 1–49 gehackt und hackt selbst nach 51–100. Zumindest könnte es so sein. Wenn nun ein Huhn wirklich nach allen Hühnern unter sich hacken würde, hätte es keine Zeit mehr, Eier zu legen. Ein Oberhuhn, das tatsächlich auf alle Hühner im Hof einhackt, ist schnell zu müde, um die Spitze zu verteidigen. In der Praxis hackt Nr. 1 nur die zweite Ebene, und Nr. 35 braucht sich nur mit den nachfolgenden Dreißigern zu beschäftigen. Dank der Leiter hat man sich nur mit den Sprossen zu befassen, an die man herankommt; Leitern sind nun einmal dazu da, daß man kleine Schritte macht, keine großen. Dieses System gewährleistet die Ruhe in der Gruppe. Biologisch betrachtet, dient die Rangordnung nicht dem Aufstieg ehrgeiziger Individuen, sondern dem Wohl der ganzen Gruppe. Jeder sollte zufrieden sein und ist es auch, bis auf die allerletzte Sprosse. Das Angenehme an dem System ist nämlich, daß fast jeder, und hat er noch so viele Chefs über sich, selbst auch Chef über andere ist. Sogar, wenn man selbst nur Nr. 95 ist, hat man in Hinblick auf Nr. 96, 97, 98, 99 und 100 immerhin eine Position erlangt. Diese Position ist es wert, behauptet zu werden. Deshalb hört sich Herr Meyer unterwürfig die Standpauke seines Chefs an. Es ist nicht nötig, daß ein Herrscher teilt, um zu herrschen; die Beherrschten teilen sich schon selbst.

Eine biologische Rangordnung widersetzt sich zwar schnellen Karrieren, doch dürften ohne diese Hierarchie Karrieren unmöglich sein. Daß die meisten Menschen und Tiere ohne zu murren ihren Platz in der Hierarchie akzeptieren und den ehrgeizigsten unter ihnen dadurch die Karriere ermöglichen, hat tiefe biologische Wurzeln. Die Grundlage für moderne Managementteams, Gehaltsstufen und Aufstiegschancen bildet noch immer das Sozialverhalten unserer Vorfahren, der Affen. Wer schnell aufsteigen möchte, nimmt Zuflucht zur Rangordnung einer anderen Tierart. Wollen Sie heute noch Chef werden, dann legen Sie sich einen Hund zu. Nach seiner Rangordnung stehen Sie oben. Bei einer Katze wird Ihnen das nie gelingen. Katzen richten sich nicht so nach Hierarchien. Nicht etwa, weil sie zu dumm wären, sondern weil sie nicht sozial genug sind.

Katzen machen keine Karriere, Menschen meist schon. Das einzige, was ein Mensch tun muß, um vorwärtszukommen, ist, älter zu werden. Die Kenntnisse, die man für die erste Stelle benötigt, sammelt man in seiner Jugend. Nach der ersten Stelle kommt die zweite. Und dank der kumulativen

*Lebenstreppe,
ca. 1640.*

Wirkung der fortschreitenden Zeit erwirbt ein Mensch nach und nach Besitz: ein Haus, einen Garten, einen Mann oder eine Frau, eine Schäferin auf dem Kaminsims und einen Schäferhund in der Hütte. Kurz: Es geht ihm immer besser, die Spitze scheint stets näher zu rücken, auch wenn sie seltsamerweise so gut wie nie sichtbar wird. Wie es an der Spitze ist, erfahren nämlich nur wenige, per definitionem.

In unserer Welt geht es um den Sprung an die Spitze, im Fernsehen dreht sich alles darum, Bücher und Zeitschriften sind voll davon. Die Frauen auf den Titelseiten sind jung und strahlen, im *Sportstudio* rennen junge Götter durchs Bild, sie jagen nach Medaillen, brechen Rekorde, stellen alten Ruhm in den Schatten. In den Städten erheben sich neue Häuser, in ländlichen Gebieten neue Städte. Alte Autos sieht man bei uns nicht mehr, sie fahren nur auf Kuba, alte Häuser sind bis auf die Fundamente restauriert, alte Menschen hat man an die Stadtränder zwischen Müllverbrennungs- und Kläranlagen verbannt. In der sichtbaren Welt ist alles neu.

Daß alles neu ist, ist ebenfalls neu. Früher gab es mehr Altes. Vor hundertfünfzig Jahren waren die meisten europäischen Städte noch von ihren mittelalterlichen Wallanla-

9

gen umgeben. Vor den Toren einer holländischen Festungs-
stadt wie Weesp durfte bis zum Ende des Zweiten Weltkriegs
nichts aus Stein errichtet werden, damit das Schußfeld frei
blieb. Bis vor nicht allzu langer Zeit lebten junge Menschen
mit alten in einem Haus zusammen, Häuser standen neben
Ruinen. Alt und neu existierten nicht nur über-, sondern
auch nebeneinander. Jahrhundertelang lebte man nicht auf
einer Leiter, sondern auf einer Treppe.

In den zurückliegenden Jahrhunderten hing in den Wohnzimmern vieler einfacher Bürger eine Lebenstreppe. Gezeichnet, gedruckt, als Backmodel oder Stickerei erreichten die
Menschen auf dieser Treppe die Spitze nicht am Ende ihres
Lebens, sondern auf der Hälfte. Danach ging es nicht weiter
nach oben, sondern wieder hinab, wie bei der Freitreppe
eines Rathauses. Ist der Mensch noch frisch und kräftig,
wenn er die Lebenstreppe erklimmt, so ist er alt, wenn er hin-
unterstolpert und schließlich stirbt. Die Kunsthistorikerin
Korine Hazelzet berichtet, daß man meist dann eine Lebenstreppe geschenkt bekam, wenn man einen Meilenstein in seinem Leben erreicht hatte: zur Geburt, zur Hochzeit. Bis ins
achtzehnte Jahrhundert war dieser Brauch den Reichen vorbehalten, die die Lebenstreppe in Silber oder Kristall gravie-
ren ließen, später wurde das Thema dann durch Volksdrucke
populär, wie man sie bis vor kurzem noch auf Märkten in Italien und Griechenland erstehen konnte.

Die Menschen des Mittelalters betrachteten das Leben
noch nicht als Treppe oder als Leiter, sondern als Rad, so wie
wir es jetzt noch als Glücksrad aus dem Fernsehen kennen.
Anstelle eines alternden Quizmasters drehte im fünfzehnten
Jahrhundert die blinde Fortuna das Rad. Nicht, um die Hab-
gier der Menschen zu befriedigen, sondern um ebendiese an
den Pranger zu stellen. Das Volk kannte diese Vorstellung in
erster Linie aus dem damaligen Fernsehen, den Glasmale-
reien der Kirchenfenster, die während der Messe immer wieder den Blick anzogen. Viele Könige sieht man dort von
ihrem Thron purzeln: zur Belehrung und Unterhaltung.

Stellt man sich das Leben als Kreis vor, dann folgt auf den
Säugling das Kind, auf das Kind der Erwachsene, auf den Erwachsenen der Greis, aber auf den Greis wieder der Säugling.
Les extrêmes se touchent. Zwischen alten Menschen und Kindern besteht seit jeher eine besondere Beziehung. Enkel verstehen sich in der Regel genausogut mit Opa und Oma wie
umgekehrt. Was der eine noch nicht so gut kann, kann der
andere nicht mehr so gut. Krabbelt der eine, weil er noch
Knochen wie Gummi hat, geht der andere krumm, weil seine

Knochen schon morsch sind. Kind und Greis sind beide im wörtlichen und im übertragenen Sinn der Erde näher, animalischer. Manchmal tragen beide Windeln, sie sind Schicksalsgenossen, die in die Ferne starren. Für einen frommen Gläubigen bedeutete ein Leben, das einen Kreislauf beschrieb, Ketzerei. Die Essenz des christlichen Lebens besteht gerade darin, daß es auf der Erde ein Ende, eine Erfüllung, findet, während das ewige Leben woanders anfängt. Die Lebenstreppe diente als Zeichen an der Wand, das in jeder Phase vor den Verführungen warnte, die Satan zielgruppenorientiert für jeden in petto hatte. Im sechzehnten Jahrhundert waren die Stufen der Treppen von Schürzenjägern, Zechbrüdern und Geizhälsen bevölkert. So kam man gewiß nie in den Himmel, das sah man auf den ersten Blick.

Das Reizvolle an der Lebenstreppe ist ihre absolute Symmetrie. Jedes Stückchen, das man höher gekommen ist, muß man auch wieder hinunter; dem Abstieg kommt genausoviel Aufmerksamkeit zu wie dem Aufstieg. Um diesen Eindruck zu erhalten, war man sogar bereit, der Wahrheit Gewalt anzutun. Um der Symmetrie und der runden Zahlen willen wurde das Leben auf hundert Jahre veranschlagt, so daß der Höhepunkt bei fünfzig lag. Für die meisten damaligen Menschen waren hundert Jahre noch weniger erreichbar als für uns, jedoch nicht unmöglich. Die erschreckend niedrige Lebenserwartung ging vor allem auf die Kindersterblichkeit zurück. Stirbt man heutzutage im Alter, starb man früher vor allem in der Jugend. Knapp ein Meter Länge war das gängigste Sargmaß. Hatte man die Kinderkrankheiten überstanden, konnte man durchaus, wie der niederländische Dichter Joost van den Vondel, gut neunzig Jahre alt werden. Aber wie bringt man es an den Mann, daß fünfzig die Krone des Lebens ist? Dies vermitteln uns die Symbole, mit denen die verschiedenen Lebensstufen verziert sind. Ein fünfzigjähriger Mann wurde mit einem Fuchs abgebildet, der Löwe war für den Vierzigjährigen reserviert. Offenbar sollte die größere Schläue des alten Fuchses den ersten Verlust körperlicher Kraft wettmachen. Der Höhepunkt eines Männerlebens war die Stufe, auf der sich Aufstieg und Niedergang die Waage hielten.

10 Jahre ein Kind,
20 Jahre ein Jüngling,
30 Jahre ein Mann,
40 Jahre gut getan,
50 Jahre stillestehen,
60 Jahre niedergehen,

70 Jahre ein Greis,
80 Jahre nicht mehr so weis,
90 Jahre der Kinder Spott,
100 Jahre 's gnade Gott.

Bis in unsere Zeit kann man das folgende kleine Gedicht in Poesiealben und als Wandspruch finden:

10, das sind die Kinderjahre,
mit 20 geht es an das Sparen,
mit 30 beginnt das Eheleben,
mit 40 ist die Chance vergeben,
mit 50 kommen Zipperlein,
mit 60 setzt der Abstieg ein,
mit 70 führt dein Leben hinab,
mit 80 gehst du in dein Grab,
mit 90 kannst du auch noch leben,
100 seien von Gott gegeben.

Uns erscheint eine Einteilung in Zehnergruppen selbstverständlich, für einen Menschen des Mittelalters war das keineswegs so. Er faßte alles mögliche in Siebenergruppen zusammen: die sieben Todsünden, die sieben guten Taten, die Sieben Freien Künste, die sieben Tage der Woche und die sieben Brote der wundersamen Brotvermehrung von Jesus Christus. Die Schicksalsräder des fünfzehnten Jahrhunderts zählten sieben Lebensphasen, die oft schon das Zubehör aufwiesen, das später auf der zehnstufigen Treppe wieder erscheint: eine Wiege für das Baby, ein Steckenpferd für das Kind, ein Falke für den Heranwachsenden, eine Uniform für den Jüngling, Geld für den erwachsenen Mann, ein Stock für den Greis und ein Grab für den Sterbenden. Außer diesen Siebensachen gehörten zu den sieben Lebensphasen auch Himmelskörper, von denen es in der Antike ebenfalls sieben gab. Schon Ptolemäus lehrte, daß das Kind unter dem Einfluß des Mondes steht, der ebenfalls schnell seine Gestalt verändert. Bis zum vierzehnten Lebensjahr pflanzte einem Merkur die Saat des Wissens ein, woraufhin Venus dafür sorgte, daß man den Kopf verlor. Über Sonne, Mars und Jupiter gelangte man schließlich zu Saturn, der einen als Geizhals sterben ließ.

Wir erkennen in dieser Struktur keinerlei Logik, aber darum war es den Menschen früher nicht zu tun. Es ging ihnen nicht um einleuchtende Erklärungen, sie suchten Harmonie. Je mehr Harmonie sie fanden, desto übersichtlicher war für sie die Welt. Und zweifellos war die Welt harmonisch,

Rad des Lebens. Holzschnitt, ca. 1480.

schließlich hatte der Schöpfer nicht gepfuscht. Zusammen-
hänge waren deshalb nie zufällig. Konnte man das eine in
Siebenergruppen einteilen und das andere auch, dann mußte
das eine etwas mit dem anderen zu tun haben. Es war jedoch
auch möglich, Zwölfergruppen zu bilden (Tierkreis, Monate,
Apostel), oder aber Vierer.

Etwas in Gruppen von vier einzuteilen ist so übersichtlich,
daß wir es noch immer tun. Wir unterteilen den Horizont

noch immer in vier Himmelsrichtungen, den Tag in vier Teile und das Jahr in vier Jahreszeiten. Unser Leben übrigens auch. Nach dem Lenz des Lebens beginnt die Blüte, gefolgt vom Herbst und Winter des Daseins. Dies geschieht in Analogie zum Leben der Pflanzen, die oft in einem Jahr alle Stadien eines Menschenlebens durchlaufen, vom Samen zur Pflanze, zur Blüte, zum Tod. Die alten Griechen sind noch weiter gegangen. Für Pythagoras bestand die gesamte Materie aus vier Elementen (Wasser, Feuer, Luft, Erde) in vier Zuständen (heiß, kalt, naß, trocken), die laut der antiken Heilkunde von den vier Lebenssäften des Menschen repräsentiert wurden:

Die vier Körpersäfte der antiken Heilkunde: Blut, Schleim, gelbe und schwarze Galle.

Blut, Schleim, gelbe und schwarze Galle. Wenn sich diese vier im Gleichgewicht befanden, war der Mensch gesund. War das Gleichgewicht gestört, stellte der Arzt es durch einen Aderlaß wieder her. Natürlich spielte auch das Alter dabei eine Rolle. Kinder waren aufgrund ihrer Vollblütigkeit verspielt und nach Kummer schnell wieder fröhlich, später wurden sie durch ein Zuviel an gelber Galle bösartig und grollten jeweils lange. Daß Erwachsene faul, bequem und nachtragend waren, schrieb man ihrer Schwarzgalligkeit zu, und Alte wurden durch zuviel Schleim so dumpf, daß sie niemandem mehr vergaben. Einen Gegensatz zu diesem tristen Bild des Alters stellt die älteste Aufstellung der Lebensphasen in unserer Kultur dar, die vor 2600 Jahren entstand und Solon zugeschrieben wird. In der sechsten, siebten und achten seiner zehn siebenjährigen Lebensphasen ist ein Mensch seiner Meinung nach so vernünftig, daß er seine Zeit nicht mehr mit Geistlosigkeiten vertut und seine scharfsinnigen Erkenntnisse klar formulieren kann. Offenbar war früher wirklich alles besser, auch noch im hohen Alter.

Die Lebenstreppen sind aus unseren Wohnzimmern verschwunden, und damit ist uns die Hälfte unseres Lebens abhanden gekommen. Das Alter ist nicht mehr gut oder schlecht, es wird einfach ignoriert. Für alte Menschen ist kein Platz mehr. Sie kleiden sich wie junge Leute und reden ihnen nach dem Mund, sie lassen sich eine neue Hüfte einsetzen und gehen auf Kreuzfahrt. Von den zehn Stufen sind nur noch fünf übrig, die möglichst weit gestreckt werden, bis man urplötzlich von der höchsten herunterfällt. Selbst aus Biographien ist der Lebensabend zum großen Teil verschwunden. Ausführlich wird die Jugend berühmter Männer und Frauen erörtert, wie ein freudianisches Vorspiel zu einem großartigen, mitreißenden Leben. Was nach den Heldentaten geschah, wird genauso kurz abgehandelt, wie wir es aus Märchen kennen: Und sie lebten glücklich bis an ihr Ende.

14

Wo sind sie geblieben, die Mächtigen der Welt und die Sporthelden von früher? Gut, wir wissen, daß Churchill sich der Malerei zuwandte, daß Walesa sich wieder bei seiner alten Werft beworben hat und daß so manche Chansonette in einer zugigen Dachkammer dahinsiecht. Aber am liebsten ist es uns, wenn ein berühmtes Leben auf dem Höhepunkt sein Ende findet. Von wegen abtrainieren. John F. Kennedy, John Lennon und Prinzessin Diana kannten ihre Pflicht, was das betrifft. Für Diktatoren schickt es sich nicht, ins Rentenalter zu kommen. Adolf Hitler, Idi Amin, Napoleon und all die anderen Könige und Kaiser sind nicht bis zum Abstieg von der Lebenstreppe gekommen.

Genauso erging es ihren Imperien. Nichts währt so kurz wie ein tausendjähriges Reich. Früher konnte ein Weltreich noch langsam zerbröckeln und über die Jahrhunderte verkümmern. In unserer Zeit wird das eine Reich kurzerhand durch ein anderes ersetzt. Innerhalb von zehn Jahren wurden alle Erinnerungen an das tausendjährige Reich Adolf Hitlers ausgelöscht und vom christdemokratischen Wohlfahrtsstaat verdrängt. Der Kriegsgegner England herrschte damals noch über ein Imperium von mehr als 800 Millionen Menschen. Georg VI. war nicht nur Kaiser von Indien, sondern auch König von Australien, Kanada, Südafrika, Neuseeland und Neufundland. Heute besitzt die Queen nur noch einige abgelegene Felsspitzen und notleidende Inselgruppen, die von weniger als 170000 teetrinkenden Eingeborenen bewohnt werden. »Noch nie«, schrieb Simon Winchester bei der Übergabe Hongkongs, »nein, noch nie ist ein Weltreich so schnell und lautlos auseinandergefallen wie der britische Kolonialverband.« Die kommunistischen Regime waren noch nicht gestürzt, da wurden schon die Denkmäler von den Sockeln gestoßen, Hammer und Sichel aus arbeitslosen Händen gerissen und das gesamte Gedankengut verdächtig gemacht. Neue Ideologien lockten. Bessere Ideologien natürlich, denn neu ist besser, wenn es um Ideen geht. So abgenutzt, wie das NEU! in der Werbung ist, so lebendig ist es in unserem Weltbild. Aber das war nicht immer so.

Im sechzehnten Jahrhundert tummelten sich auf der Lebenstreppe noch lauter verwerfliche Gestalten, im siebzehnten Jahrhundert waren sie alle brav und gut geworden. Selbst der Hund, der die Verbitterung des alten Geizhalses geradezu verkörperte, hatte umgeschult. Jetzt bewachte er das Geld, das der rechtschaffene Alte mühsam zusammengespart hatte. Mittlerweile beurteilen wir gut und schlecht wieder ganz anders. Für uns ist der aufsteigende Teil gut, der absteigende

– soweit wir dem überhaupt ins Auge sehen mögen –
schlecht. Am liebsten würden wir unser ganzes Leben lang
jung bleiben, um dann, wenn der Tod wirklich unvermeidlich geworden ist, nahezu ohne Alter das Zeitliche zu segnen.
Mit dem Tod selbst haben wir kein solches Problem. Er ist in
den letzten Jahren so sehr Gesprächsthema geworden, daß
einem die Ohren klingen. Dabei geht es vor allem um die
Frage, wie man das Leben so schnell und schmerzlos wie
möglich – also ohne richtiges Altern – in den Tod übergehen
lassen kann. Zu diesem Zweck suchen Menschen selbst beim

Unmöglichen Zuflucht:
dem Selbstmord durch
jemand anderen, Eutha-
nasie. Vom Allianz-Le-
bensgefühl erfüllt, hof-
fen wir, nach dem
herzlichen Abschied
von unseren Hinterblie-
benen mit Hilfe einer
Euthanasiepille unter
der Zunge sanft in die
rosa ausgeschlagene Ki-
ste zu wandern. Wir
nehmen in Kauf, daß ei-
ne äußerst unangeneh-
me Pubertät zwischen

*Eine moderne
Lebensleiter.*

unsere Jugend und unser Erwachsenendasein eingeschoben
ist, aber das senile Stadium zwischen Erwachsenenleben und
Tod akzeptieren wir nicht.

Tiere haben weniger Probleme mit dem Alter. Katzen zum
Beispiel haben genau wie wir auch nur ein Leben, aber sie
haben es geschickter eingeteilt. Ihre Lebenstreppe ist von Natur aus ein breites Plateau mit einer kleinen Stufe links und
einer Greisenstufe rechts, die wieder nach unten führt. Wir
erkennen junge Katzen als jung – wie süß! – und alte Kater als
alt – rührend! –, aber in all den Jahren dazwischen kann ein
Laie nur schwer ausmachen, wie alt Mieze ist: zwei? sechs?
zehn? Mehr als vier Fünftel ihres Lebens ist eine Katze im
Vollbesitz ihrer Lebenskraft. Verglichen damit ist unser pro-
duktives Dasein kurz. Wenn man mit zwanzig aus der Schule
kommt und mit sechzig aufhört zu arbeiten, bleibt noch die
Hälfte übrig. Und von dieser Zeit verbringt man noch ein
Drittel schlafend. Eine Katze verschläft allerdings gut zwei
Drittel ihres Lebens.

Weil sie soviel döst, macht eine Katze nicht den erwachse-

16

nen Eindruck, den man von einem fast lebenslang erwachsenen Tier erwarten würde. Außerdem verhalten sich Katzen uns gegenüber bis ins hohe Alter wie Katzenjunge. Immer sind sie bereit, einen baumelnden Bindfaden oder einen Wollknäuel für eine Maus zu halten. Die Verspieltheit, die ein Kätzchen braucht, um jagen zu lernen, bleibt ihm das ganze Leben erhalten. Ganz anders ist es bei unseren eigenen Kindern. Die werden groß, und dann hat man nichts mehr von ihnen. Wenn man gern ein Kind möchte, hat man, bevor man sich's versieht, einen Erwachsenen am Hals. Mit einer Katze hat man immer ein Kind. Gerade weil ihre Lebenstreppe so anders ist als unsere, eignen sich Katzen so gut für das Zusammenleben mit dem Menschen.

Wildlebende Katzen brauchen noch weniger lang alt zu sein. Straßenkatzen werden durchschnittlich zwei Jahre alt, Wildkatzen, zum Beispiel Tiger, sind dem Tode geweiht, sobald sie nicht mehr mit ihrer Beute mithalten können oder ihren Sprung schlecht berechnen. Einige alte Tiger verlegen sich dann auf die einfachste Beute, den Menschen. Um richtig alte Tiger sehen zu können, muß man allerdings in den Zoo gehen.

Es heißt, man müsse das Alter einer Katze oder eines Hundes mit sieben multiplizieren, um es auf Menschenalter umzurechnen. Das ist nicht richtig. Durch die völlig andere Form ihrer Lebenstreppe altern Hunde oder Katzen im ersten Lebensjahr um mindestens vierzehn Menschenjahre. Bei anderen Tieren ist die Lebenstreppe noch stärker verzerrt. Vögel zum Beispiel scheinen überhaupt nicht älter zu werden. Solange sie nicht im Sterben liegen, ist kaum zu erkennen, wie alt sie sind. Daß der Zahn der Zeit dennoch an ihnen nagt, zeigt sich vor allem am Fortpflanzungserfolg. Mit zunehmendem Alter legen sie weniger Eier, und ein Ei hat geringere Chancen, zu einem neuen Vogel heranzuwachsen. Nach etwa fünf Jahren legt ein Kohlmeisenweibchen weniger Eier, und das Männchen kann in diesem Alter sein Revier nicht mehr so gut behaupten – also läßt ein Pärchen ab und zu einfach ein Jahr Brüten aus.

Während Kohlmeisen eine herrliche Jugend haben – das warme Nest, die nicht zu verachtenden Leckereien, mit denen Papa und Mama ihre Lieblinge verwöhnen –, können viele Enten und Hühner ihre Jugend kaum genießen. Bei ihnen ist harte Kinderarbeit an der Tagesordnung. Sind sie aus dem Ei geschlüpft, müssen die Küken selbst laufen oder schwimmen und für ihre Nahrung sorgen. Die kürzeste Jugend allerdings hat die Milbe *Adactylidium*. Sie wird als Waise geboren. Nachdem die Jungen im Körper der Mutter aus dem Ei gekrochen sind, fressen sie sich einen Weg nach draußen. Den Jungen bleibt auf diese Weise wenig Zeit zum Jungsein, und ihre Mutter braucht sich nicht vor dem Alter zu fürchten.

In freier Wildbahn ist eine Lebenstreppe oft drastisch verkürzt. Während Menschen heutzutage sterben, wenn sie alt sind, sterben Tiere in der Regel jung. Wie früher bei den Menschen, sinkt das durchschnittliche Lebensalter einer Tierart dadurch, daß die Jungen kurz nach der Geburt sterben. Je jünger sie sind, desto eher sterben sie. Überall lauern Gefahren. Kaulquappen und Guppys riskieren sogar, direkt nach der Geburt von der eigenen Mutter aufgefressen zu werden.

In freier Wildbahn ist die Lebenstreppe manchmal drastisch verkürzt.

Und Fernsehbilder von neugeborenen Suppenschildkröten auf dem Weg zum Meer sind geradezu ergreifend. Gerade dem Ei entschlüpft und noch erschöpft von dem Kampf mit der zähen Schale, sprinten die Kleinen, so schnell ihre kurzen Beine sie tragen, über einen Strand voller Suppenschildkrötenfresser. Für die Schlangen, Raubmöwen und Warane ist dieser umgekehrte D-Day ein jährlich wiederkehrendes Fest. Gierig schlagen sie ihre Zähne und Klauen in die noch weichen Panzer. Zappelnd verschwinden Babys in Schnäbeln und Mäulern, manch eines kriecht auf drei Beinen weiter, mehr als die Hälfte erreicht nie das Wasser und schon gar nicht die Suppe. Aber auch die Sieger in diesem einmaligen Wettlauf sind noch nicht in Sicherheit; im Meer überlebt kaum eine von zehn Schildkröten die erste Woche. Die Szene gleicht dem Jüngsten Gericht. Man muß schon ein sehr schlechter Kameramann sein, wenn man hieraus kein Epos erschafft.

Verglichen mit einer Eichel oder Kastanie haben es Schildkröten noch gut. Einerseits ist es natürlich ein Wunder, daß aus einer kleinen Frucht ein ganzer Baum wachsen kann, andererseits sind für jede Eiche in einem Wald Zehntausende von Eicheln umsonst produziert worden. Sie liegen auf dem Boden und verrotten – eine hinausgeworfene Investition. Wenn eine Fabrik so verschwenderisch zu Werke ginge und pro zehntausend Autos neuntausendneunhundertneunundneunzig wegwerfen würde, wäre sie schnell pleite. Ist ein Baum allerdings erst einmal groß geworden, hat er eine wesentlich längere Lebensdauer als ein Auto. Selbst verglichen mit einem Menschen hat eine Eiche fast das ewige Leben. Während ihres langen Daseins kann sie mehr Eicheln hervorbringen, als Mutter Natur verschwenden kann. Wirklich ewig lebt sie jedoch nicht. Mit der Zeit bilden sich immer weniger Eicheln, und die Qualität nimmt ab. Obstzüchter kennen dieses Phänomen von ihren Apfel- und Birnbäumen. Nach einigen Jahren geht der Ertrag stark zurück. Bei modernen Züchtungen werden die Bäume bereits nach wenigen Jahren, lange bevor sie richtige Bäume sind, durch neue ersetzt. So weit bringen es einjährige Pflanzen erst gar nicht. Sie halten sich zur großen Freude der Gartencenter nur eine einzige Saison. Sie keimen, wachsen, entwickeln einmal Samen und sterben. Fällt der Same nicht auf fruchtbaren Boden, muß man im nächsten Jahr wieder eine neue Pflanze kaufen. Eine ganze Pflanze mit Staubfäden und allem, was dazugehört, wird produziert und nach einmaligem Gebrauch weggeworfen – die Verschwendung von Natur nimmt kein Ende. Wir Menschen gehen sogar noch einen Schritt weiter. Wir züchten Pflanzen, die nur noch keimen und wachsen dürfen. Bevor sie Samen entwickeln, werden sie abgeschnitten. Für die Vase. Das einzige, was die Blumen dort noch machen können, ist sterben. Einige machen das sehr gut. Dafür werden sie auch bezahlt, die Schnittblumen, es ist ihr Beruf. Wir Menschen schauen uns das Sterben gerne an. Wir binden große Sträuße und verschenken sie, damit auch andere die terminale Phase genießen können. Viele Blumensträuße wandern ins Krankenhaus. Jedem Patienten tut es gut zu sehen, daß die Blumen noch eher sterben als er selbst.

Einjährige Pflanzen sind faul. Sie scheuen jegliche Anstrengung, den Winter oder eine Trockenzeit zu überstehen. Je mehr an einer Pflanze dran ist, desto mehr kann Schaden nehmen. Bäume lassen ihre Blätter fallen, bevor es Winter wird, Unkraut zieht sich in seine Wurzeln zurück. Einjährige Pflanzen sind noch rigoroser: Sie gehen ganz ein. Ihren Fortbestand überlassen sie den Samen. Die sind klein genug, um dem Winter durch die Maschen zu schlüpfen. Und es gibt viel mehr Samen, als jemals Pflanzen existieren werden. Auch etliche Insekten haben den Vorteil dieser Methode erkannt. Eine Reise in warme Länder ist ihnen zu weit, ein Winterschlaf im Komposthaufen zu gefährlich. Warum sollten sie auch überwintern? Ihr kleiner Körper ist doch nur für ein paar Wochen oder Monate gebaut. Vor dem Winter legen sie Eier, die Kälte und Trockenheit gut vertragen. Ein Weiterleben nach dem Eierlegen hat für ein so zierliches Tier wie einen Schmetterling keinen Sinn. Seidenspinner und Mondvögel können wegen fehlender Mundwerkzeuge nicht einmal mehr fressen. Aber das macht nichts, denn dafür sind Schmetterlinge nicht da. Das überlassen sie den Raupen.

Organismen, die sich in ihrem Leben nur einmal fortpflanzen, sind Einmalgebärende. Ganz im Gegensatz zum Menschen, der, wie Kaninchen, mehrfach gebärt. Es ist nicht nötig, daß man nur kurz lebt, um einmalgebärend zu sein. Unabhängig von seinem Alter zieht ein Lachs oder Aal nur einmal im Leben zu seinem Laichplatz, um nach dem Ablegen der Eier erschöpft zu sterben. Dies liegt nicht nur an der langen Reise durchs Meer und flußaufwärts, so anstrengend sie auch sein mag. Schon an der Mündung des Flusses ist ein Lachs nicht mehr er selbst. Den Männchen wachsen ein Haken am Maul und ein Buckel. Nachdem sie ihren Samen ausgestoßen haben, sind sie von Schimmel bedeckt, der sie aufzufressen beginnt, während im Innern ein Organ nach dem anderen streikt. Zweifellos sind hier Hormone mit im Spiel. Dasselbe Hormonsystem, das bewirkt, daß die Tiere sich fortpflanzen, verursacht ihren Tod. Sex und Tod sind enge Verbündete. Die Siebzehnjahrszikade lebt siebzehn Jahre keusch unter der Erde, bevor sie sich entpuppt, um in einer einzigen Nacht all den Sex nachzuholen, für den sie auf die Welt gekommen ist. Ein ganz schön langer Anlauf für einen kurzen Sprung, aber er trägt Früchte. Siebzehn ist schließlich eine Primzahl. Sie ist durch keine andere Zahl teilbar. Ein Raubtier, das es auf diese Zikaden abgesehen hat, müßte selbst mindestens einen siebzehnjährigen Zyklus haben, damit es von dieser intensiven Hochzeitsnacht profitieren kann. Tiere, die Sechzehnjahrszikaden fressen, haben alle zwei, vier, acht oder sechzehn Jahre deshalb zwar keine Sicherheit, aber immerhin eine Chance aufs Schlaraffenland. Deshalb gibt es keine Sechzehnjahrszikaden. Wer zu vorhersagbaren Zeitpunkten als Beute verfügbar wird, muß am Überlebenskampf häufiger und in größerer Zahl teilnehmen. Wie zum Beispiel die Eintagsfliegen, nach denen man die Uhr stellen und das Thermometer eichen kann. Wenn sie in gewohnter Regelmäßigkeit bei der richtigen Temperatur am richtigen Tag und zur richtigen Zeit zu riesigen Paarungsflügen aufsteigen und erschöpft wieder herabregnen, wimmelt es in Teichen und Seen von Fischen, die es sich gutgehen lassen. Manche Fische haben ihre eigene Paarungszeit hierauf abgestimmt. So kommt es, daß eine Eintagsfliege nicht einmal ihren einen Tag ganz erlebt. Ein ideales Symbol für Flüchtigkeit, sollte man meinen. Das stimmt aber keineswegs. Ungeachtet ihres Namens leben Eintagsfliegen nicht einen einzigen, sondern hundert oder tausend Tage. Nur verbringen sie neunundneunzig oder neunhundertneunundneunzig davon im Wasser. Genau wie bei der Siebzehnjahrszikade besteht ihre Lebenstreppe aus einer schmalen hohen Stufe mit einem sehr langen flachen Aufgang davor. Mitleid ist hier nicht angebracht. Ein Tier mit einem so langen Larvenstadium ist immerhin im Besitz des Schlüssels zum begehrtesten aller Geheimnisse. Eine Eintagsfliege hat die ewige Jugend. Bis hin zu dem einen Unglückstag.

Es ist günstig, ein Larvenstadium zu haben. Ein junges Tier hat im Leben andere Aufgaben als seine Eltern und sollte deshalb auch anders konstruiert sein. Junge Tiere müssen in erster Linie wachsen, alte Tiere müssen in erster Linie junge Tiere machen. Eine Raupe ist nichts anderes als eine Freßmaschine, die hauptsächlich aus Kiefern und Darm besteht. Sie nagt ganze Wälder kahl. Flügel braucht sie dazu nicht, ein Penis oder eine Vagina wären nur im Weg. Schmetterlinge dagegen sind Geschlechtsorgane mit Flügeln. Elegant und leichtfüßig verbreiten sie die Art. Zum Antrieb ihrer Flug- und Fortpflanzungsmaschine nutzen sie die Vorräte aus ihrem vorigen Dasein als Raupe, oder sie schlecken hier und da affektiert etwas Nektar. Bei Seepocken sind die Rollen genau umgekehrt verteilt. Weil sie als erwachsene Tiere in einer kleinen Burg aus Kalk am Fels festsitzen, benutzen sie ihre Larven zur Verbreitung. Diese lassen sich mit den Meeresströmungen treiben, bis sie weit weg von zu Hause einen geeigneten Platz gefunden haben, an dem sie sich niederlassen. Für die Fortpflanzung verfügen sie über einen Penis, der um ein Vielfaches länger ist als ihr Körper. So können sie trotz ihrer Immobilität immer bei einer Nachbarin eindringen. Zur Sicherheit sind Seepocken übrigens Männchen und Weibchen zugleich.

Die bekannteste Tierart mit einem Larvenstadium ist der Mensch. Obwohl man einer jungen Mutter keine Freude macht, wenn man ihr Baby eine Larve nennt, weist ein neugeborener kleiner Mensch doch sämtliche Larvenmerkmale auf. Babys können fast nichts. Sie müssen mit einem Löffel gefüttert werden. Sie können nicht laufen, nicht stehen, nicht einmal sitzen. Der Kopf wackelt ein bißchen, aber ansonsten ähnelt ein Baby am ehesten einem Patienten mit Querschnittlähmung. Die Muskeln weiter unten funktionieren ausgesprochen willkürlich, vor allem die des Anus. Die krummen Beine deuten auf Rachitis, und mit dem Sprechen hapert es gewaltig. Rehabilitationsmaßnahmen sind nicht angezeigt, in welchen Zustand wollte man die Ärmsten auch rehabilitieren? Babys müssen in Kinderwagen herumgeschoben werden. Mißglückter kann ein Mensch nicht sein. Eine objektive Mutter wird ihren Pfusch tief in der Wiege verstecken, den Besuch am Wochenbett telefonisch abbestellen und dem Geburtshelfer einen Prozeß an den Hals hängen. Aber Mütter sind nicht objektiv. Freudig verkünden sie das Ereignis, und die Besucher lassen sich nichts anmerken. Ob es ein Junge oder ein Mädchen ist, fragen sie, um abzulenken. Dumme Frage. Was da liegt, ist keines von beiden. Von all dem, was einen Jungen von einem Mädchen unterscheidet – Cowboy spielen, Schwestern verhauen, ausprobieren, wer am weitesten pinkeln kann –, hat das Würmchen nicht die geringste Ahnung. Mit Ausnahme eines einzigen Details, nämlich der Art und Weise, wie die Windeln naß werden, besteht zwischen Männchen und Weibchen in diesem Stadium noch kein Unterschied. Was der Besuch eigentlich wissen will, ist, was aus dem Wurm später werden soll, nicht, was es jetzt ist. Die Zukunft eines Babys ist das einzig Interessante an ihm.

Wer zum ersten Mal ein neugeborenes Baby betrachtet, beginnt ernsthaft am *survival of the fittest* zu zweifeln. Wenn diese zahnlose Made, dieser sabbernde Kokon, dieser bleiche Engerling zu den *fittest* gehört, wozu haben dann all die anderen Tiere Zähne und Klauen und Gift und Stacheln? Und wenn das Neugeborene nicht zu den *fittest* gehört, warum *survivet* es dann? Aus einem einzigen Grund: Weil es, so nackt und bleich, wie es ist, alles kann, was ein Baby können muß. Ein Baby kann genausowenig selbst für seine Milch sorgen wie eine Katze für ihr Kitekat, aber das macht nichts, solange es uns dazu bringt, ihm das Essen zu servieren. Ein Baby versteht es besser, die Aufmerksamkeit seiner Mutter auf sich zu lenken als sein Vater die eines Obers im Restaurant. Reagiert sie unerwarteterweise nicht auf seinen herzerweichenden Augenaufschlag oder seine ausgestreckten Patschhändchen, dann fängt es einfach an, ganz fürchterlich laut zu brüllen. Jetzt rächt sich, daß der Mensch ursprünglich ein Bewohner weiter Ebenen war. Für eine Dreizimmerwohnung ist das Geschrei doch etwas laut. Aber es funktioniert. Schon kommen Papa und Mama herbeigeeilt, um das Würmchen vollzustopfen. Denn ums Essen geht es auch bei der Larve des Menschen, die infolgedessen ordentlich wächst. Händchen werden Hände, Beinchen Beine, Muskeln begreifen, was sie zu tun haben. Aus der Larve wird allmählich wahrhaftig ein Mensch. Ist das nun gut für das Baby? Natürlich nicht. Vom Wachsen wird man ein besserer Mensch, aber ein schlechteres Baby. Als Kleinkind hat ein Mensch schon viel von dem verlernt, was er als Baby konnte. Geboren werden, nur von Milch leben, atmen und trinken gleichzeitig – das kann er nicht mehr. Bald ist es mit dem faulen Leben vorbei. Schulkinder können ihre Mutter lange nicht mehr so gut manipulieren wie Babys. Neidisch betrachten sie das Nachgeborene in der Wiege. Was finden seine Eltern nur an diesem Balg?

Der Übergang vom Baby zum Kleinkind und vom Kleinkind zum Schulkind verläuft fließend, aber damit aus einem Schulkind ein Erwachsener wird, muß es wie jede Larve eine dramatische Metamorphose durchmachen: die Pubertät. Die Pickel explodieren, und es stolpert ständig über die eigenen Füße – so wird aus einem neugierigen Äffchen ein sexbesessener Mensch. Kinderbücher werden durch Liebesromane, Pornos oder Krimis ersetzt, bei der ersten Liebe bekommt der Nutellakönig plötzlich keinen Bissen mehr hinunter, still in einer Ecke zu sitzen ist nicht mehr drin; die Larve verpuppt sich und ist anschließend nicht mehr zu bremsen: Sie stürmt die Disco und per Tramperticket die weite Welt. Der neue Erwachsene geht hin und vermehrt sich. Dafür sind Erwachsene da. Aber erst muß das Kind aus dem Weg geschafft werden. Mit einem kindlichen Wesen kommt man bei einem romantischen Dinner zu zweit nicht weit. Wo haben Sie das Kind, das Sie einmal waren, gelassen? Wo sind sie geblieben: das schmächtige Schulkind, der verlegene Junge, das Mädchen mit den Zöpfen? Sie sind, wie so viele Menschen in Ihren Fotoalben, tot. Tot, aber nicht begra-

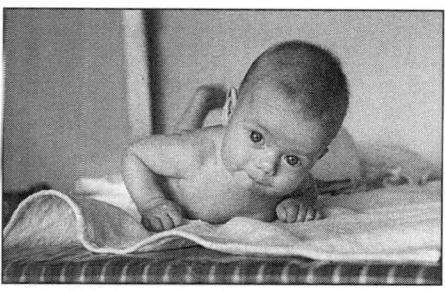

ben. Aufgefressen. So wie ein Schmetterling nur geboren werden kann, wenn er die Raupe, die er einst war, auffrißt, haben Sie das Gewebe Ihres Kinderkörpers Zelle für Zelle ab- und als erwachsenes Gewebe wieder aufgebaut. Der größte Feind eines Kindes ist der Erwachsene, der aus ihm hervorgeht. Die Pubertät ist nichts anderes als ein Krieg zwischen diesen beiden. In der Pubertät kommt man in seinem eigenen Feuer um. Auf diese Weise übt man schon für den zweiten Tod ein halbes Jahrhundert später. Der Tod ist nichts anderes als eine verspätete Hinrichtung wegen Kindesmord.

Jede Tierart hat ihre eigene Lebenstreppe. Über sie muß man Stufe um Stufe hinweg, ohne eine davon auszulassen, niemals ein Stück zurück, allenfalls kann man auf halbem Wege herunterfallen. Nur die Geschwindigkeit variiert. Die

Das einzige Interessante an einem Baby ist seine Zukunft.

Ein Kind mit der seltenen Krankheit Progeria.

einen hüpfen über die Stufen wie ein Kind über die Treppen an den Amsterdamer Grachten, die anderen kriechen wie Schildkröten durchs Leben. Krankheit wirkt beschleunigend. Ein extremer Fall ist Progeria. Kinder mit dieser eigenartigen Erkrankung verwandeln sich zusehends in alte Männer. Sie schrumpeln mit hohem Tempo weg; werden runzlig und zahnlos, bekommen Prostata- und Herzbeschwerden und sterben als Teenager. Ein Heilmittel gibt es nicht. Gäbe es ein solches, hätten wir eine Waffe gegen jegliches Altern. Fürs erste muß jeder Progeriapatient mit der Sicherheit leben, daß er die Zwanzig ebensowenig erreicht wie Sie und ich die Hundert – und mit der Frage, ob das wirklich fünfmal so schlimm ist. Auf die Handvoll Progeriafälle hat sich eine

Handvoll Forscher gestürzt, die meisten aber interessieren sich für die Frage, wie man den Gang durchs Leben verlangsamen kann. Verglichen mit anderen Tieren geht es bei uns schon recht langsam. Das hängt mit unserem großen Gehirn zusammen, das zum Wachsen Zeit benötigt. Das kann es nur, wenn wir lange jung bleiben. Wenn man einen erwachsenen Menschen nicht mit einem erwachsenen, sondern mit einem neugeborenen Schimpansen vergleicht, fragt man sich, warum die Evolutionstheorie nicht viel früher entdeckt worden ist. Vieles von dem, was die anderen Affen von uns unterscheidet – große Augenbrauen, hervorspringender Kiefer, übermäßige Behaarung –, ist bei einem Schimpansenbaby noch nicht vorhanden. Der Mensch ist ein Affe, der viele seiner Jugendmerkmale bis ins hohe Alter bewahrt. Darum bleiben wir unser ganzes Leben nackt, und darum wächst unser Gehirn so lange. Wir kommen als kleiner Embryo auf die Welt und treten als großes Baby wieder ab. »Das *missing link* zwischen Affe und Mensch«, sagte Konrad Lorenz, »sind wir selbst.« Dank seiner langen Jugend wird der Mensch spät geschlechtsreif. Wenn er sich dann auch noch lange um seine eigenen langsamen Larven kümmern muß, dann muß er alt werden, damit die Art erhalten bleibt.

Die klassische Lebenstreppe mit ihren symmetrisch angeordneten gleichmäßigen Stufen weckt bei uns die Vorstellung, daß wir gleichmäßig und in konstantem Tempo älter werden. So ist es aber nicht. Wenn das erste graue Haar erscheint und wir allmählich den Verfall ahnen, liegt das Schlimmste schon hinter uns. Ein neugeborenes Baby ähnelt mit seinem kahlen Kopf und seinem zahnlosen Mund nicht nur einem alten Mann, es ist in gewisser Weise auch einer. Es altert schneller, als dies jemals später der Fall sein wird. In seinem jungen Körper wird nicht nur fieberhaft aufgebaut, es wird auch fieberhaft abgebaut. Ein Baby ist eine Art Rotterdam, wo die Gebäude schon wieder abgerissen werden, nachdem sie gerade übergeben worden sind, damit an ihrer Stelle noch neuere, auch wieder schnell abzureißende Gebäude errichtet werden können. In einem erwachsenen Körper wird viel langsamer abgerissen und aufgebaut, eher so wie im Zentrum von Amsterdam. Doch Gewebe sind nicht aus Stein. Ihre Erneuerungsfähigkeit nimmt ständig ab. Bei alten Menschen ist der Schwung dahin, und sie sterben. Aber das ist nicht ihre Schuld. Nicht der alte, sondern der junge Körper hat die Vitalität aufgebraucht. In einem Babymonat nimmt die Fähigkeit, verbrauchte Zellen durch neue zu ersetzen, schneller ab als in einem ganzen Greisenjahr. »Unser Eindruck, daß der Mensch nach einer Periode der Entwicklung eine Periode des Verfalls durchläuft, ist irreführend«, schrieb Charles Minot bereits 1908. »In Wirklichkeit nämlich beginnen wir mit einer Periode äußerst schnellen Verfalls und beenden das Leben dann mit einem sehr langsamen und geringfügigen Verfall.« Ein alter Mensch schlurft Schritt für Schritt dem Tod entgegen, ein Baby rennt in Richtung Grab. Bei einem alten Menschen geht nun einmal alles langsamer, sogar das Sterben.

Am Ende seiner Lebenstreppe hört der Mensch Gepolter hinter sich. Zum soundsovielten Mal ist eine neue Generation dabei, die Treppe zu besteigen. Mit frischem Mut. Was wissen sie denn schon. Aber irgendwann wird das Gepolter verstummen. Irgendwann ist es vorbei. Dann werden die Alten nicht mehr durch Junge ersetzt, dann ist die Menschheit ausgestorben. Eine große Erleichterung für die Tier- und Pflanzenwelt, wie mir scheint, aber uns behagt diese Vorstellung nicht. »Aussterben ist eine ziemlich heftige Art zu sterben«, seufzte der niederländische Schriftsteller Koos van Zomeren. Dennoch habe auch ich selbst schon ein wenig damit angefangen. Ich habe keine Kinder. Zum ersten Mal seit Adam und Eva hat jemand in meiner Ahnenreihe verzichtet. Ich bin zwar alt genug geworden, Kinder zu bekommen, aber ich wollte keine. Ich bin für das auserwählte Volk unwürdig. Zum auserwählten Volk gehört jeder, der lebt. Wir alle sind außergewöhnlich privilegiert. Stellen Sie sich vor, Sie wären eine Fehlgeburt gewesen. Dann würde es Sie natürlich nicht geben. Aber das gilt auch für den Fall, daß Ihre Mutter eine Fehlgeburt gewesen wäre. Wäre Ihre Urururgroßmutter gestorben, bevor sie Ihre Ururgroßmutter geboren hätte, hätte es all die Mütter zwischen ihr und Ihnen nicht gegeben. Immer wieder ist es den Müttern unter Ihren Vorfahren gelungen, ausgerechnet in der Eizelle zu sitzen, die von der einen der Millionen und Abermillionen Samenzellen befruchtet wurde. Die Chance, daß Sie existieren, ist gleich Null. Und dennoch gibt es Sie. Und mich. Ich bin das Ergebnis einer Abfolge von Wundern, und nun nehme ich mir heraus, die Reihe nicht mit einem weiteren kleinen Wunder fortzusetzen. Ich kappe eine Linie von Hunderttausenden von Jahren. Und wenn das jemals für alle gilt, ist die Menschheit am Ende – sie hat sich totgelebt, ist ausgestorben.

Ist das schlimm? Warum sollte eine Tierart, wenn sie ihren Dienst treu erfüllt hat, nicht vom Erdboden verschwinden dürfen? Das weiß niemand. Jegliches Argument gegen das Ausrotten von Tierarten ist leicht zu entkräften. Selbst die

Schönheit des Lebens und die Ehrfurcht davor bringen nicht genügend Gewicht in die Waagschale, um die Existenz von World Wildlife Fund, BUND und Greenpeace zu rechtfertigen. Das Schönheitsargument – »Wir wollen doch auch nicht, daß Rembrandts Nachtwache verlorengeht?« – überzeugt nicht, weil es viel mehr Tierarten als Nachtwachen gibt, und jeweils sehr viel mehr Exemplare. Selbst wenn hunderttausend Tierarten ausgerottet würden, bliebe genug übrig, an dem wir uns erfreuen können – mehr, als wir in unserem ganzen Leben schaffen könnten. Der Satz »Habt Ehrfurcht vor allem, was lebt« läßt sich mit einem willkürlich gewählten Beispiel in Frage stellen: dem Bandwurm oder aber dem Aidsvirus. Warum werden wir dann so fuchsteufelswild, wenn wieder eine Art über die Klinge gesprungen ist? Warum *saven* wir den *whale*, warum opfern wir eifriger dem gipsernen Pandabären als jemals dem Goldenen Kalb? Nicht weil wir um all die verschwundenen Tiere trauern – vermissen Sie etwa die Dronte? –, sondern aus Wut über unsere Mitmenschen, die deren Verschwinden auf dem Gewissen haben. Nicht das kaputte Spielzeug oder die verlorengegangene Briefmarke bringt uns in Rage, sondern das unartige Kind, das den betreffenden Gegenstand zerstört oder verbummelt hat.

Vermissen Sie die Dronte?

Eigentlich kommt Aussterben einem Tier zugute. Seine Bekanntheit steigt enorm. Wer hätte denn je etwas vom Quagga oder dem Beutelwolf gehört, wenn sie nicht ausgestorben wären? Aussterben erhöht den Status. Der Panda ist auf dem richtigen Weg. Was uns wurmt, ist allein die Vermeidbarkeit, die Möglichkeit, daß wir bald »hätte ich damals nur« sagen müssen. Genau dies ist die schwache Stelle, an der der Naturschutz ansetzt. Deshalb werden Naturschützer nicht so schnell aussterben. Alles andere, was uns wichtig ist, geht wahrscheinlich eher den Weg alles Irdischen. Aussterben ist unvermeidlich. Vergänglichkeit hat mit Windmühlen durchaus etwas gemein.

Am meisten beeindruckt uns das Aussterben der Dinosaurier. Daß diese in jeder Hinsicht große Gruppe von Tieren nach 100 Millionen Jahren von der Erde verschwinden konnte! Die Trauer über den Verlust wird jedoch ausgiebig durch romantische Betrachtungen von Lost Valleys und Jurassic Parks kompensiert, wo es noch Dinosaurier geben soll. Es wäre doch phantastisch, wenn es noch einige Exemplare gäbe – wenn auch nur von ein paar Arten –, damit wir sie lebend und in Aktion sehen könnten! Diese Möglichkeit haben wir, allerdings nicht bei Dinosauriern, sondern bei Elefanten. Was wir Elefanten nennen, sind die spärlichen Reste einer einst viel größeren Gattung, die die Erde mit Hunderten von Arten bevölkerte. Wenn bald der letzte Elefant stirbt, geht nicht nur eine Art, sondern ein ganzes Konzept, ein ganzer Bauplan verloren. Der letzte Elefant auf der letzten Stufe seiner Lebenstreppe repräsentiert den letzten Vertreter der Rüsseltiere, einen Punkt hinter 50 Millionen Jahren Evolution. In aller Regel landen auf der letzten Stufe die Spezialisten. Sie haben sich so sehr auf eine bestimmte Strategie verlegt, daß sie von der Bühne abtreten, wenn die Umstände sich nur ein klein wenig ändern. Bei Elefanten besteht diese Strategie im Großsein. Das hilft gegen jeden Feind mit Ausnahme des Menschen. Lange kann das nicht mehr gutgehen. Das Ende ist in Sicht. Beeilen Sie sich, sehen Sie sich's an.

Es hätte auch passieren können, daß wir Elefanten nur aufgrund von Fossilien gekannt hätten. Dann würden wir jetzt spekulieren, wie sie wohl ausgesehen hätten, wenn sie sich weiterentwickelt hätten. So machen wir es jedenfalls bei den Dinosauriern. Wie hätten sie ausgesehen, wenn sie noch 75 Millionen Jahre länger gelebt hätten? Vor unserem geistigen Auge erscheinen neuzeitliche Drachen, Science-fiction-Monster, vielleicht sogar riesige Haustiere für Lastentransporte. Die Wirklichkeit übertrifft auch diese Vorstellung. Moderne Dinosaurier fliegen. 50 Millionen von ihnen durchkreuzen den niederländischen Luftraum. Vögel sind nichts anderes als kleine fliegende Dinosaurier. Wenn Sie es nicht glauben, dann achten Sie doch einmal auf die geschuppten Füße und den Reptilienhals von Geiern. Hätte man das vor 100 Millionen Jahren vorhersagen können? Nein. Die Dinosaurier hätten sich auch dem Wasser zuwenden oder unter der Erde leben können. Sie hätten goldfarben werden können oder knalllila mit Pünktchen. Evolution ist nicht vorhersagbar. Evolutionslehre, das ist Geschwätz im nachhinein, Geschichte. Daß es ist, wie es ist, ist Zufall.

Die Zukunft unserer eigenen Art ist so unsicher wie die der Elefanten. Wir wissen nicht, auf welcher Stufe der Entwicklung wir stehen. Einerseits sind wir als Art noch jung – ein paar hunderttausend Jahre sind wenig in einer Welt, in der die meisten Arten mehrere Millionen Jahre ausharren –, andererseits sind wir so spezialisiert wie Elefanten. Wir setzen alles auf ein einziges Organ: das Gehirn. Bis jetzt sind wir damit gut über die Runden gekommen, aber einer neuen, überraschend auftretenden Epidemie sind wir nicht gewachsen. Wie jeder Superspezialist stehen wir mit einem Bein im Grab. Und wie lange wir uns noch halten werden, kann nur die Zeit erweisen. Es ist zwar schwierig, die Zukunft unserer Art vorherzusagen, nicht aber die einer Generation. Auf einem Bierdeckel läßt sich ausrechnen, wie sich die Bevölkerung von beispielsweise den Niederlanden in zehn oder fünfundzwanzig Jahren zusammensetzen wird, falls es nicht zu extremen Veränderungen kommt. Deshalb ist es geradezu peinlich, daß über die Vergreisung gesprochen wird, als wäre sie ein Problem. Schon in den fünfziger Jahren hätte jeder die heutige Greisenwelle auf uns zurollen sehen können. Auf eine Geburtenwelle folgt irgendwann eine Greisenwelle, so einfach ist das. Seit einem halben Jahrhundert hätte man Maßnahmen ergreifen können. Daß dies nicht geschehen ist, liegt nicht etwa an Kurzsichtigkeit, sondern daran, daß in die falsche Richtung geschaut wurde. Wir wollen die letzte Phase einer ganzen Generation nicht sehen. Unsere Kinder lernen in der Schule alles über Geburt und Wachstum, nicht aber über Tod und Verfall. In ihren Biologiebüchern sind Menschen in der Blüte ihres Lebens abgebildet, genauso wie man in Büchern über Rassehunde auch nie alte Hunde sieht. In einer vergreisten Welt bekommen sie Zeitschriften und Fernsehsendungen voller blonder und brünetter Girls aufgetischt. Mit dem Niedergang wollen wir nichts zu tun haben. Wir wollen Sieger, keine Verlierer. Wir wollen vorwärtskommen.

Es kann kein Zufall sein, daß die Lebenstreppe im neunzehnten Jahrhundert von den Wänden verschwand. In diesem Jahrhundert gab der Fortschritt den Ton an. Die ganze Welt fieberte vor Erwartung. Überall wurde alles nur besser. Aus Pferden wurden Lokomotiven, aus Heiden Christen, Türme wurden höher und die Welt größer. Wenn schon nicht die Bäume in den Himmel wuchsen, dann wenigstens die Fabrikschlote. Tierschutz und Esperanto wurden erfunden und als Tüpfelchen auf dem i der Evolutionslehre. Zum Ärger von Charles Darwin wurde Evolution allgemein als Fortschritt betrachtet. Aus Algen und Würmern waren Fische und Vögel entstanden und schließlich der Affe, der Mensch und der Europäer. Wer weiß, was uns noch alles erwartet. Mit Hilfe der Eugenik ließe sich vielleicht sogar der Europäer noch ver-

Der Übermensch.

bessern. Wenn man aus nutzlosen Auerochsen einwandfreies Zuchtvieh und aus reißenden Wölfen brave Hunde züchten kann, ist auch der Mensch verbesserungsfähig. Viel später erst, als Adolf Hitler die Geburt des neuen Menschen voranzutreiben versuchte, indem er einige alte Völker hinmorden ließ, erwies sich der *Übermensch* als noch reißendere Kreatur als die unverbesserte Version. Kurze Zeit danach zeigte sich, daß die Welt nicht allzuviel Fortschritt verträgt, man denke nur an die Umwelt. Schon wurde leise über Rückschritt gemunkelt. Von der Krone der Schöpfung wurde der Mensch zum einzigen Tier, das sein eigenes Nest beschmutzt und seine Artgenossen über die Klinge springen läßt. Mangels natürlicher Selektion war der Mensch schwach und krank geworden. Alte Menschen ergriffen mit beiden Händen die Gelegenheit, um noch einmal zu betonen, daß früher alles besser war. Ist der Mensch tatsächlich im Niedergang begriffen? Herrschen im Westen Zustände wie in Sodom und Gomorrha? Gehen wir an Dekadenz zugrunde? Schaufeln wir uns unser eigenes Grab?

Nicht doch. Wir sind wahrscheinlich noch genauso gut und genauso schlecht wie zur Zeit der Römer und der Cromagnon-Menschen. Die meisten Menschen verändern sich mehr durch einen halben Liter Genever als durch fünfzigtausend Jahre Evolution. Genau das ist nämlich das Kennzeichen der Evolution: Sie hat kein Ziel, sie will nichts, es ist ihr gleichgültig, ob es vorwärts geht. Ein Mensch ist um kein Haar besser als ein Wal, ein Wal nicht besser als eine Laus auf unserem Kopf. Millionen Jahre Evolution haben die Welt kei-

30

nen Deut besser oder schlechter gemacht. Es ist eine schwer verdauliche Vorstellung, aber das Leben hat, biologisch betrachtet, kein Ziel. Unsere Kultur dagegen ist durchtränkt von Zielen, Strategien, Herausforderungen. Wir möchten ja so gerne vorwärtskommen. Aber es gibt keinen Fortschritt. Es gibt nicht einmal Rückschritt. Es gibt nur Schreiten.

Damit müssen wir uns abfinden.

2
Die romantische Ruine

Es heißt, es gebe irgendwo einen Ort, wohin sich alte und gebrechliche Elefanten zurückzögen, um in Ruhe zu sterben. Noch einmal erklingt tief im Wald das Trompeten, ein letztes Zittern durchläuft den Körper, und mit einem dumpfen Schlag fällt das Tier zu Boden. Aber niemand hat etwas gehört. Geier jedoch sehen es, und Hyänen riechen es. Schicht für Schicht tragen sie den Kadaver ab, bis das Skelett wie ein überdimensionaler Kamm mit weißen Zähnen das Ruinenfeld aus älteren Knochen und Gerippen überragt.

Einen Elefantenfriedhof dieser Art gibt es leider nicht. Als ich aber vor kurzem in Südamerika war, stieß ich unerwartet auf etwas, das man nur als Lokomotivenfriedhof bezeichnen kann. Die Kadaver von etwa einem Dutzend Dampflokomotiven – die genaue Zahl war aufgrund des jeweiligen Auflösungszustands nicht auszumachen – rosteten dort vor sich hin. Tropische Lianen hielten die Achsen im Würgegriff, aus einem Schornstein wuchs ein junger Baum, ein Tender schien Blumen statt Kohlen zu transportieren. Das Ganze war üppig mit losen Rädern und Bolzen dekoriert. Ölspuren erinnerten an Blut. Die Dimensionen verliehen der Szene etwas Dramatisches. Das Ende eines Riesen hat immer eine besondere Tragik. Das gilt für tote Elefanten ebenso wie für gestrandete Wale, für King Kong und sogar für Dinge, die von Menschenhand geschaffen wurden. So viel stirbt plötzlich.

Die Atmosphäre war beklemmend und befreiend zugleich. Es war nicht nur schön, daß den Lokomotiven das Los erspart geblieben ist, in Hochöfen zu Rechen und Spaten für irgendwelche Kleingärtner umgeschmolzen zu werden, sondern auch, daß sie in aller Stille verrotten durften. Verstehen Sie mich richtig: Ich bin durchaus der Ansicht, daß Straßenbahnen und Züge restauriert werden sollten, aber noch besser finde ich, daß es irgendwo auf unserem überorganisierten Planeten einen Ort gibt – wo, das verrate ich nicht –, an dem sie tatsächlich eine Ruhestätte haben. Das hat etwas mit Würde zu tun. Auf einem Lokomotivenfriedhof braucht eine Lokomotive nicht zu verkümmern, hier kann sie sterben. Gott hab sie selig. In alle Ewigkeit.

*Der Lokomoti-
venfriedhof.*

Doch damit braucht man in den Niederlanden niemandem zu kommen. Nichts darf hier jemals irgendwo in Ruhe
ein Ende finden. Alte Lokomotiven werden noch warm von
ihrer letzten planmäßigen Fahrt abtransportiert. Bolzen und
Muttern werden eingesammelt, als handle es sich um Be-
weisstücke in einem Mordfall, und werden für eines der
Prunkstücke im Mausoleum Eisenbahnmuseum aufpoliert.
Dort stehen sie herum, irgendwie unwirklich, sehen zu neu
aus, um alt zu sein, und zu alt, um neu zu sein, sterilisiert,
kontaktgestört. Irgendwo unter all den Lackschichten muß
die eigentliche Lokomotive sein, aber man bekommt sie
nicht zu Gesicht. Wie soll sie jemals einem Menschen etwas
in Erinnerung rufen können? Es fällt mir leicht, in einem bo-
livianischen Wrack den Lokführer zu sehen, im Heizkessel
das Feuer fauchen zu hören, den Schweiß der Heizer zu riechen, aber es fällt mir schwer, in dem Eisenbahnmuseumszug
etwas anderes zu sehen als die Männer, die ihn restauriert
haben. Die Verbindung mit der Vergangenheit ist wegge-
wischt.

Das Bestreben, etwas im alten Glanz erstehen zu lassen, ist
ebenso menschlich wie vergeblich. Oft ist der Glanz gerade
dann am größten, wenn er im Begriff ist zu vergehen. Vergehen ist Leben. Ein Wrack ist weniger als die Lokomotive, die
es einst war, und zugleich mehr. Es nimmt Formen an, die
vorher nicht da waren, und ruft Gefühle hervor, die wir vor-

her nicht hatten. Den besten Beweis dafür liefern alte griechische und römische Tempel. Irgendwie strahlen drei umgestürzte Säulen mit dem Tympanon, das sie einst trugen, zu ihren Füßen mehr Würde aus als eine vollständig erhaltene Basilika, die noch genutzt wird. Die Ergriffenheit, die eine Burgruine auslösen kann, läßt sich nicht mit dem Stolz vergleichen, den der Ritter empfunden haben muß, als seine Burg gerade fertiggestellt worden war. Während die Steine eines neuen Schlosses oder Palastes alle gleich sind – sorgfältig behauen, passend und in engem Verbund gemauert –, ist bei einer Ruine jeder Stein anders, jeder auf seine Weise vom Leben gezeichnet. Alte Baumstümpfe sind Individuen, junge Bäume ein Massenprodukt. Archäologen, die sich vorzustellen versuchen, wie einst ein König oder Kaiser in den von ihnen ausgegrabenen Gemäuern umherging und die Gemälde betrachtete, sollten froh sein, daß ihr Traum nicht in Erfüllung geht. Wer vollständige Gebäude sehen möchte, ist in Lelystad am richtigen Ort, nicht in Herculaneum oder Pompeji.

In einer Ruine geht es lebendiger zu als in einem Schloß. So kommt eine Maus Tage nach ihrem Tod durch das Gewimmel der Maden zu neuem Leben: Verwesung ist Verän-

Das Ende eines Riesen hat immer etwas besonders Tragisches.

35

derung, und Veränderung ist Leben. Steine brechen auseinander, Säulen stürzen von ihren Sockeln, Wurzeln lassen Mauern bröckeln, Dampfkessel bekommen Löcher, ein Junge läßt ein Manometer mitgehen. Im Eisenbahnmuseum oder im Muiderslot – »Mo–Fr 12–17, Sa und So 10–17, keine Hunde« – wird jeglicher Veränderung Einhalt geboten. Nichts ist mit einem solchen Makel behaftet wie ein makelloses Exponat. Das Leben nach dem Tod ist allenfalls noch in einem Abrißviertel, auf einem Autofriedhof oder beim Schrotthändler zu besichtigen. Eines der Hauptkennzeichen einer Ruine, so hat es Henk Hofland formuliert, ist nämlich, »daß allmählich die Eingeweide des Ursprünglichen sichtbar werden. Bei einem Gebäude zum Beispiel das Treppenhaus, die Wasserleitungen und Abflußrohre; bei einem Auto die Verkabelung und der Motor; bei einem Flugzeug die Spanten und Rippen von Rumpf und Tragflächen und bei einem großen Schiff alles zusammen«.

»Ein großes Schiff« – das läßt uns augenblicklich an die *Titanic* denken. Obwohl sie schon beim Stapellauf weltberühmt war, einen Triumph der Technik darstellte und für Luxus wie auch Unsinkbarkeit stand, wurde sie erst durch ihren Untergang wirklich unsterblich. Wäre die *Titanic* ihrem Anspruch auf Unsinkbarkeit gerecht geworden und hätte ihre eigentliche Endstation, das Abwracken, erreicht, hätte man ein Jahrhundert später nicht ein Mehrfaches der Baukosten in den gleichnamigen Film investiert. Man muß schon sehr

Wirklich unsterblich wurde die Titanic erst durch ihren Untergang.

36

wenig Phantasie haben, um von diesem Schiffsunglück unbeeindruckt zu bleiben. Jemanden, der sich niemals vorzustellen versucht hat, wie es damals gewesen sein muß – erst ungläubiges Staunen, dann Panik und Gedränge, das wahre Wesen der Menschen, das plötzlich zum Vorschein kommt –, so jemanden möchte ich nicht kennen. Das Bild dieses riesigen Schiffes in höchster Not – das Heck ragt senkrecht aus dem Wasser empor, die Musiker sind von den Stühlen gefallen – und daneben die Szene unter Wasser – der Bauch steckt im Sand, Passagiere treiben aufgeschwemmt vor einem Bullauge, ein Fisch nagt an einem Zeh, die umsonst zutage geförderten Kohlen noch im Laderaum. Ein Schiff hat seine Bestimmung gefunden. Mit jedem Jahr, das die *Titanic* auf dem Grund des Meeres liegt, wächst die Faszination. Je länger sie dort, wo wir niemals hinkommen werden, vor sich hin rostet – glücklicherweise liegt sie so tief, daß sie nicht zu heben ist –, desto festere Form nimmt sie im kollektiven Gedächtnis der Menschheit an. *Plus belle que la beauté est la ruine de la beauté.*

Die Mischung aus Wehmut, Erregung und Neugier, die uns beim Anblick eines verfallenen Tempels, einer alten Frau mit nur noch einem Zahn oder des Fragments eines verlorengegangenen Gedichts befällt, ruft ein ganz eigenes Gefühl her-

Die Überreste eines mittelalterlichen Schlosses: das Ruinengefühl schlechthin.

vor, das Ruinengefühl. Es ist eindeutig im Bauchbereich angesiedelt und hat dieselbe heilsame Wirkung, wie in ein Kaminfeuer zu schauen oder sanftem Wellenschlag zu lauschen. Mir wurde es zum ersten Mal bewußt bei einem Schulausflug zu einem Prototyp der Ruine: den Überresten einer mittelalterlichen Burg. »Hier waren die Kerker«, erzählte uns der Fremdenführer. »Und da wurde kochendes Öl hinabgegossen.« Eine Kulisse, zu der man sich das Stück mühelos ausdenken konnte. Wie alle kleinen Jungen in allen Jahrhunderten vor und nach mir stellte ich mich auf dem Wehrgang zwischen die Zinnen und spannte mit dem imaginären Pfeil die imaginäre Sehne meines imaginären Bogens. Passagen aus *Het slot op den Hoef* (Das Schloß auf der Hufe) von Johan Kievit kamen mir in den Sinn:

> Es herrschte ein unbeschreibliches Getümmel. Die Schwerter krachten auf die Rüstungen herab, und die Kampfrufe der Kriegsknechte vermischten sich mit dem Wimmern der Sterbenden. Die Erde war rot von vergossenem Blut. Es war ein entsetzliches Schauspiel. Wouter van Egmond hielt mit seinen Knappen lange stand, wurde schließlich aber doch zum Rückzug gezwungen. Der ganze Vorplatz verwandelte sich in ein Schlachtfeld, und das Kampfgetöse schwoll so stark an, daß die Frauen in der großen Burghalle auf die Knie fielen und Gebete zum Himmel schickten.

Dankbar erfüllte ich die Pflicht eines jeden Ruinenbesuchers und ritzte meinen Namen in die jahrhundertealten Mauern.

Maarten van Heemskerck (1498–1574), Ruine des Septizonium von Septimius Severus.

Schon damals begriff ich, daß ich so zu einem Bestandteil der Geschichte wurde. Es war eine magische Handlung, viel erhabener als die Graffiti, mit denen die Jungen heutzutage verzweifelt versuchen, Bestandteil der Gegenwart zu werden. Hiermit war die Saat für etwas gelegt, was wir in unserer Gesellschaft so schmerzlich vermissen: historisches Bewußtsein. Nichts eignet sich so sehr wie eine Ruine, um Geschichte anschaulich zu machen. Eine Ruine ist geronnene Zeit.

Mein Hunger nach weiteren Ruinen wurde auf einer Schiffsreise nach Deutschland reichlich gestillt. Eine

Fahrt den unendlich scheinenden Rhein entlang ist eine Fahrt an unendlich vielen Ruinen entlang. Die Raubritterburgen hoch oben auf den Felsen waren für eine romantische Jungenseele die Höhepunkte einer Woche, die ansonsten vor allem aus fetter Soße, billigem Wein und schrägen Schlagern bestand. Vom Boot aus oder als Belohnung nach einem steilen Aufstieg gaben die Ruinen der Reise einen Anschein von Sinn.

Genauso hat die Tourismusindustrie einmal angefangen: nicht zu Meeresstränden, sondern zu Ruinen. Bevor der Massentourismus aufkam, wurde die Erziehung junger Westeuropäer aus gutem Hause mit einer *Grand Tour* zu den Wurzeln der Kultur abgerundet, die sie sich aneignen sollten. Noch heute zeugen griechische Vasen und römische Büsten in englischen und französischen Landhäusern davon, daß Souvenirhändler es schon im 17. Jahrhundert verstanden, den Touristen das Geld aus der Tasche zu ziehen.

Wie so oft traten wohlhabende Bürger in die Fußstapfen der Künstler, die ihnen vorangegangen waren. Schon bald nachdem die Italiener das klassische Altertum wiederentdeckt hatten, zogen Künstler aus dem Norden nach Rom und Neapel. Die Stiche in den wenigen Büchern über die neue Kunstströmung hatten ihre Neugier geweckt, und sie fingen an, das Altertum mit eigenen Augen zu betrachten, die Wiederentdeckung selbst wiederzuentdecken. Jan Gossaert brach 1508 in die Renaissance auf, und ihm folgte ein ganzer Troß Fiamminghi, unter ihnen Maarten van Heemskerck, Jan van Scorel und Herman Posthumus. Ein Jahrhundert später wirkte der große Meister Rubens acht Jahre lang in Italien. Für die Maler muß es eine phantastische Zeit gewesen sein. Überwältigt von dem südlichen Licht und inspiriert von all dem Alten und Neuen, gingen sie ans Werk. Hier lernten sie das Malerische der Ruinen kennen. Das war nicht weiter schwierig. Als moderner Tourist wird man neidisch, wenn man sieht, wie sie die Ruinen des alten Rom vorgefunden haben: überwuchert, von Wurzeln durchzogen, und zwischen zerbrochenen Säulen hier und da ein herabgefallener Kopf oder eine einzelne Hand.

Auf einem Gemälde von Herman Posthumus aus dem Jahr 1536 sehen wir inmitten einer solchen Landschaft Menschen in römisch anmutenden Gewändern mit Fackeln in den Keller des Goldenen Palastes hinabsteigen, um die Fresken Kaiser Neros zu bewundern. Natürlich waren Ruinen auch damals schon Symbole für Vergänglichkeit und führten die Endlichkeit des Menschen und seiner Werke vor Augen, aber

sie zeigten auch, daß die Kultur trotz aller Kriege und allen
Elends Bestand hatte. Die Ruinen auf den Gemälden stellen
deshalb keine Anklage gegen die Zerstörung dar, sondern
symbolisieren eindrucksvoll die erstrebenswerte Harmonie
zwischen Natur und Kultur. Sonst wäre nicht zu erklären, daß
gerade in der idealisierten Welt der arkadischen Landschafts-
malerei so viele eingestürzte Mauern und zerbrochene Skulpturen abgebildet sind.

Auch als der Zug nach Italien zu einem touristischen Vergnügen der höheren Stände ausartete, blieben die Künstler
nicht weg. Im Gegenteil. In Ermangelung einer Fotoaus-
rüstung nahm man gerne einen Künstler in seine Reise-
gesellschaft auf, damit er unterwegs all die Schönheit in
Zeichnungen und Gemälden festhalten konnte. So reiste beispielsweise 1774 Fragonard mit seinem Auftraggeber Bergeret
de Grancourt nach Rom und Neapel, und Goethe wurde kurz
danach von Christoph Kniep auf seiner *Italienischen Reise* be-
gleitet. Durch die Bilder wurden das Forum Romanum, das
Kolosseum und die Engelsburg mit der Zeit genauso bekannt
und klischeehaft wie später die Freiheitsstatue und der Eiffel-

turm. Herrenhäuser im Norden wurden immer häufiger von Malern, die niemals einen Fuß auf italienischen Boden gesetzt hatten, mit italienischen Ruinenlandschaften ausgestattet.

Das Interesse am klassischen Altertum entfachte das Interesse an der eigenen Geschichte. Dank einer bewegten Vergangenheit wimmelte es auch in Frankreich, England und Deutschland von Ruinen. Sie sollten ein fester Bestandteil der Romantik werden, die sich am Ende des achtzehnten Jahrhunderts über ganz Europa ausbreitete. Aufgrund der Entstehung der Nationalstaaten fielen viele kleinere Burgen und Befestigungsanlagen zahlloser Prinzen, Grafen und Barone dem Verfall anheim; später ließ man beim Abriß städtischer Befestigungswälle überall Teile der alten Stadtmauern stehen und romantisch verkommen. Ein Denkmalschutz, der den Zahn der Zeit hätte ziehen können, existierte noch nicht. Große Anwesen befanden sich meist in Privatbesitz und verfielen in Zeiten finanzieller Not recht schnell. In den Häusern, die noch gut instand gehalten waren, tauchten immer mehr Gemälde von weniger begünstigten Gebäuden auf. Ruinen wurden zur Manie.

Allmählich wuchs der Bedarf an Ruinen so sehr, daß neue errichtet werden mußten. Anfang des achtzehnten Jahrhunderts träumten britische Landhausbewohner bereits von einem eigenen Tivoli auf ihrem Land, mit verfallenen Tempeln und allem, was dazugehört. Bis weit ins neunzehnte Jahrhundert hinein wurden in Frankreich und Deutschland, aber auch in den Niederlanden klassizistische, gotische und sogar chinesische Ruinen gebaut, vorzugsweise auf den Aussichtspunkten der ebenso künstlich angelegten wie natürlich aussehenden Landgüter. Als ob es um Tee-

Das Kolosseum von Jan Gossaert, genannt Mabuse (ca. 1478–1532).

pavillons ginge, bestellte man bei Architekten gotische Schlösser mit »der Patina aus der Zeit des Baronenkriegs«. An etwas abgelegeneren Stellen wurden Einsiedlerklausen errichtet, komplett mit Einsiedlern. Das Anwesen Alfred's Hall umfaßte eine ganze Gruppe nachgebauter Schloßruinen, in denen sich ihr Besitzer, Lord Bathurst, in entsprechenden romantischen Betrachtungen ergehen konnte. Ruinen mußte man nicht grundsätzlich neu errichten. 1836 zog Hussey aus seinem alten befestigten Wohnhaus in Kent, dessen Turm

Gegenstände, mit denen man im frühen 19. Jahrhundert die eigene Ruine im Garten ausstattete, inclusive Eremit.

von einer Burg aus dem vierzehnten Jahrhundert stammte, in ein etwas höher gelegenes neues Haus, um von dort aus zu genießen, wie das alte vor seinen Augen malerisch verfiel. Mit seinen abbröckelnden Mauern, an denen sich Pflanzen emporrankten, stand es in einem Meer wilder Blumen und wurde innerhalb kürzester Zeit zu Balsam für jede romantische Seele.

Ruinen zu bauen scheint weniger ein sprachlicher als vielmehr ein »natürlicher« Widerspruch zu sein. Wer kreiert schon Verfall? Etwas für den Untergang Bestimmtes zu errichten entspricht jedoch einem tiefsitzenden Bedürfnis, das sich schon früh im Leben äußert. Als Kind hat fast jeder einmal bei Ebbe dicht am Wasser eine Sandburg gebaut und genußvoll auf die Flut gewartet. Eine Welle nach der anderen greift die Burg an, zuerst zaghaft in kleinen Häppchen, und

42

dann, wenn die Flut Geschmack daran gefunden hat, so gierig, daß Mauern einstürzen und Türme in sich zusammensinken. Herrlich! Im Grunde genommen ist es eine verfeinerte Variante des noch weiter verbreiteten Bedürfnisses, die Burg eines anderen zu zerstören.

Der Eifer, mit dem Schlösser, Festungen und Bunker anderer zerstört werden, wird nur von der Hartnäckigkeit übertroffen, mit der die eigenen Schlösser, Festungen und Bunker wieder aufgebaut werden. Oft genug waren die ursprünglichen Bewohner selbst die Verursacher der Trümmer, sei es, um beim Abzug verbrannte Erde zurückzulassen, sei es, um einen verlorenen Besitz zurückzuerobern. Wie auch immer: Es ist die Erfüllung aller Schlösser, Festungen oder Bunker, zu einer Ruine zu verfallen. Wer einen Schild trägt, fordert dazu auf, daß er durchbohrt wird.

Das bemerkenswerteste an militärischen Ruinen ist die wohltuende Stille, die dort herrscht. Nur wenige Orte sind so friedlich wie ein Schlachtfeld lange nach der Schlacht, wenn Sieger und Verlierer sich aus dem Staub gemacht haben. Gilt das auch für einen modernen Krieg? Wenn man sich Fotos von den Folgen der Bombardierung Rotterdams anschaut oder solche, auf denen Kölner Trümmerfrauen mit dem Mut der Verzweiflung im Schutt wühlen, würde man dies eher verneinen.

Es gab jedoch Fotografen, die die Verwüstung ihrer Städte aus rein ästhetischen Gründen festgehalten haben. In Deutschland verewigte Herbert List 1945/46 die Schönheit des Trümmerhaufens, der vorher einmal München gewesen war: Die perfekt ausgeleuchteten Überreste von Gebäuden und Statuen waren zu beängstigend eindrucksvollen Bildern komponiert. In Köln hatte Chargesheimer bereits 1949 ein Buch vor Augen, das Form und Urform heißen sollte. Wenige Jahre nach der Tausend-Bomber-Nacht vom 31. Mai 1942, in der 20 000 Menschen starben und siebzig Prozent der Häuser zerstört wurden, wollte er einen Prachtband mit Fotos herausgeben. Nicht als Anklage gegen den Krieg, wie der Bildband *Gesang im Feuerofen* von Hermann Claasen, der die Fotos während des

Trümmerfrauen in Köln.

Chargesheimer sah in den Trümmern des Zweiten Weltkriegs auch Schönheit.

Krieges heimlich geschossen hatte, sondern um der Ästhetik willen. »Antike Ruinen sind schön«, schrieb Weiss-Margis zu seinen Bildern. »Aber das wußten wir ja schon lange. Warum erschrecken uns dann unsere eigenen Ruinen? Sehen wir in den antiken Ruinen nicht auch nur die erhalten gebliebene, dem Geist entsprungene, künstlerische Form? Ist es etwa ein Unterschied, daß ihre Bauwerke in Jahrhunderten, unsere in wenigen Minuten Opfer der Zerstörung geworden sind?« Aus diesem Buch ist natürlich nichts geworden. In Köln waren die Überlebenden nach dem Krieg mit anderen Dingen als der Verherrlichung ihres Elends beschäftigt. So schnell es ging, wurden die Trümmer weggeräumt, die Zerstörungen verschwanden unter dem gewaltigen Neubau des Wirtschaftswunders, die Schandflecke wurden beseitigt. Die Gedächtniskirche in Berlin stellt eine weithin bekannte Ausnahme dar, die an einer der protzigsten Stellen der Hauptstadt des Kapitalismus versucht, Erinnerung lebendig zu halten. Was nur teilweise gelingt. Anfang der achtziger Jahre war die Kirche eingerüstet, weil die Ruine repariert werden mußte. Selten wurde dem Symbolwert einer Ruine so wenig Rechnung getragen wie bei dieser Restaurierung. Noch schlimmer für die Bedeutung dieses großen Mahnmals ist jedoch eine Entdeckung, die mancher Tourist macht, wenn er die Kirche auf sich wirken läßt: Sie ist schön. Schöner jedenfalls als die benachbarten falschen Symphonien aus Glas, Stahl und Beton. Damit erfüllt die Gedächtniskirche eine Anforderung, die Hitlers Architekt, Albert Speer, an Gebäude gestellt hat. Nach seiner Ruinenwert-Theorie sollte ein Gebäude so konzipiert sein, daß es, wie die Überreste griechischer und römischer Tempel, auch als Ruine noch beeindruckt. Selten ist eine Theorie so schnell und derart umfassend überprüft worden.

Ruinen sind die Folge von Armut, Krieg und Elend, ein Werk des Bösen. Ist es deshalb schlecht, Ruinen zu genießen? Sucht eine dunkle Seite unserer Seele hier ein Ventil? Wie dekadent muß man sein, um sich an Verfall zu erfreuen? Genauso dekadent wie die Herrscher, die den Verfall auf dem Gewissen haben? »Einen herzlosen Zeitvertreib« nannte

Henry James seine eigenen Ruinenforschungen. Und er gestand: »Der Genuß hat etwas Perverses an sich.« Wenn Krieg etwas mit Sadismus zu tun hat, dürfen Ruinenliebhaber dann des Masochismus bezichtigt werden? Möglicherweise. Dieser Masochismus wäre dann jedoch so geartet, daß auch ein Kind ihn verstehen kann. Kinder sind versessen auf Spukschlösser, kinderfressende Hexen und Fledermaussuppe: Es ist ein Genießen dessen, was uns Angst einjagt, ein romantisches Verlangen nach dem, wovor man eigentlich fliehen möchte, und wenn es schon nichts mit der Erbsünde zu tun hat, dann doch wenigstens mit dem Weltschmerz, der schon ein Baby in der Wiege überkommen kann.

Es sind jedoch nicht wirkliche Trümmerhaufen notwendig, um dieses Verlangen zu befriedigen. Wir begnügen uns auch gern mit Sagen und Legenden oder deren modernen Varianten in Büchern, Film und Fernsehen. Die Literatur steckt voller schlimmer Ereignisse, Kriegsfilme sind noch immer beliebt, und Reiseführer über die Schlachtfelder des Ersten Weltkriegs erweisen sich achtzig Jahre nach seinem Ende als Bestseller. Shakespeare, die griechischen Tragödien, Marlowe und James Bond bescheren uns reichlich Kerker, Folter, Fledermäuse, Rache und Zerstörungen. Selbst in der Bibel kommt es immer wieder vor, daß »kein Stein auf dem anderen bleibt«, Hiob wird zu einem menschlichen Wrack, Sodom und Gomorrha wurden zu Ruinen degradiert. »Aufbau und Zerstörung scheinen beim Menschen am selben Tag entstanden zu sein«, schreibt Anne Pingeot. Um in den biblischen Verwüstungen »Schönheit zu entdecken, muß man jedoch die Kultivierung der Dekadenz, der Zeit des Verfalls, abwarten«. Es fragt sich, ob diese Zeit mittlerweile angebrochen ist.

Beim Genuß des Verfalls kann eine gewisse Unbefangenheit übrigens nicht schaden. Nico Scheepmaker hat das erkannt, als er im Alter von zweiundfünfzig Jahren mit einer Gruppe kleiner Mädchen in den Zoo ging. Vieles von dem, was wir an einem Zoo schätzen, stammt aus dem neunzehnten Jahrhundert, zum Beispiel die sonderbaren kleinen Tempel und andere romantische

Kinder sind versessen auf Spukschlösser.

45

Bauwerke, aber die Gier nach Verfall kann sich auch auf die Tiere selbst beziehen. Im Affenhaus versuchte Scheepmaker, »Janna und Merel, beide vier Jahre alt, auf einen jungen, munter herumspringenden Affen aufmerksam zu machen, aber sie blieben beharrlich bei dem riesigen, wabbeligen, buddhaähnlichen Orang-Utan stehen, der wie ein nasser Sack in der Ecke hockte und sie betrachtete. Widerwillig bewegte er ab und zu ein Ohr oder einen Fuß, und dann riefen Janna und Merel begeistert: ›Er bewegt sich!‹ Ich sagte, nebenan sei ein niedliches Äffchen, das sich tausendmal mehr bewege als dieser Fettsack, aber das interessierte sie überhaupt nicht. ›Wir wissen selber, was wir wollen‹, sagte Janna verärgert.«

Für Nico Scheepmaker war »rätselhaft«, was die Mädchen an dem alten Affen fanden. Ruinenfreunde aber wissen es. In einem alten Zoo haben sie ihre helle Freude. Die Institution Zoo selbst impliziert bereits eine abgeschlossene Vergangenheit: Damals kamen brave Bürger zum Flanieren hierher, und die Tiere dienten als Dekoration. Von der Vergangenheit ist auch tatsächlich noch einiges erhalten: ein verfallener Buddha-Teich, Gemsen auf einem wackligen Felsen, Büsten verdienter Stifter und natürlich die Gartenanlage selbst, die sich in der Regel allen Geboten des modernen Gartenbaus widersetzen konnte. Deutlich ist zu erkennen, daß die Tiere gewissermaßen zu Ruinen ihrer Art geworden sind. Ihrer natürlichen Umgebung beraubt, weisen sie wie jeder Gefangene Relikte ihres natürlichen Verhaltens und zusätzlich einige besondere Gefängnisverhaltensweisen auf, wie zum Beispiel Hin- undherlaufen, Kopfschütteln, abwesender Blick. Manche von ihnen sind außerdem die letzten Überlebenden ihrer Art. Das Schöne an einem Tierpark ist, daß sich das Aussterben buchstäblich vor unseren Augen abspielt. Was die Direktion gern als das Züchten bedrohter Arten bezeichnet, kann man genausogut als kontrolliertes Aussterben betrachten. Den Kontrast dazu bilden dann ein paar muntere, johlende Kinder.

Die Mischung aus alten Steinen und jungem Leben, Müdigkeit und Lebenskraft sowie Natur und Kultur bildet die Seele einer Ruine. In jeder Ruinenbeschreibung wird ausführlich darauf eingegangen, was in ihr alles lebt. Einem kurzen Hinweis auf den Zustand von Mauern und Gewölben folgt immer eine Aufzählung der Sträucher, Moose, Blumen und verschiedenen Tiere: Eulen, Füchse, Fledermäuse, Kröten, Mauerasseln. Wie ein Graben oder eine Heidefläche ist auch eine Ruine ein Ökosystem. Heidebewohner werden durch gemeinsame Eigenschaften charakterisiert, und genauso müssen Pflanzen oder Tiere bestimmte Bedingungen erfüllen, bevor sie eine Ruine bewohnen können. Biologen heben die speziellen Wurzeln der Mauervegetation hervor, die Art und Weise, wie die Vogelnester angelegt sind, und die schwierige Verbreitung der Samen; Romantiker dagegen sehen es gern, wenn die Tiere schwarz und hohläugig sind – Nachtschwärmer, die nicht fliegen, sondern flattern. Ruinenbewohner leben bevorzugt im Dunkeln, nicht weil sie das Tageslicht nicht vertrügen, sondern weil es unserer romantischen Auffassung eher entspricht. Nach Henk Hofland wird »eine vollendete Ruine vor allem von Wesen bevölkert, auf die die ursprünglichen Bewohner Jagd gemacht haben: von Läusen und Asseln bis zu Eulen, Fledermäusen und Kaninchen«.

Erst lange, nachdem die Fiamminghi und Jacob van Ruisdael das Grün verwitterter Mauern minutiös festgehalten hatten, wurde das Interesse der Biologen geweckt. Die ersten Abhandlungen über Mauerpflanzen erschienen laut Wim Kruyt erst 1861 in Frankreich. Die Botaniker jener Zeit waren in der Regel Apotheker. In den Pflanzen auf verwitterten Schloß-mauern erkannten sie eine ganze Reihe von Heilkräutern aus ihren Arzneibüchern wieder. Einst waren diese aus fernen Ländern in die Gärten von Klöstern und Schlössern gelangt, von wo aus sie offensichtlich entkamen und sich auf den Mauern ansiedelten. Auch Zierpflanzen wie beispielsweise

Gelber Lerchen-sporn (Corydalis lutea).

das Zimbelkraut sind über die Ruinen von Schlössern und Lustgärten auf unsere Stadt- und Kaimauern gekommen. Bereits 1732 war es auf fast allen Stadtmauern entlang dem Rhein anzutreffen. Alte Städtchen und Schlösser lagen als *stepping stones* für die Ausbreitung der Mauerpflanzen zahlreich nebeneinander aufgereiht. Auch der Gelbe Lerchensporn und das Glaskraut zogen daraus ihren Vorteil. Viele unserer Pflanzen sind geradezu ruinensüchtig. Sollte die Ruine von Brederode morgen nicht mehr existieren, käme uns wahrscheinlich auch der seltene Gemeine Goldlack *(Cheiranthus cheiri)* abhanden. Umgekehrt kommen Ruinen nicht ohne ihre Pflanzen aus. Pflanzen sind sowohl ihre Bewohner wie auch ihre Schöpfer.

Außer Blumen, die man auch am Muttertag verschenken könnte, gedeiht auf Ruinen nebenbei eine ganz andere Flora: Pilze, Moose, Algen. Gartenfreunde sind von ihnen nicht allzu begeistert. Den Pilzen gegenüber haben wir Menschen jedoch eine zwiespältige Haltung. Pilze sind die Pflanzen des Bewußtseins. Medizinmänner, Hohepriester und Schamanen, aber auch Hippies und junge Makler kennen die halluzinogene Wirkung. Vor Hunderten von Jahren hat das einfache Volk bereits herausgefunden, ob die so geweckten Geister gut oder böse sind. Durch Namen wie Hexenbutter, Hexenring, Satanspilz und Stinkmorchel wurden Pilze anrüchig. Bis es vor etwa einhundertfünfzig Jahren in der viktorianischen Ära in ganz Europa große Mode wurde, Farne, Moose, Pilze und andere niedere Pflanzen, die zusammen die Gruppe der Kryptogamen bilden, zu sammeln und zu züchten. Biologisch sagt uns der Begriff nicht mehr viel, aber er lebt im Namen einer alten Comicfigur weiter: Herr Cryptogam. Wir sehen ihn als Schmetterlingsjäger, aber tatsächlich war er eher Pilzsammler.

Der Begriff Kryptogame stammt von Carl von Linné, der den Pflanzen im 18. Jahrhundert ihre Namen gab, und bezeichnet die letzte der vierundzwanzig Klassen, die er unterschied. Monogame treiben es mit einem, Polygame mit vielen, und Kryptogamen treiben es eben kryptisch oder auch heimlich. Kryptogamen waren die Pflanzen, deren Geschlechtsorgane Linné nicht ohne weiteres finden konnte; die übrigen dreiundzwanzig Klassen hatte er anhand dieses Kriteriums eingeteilt. Botanisieren besteht zu einem großen Teil darin, Stempel und Staubfäden zu zählen. Noch heute werden unschuldige Schulkinder gezwungen, die Geschlechtsorgane von Blumen anzustarren. Möglicherweise entgeht ihnen die sexuelle Komponente dabei, aber Carl von Linné selbst wußte es besser – er sprach von der Blume als einer »Brautsuite« – und erst recht seine Gegner. Johann Siegesbeck, ein Gelehrter aus St. Petersburg, hielt nichts von Linnés »schweinischem« System ekelhafter »Hurerei«, das der Schöpfer im Pflanzenreich niemals zugelassen hätte. Siegesbeck kennen wir heute nur noch aufgrund des mickrigen, unansehnlichen Pflänzchens *Siegesbeckia*. Diesen Namen bekam es von Carl von Linné.

Verglichen mit den sexbesessenen, samenverspritzenden höheren Pflanzen mit ihren exhibitionistischen Geschlechtsorganen sind die Kryptogamen keusche Liebhaberinnen. Das kam den Viktorianern gerade recht. So fügten sich die Liebe zu Ruinen, Romantik, Pilze und Keuschheit nahtlos zusammen. Was nichts daran ändert, daß Herr Cryptogam eine komische Figur blieb. Wer etwas für niedere Pflanzen übrig hatte, verspürte auch bei uns Anfang des 20. Jahrhunderts noch das Bedürfnis, sich zu verteidigen. Catherine Cool schreibt in ihrem berühmten Pilzbuch: »Oft machen sie sich selbst nur mühsam bewußt, warum sie sie den frischen, blühenden Sommerkindern vorziehen.«

Es stimmt: Pilze haben etwas Geheimnisvolles; es ist wohl vor allem ihr schnelles Aufblühen, scheinbar aus dem Nichts, meist ohne sichtbare Wurzeln aus dem verrottenden Laub oder vermodernden Baumstümpfen. Das birgt etwas Unergründliches und Geheimnisvolles. Und wenn einer, wie der häufig vorkommende Fliegenpilz, dann giftig ist oder jemanden in den Wahnsinn treiben kann, ist klar, daß es sich um Teufelswerk handelt! Ja, sie sind Kinder der Finsternis und bleiben es auch, »die nur vom Stehlen und Rauben leben, sich mit verrottendem Abfall und den Ausscheidungen anderer Pflanzen oder deren Überbleibseln am Leben halten«. Dies hat Houttuyn geschrieben, der als rechtschaffener Holländer den Pilzen offenbar nicht wohlgesinnt war.

Pilze sind die Pflanzen des Bewußtseins.

»Niederländer sind mykophob«, behauptet der Kulturphilosoph Lemaire noch heute. »Der wirkliche Mykophile ist dagegen in Osteuropa und vor allem in Sibirien zu finden.« Für Lemaire erwiesen sich Tschuktschen, Jukagiren und Tungusen als die Fliegenpilzesser schlechthin. In den Niederlanden beschränkt man sich lieber auf Champignons und ab und zu einen Pfifferling oder Leberpilz. Daß wir Pilze trotzdem schätzen, haben wir den Pilzausstellungen während unserer Schulzeit und natürlich Jac. P. Thijsse zu verdanken, der die Pilze als einzige niedere Pflanzen in seine Bilderalben schmuggelte:

Im Grunde genommen sind sie alle schön, große wie kleine. Leider denkt mancher noch an Tod und Verderben und Schauermärchen, aber das ist eigentlich unzutreffend. Jeder sollte inzwischen so viel von Pilzen wissen, daß er keine Angst vor ihnen zu haben braucht.
Schon ein einzelner Erdstern sieht geheimnisvoll und bedeutsam aus. Wieviel mehr ist dies bei einem Hexenring aus Erdsternen der Fall. Man sollte sich einmal geduldig eine halbe Stunde lang mitten in einen solchen Kreis setzen. Selbst wenn man ein völlig nüchterner Mensch ist, beginnt man zu begreifen, daß manche von der geheimnisvollen poetischen Verführung dieser Pflanzen zutiefst berührt werden können. Einige

49

unserer niederländischen Dichter und Schriftsteller erwähnen den Erdstern immer wieder, und die das tun, sind bei weitem nicht die unbedeutendsten.

So wurde der Pilz gezähmt. Man braucht keine Angst vor ihm zu haben, aber Thijsse ist nicht so dumm, ihm alles Geheimnisvolle zu nehmen. Auf dieselbe Weise emanzipierte sich auch die Kröte von etwas, vor dem uns ekelt, zu etwas, dem wir über die Straße helfen. Dichter wie Dick Hillenius und Chr. van Geel haben sie besungen. Sie preisen ihre Augen und Hände, vergessen aber auch nicht das Königin-Wilhelmina-Artige, das Mopsköpfige, die vielen Warzen und das Herumspuken in dunklen Ecken und Löchern. Denn nur, was ein wenig abstoßend ist, kann richtig anziehend sein. Der Gegenstand der Liebe muß immer etwas Doppeldeutiges haben, ob es nun eine Kröte ist oder ein Mensch.

Die Fledermaus hat sich erst in jüngster Zeit emanzipiert. Jahrhundertelang war sie als Handlanger des Bösen und als Schreckgespenst alter Frauen gefürchtet; jetzt sind Fledermäuse plötzlich so populär wie Vögel. Früher zogen Menschen an schönen Tagen aus, um Rotschenkel zu beobachten, heute schleichen sie bei Nacht und Nebel umher, um mit einem *bat-detector* Fledermäuse aufzuspüren. Unvereinbare Gegensätze scheinen aufgehoben zu sein. Seit Menschengedenken sind Vogelschwingen den Engeln vorbehalten und Fledermausflügel dem Teufel. Hieronymus Bosch stellte um

Vogelschwingen sind Engeln vorbehalten; Teufel haben Fledermausflügel.

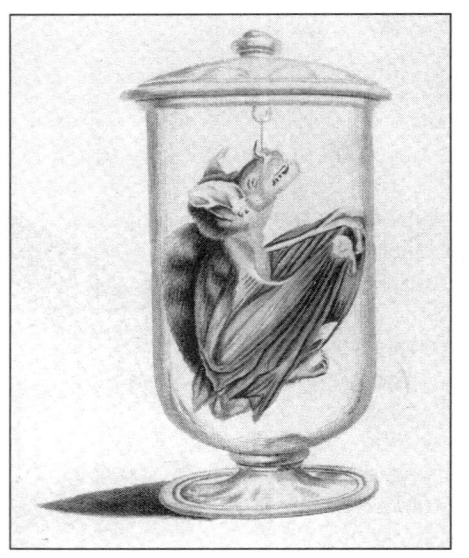

1500 gefallene Engel als Fledermäuse dar, ihre Flügel sind jedoch noch älter. Schon Drachen hatten sie, damit sie fliegen und ihre bösen Absichten verbreiten konnten. Bauern nagelten Fledermäuse an ihre Ställe, um Unheil abzuwehren. Nur gut, daß es früher keine *bat-detectors* gab. Diese Aufspürmethode hat uns gezeigt, daß viel mehr Fledermäuse in unserem Land leben, als man es je für möglich gehalten hat. In den meisten Kirchen halten sich mehr Fledermäuse als Gläubige auf. Auf Ruinen sind sie geradezu versessen. Sie hausen in alten Glockentürmen und hohlen Bäumen, vor allem aber in der größten Ruine der Niederlande, die täglich

weiter abgerissen wird: dem St. Pietersberg bei Maastricht.
Seit Jahrhunderten wird dieser prächtige Hügel malträtiert:
als Steinbruch, als Versteck für Schmuggler, als Schrein für
Fossilien und in den letzten siebzig Jahren als Lieferant von
Zement, der nur noch zermahlen werden muß. Für den Wiederaufbau haben die Niederländer ihren schönsten Berg abgetragen. Das südliche Gangsystem ist aufgrund der Kalk-
steingewinnung endgültig verschwunden. Aber noch existiert
ein Labyrinth aus 20 000 unterirdischen Gängen mit einer
Gesamtlänge von gut 200 Kilometern. Hier wird die Stille der
Finsternis nur von den Lauten der Fledermäuse unterbrochen. Dreiviertel der niederländischen Arten sind hier anzutreffen, darunter das Graue Großohr, das in den Niederlanden sonst nirgends zu finden ist. Der Berg gebar eine
Fledermaus.

> *Dann langsam, langsam erst, doch immer unverzagter*
> *entfaltete er den Fallschirm seiner Flügel,*
> *die Häute, Knochen und danach die Nägel,*
> *bewundernswerte Nägel. Er, der Bastard*
> *von Luzifer, der Kronprinz der Hölle.*
>
> *Und plötzlich stieg er auf und flog, beherrschte*
> *mein Zimmer mit der schwarzen schönen Unschuld.*
> *Der Unschuld des Bösen. Ich liebte ihn.*

BERTUS AAFJES

Zu Gefühlen gehören Gerüche. Geliebte riechen nach Rosen,
Gemütlichkeit riecht nach Essen, Angst riecht nach Schweiß.
Welcher Duft gehört zum Ruinengefühl? Wonach riechen
Ruinen? Nach feuchter Erde und Moos, nach Schimmel, Kellern und häufig angepinkelten Laternenpfählen. Der Geruch
ist ambivalent und erinnert an früher, das Verwesungsaroma
ist beängstigend. Was verfault, stinkt. Der Geruch warnt
einen: Man soll wegbleiben und schon gar nicht davon essen.
Gerade ein Allesfresser wie der Mensch muß bei dem, was
er in sich hineinstopft, sehr wählerisch sein. Deshalb ist
etwas, das nur ein bißchen stinkt, viel unangenehmer,
als daß etwas angenehm ist, das gut riecht. Um so aufre-
gender ist es, trotzdem ab und zu etwas zu essen, das
schon im Topf stinkt. Damit man seinen Widerwillen
überwinden kann, nennt man es eine Delikatesse. Je teu-
rer und verfaulter, desto delikater ist die Delikatesse. Und
desto dekadenter. So gesehen müßte *sill strömming* die

51

delikateste Delikatesse sein. Die Schweden verstehen es, den Rest der Welt mit *sill strömming* auf Abstand zu halten. Am Anfang handelt es sich dabei um einen Hering aus der Ostsee nördlich des Bottnischen Meerbusens. Beim Eindosen werden Ingredienzien hinzugefügt, die der Konservierung entgegenwirken. Der Fisch fängt an zu verfaulen und ist fertig, wenn sich die Dose wölbt. Man muß ein Schwede sein, um den Mut aufzubringen, die Dose zu öffnen: Der Geruch, der einem entgegenschlägt, löst sofort Übelkeit aus. Schweden halten den Geruch aus. Schließlich ist es ja eine Delikatesse.

Schon die Römer hatten eine Vorliebe für verfaulten Fisch. Sie würzten alles mit *garum*. Diese salzige Fischsoße hat der römischen Küche bei modernen Gastronomen den Ruf einer kulinarischen Folter eingetragen. *Garum* ist ausgepreßter verfaulter Fisch. Wie es sich für eine Delikatesse gehört, gab es verschiedene Rezepte, die alle ihre leidenschaftlichen Fürsprecher und Gegner hatten. Alle beruhen darauf, daß man die gesalzenen Eingeweide von Sardinen, Ährenfischen oder was sonst gerade vorhanden war, in der Sonne schmoren ließ, bis sie völlig durchgegoren waren. Das konnte ein paar Monate dauern, aber man bekam auch etwas ganz Besonderes dafür. Für Juden gab es in der Antike eine spezielle koschere Variante, *garum castimoniarum*, in der nur Fische mit Schuppen verarbeitet waren. Die teuerste Form war *garum sociorum*. Dieses *garum* war aus Fisch, der in *garum* ertränkt worden war. Wem hiervor graut, der braucht auf seiner Romreise nichts zu befürchten: *Garum* wird dort nicht mehr serviert. Ähnliches findet man nur in thailändischen und vietnamesischen Restaurants, wo das Essen ebenfalls mit verfaulter Fischpaste, wie *nam-pla* oder *nuoc-mam*, gewürzt wird. Wenn man es nicht weiß, schmeckt es herrlich.

Die meisten Holländer wissen nicht einmal, daß ihre Nationalspeise verfaulter Fisch ist. In der Schule lernen sie, daß Willem Beukelszoon aus Biervliet eine Methode entwickelt hat, Hering besser zu konservieren. Tatsächlich aber wird der Hering nicht ausgenommen, damit er sich besser hält, sondern damit er verdirbt. Zum Konservieren nimmt man normalerweise Salz, das war schon vor der Zeit Willem Beukelszoons bekannt. Aber nicht zuviel, denn der Hering soll ja ein wenig verfaulen. Wie könnte man sonst rohen Fisch essen? Beim Ausnehmen schneidet der Fischer die Verdauungsdrüsen durch. Weil ein Fisch keinen Speichel hat, sitzen die Drüsen an seinen Därmen. Die Verdauungssäfte werden freigesetzt und beginnen, das Fischfleisch zu zersetzen; und vom Salz werden sie daran nicht gehindert. Ein ausgenommener

Hering frißt sich selbst auf. Jetzt gilt es, das Tier zu verspeisen, bevor es sich selbst komplett aufgefressen hat. Tatsächlich befindet sich ein junger holländischer Hering im selben Zustand wie halbverdauter Fischbrei, den fischfressende Vögel für ihre Jungen auswürgen. Von wegen holländische Köstlichkeit!

Nach Hering ist Seezunge unsere liebste Meeresfrucht. Das weiß jeder. Aber nicht jeder weiß, warum: Seezunge fault besser. Frisch gefangen, schmeckt sie nicht besser als eine Scholle. Danach fangen beide Fische an zu faulen, und man beginnt den Unterschied zu schmecken. Eine Scholle verliert an Geschmack, eine Seezunge gewinnt. Die Zersetzungsprodukte machen die Zunge erst richtig wohlschmeckend; nach etwa zwei oder drei Tagen ist sie am besten. Meiden Sie deshalb Restaurants, die frische Seezunge anbieten: Entweder ist der Koch dumm, oder der Chef taugt nichts, oder der Fisch ist unappetitlich.

Glücklicherweise fault Fisch schnell. Die Ursache dafür ist

Jäger haben nicht nur für den Tod eine Schwäche, sondern auch für das Verderben.

die gleiche wie für die Tatsache, daß es im Winter am Strand von Zandvoort ganz ruhig ist: Das Wasser ist so kalt. Während die Enzyme eines Warmblüters gewohnt sind, bei 37° C zu funktionieren, und im Kühlschrank schnell aufgeben, fühlen sich kaltblütige Fischenzyme bei wenig Grad über Null in ihrem Element. Auch wenn der tote Fisch im Kühlschrank liegt, zersetzen sie ihn nach Herzenslust weiter, was man schon bald sehen und riechen kann.

Fische wurden am vierten Tag erschaffen, Säugetiere am fünften. Deshalb hält sich Fleisch im Kühlschrank länger. Aber nicht jeder will das. Jäger sind so verrückt wie Schweden. Sie sind versessen auf verfaulte Hasen. Das Tier muß einen würzigen Wildgeschmack haben, und um das zu erreichen, lassen sie es eine Woche lang außerhalb des Kühlschranks hängen. *De jacht in Nederland* erläutert es euphemistisch: »Im Wildbret kommt es zu bestimmten Eiweißveränderungen, die das Fleisch zarter machen und ihm einen typischeren Wildgeschmack geben.« Jäger lieben nicht nur den Tod, sondern auch das Verderben.

Esser, die zwischen Jägern und Vegetariern anzusiedeln sind, gehen lieber zum Schlachter, um frisches Fleisch zu holen. Dort sind sie allerdings an der falschen Adresse. Schlachter verkaufen kein frisches Fleisch. Wer schon einmal einen Krimi gelesen hat, weiß Bescheid. Wäre das Fleisch in der Theke frisch, wäre es steif oder – *brrr* – würde auf dem Nachhauseweg in der Einkaufstasche steif werden. Fleisch ist ein Stück Leiche, und Leichen werden steif. Ein Leichenbeschauer in einer Schlachterei würde einem Detektiv nicht den Hauch einer Chance geben: Das Fleisch ist schon so lange tot, daß der Täter zweifellos über alle Berge ist. Beim Menschen treten die ersten Anzeichen von *rigor mortis* vier bis sieben Stunden nach dem Tod im Gesicht auf. Es dauert noch einige Stunden, bis alle Körpermuskeln steif geworden sind, und dieser Zustand läßt erst nach einem halben Tag allmählich wieder nach. Es kann anderthalb Tage dauern, bis der ganze Körper wieder erschlafft ist. Würde Ihr Schlachter Menschenfleisch verkaufen, könnten Sie an der Schlaffheit erkennen, daß es mindestens anderthalb Tage alt ist. Andere Säugetiere haben die gleichen Muskeln wie wir. Was man Ihnen verkauft, ist kein Fleisch, sondern Aas. Ihr Schlachtermeister ist ein Aashändler.

Das trifft sich gut. Denn Sie sind schließlich kein Fleischesser, sondern ein Aasesser. Fleischfresser wie Löwen töten ihre Beute selbst und fressen sie frisch, wenn das Blut noch warm ist. Wir Aasesser warten lieber, bis das Fleisch etwas

Geschmack und Geruch angenommen hat, und servieren ein laues Sößchen dazu. Wie lange das Fleisch abhängt, wird heutzutage im Schlachthof und in den Fabriken entschieden, wo es zu Portionen für den Supermarkt verarbeitet wird. Zu Hause wandert das Fleisch so schnell wie möglich in den Kühlschrank oder in die Tiefkühltruhe. Die gab es früher nicht, so daß das Abhängen fortgesetzt wurde. Meine Oma war zum Beispiel eine kundige Aasesserin. Bevor sie es verspeiste, bewahrte sie das Aas vom Schlachter in einem Fliegenschrank auf. Das war eine Art Lattengehäuse, das mit Fliegengaze überzogen war und so ein dreidimensionales Fliegenfenster bildete. An der Fliegengaze erschienen im Sommer schnell die Aasfliegen und leckten sich die Lippen wie ein Kater, der auf der anderen Seite der Fensterscheibe freche Meisen sieht. Von nah und fern wurden sie durch den Geruch angelockt, der ihnen verriet, in welchem Stadium der Verrottung sich das Fleisch befand.

In der kühlschranklosen Zeit kannten die Omas noch viele andere Methoden, die Verwesung bis zum gewünschten Stadium fortschreiten zu lassen – bis dahin und nicht weiter. Heringe wurden gepökelt, Schinken geräuchert, Bohnen getrocknet. Die Heringe waren so salzig, daß man sie nicht essen konnte, der Schinken war durch das Räuchern krebserregend, und die Bohnen waren ungenießbar, wenn man sie nicht einweichte. Doch man hatte keine Wahl – bis der Kühlschrank kam. Trotzdem kauften die Menschen weiterhin Pökelhering, servierten geräucherten Schinken und weichten Bohnen ein, die zuvor mit Spezialverfahren in Fabriken getrocknet worden waren. Am teuersten ist es, wenn noch nach alten Rezepten handwerklich geräuchert oder gepökelt wird. Der Gedanke an Handwerk und Folklore verstärkt den Geschmack nach früher.

Käse schmeckt sehr nach früher. Käse herzustellen ist nichts anderes als eine uralte Methode, Milch aufzubewahren. Als Käse nimmt die Milch zehnmal weniger Platz ein und hält sich hundertmal länger. Weil Bakterien den Milchzucker in Säure verwandelt haben, mögen die meisten Organismen den Käse nicht mehr. Die große Ausnahme sind wir. Aber wir sind nicht die einzigen, sondern teilen unsere Vorliebe mit einigen Insekten, Schimmelpilzen und säureliebenden Bakterien. Wir haben uns im Laufe der Jahrhunderte so sehr daran gewöhnt, daß wir tun, als würde der Käse dadurch schmackhafter. *If you can't beat them, join them.* Wirkliche Gourmets meinen, alter Käse müsse so alt sein, daß die Maden herauskriechen. Oder besser: herausspringen. Käsemaden, die Larven der Käsefliege, schießen mit zehn, fünfzehn Zentimeter hohen Sprüngen über den Küchentisch. Es sei denn, sie bleiben in ihren Gängen sitzen und werden zusammen mit dem Käse gegessen. Deswegen braucht der Gourmet jedoch kein schlechtes Gewissen zu haben. Früher haben die Käsemaden nämlich uns gefressen. Sie sind Leichenfresser. Für die Käsemade muß die Erfindung sehr alten Käses ein Traum gewesen sein: keine widerlichen Haare oder harten Knochen mehr im Essen und dennoch der Geschmack, der sie intensiv an ein verlorenes Paradies erinnert. Der Geschmack nach früher.

Einem modernen Käseliebhaber gehen Maden häufig etwas zu weit. Was er allerdings will, sind Löcher. Diese werden meist von Bakterien gemacht, die beim Verdauen ungeniert Kohlensäurepupse entweichen lassen. Im Fall des Maaslanders rülpsen sie außerdem Propionsäure, die diesem Käse seinen faden Nußgeschmack gibt. Glücklicherweise riecht man nicht viel davon, aber das wäre auch egal. Denn die deutlichste Warnung, daß etwas nicht eßbar ist, Gestank nämlich, schlagen echte Käseesser gern in den Wind. In der feuchten Abgeschlossenheit eines Käsefasses spielen sich im wesentlichen die gleichen bakteriellen Prozesse ab wie zwischen unseren lauwarmen feuchten Hautfalten – deshalb die Assoziation zwischen Käse und Füßen. Bei Füßen werden Menschen durch den Gestank heftig abgestoßen, aber als Bestandteil von Käse zieht er uns – zumindest die Franzosen – so stark an, daß sie ihren Camembert mit den Worten des Dichters Léon-Paul Fargue anpreisen: *les pieds de Dieu*.

Zu französischem Käse gehört französischer Wein. Verfaulter Traubensaft zu verfaulter Milch. Wein ist nichts anderes als der verdorbene Saft von Trauben. Der Saft wurde zur Hälfte von Hefepilzen getrunken, die zum Dank Alkohol in die Flasche gepinkelt haben. Irgendwann ist der Alkoholgehalt so hoch, daß die Hefepilze in ihren eigenen Ausscheidungen umkommen. Trotzdem ist man der Ansicht, daß der Wein im Laufe der Jahre an Geschmack gewinnt. Die Abbauprodukte des Safts und der Hefepilze gehen komplizierte Verbindungen miteinander ein und sorgen für mehr Geschmack und Kopfschmerzen. Wie alt der Wein ist, steht auf dem Etikett, wie gut man ihn finden muß, auf dem Preisschild.

In Ländern ohne Weinkultur haben Whisky- und Kognakhersteller dieses leere Geschwätz übernommen. Sogar Genever wird dadurch aufgewertet, daß man ihn Malzwein nennt und den Preis nach der Anzahl der Jahre festlegt, während deren er mit Eichenholz in Berührung war. Dieser Trick wurde schon bei der Unterscheidung zwischen altem und jungem Genever angewendet. Für ein bißchen Zucker, ein bißchen Farbstoff und eine zusätzliche Wacholderbeere zahlt der Liebhaber von altem Genever kräftig drauf, auch wenn sein Getränk keinen Tag älter ist als die Flasche junger Genever daneben.

Wenn sich das Alter des Genevers nicht am Geschmack feststellen läßt und der Käse immer schneller alt gemacht wird, wie können wir dann sicher sein, daß er das angegebene Alter hat, und vor allem: Was würde sich für uns ändern? Die Antwort auf diese Frage ist bekannt. Wohlschmeckend und ekelhaft sind subjektive Begriffe, die sich stark von etwas beeinflussen lassen, das wenig damit zu tun hat. In diesem Fall von Sprache. Sagen Sie reif statt faul, und das Geschäft läuft. Käse ist niemals faul, Käse ist reif; fauler Traubensaft ist Wein eines guten Jahrgangs, und alter Kognak flößt so viel Ehrfurcht ein, daß alte Menschen neidisch werden könnten. Wo die Grenze zwischen faul und reif liegt, bestimmt die Kultur. In den Niederlanden findet man den Fisch früher verfault als in Schweden, den Käse früher als in Frankreich und die Bananen früher als in Surinam. Für Menschen aus den Tropen muß eine Banane ordentlich schwarz sein, ein Niederländer dagegen will kein braunes Fleckchen darauf sehen. Um beide zufriedenzustellen, liefern die Plantagen zwei Sorten Bananen: eine, die nicht sofort zerquetscht wird, auch wenn sie schon stark angefault ist, und eine, die man so unreif, daß sie fast noch grün ist, mit einem stumpfen Messer in Scheiben schneiden kann.

Ursprünglich ist der Mensch ein Obstesser, deshalb achtet er sehr auf die Reife seiner Früchte. Wirklich frisches Obst ist ungenießbar. Man bekommt Bauchschmerzen davon, oder es ist einfach zu sauer. Im Gegensatz zu anderer ungenießbarer Nahrung braucht man es nicht zu kochen, um es eßbar zu machen. Obst bereitet sich selbst zu. Enzyme sorgen dafür, daß Stärke in Zucker verwandelt wird. Von außen ist an der Farbe zu erkennen, wie weit dieser Prozeß vorangeschritten ist. Wie jeder Affe kennen Menschen sich damit aus – und sie setzen ihre Kenntnisse auch gern um, wie man auf jedem Markt beobachten kann.

Vor diesem Hintergrund wird verständlich, was eine Obst- und Gemüsehandlung und ein Antiquitätengeschäft gemeinsam haben. In beiden leuchtet einem die Handelsware entgegen, in beiden geht es vor allem um die Oberflächenstruktur. Obst muß glänzen. Dies ist ein Zeichen dafür, daß der Inhalt durch eine Wachsschicht gut versiegelt ist. Außerdem muß es die richtige Farbschattierung aufweisen, um als reif zu gelten. Feine Unterschiede zwischen poliertem Nußholz und lackierter Kiefer dürften dem weniger geübten Blick entgehen. Wie bei Obst kann man daran das Alter ablesen. Wird die Oberfläche mit der Zeit häßlicher, spricht man von Rost oder Belag, wird sie schöner, nennt man es Patina. Das Ergebnis hängt vom Material ab. Backstein und Schiefer gewinnen durchs Altern; deshalb sind antike Steine auch viel wert. Aluminium und Stahl allerdings werden dadurch nicht schöner. Moderne Gebäude verlieren deshalb auch an Wert, während alte gewinnen. Früher planten die Erbauer die Wirkung der Zeit auf das Material mit ein, heutzutage wird nicht mehr für die Zukunft gebaut. Sogar Künstler setzten früher darauf, daß die Zeit die Unvollkommenheiten ihrer Gemälde ausgleichen würde. In unserer Zeit hat man keine Geduld mehr, und Kunstwerken verpaßt man gezielt ein altes Aussehen. Schließlich geht es ums Geschäft.

Stundenlang könnte man die wettergegerbten Gesichter alter Männer betrachten.

Einerseits werfen Menschen alten Plunder ohne weiteres fort, andererseits verwenden sie viel Mühe auf eine einzelne Antiquität. Fernsehen und Zeitschriften versuchen, uns zu vermitteln, wo die Grenze zwischen Plunder und Antiquität, Kitsch und Kunst liegt. Ein unerschöpfliches Thema, denn die Grenze verschiebt sich fortwährend. Was gestern noch Plunder war, ist heute eine Antiquität. Wenn es nur alt genug ist, wird aus allem eine Antiquität, von der Tonscherbe bis zur wertlosen Ikone. Letztendlich bezahlt man dann für die Zeit. Zeit ist Geld.

Man muß nicht selbst alt sein, um im Altern Schönheit zu erkennen. Junge Menschen tragen seit Jahr und Tag Jeans. Ursprünglich war die Jeans wegen ihrer Unverwüstlichkeit beliebt, mittlerweile geht es längst um die Verwüstlichkeit. Eine neue Jeans muß die Ausstrahlung einer alten haben. Ob Jeansstoff alt oder jung ist, sieht man deutlich an der Farbe, dem Indigo, das durch Abnutzung so wunderbar ausbleicht. Ungeduldig wie junge Menschen nun einmal sind, kaufen sie fix und fertig ausgebleichte Hosen. Bis vor kurzem hatten Jeanshersteller nur zwei Methoden, um diese Nachfrage nach schlechter Qualität zu befriedigen. Die sorgfältig beigegebene Farbe wurde erst mit Hilfe von Chlor gebleicht, und anschließend wurde die Hose zwischen Bimsstein malträtiert. Heutzutage benutzt man alternativ Enzyme, die die Umwelt schonen und das Gewebe nicht angreifen. Es fragt sich allerdings, ob letzteres von allen geschätzt wird; dann und wann schreibt die Mode nämlich vor, daß Hosen Löcher aufweisen müssen. Über den Sinn der jungen Generation für romantisches Ruinieren brauchen sich die Älteren also keine Sorgen zu machen.

Ob wir etwas reif oder faul nennen, ist eine Frage der Quantität. Richtig faul ist verfault, ein bißchen faul ist reif. Überreif ist auch erlaubt, aber nicht zu sehr. Eine Ruine wirkt prachtvoll, solange nicht die ganze Stadt in Trümmern liegt. Ein zahnloser alter Mann paßt gut ins Dekor unseres Griechenlandurlaubs, aber eine halbe Stunde im Altenheim ist den meisten Besuchern schon zuviel. Von der Caféterrasse aus können wir stundenlang die wettergegerbten Gesichter alter Männer betrachten und darüber nachdenken, was sie womöglich alles erlebt haben. Man muß schon ein Herz aus Stein haben, wenn einen das Gedicht »Der Großvater« des niederländischen Schriftstellers Willem de Mérode nicht berührt:

> *Der letzte Lebensglanz lag über ihm*
> *Entsagen und nun Abschied nehmen müssen*
> *von kleinen Freuden, die das Leben so versüßen,*
> *und etwas Gebrochenes in Geste und Stimm'.*
>
> *Und als er ruhig wandernd die sonnigen Pfade*
> *entlangging, überkam uns Rühren*
> *Waren Gottes Engel dabei, ihn zu entführen?*
> *Wir sahen, daß er fast keinen Schatten hatte.*

Alte Menschen rufen bei uns eine Mischung aus Angst und Mitleid hervor. Es gefällt uns, daß sie so malerisch noch ein wenig am Leben hängen, aber noch besser finden wir es, daß wir nicht sie sind. Mit einem Buckligen lockt man Publikum in einen Film über Notre-Dame, einen Piraten ohne Holzbein kann man vergessen, und was wäre *Heimatlos* ohne den alten Vitalis?

Uns gefällt alles, solange wir nur selbst nicht bucklig, einbeinig oder alt sind. In der Schule ergötzten wir uns an Geschichten über Aussätzige, daß man ihnen nicht die Hand geben dürfe, weil ihnen sonst die Finger abfielen, und daß immer weniger von ihnen übrigbliebe. Auch für Tollwut konnten wir uns begeistern. Landstreicher, Kriegswaisen,

Mädchen mit Schwefelhölzern: wie herrlich kann das Elend doch sein. Solange man selbst nicht betroffen ist. Und solange es nicht zu viele arme Schlucker werden.

Wie man das Elend anderer genießt, hat Dickens für alle Zeiten festgehalten. Man läßt es sich an einem reichgedeckten Tisch in einem warmen Zimmer gutgehen und erfreut sich an dem angeheuerten Stadtstreicher, der für ein paar Münzen unterm Fenster an Kälte und Hunger zugrunde geht. Das ist die Basis für eine der romantischsten menschlichen Aktivitäten: Wohltätigkeit, den Armen aus der vollen Kuchentrommel Krümel zuzuwerfen. Man muß nun einmal über ein Mindestmaß an Komfort verfügen, damit man das Elend genießen kann.

Darum kostet Dekadenz immer Geld. Jedes staatliche Kunstmuseum ist ein Beispiel dafür. Dort hängen die polierten und restaurierten Gemälde von den armen Hirten, von den in sich zusammengestürzten Burgen und Octave Tessaerts »Une famille malheureuse« – in einem blitzblank geputzten, hell erleuchteten Museum mit Café, Souvenirladen und Taxistand. Im weißverputzten Museum darf Wim Schippers einen Boden aus Erdnußbutter auslegen; im Museum betrachten gepflegte Damen und Herren mit etwas zu bunten Brillenge-

Das Paleis voor Volksvlijt in Amsterdam war eine herrliche Ruine.

stellen die zersägten Kälber des Eng-
länders Damien Hirst oder die verwe-
senden Schweine geistesverwandter
Künstler. Ab und zu ist man darüber
noch empört, aber im Grunde unterscheidet sich die dekadente Kunst
wenig von modernem Naturschutz.
In den Naturschutzgebieten läßt man
überall tote, umgestürzte Bäume liegen, um die natürlichen Prozesse
nicht zu stören. Manchmal werden
sogar Bäume gefällt, damit diese Prozesse in Gang kommen. Die Verrottung gehört dazu, das wissen die
Naturschutzbeamten. Die Landhäu-
ser auf dem Anwesen voller umgestürzter Bäume jedoch sind tadellos
restauriert, kein Moos darf in der
Dachrinne wachsen, Pilze werden be-
kämpft und Farne ausgerissen. Als
hätten alte Mauerpflanzen keinen
Hunger. Niemals läßt man die Pilze,
Moose und Farne in Ruhe zu Ende es-
sen. Wenn das selbst in einem Naturschutzgebiet nicht möglich ist, wo soll es denn dann erlaubt sein? Wo findet man bei
uns noch eine wirkliche Ruine, einen schönen Trümmerhaufen, ein Gebäude, das in aller Gemütsruhe in sich zusam-
menfällt, das von Efeu überwuchert, von Ameisen unter-
wandert und von Tauben vollgeschissen und dadurch für
Spinnen und Eidechsen erst richtig bewohnbar wird?

*Der Utrechter
Dom nach dem
Sturm 1674.*

Als Junge in Amsterdam habe ich Ruinen als etwas völlig
Normales empfunden. Ganze Viertel lagen nach dem Krieg in
Trümmern, die chemische Industrie hatte den Kampf gegen
Schimmelpilze noch nicht aufgenommen, im Hafen wurden
Schuppen frei, und die Wohnungsnot hielt Bauspekulanten
fern. Wo sich jetzt die beiden Türme der Nederlandsche Bank
erheben, verrottete damals die Galerie des abgebrannten Pa-
lais voor Volksvlijt. Bis der Wiederaufbau abgeschlossen war.
Wo gibt es heute noch für unbewohnbar erklärte Wohnun-
gen? Alle Krümel, die der Zahn der Zeit liegenläßt, werden
mit dem Handstaubsauger entfernt. Warum? Als das Schiff
des Utrechter Doms 1674 bei einem Sturm einstürzte, hat
man die Trümmer bis 1826 liegenlassen. Einhundertfünfzig
Jahre lang konnten dort kleine Jungen spielen und alte
Männer über die Vergänglichkeit sinnieren. Und heute liegt

61

ein zugiger Platz zwischen Turm und Querschiff. Konturen im Pflaster lassen noch erkennen, wo es früher schön war.

Ruinen sind nicht nur schön, sie sind auch nötig, schreibt J. B. Jackson in *The Necessity of Ruins*. Man braucht einen Trümmerhaufen, damit man auf einem idealisierten Früher, als alles noch besser war, eine neue Zukunft aufbauen kann:

> Geschichte verläuft nicht kontinuierlich, sondern äußerst diskontinuierlich, wie ein kosmisches Drama. Zuerst hat man ein goldenes Zeitalter, eine Zeit harmonischen Ursprungs. Dann folgt eine Periode, in der die früheren Tage vergessen sind und das goldene Zeitalter vernachlässigt wird. Zum Schluß kommt eine Zeit des Wiederentdeckens, und wir versuchen, die Welt um uns mehr oder weniger in altem Glanz wiederherzustellen. Eine Periode der Vernachlässigung darf nicht fehlen, es muß Diskontinuität geben; das ist aus religiösen und künstlerischen Gründen notwendig.
>
> Die Notwendigkeit von Ruinen besteht darin, daß sie Anlaß zu einer Restaurierung und Rückkehr zur Quelle geben. Viele von uns wissen, wieviel schöner es sein kann, etwas Verwahrlostes wieder zu Ehren zu bringen, als etwas Neues zu schaffen. Der alte Bauernhof muß zusammenfallen, bevor wir ihn wiederherrichten und ein anderes Leben auf dem Lande führen können; die Natur muß geplündert und verwüstet werden, bevor wir das natürliche Ökosystem wiederherstellen können; das Viertel muß heruntergekommen sein, bevor wir es wiederentdecken und restaurieren.

Als Kinder wußten wir nur zu gut, wann die goldene Zeit war: »vorm Krieg« nämlich. Damals gab es noch Qualitätsware, damals schmeckten die Erdbeeren noch nach Erdbeeren. In der Schule zeigte sich, daß das Goldene Zeitalter das siebzehnte Jahrhundert war, aber auch als Schüler habe ich meine Vorliebe für das neunzehnte nicht unterdrücken können. Die goldene Zeit ist nicht das Problem, auch die Zukunft glänzt – manchmal zu sehr – überall um uns herum, während es doch erst heute ist. Wo aber sind die unverzichtbaren Ruinen geblieben? Alles, was alt war, ist weg oder restauriert. Wie soll ein Kind in einer solchen Welt zu einem ausgeglichenen Menschen heranwachsen? Wo soll ein Biologe mittleren Alters nachsinnen? Was soll ein alter Mensch machen, wenn alles um ihn herum jung ist? Wie kann man in einer Welt leben, die den Verfall leugnet?

Gebt uns unsere Ruinen zurück! Werft den Schimmelpilzen und Käfern ein paar Brocken vor – eine Villa hier, ein Lagerhaus da, eine Autobahnbrücke vielleicht – etwas, an dem sie ordentlich zu knabbern haben. Schade um die alten Bauwerke? Es müssen nicht unbedingt alte Bauwerke sein. Neue schmecken der Natur auch. Ein paar Löcher in die Dachrinne, die Regenrohre abgerissen – und innerhalb kürzester Zeit ist das Gebäude dank der sauren Ausscheidungen feuchtigkeitsliebender Mikroorganismen mundgerecht. Außer einer Liste der denkmalgeschützten und zu restaurierenden alten Gebäude sollte es eine Ruinenliste der zu ruinierenden neuen Gebäude geben. Wenn man mich fragen würde, hätte ich schon ein paar Vorschläge.

3
Das große Zerbröckeln

»Unser Mohrchen wird grau«, sagte eine Freundin. Selten habe ich eine so knappe Beschreibung des Alterns gehört. Ich war betroffen. Auch Katzen sind offenbar vergänglich. Auch das liebebedürftige Wundertier, das Beste, was die Schöpfung je hervorgebracht hat, kann grau und schwach werden und immer öfter unter kalten Pfoten leiden.

Alles, was ganz ist, muß irgendwann kaputtgehen. Meine Uhr, der Tadsch Mahal, Königin Viktoria, die Küstenbefestigung von Hondsbos, sogar Mohrchen. Nur für kurze Zeit darf etwas ganz sein. Ganzheit ist ein Ausnahmezustand, vergleichbar dem eines senkrecht stehenden Bierdeckels. Oder meinem. Früher war ich tot, jetzt bin ich kurz da, und bald bin ich wieder tot, aber dann endgültig. So geht es mit allem. Zuerst ist nichts da, dann ist etwas für einen Augenblick da, und dann ist wieder nichts da. Nichts ist von Dauer. Komischerweise lebt es sich ganz gut damit. Aber wer oder was macht alles immer wieder kaputt? Darüber können wir uns wirklich aufregen. Wenn wir den zu fassen kriegen! Was ist das für ein Schöpfer, der die schönsten Geschöpfe der Welt hervorbringt und sie anschließend von genauso schönen Geschöpfen ins Jenseits befördern läßt? Ist der Schöpfer ein Wandale? Hätte Er es nicht besser uns überlassen sollen?

Das Beste, was der Mensch je selbst geschaffen hat, sind per definitionem die Sieben Weltwunder. Daß Menschenhände so etwas machen konnten, verblüfft Menschenköpfe noch immer. Mit all ihren Computern und Kränen würde es modernen Ingenieuren kaum gelingen, so etwas Großartiges zu vollbringen. Die Götter sollten übertrumpft werden. Und? War es von Dauer? Sechs der Sieben Weltwunder sind in die Brüche gegangen. Die Hängenden Gärten von Babylon, einst der Stolz der Königin Semiramis, waren auf dicken Erdschichten auf den Palästen angelegt und wurden mit Pumpen aus dem Fluß in der Tiefe bewässert – heute sind sie verlassen, vergangen und verloren. Der Leuchtturm von Alexandria ist nach 1500 Jahren bei einem Erdbeben ins Meer gestürzt, und die Freiheitsstatue der Antike, der Koloß von Rhodos, mußte bei feindlichen Angriffen dran glauben. Plünderer haben

auch den mit Gold behängten Zeus in Olympia zerstört. Will man die letzten Reste des Artemistempels bewundern, muß man das British Museum in London besuchen. Hier sind die Skulpturen ausgestellt, die Sir Charles Newton 1856 von Ephesos nach London verschiffen ließ. Die Überreste in der heutigen Türkei sind schon lange nicht mehr die des eigentlichen Weltwunders, das bereits 356 v. Chr. abbrannte. Das Weltwunder, das uns jedoch wirklich enttäuscht hat, ist das Mausoleum von Halikarnassos, dessen einzige Aufgabe darin bestand, den Jahrhunderten zu trotzen. Das prachtvolle, von sechsunddreißig ionischen Säulen umgebene Grabmal, über dem sich eine Stufenpyramide mit einem Triumphwagen erhob, sollte nach dem Tode von Mausolos, dem König von Karien, im Jahre 353 v. Chr. dessen Andenken lebendig halten. Ein Erdbeben setzte dem im dreizehnten Jahrhundert ein Ende. Aus den Trümmern errichteten die Ritter des Johanniterordens eine Burg. Von den Sieben Weltwundern sind allein die ägyptischen Pyramiden übriggeblieben. Aber auch sie haben ihre Aufgabe nicht erfüllt. Die Sphinxen haben sich die Schätze, die sie bewachen sollten, entreißen lassen, die Pharaonen, die die Ewigkeit suchten, fanden sich in Museen wieder, wo sie zu bestimmten Öffnungszeiten von Pauschaltouristen begafft werden. Fünftausend Jahre, länger dauert die Ewigkeit nicht.

Beinahe jedoch wäre es den Pharaonen geglückt. Einige haben sich mit ihren Schätzen und allem, was sonst noch dazugehört, so einfallsreich begraben lassen, daß es den ortsansässigen Grabschändern über Jahrhunderte hinweg nicht gelungen ist, an sie heranzukommen. Daß es in den letzten zweihundert Jahren für europäische Grabschänder noch soviel zu holen gab, ist einzig diesen Vorkehrungen zu verdanken. Von keiner alten Kultur ist soviel in die Museen gelangt wie von der ägyptischen. Und von keiner wird soviel verlorengehen, denn wenn etwas erst einmal ausgegraben ist, kann der Zahn der Zeit wieder in Aktion treten. Während die Mumien von einem Händler zum nächsten und von einer Ausstellung zur anderen weitergereicht werden, nagt er eifrig weiter. Gold wird umgeschmolzen, Touristen werden betrogen, Vasen gehen irreparabel zu Bruch oder werden irreparabel restauriert. Kunst kann antik oder modern sein, auf keinen Fall aber ist sie ewig. »Kunst verschwindet«, schrieb Gary Schwartz, »wenn nicht jetzt, dann später. In jeder Generation geht mehr Kunst verloren, als erhalten bleibt. Zerstörung ist die Norm, nicht Überleben.« 1971 zog Edward B. Garrison den Hohn seiner Kollegen auf sich, als er behauptete, daß gut siebzig bis achtzig Prozent »aller im zwölften und dreizehnten Jahrhundert in Italien entstandenen Gemälde als verloren zu betrachten sind«. Aufgrund der Kritik hat er später noch einmal nachgerechnet und kam auf neunundneunzig Prozent. Genau ein Prozent weniger Verlust veranschlagte Gert van den Osten für die deutschen Altarpaneele des Mittelalters. Mangel an Ehrfurcht gegenüber der Kunst kann es nicht allein gewesen sein, denn am Ende des siebzehnten Jahrhunderts, des Goldenen Zeitalters in den Niederlanden, das auch in der Malerei eine Blütezeit darstellte, war laut Ad van der Woude nur noch ein Zehntel aller Gemälde erhalten, die zu Beginn jenes Jahrhunderts existiert haben müssen.

Wir dürfen hoffen, daß diese kärglichen Überreste die Creme der Kultur repräsentieren. Nachdem alle Generationen vor uns ausgesiebt haben, sollte doch wohl das Feinste vom Feinsten übriggeblieben sein. Wenn es nur so wäre. In der Praxis wird oft das Schönste zerstört, und das Häßlichste bleibt erhalten. Außer Dörfer in Brand zu stecken und Frauen zu vergewaltigen, gehört zu einem Überfall auf ein Nachbarvolk auch die Zerstörung der Kunstschätze, die ja nur entartet sein können, wenn man bedenkt, wie schlecht der Feind ist. Schlimmer als Nachbarvölker sind Nachbargenerationen. Taugen Kinder etwas, dann ist ihnen das, was ihre Eltern geschaffen haben, zuwider. Papa und Mama mögen für ihre Kinder zwar das Beste wollen, einen schlechten Geschmack können sie trotzdem haben. Die gesamte Kultur einer Generation wird von der nächsten auf den Schrotthaufen geworfen. Am schlimmsten aber sind das eigene Volk und die eigene Generation, und am allerschlimmsten ist man selbst. Was haben wir in unserem Leben nicht schon alles weggeworfen, was wir als unerwünschte Andenken an ein früheres Ich betrachtet haben! Es braucht keine Katastrophe, daß man sich selbst an den Bettelstab bringt. »Dreimal umgezogen«, schrieb Benjamin Franklin 1758, »ist einmal abgebrannt.« Aber was soll man tun? Man kann schließlich nicht alles aufheben, wenn man nicht in seinem eigenen Kram umkommen will. So denken auch Konservatoren und Archivare. Aber entgegen ihrer Berufsbezeichnung sind nicht Erhalten und Aufbewahren ihre Hauptaufgaben, sondern Wegwerfen und Vernichten. Staatliche Archive vernichten neunzig Prozent dessen, was hereinkommt, damit die restlichen zehn Prozent erhalten werden können. In erster Linie sind das Papiere. In Museen geht es um Skulpturen, alte Autos, ausgestopfte Orang-Utans, Gemälde und natürlich um die Steckenpferde des vorigen Direktors. Von den Torwächtern, die die Kunstspreu vom Kunstweizen scheiden, hat Gary Schwartz keine hohe Meinung:

Es ist nicht nur so, daß Künstler und Kunsthistoriker bei der Ausübung ihrer täglichen Pflicht das Vergessen unterstützen, sie können offenbar auch bei weniger hochstehenden kunstzerstörenden Praktiken sehr gut mithalten: Bildersturm, Wandalismus, politische Unterdrückung, Bestimmen von Kunstschätzen des Feindes als militärische Ziele, kultureller Genozid, illegale Ausgrabungen, Umgehung der öffentlichen Kontrolle, vorsätzliche Vernachlässigung, Euthanasie bei unbequemen Besitztümern. Zählen wir die Folgen von Naturkatastrophen hinzu sowie einen Milliardenmarkt für gestohlene und geschmuggelte Kunst, die oft für immer verschwindet, und berücksichtigen wir, daß gerade die Werke, die wir am meisten schätzen und deshalb am meisten herumtransportieren und ausstellen, dadurch besonders stark angegriffen werden, so bleibt von unserem schmeichelhaften Selbstbild als Hüter der Vergangenheit wenig übrig. Wir beuten unsere kulturellen Ressourcen genauso schnell aus wie unsere natürlichen.

Nostra culpa. Der Mensch zerstört seine eigene Schöpfung. Als Kinder machen wir früher oder später das Spielzeug kaputt, über das wir uns so gefreut hatten. Es ist ein mildernder Umstand, daß auch ohne uns wenig von unserer Schöpfung übriggeblieben wäre. Nach dem Ende eines Goldrausches fallen ganze Dörfer in sich zusammen, Tempel von nicht einmal sehr alten Kulturen sind vollständig mit dem Urwald verschmolzen, der sie einst umgab. Wo die Pflege nur kurze Zeit unterbleibt, wächst mitten in New York Gras durch den Asphalt, werden Keller überschwemmt, versinken schwere Betonplatten im Boden. Kultur ist nur dadurch zu erhalten, daß man sie ständig gegen die Natur verteidigt. Stillstand ist Rückschritt. Wie schafft es die Natur, immer wieder die Oberhand zu bekommen? Wie so oft bei schwierigen Fragen muß man die Ausnahmen betrachten, um eine Antwort zu bekommen. Es genügt ein Blick auf eine Camel-Schachtel, und man weiß, warum die Pyramiden so unnatürlich lange durchgehalten haben: Sie stehen in der Wüste. Dort gibt es kein Wasser, und genau das ist die Definition für eine Wüste. Außer in der Wüste gibt es also überall Wasser. Mit der Schwerkraft fällt es aus der Luft und von den Bergen herab, in kapillarer Gestalt kriecht es aus den kleinsten Ritzen empor, überall dringt es ein. Notfalls bahnt es sich seinen Weg mit Gewalt. Wenn Wasser zu Eis wird, dehnt es sich plötzlich so stark aus, daß Felsen zerspringen und Leitungen bersten. Hat das Eis erst einmal eine Bresche geschlagen, kann das Wasser selbst sein zerstörerisches Werk beginnen. In den gemäßigten Zonen geschieht das in jedem Frühjahr, in vielen anderen Gebieten jeden Morgen, wenn auf eine eiskalte Nacht ein sengendheißer Tag folgt. Je wärmer es wird, desto stärker ist die Wirkung, denn bei höheren Temperaturen nimmt Wasser schneller Feststoffe auf. Nicht ohne Grund eignet sich Wasser gut zum Putzen; mehr als die Hälfte aller in der Natur vorkommenden Elemente sind wasserlöslich. Manche Substanzen gieren so sehr danach, aufgelöst zu werden, daß sie die Feuchtigkeit aus der Luft aufsaugen. Kochsalz wird aus diesem Grund von selbst feucht. Wenn Wasser über etwas hinwegfließt, nimmt es die feuchtigkeitsliebenden Stoffe mit, bis der Untergrund so stark ausgehöhlt ist, daß sich ganze Stücke lösen. Die gelösten und abgebauten Stoffe werden abtransportiert. Aber auch wenn das Wasser steht, verschwinden Stoffe aus unserem Blickfeld. Viele Verbindungen werden in Wasser labil. Kochsalz zerfällt in Wasser spontan in seine Bestandteile Natrium und Chlor. Ersteres ist positiv gela-

Ausgestopfter Orang-Utan.

69

den, letzteres negativ. Normalerweise würden sie einander stark anziehen, aber im Wasser gelingt das nicht. Das elektrische Feld der Wassermoleküle reduziert die Anziehungskraft zwischen Natrium und Chlor auf ein Prozent des normalen Wertes. Folglich schweben die Natrium- und Chlorteilchen frei herum. Oder sie heften sich eine Zeitlang an die entgegengesetzt geladene Seite eines Wassermoleküls. Wenn nun außer Kochsalz noch ein weiterer Stoff im Wasser gelöst ist – und das ist immer der Fall –, können sich die fremden Teilchen leicht begegnen. So können neue Kombinationen, also neue Stoffe, entstehen. Ohne die Mitwirkung des Wassers hätten die ursprünglichen Atome nie die erforderliche Ungebundenheit gehabt. Das Wasser hat ihnen Gelegenheit zum Partnertausch gegeben, so daß wir jetzt die zerstörerische Wirkung von Salz auf Autos verstehen. Ein Auto kann ohne negative Folgen in einem Berg Salz stehen, solange kein Wasser hinzukommt und das Salz aktiviert.

Ganze Gebäude und Gebirge lösen sich in Wasser wie Kandis im Tee. Einen großen Kandisbrocken kann Tee nicht bewältigen. Er wäre kalt, bevor er endlich ins Innerste des Kandis vorgedrungen wäre. Der Kandis zerfällt zuerst in kleinere Stückchen, die dann wie Schnee in der Sonne vergehen. Gebäuden und Gebirgen kann Wasser anfänglich wenig anhaben, aber sobald Spalten und Risse entstehen, lösen sich kleinere Brocken ab, und das Wasser kommt immer besser heran. Wenn etwas abbröckelt, wird die Kontaktfläche zwischen Wasser und Stein größer, dadurch beschleunigt sich das weitere Zerbröckeln, das Wasser kommt noch besser heran usw. Wenn ein Berg zu Felsen auseinandergebrochen ist, aus den Felsen Kiesel geworden sind, aus den Kieseln Sand und aus dem Sand feiner Schlamm, wächst die gesamte Oberfläche der Bestandteile beinahe ins unendliche. Das Wasser kann die Moleküle nun fast ablecken, um so mehr, als der Schlick letztendlich ins Meer gespült wird. Zu diesem Zeitpunkt ist es für jegliche Rettung längst zu spät. Wie lange Stein standhält, hängt in erster Linie davon ab, wie gut er sich anfangs gegen das Wasser zu wehren versteht. Schlaue Gebirge schützen sich mit üppigem Bewuchs gegen Erosion, Gebäude sind in einem feuchten Klima so dauerhaft wie ihre Abflußrohre. Aber auch das ist nicht so einfach. Schon im fünfzehnten Jahrhundert klagte Leon Battista Alberti, der Wiederentdecker der antiken Baukunst, über den Regen, »der immer nur Böses im Sinn hat und keine Gelegenheit ausläßt, durch die kleinste Öffnung einzudringen: Klammheimlich verschafft er sich Zutritt, weicht auf und untergräbt mit Ausdauer die Kraft des Gebäudes, bis schließlich alles in Trümmern liegt.« Man sollte also weit vom Wasser entfernt bauen. Bei den Pyramiden war das kein Problem, aber Städte entstehen nun einmal an Flüssen und Kreuzungspunkten von Wasserstraßen. Daß es um die historische Innenstadt des polnischen Krakau so schlecht steht, hat weniger mit Kriegen zu tun als mit dem Bemühen, sie zu verhindern. Die Stadt wurde zwischen den Armen der Weichsel erbaut, um Angreifer besser abwehren zu können. Allerdings ist der Boden dort sumpfig, und die Häuser werden nie richtig trocken, auch deshalb, weil die Stadt in einer Mulde mit geringem Luftaustausch liegt. Wenn es taut, dringt die Feuchtigkeit tief in die Mauern des königlichen Palasts ein, wo sie bei Frost großen Schaden anrichtet. Dabei konnte Polen dank des Kommunismus der Isolierungswelle entkommen, die die Häuser des reichen Westens mit Umweltvorschriften erstickt hat. Bei diesen Häusern bleibt das Wasser nicht nur draußen, sondern auch drinnen. Da sie nicht mehr natürlich durchlüftet werden, bleibt das Wasser aus unseren Küchen, Badezimmern und Lungen als Dampf in den Räumen hängen und kondensiert in Holzverbindungen, unter Farbschichten und zwischen Böden. Auf diese Weise gelangt es an Stellen, die es in flüssiger Form nie erreicht hätte.

Wasser ist so sehr damit beschäftigt, Stoffe aufzulösen, daß es selten in reiner Form vorkommt. Schon während seiner Reise durch die Luft nimmt ein Regentropfen Stoffe auf. Kohlensäure zum Beispiel. Dieses Gas gibt natürlichem Wasser seinen frischen Geschmack. Wirklich reines Wasser ist völlig geschmacklos. Was ein Grund mehr dafür ist, statt Leitungswasser Mineralwasser zu verkaufen und das mit einer unnatürlich hohen Dosis Kohlensäure aufzupeppen. Aber außer natürlicher Kohlensäure befinden sich heutzutage noch andere Stoffe in der Luft. Sie lösen sich ebenfalls in Wasser, deshalb ist der Regen immer fauliger geworden. Saurer. In den siebziger Jahren schlug die Umweltbewegung Alarm, daß die Bäume dem nicht standhalten könnten. Ein großes Waldsterben wurde vorhergesagt; wäre die Vorhersage eingetroffen, wäre Europa jetzt so kahl wie die Pobacken in einer Werbung für Damenwäsche. Es war also nicht so schlimm. Sauer waren vor allem die Umweltaktivisten. Die meisten betroffenen Wälder waren selbst schuld. Was in Europa an Wald noch erhalten ist, steht auf den kärgsten Böden, und wo Laubwälder wachsen sollten, versuchen Nadelbäume mit viel zu flachen Wurzeln ihr Glück. Schon auf einer Radierung Albrecht Altdorfers (1480–1538) sind die Folgen zu sehen. Sie

zeigt Tannen mit Symptomen, die heutzutage eindeutig auf sauren Regen zurückgeführt werden: Die Bäume sind verdorrt, Zweige der zweiten Ordnung hängen herab, Nadeln sind abgefallen. Da der Titel »Landschaft mit zwei jungen Tannen« lautet, ist das Syndrom wohl kaum dem Alter der Bäume zuzuschreiben. Inzwischen ist man sich einig, daß sich der Zustand der europäischen Wälder aufgrund komplexer Ursachen verschlechtert hat, von denen der Säuregrad des Regens nur ein Aspekt ist.

Auf den Radierungen Albrecht Altdorfers (1480–1538) scheint die Versauerung von Nadelbäumen bereits sichtbar zu sein.

Schwerer als die Natur scheint die Kultur betroffen zu sein. Was zunächst den Menschen selbst zu bedrohen schien, greift jetzt vor allem seine Skulpturen an. Vom süßen Regen in die saure Traufe: Die Gesichtszüge der Skulpturen in den alten Städten verziehen sich zu Grimassen. Schon sind Aussätzige darunter: Nasen faulen weg, Ohren fallen ab. Antike Statuen, die Tausende von Jahren durchgehalten haben, erliegen den Abgasen des Fahrstils, der gerade in den Ländern verbreitet ist, in denen die meisten dieser Skulpturen stehen. Auf Fotos aus den letzten zehn Jahren sieht man, daß die Skulpturen wie abgeleckte Lollis ihre Konturen verlieren. Da die Tourismusindustrie hier gewisse Interessen hat, wurden erste Maßnahmen getroffen. In Athen hat man die Koren des Erechtheion und in Venedig die vier großen Bronzepferde der Fassade der Markuskirche durch Repliken ersetzt. Das bronzene Standbild des Mark Aurel ist von der Piazza del Campidoglio ins Kapitol-Museum umgezogen. So hat man zwei Fliegen mit einer Klappe geschlagen: Das Bild ist sicher, und die Touristen müssen bezahlen, damit sie es zu sehen bekommen. Angesichts der Tatsache, daß die Höhepunkte unserer Zivilisation nur noch in Museen sicher sind, könnte man Kulturpessimist werden. Bisher haben die Steine den Jahrhunderten getrotzt, mit unserem werden sie nicht mehr fertig. Liegt das nun an unserem Jahrhundert oder an den Steinen?

Als das Ozonloch noch saurer Regen hieß, waren in den Prospekten der niederländischen Regierung als Beispiel für Säureschäden immer wieder Fotos der Sint-Janskerk in 's-Hertogenbosch abgebildet. Vor allem an der Westseite, die dem Regen am stärksten ausgesetzt ist, sind die Gesichter der Heiligen und ihrer Mitakteure weggefressen. Verunstaltet schauen sie zum Himmel empor, der ihnen so wenig Segen bringt, oder auf die Autos herab, die mit ihren Abgasen ihr Scherflein zur Entfremdung vom Christentum beitragen. Wir können unaufhörlich weiterrestaurieren. Pfeileraufsätze wurden abgenommen und wieder angebracht, Gewölbe erneuert und Gemälde freigelegt. Skulpturen wurden eingehend untersucht und wenn nötig neu geschaffen. Von den Figuren der großen Strebebögen beiderseits der Kirche stammt zum Beispiel keine mehr aus dem Mittelalter. Allerdings hat nicht der mittelalterliche Stein am meisten gelitten. Der saure Regen hat vor allem den Saint-Joire angegriffen, einen Kalkstein, der bei der Restaurierung vor einem Jahrhundert verwendet wurde. Die Säuren lösen den Kalk viel leichter heraus als die Bestandteile des ursprünglichen Bentheimer- und Gobertange-Steins. Einige der Skulpturen, die bei der letzten Restaurierung erneuert wurden, mußten deshalb noch einmal ersetzt werden. Es war faszinierend, die Bildhauer bei der Arbeit zu beobachten. Schließlich ereignete sich hier etwas von großer biologischer Bedeutung. Durch das Meißeln einer Skulptur nach dem Bildnis einer Skulptur hat der Mensch sein Ebenbild – neben der Möglichkeit, eine Krankheit wie Aussatz zu bekommen – um eine weitere Fähigkeit bereichert, die höchste, die das Leben bietet: Fortpflanzung. Das heißt Stein zum Leben erwecken.

Wie sinnvoll ist es, Skulpturen aus Stein zu hauen, wenn der Stein noch vergänglicher ist als der abgebildete Mensch? Die Frage stellt sich vor allem in Krakau, wo von Anfang an zu weiche Materialien verwendet worden sind: Sandstein aus den Karpaten und poröser Pinczów aus einem Gebiet nordwestlich der Stadt. Beide Steinsorten sind leicht zu bearbeiten, sowohl vom Menschen als auch vom sauren Regen. Sandstein ist nichts anderes als aneinandergeklebter Sand. Der saure Regen löst den Leim heraus, und der Stein zerfällt zu Pulver. An der rauhen Außenseite bleiben Ruß und Schmutz gut haften, die Poren verstopfen, und die Feuchtigkeit wird im Stein eingeschlossen. Die Feuchtigkeit gibt dem Kalzium des Kalks Gelegenheit, sich mit dem Schwefel aus dem Regen zu verbinden; dabei entsteht Kalziumsulfat. Verdampft die Feuchtigkeit, dann kristallisiert das Salz und dehnt sich dabei so stark aus, daß der Stein auseinanderbricht. Der Konservator des königlichen Palasts in Amsterdam, Stepien, meinte, dieser Effekt sei schon lange bekannt. »In alten Büchern wird beschrieben, daß Soldaten heimlich Salz in Mauerritzen zurückließen, wenn sie zum Rückzug gezwungen waren.«

Man könnte nun meinen, die Säure in der Luft und im Wasser sei auf den Sauerstoff zurückzuführen, aber das ist ein Mißverständnis, das bis ins achtzehnte Jahrhundert zurückreicht, als der französische Chemiker Lavoisier den Sauerstoff entdeckte. Er glaubte, den Stoff gefunden zu haben, der Säure

Stein ist genauso(wenig un)vergänglich wie der abgebildete Mensch.

sauer macht. In Wirklichkeit ist dafür der Gegenspieler des Sauerstoffs zuständig: der Wasserstoff. Die zerstörerische Wirkung des Sauerstoffs ist jedoch nicht geringer. Kein Element versteht es, Häuser und Bäume, aber auch ganze Städte und Wälder so gründlich dem Erdboden gleichzumachen. Feuer ist nichts anderes als ein Sichverbinden mit Sauerstoff. Das braucht nicht einmal mit sichtbarem Feuer einherzugehen. Das langsame Schwelen, zum Beispiel ein verdeckter Moorbrand, die Verdauung in unseren Gedärmen oder das Vergilben ganzer Bibliotheken, richtet den größten Schaden an. Und obwohl Wasser der Feind des Feuers ist, sind Wasser und Sauerstoff beim allmählichen Verfall Verbündete.

Wasser und Sauerstoff zusammen fressen die Welt auf. Mit einer Stahlplatte von einem Zentimeter Dicke sind sie zehn Jahre beschäftigt. Mit Hilfe des Wassers geht Sauerstoff mit Eisen eine Verbindung ein, die ebenso kompliziert wie instabil ist. Das Eisen zerbröselt. Anfangs schützt die erste Rostschicht den darunterliegenden blanken Stahl, aber sie ist zu weich und hält nicht lange durch. Das funktioniert beim Rost von Kupfer besser. Das grüne Kupferoxid kann den Sauerstoff lange von der darunterliegenden Schicht fernhalten, den besten Schutz jedoch bieten Farbe oder Lack. Dann sind allerdings sie in der Schußlinie. Farbe oder Lack müssen regelmäßig erneuert werden, weil auch ihnen der Sauerstoff zu Leibe rückt, diesmal mit Hilfe von Licht. Licht ist eine Form von Energie, die von Farbstoffen aufgenommen wird, bis sie buchstäblich platzen. Ihre Moleküle fallen auseinander, und dadurch verändert sich ihre Farbe. Weißhäutige Menschen werden dadurch braun. Kurze Zeit später sind sie – nicht immer zu ihrer Freude – wieder so bleich wie zuvor, bei Farben sind die Veränderungen jedoch nicht umkehrbar. Damit ihre Gemälde, Gobelins, ausgestopften Vögel oder Bücher nicht noch weiter zerfallen, versuchen Museen, die gefährlichste Strahlung des Sonnenlichts – UV – mit Hilfe getönter Scheiben abzuhalten, und dimmen das künstliche Licht. Ihre Fensterrahmen und Kranzleisten an der Fassade blättern allerdings genauso ab wie vorher. Hier haben Wasser, Sauerstoff und Licht freie Hand. Helfen können da nur Klempner und Anstreicher.

Wetter und Wind verschaffen sich auch zum Museumsdirektor Zugang, zu seiner Frau, zu Ihrem und zu meinem Körper. Zehn- bis fünfzehnmal pro Minute atmen wir kräftig ein. So gelangen Wetter und Wind in unsere Lungen, die den Sauerstoff herausfiltern. Dieser äußerst aggressive Stoff wird vom Blut bis in die letzten Winkel unseres Körpers verteilt. Und da es in unserem Körper feucht ist, fangen die Organe zu rosten an. Es gibt keinen naturwissenschaftlichen Grund, dieses Wort auf das Oxidieren von Metallen zu beschränken. Würden wir reinen Sauerstoff einatmen, würden unsere Lungen so schnell rosten, daß wir binnen weniger Tage tot wären. Wenn die Atmosphäre aus reinem Sauerstoff bestünde, gäbe es uns nicht einmal. Wälder und Wiesen und alles, was dort lebt, würden spontan in Brand geraten. Es ist deshalb gut, daß der Sauerstoff in der Luft mit der vierfachen Menge an Stickstoff verdünnt ist. Deshalb ist er allerdings noch nicht unschädlich. Am gefährlichsten ist Sauerstoff wahrscheinlich in Form freier Radikale, die die *Chicago Tribune* einmal »molecules from hell« nannte. Ein freies Radikal ist ein Molekül, dem ein Elektron fehlt. Um diesen Mangel auszugleichen, stiehlt es ein Elektron von einem anderen Stoff, der dadurch Schaden nimmt. Ein lebender Körper wehrt sich mit Hilfe von Stoffen, die die freien Radikale abfangen, aber das funktioniert nicht immer. Täglich wird die DNS jeder Zelle mehrere tausendmal angegriffen. Der weitaus größte Teil des Schadens wird repariert, es bleiben jedoch Narben zurück. Auf diese Weise altert die DNS und damit die ganze Zelle; ein Mensch rostet von innen her weg.

Im Wasser gehen Schiffe unter, es läßt Häuser verrotten, spült Berge weg und greift Kunstwerke an: Gläubige aber hoffen, davon gesund zu werden. Mit Gottes Hilfe natürlich.

76

Allein in Lourdes ist eine so große Menge Weihwasser in Umlauf, daß ein mittelgroßer Versorgungsbetrieb stolz darauf wäre. Es befindet sich in gläsernen Marienfiguren, Kanistern, Weinflaschen, die allenthalben von Menschen, die kaum noch gehen können, herumgeschleppt werden. Es fehlt nur noch, daß das Weihwasser mit einem Feuerwehrschlauch durch die Gegend gespritzt wird. Vielleicht ist auf diese Weise das ewige Leben zum Greifen nah, aber ob das irdische deshalb länger währt, bleibt abzuwarten. In einer kürzlich erschienenen Ausgabe der britischen Wochenschrift *Catholic Herald* wird darauf hingewiesen, daß das heilige Quellwasser ein Ansteckungsherd ist. Patienten mit schwacher Konstitution können daran sterben. Schon häufiger war dem Personal in zwei britischen Krankenhäusern aufgefallen, daß es Patienten schlechter ging, nachdem ihre Verwandten sie mit Weihwasser von fernen heiligen Orten besprengt hatten. Die Mikrobiologin Karen Allen fand darin zahllose starke Krankheitserreger. Im Royal Preston Hospital in Lancashire konfiszieren die Krankenschwestern mitgebrachtes Weihwasser sofort und sterilisieren es. Erst danach bekommen es die Besucher zurück.

Würde nur sterilisiertes Wasser vom Himmel fallen, würden unsere Gebäude und Gebirge länger durchhalten. In den Regentropfen sitzen Banditen, vor denen wir viel mehr Angst haben sollten als vor Normannen, Hunnen und Barbaren. *Lourdes.*

Mit unwahrscheinlich vielen Scheinfüßchen, Enterhaken und Saugwarzen landen Bakterien, Algen und Schimmelpilze auf den höchsten Wolkenkratzern und Berggipfeln. Sie bilden die Vorhut des Zahns der Zeit. Dank unserer Mikroskope wissen wir, daß sie aus Trillionen von Zähnchen bestehen, die in Billionen von Kiefern stecken, manchmal haben sie nicht einmal Zähne. Unsere Ohren haben sich an sie gewöhnt, sonst wäre das hunderttausendmillionenfache Genage und Geschmatze der Zersetzung überall um uns als Symphonie des Verfalls deutlich zu vernehmen. Bereits nach einem Tag auf der Anrichte würde ein Beefsteak wie Tschaikowskis Ouvertüre *Das Jahr 1812* klingen. Verglichen mit diesen Banditen waren die Hunnen Waisenknaben. Neue Gebäude mögen die meisten von ihnen nicht. Sie finden kaum Halt, und der frische Mörtel schmeckt ihnen wie uns rohe Bohnen. Aber das bleibt nicht so. Die Vorhut aus Mikroorganismen öffnet gewissermaßen die Hintertür, so daß sich Wind und Wetter ungehindert an die Arbeit machen können. Bei Versuchen mit Gesteinsbrocken stellte der Genter Geologe Patrick Jacobs fest, daß Marmor, Mörtel und Sandstein nur wenig unter dem belgischen Klima leiden. Bis Mikroorganismen auf sie losgelassen wurden. »Dadurch veränderte sich das Gestein wesentlich. Manche Blöcke sind sogar völlig auseinandergebrochen. Am schlimmsten sind Moose und Pilze. Sie bilden Fäden, die sehr tief in den Stein eindringen können. Dafür genügt ein mikroskopisch kleiner Riß oder Spalt. Wenn dies der Fall ist, muß man etwas tun.« Aber was? Oft wird sofort zur Spritze gegriffen. Um sichtbare Verfärbungen zu entfernen, wird eine Mauer mit Sandstrahlgebläsen oder Wasser abgespritzt. Professor Marcel de Cleene hat einmal beobachtet, wie die Sint-Michiels-Brücke in Gent mit Wasser aus der Leie abgespritzt wurde. Ein völlig falsches Vorgehen, erklärte er. Auf diese Weise gelangen Algen und Bakterien unter Druck tief in den Stein. In enger Zusammenarbeit mit Wind und Wetter erschließen sie dann das Terrain für etwas höhere Organismen. Zu Beginn arbeitet der Wind noch nicht so gut mit, weil er die Mauern nach einem Regenguß schnell wieder trockenbläst. Deshalb können die Pioniere nur dort leben, wo Feuchtigkeit einsickert. Unter einer undichten Dachrinne oder neben einem kaputten Regenrohr läßt es sich gut aushalten. Die Ankunft der Moose stellt einen Wendepunkt dar. Sie treiben ihre Wurzeln mit Hilfe einer sauren Flüssigkeit in die Steine. Hebt man ein Büschel Küchenmoos *(Grimmia)* an, erkennt man deutlich die Gruben, die seine Wurzeln im Kalkstein hinterlassen haben. Noch deutlicher sind die Spuren auf poliertem Marmor zu sehen. Auf einem Schiefer- oder Reetdach können Moose zehn Zentimeter dicke Schichten bilden, und es besteht kein Zweifel, daß sie mit Hilfe des Wassers, das sie speichern, das Dach angreifen. Von dieser Feuchtigkeit werden auch höhere Pflanzen angelockt. Liegt das Dach oder die Mauer günstig in der Sonne, dann verschaffen stinkender Gelber Lerchensporn und Glaskraut dem Verfall schnell ein fröhliches Aussehen. Ihre Samen bringen Ameisen hierher, die dafür mit besonderen Fettzellen belohnt werden. Vögel wiederum verbreiten mit ihrem Kot die Samen, und auch der Wind verteilt sie und erweist sich damit einmal mehr als treuer Handlanger der Vergänglichkeit.

Es ist kein Zufall, daß man bei Verwesung zuerst an Schimmel denkt. Wo Schimmel auftritt, ist bereits so viel Feuchtigkeit, daß die Zersetzung kaum noch aufzuhalten ist. Schimmelpilze brauchen mindestens zwanzig Prozent Luftfeuchtigkeit zum Überleben und beträchtlich mehr, um sich anzusiedeln. Meist rührt die Feuchtigkeit von einer undichten Stelle oder von fehlendem Luftaustausch her. Letzteres bemerkt man weniger schnell als ersteres. In meinem frisch renovierten Haus haben sich Schwämme innerhalb von zwei Jahren durch eine neue Balkenschicht gefressen, weil ich vergessen hatte, das Kellerfenster zu öffnen. Als Wesen von einem anderen, von Pflanzen regierten Planeten hatten sie sich, auf der Suche nach einer Dependance und ohne etwas von den schweren Bücherregalen im darüberliegenden Stockwerk zu ahnen, in dicken Kissen um die Balken geschmiegt. Am meisten hat mich erstaunt, daß es im Keller gar nicht sehr feucht war. Später erfuhr ich, daß der Hausschwamm nur am Anfang Feuchtigkeit braucht. Hat er erst einmal Fuß gefaßt, holt er sich das Wasser, das er benötigt, aus der Zellulose im Holz. Meinem Holz. Im Krieg wucherte der Hausschwamm üppig in London, wo das Löschwasser nach einem Bombardement für die anfänglich notwendige Feuchtigkeit sorgte. Von seiner Ruine aus konnte der Schwamm dann in andere, trockene Häuser eindringen. Mit speziellen Ausläufern überwindet er Mauern und andere Hindernisse, die ihm nicht behagen. Aus seiner Nahrung zieht der Schwamm manchmal so viel Wasser, daß es in Bächen herabrinnt. Daher der lateinische Name *lacrymans*: der Weinende.

Außerhalb von Häusern ist der Hausschwamm allenfalls in Holzlagern oder an Telegrafenmasten anzutreffen. Dennoch stammen die Schimmelpilze, die uns helfen, unser Haus aufzufressen, ursprünglich natürlich aus Wald und Flur. Deshalb haben sie es so eilig. Holzschimmel müssen die Bäume genauso schnell vertilgen, wie sie wieder nachwachsen. Einem Schimmelpilz ist es egal, ob er sich auf Bauholz oder Baumstämmen ansiedelt, solange das Holz tot und damit gut bekömmlich ist. Auch Wald besteht zu einem großen Teil aus totem Holz. Nicht nur in Gestalt umgestürzter Stämme, die malerisch mit Pilzen bewachsen sind, auch die Stämme lebender Bäume sind zu einem großen Teil tot. Während außen tote Zweige abfallen, stirbt innen das Kernholz. Es braucht nicht mehr zu wachsen und wird auch nicht mehr zum Transport von Nährstoffen benötigt; dafür sorgen Bast und Splintholz. Kernholz muß lediglich fest sein. Und das ist es auch, deshalb eignet es sich gut zum Bauen. Es sei denn, die Schimmelpilze haben es früher gefunden als die Zimmerleute. Dann werden die Bäume hohl. Kopfweiden sind dafür bekannt, aber auch Eichen werden völlig ausgehöhlt, wenn

Hallimasch (Armillaria mellea).

sie richtig alt werden. Wie alt, ist dann nicht mehr zu erkennen, weil die meisten Jahresringe verschwunden sind. Das soll nicht heißen, daß Schimmelpilze sich auf das Kernholz beschränken. Auch junges, frisch gewachsenes Holz ist eine Symbiose aus lebenden und toten Elementen. Bisweilen muß einer von zehn Nadelbäumen in unseren Wäldern gefällt werden, weil der Schimmelpilz *Sphaeropsis sapinea* die Gefäße verstopft hat. Das Holz bekommt schwarze Streifen, und der Baum bleibt innerhalb weniger Wochen auf der Strecke. Berüchtigt ist auch der Wurzelschwamm (*Heterobasidion annosum*). Ein Meuchelmörder, wie sogar Jac. P. Thijsse meint:

Er startet seinen Angriff im Dunkeln unter der Erde, und zwar am Wurzelhals, wo der Stamm der jungen Kiefer in die Wurzel übergeht. An dieser Stelle treiben die Sporen ihre Pilzfäden ins Innere. Der Schwamm breitet sich am stärksten in der Grenzschicht von Rinde und Holz und in der Rinde selbst aus. Die Wurzeln bekommen nun von den grünen Zweigen keine Nährstoffe mehr, weil diese entlang der Rinde hinabwandern. Sie verhungern und verfaulen allmählich, und der Baum stirbt.

Am Fuß der hinfälligen Bäume bilden sich im Herbst flache Krusten. Einen wesentlich schöneren Pilzkörper bildet der Hallimasch (*Armillaria mellea*), der Förstern kalte Schauder

über den Rücken jagt, seine Liebhaber aber geradezu ent-
zückt: Manchmal strahlt er nachts ein geisterhaftes Licht aus,
genau wie Phosphor. Den Förstern zum Trost existieren auch
Pilzarten, die unter ihresgleichen leiden: Es gibt einen Röhr-
ling *(Boletus parasiticus)*, der ausschließlich auf dem Gelben
Kartoffelbovist *(Scleroderma citrinum)* vorkommt.

Daß Pilze mit sprichwörtlicher Geschwindigkeit aus dem
Boden schießen, verdanken sie ihrer Art zu wachsen. Sowohl
das Myzel als auch der eigentliche Pilz bestehen nicht aus Zellen wie den unsrigen, sondern aus langen, dünnen Fäden, die
lediglich ein Minimum an Substanz, dabei aber maximale
Reichweite haben. Aufgrund dieser Struktur kann ein Pilz
niemals so groß werden wie eine Eiche, dafür kann er sich
über die Fläche eines ganzen Landes ausbreiten. Die einzige
Bedingung ist, daß zwischen der Außenhaut jedes Pilzfadens
und der Umgebung ein dünner Wasserfilm vorhanden ist, der
den Nährstofftransport ermöglicht, denn Zähne hat der
hungrigste Vollstrecker des Zahns der Zeit nicht. Schimmelpilze kooperieren jedoch erfolgreich mit Organismen, die
Zähne haben: den Tieren. Zum Beispiel mit der mexikani-
schen Spinne *Mallos gragalis*. Diese verhält sich anders, als es
sich für eine Spinne gehört. Erstens lebt sie mit Tausenden
von Artgenossen in einem riesigen Netz, zweitens beseitigt
sie die Reste der Insekten, die sie ausgesaugt hat, nicht
ordentlich. Hier und da werden absichtlich angefressene
Fliegen ins Netz eingesponnen. Seltsamerweise fangen die
Fliegen nicht an zu stinken, sondern riechen sogar sehr angenehm nach Hefe. Die ganze Kolonie verbreitet einen Duft,
der Fliegen anlockt. Das gefällt den Spinnen natürlich und ist
durchaus beabsichtigt. Wenn die Spinne eine Fliege aussaugt,
spritzt sie ihr gleichzeitig ein Antibiotikum gegen Bakterien
ein. Dadurch haben die Schimmelpilze, die wohl immer in
Fliegen leben, die Möglichkeit, die Reste der Fliege zu sich zu
nehmen, was normalerweise von Bakterien erledigt wird.
Wenn die Hefen mehr Fliegen anlocken, als die Spinnen ver-
zehren können, bestätigt sich diese Annahme. Die Bakterien
bekommen dann die Oberhand, und die Kolonie riecht bald
so stark nach Verwesung, daß keine Fliege mehr kommt.

Ein derartiger Geruchsunterschied ist uns auch aus der
Küche bekannt. Läßt man Fleisch zu lange außerhalb des
Kühlschranks liegen, dann bewirken Bakterien, daß es zu
stinken anfängt. Obst dagegen verfault nicht unattraktiv.
Den meisten Bakterien ist es zu trocken, den Schimmelpilzen
aber saftig genug. Es ist eine Lust zu sehen, wie schnell eine
niedere Lebensform sich der Frucht einer höheren Pflanze

bemächtigt. Pilzkörper bilden sich auf einer verfaulten Apfelsine nicht, wohl aber findet Fortpflanzung statt. Das weiße oder schwarze Pulver, das am Ende übrigbleibt, sind die Sporen, die die Apfelsinen, wo auch immer sie sind, beseitigen, bevor die Welt in nicht verspeisten Apfelsinen umkommt. Eine Apfelsine wird für uns nicht schmackhafter, wenn sie schimmelt, aber viele Tiere sind darauf angewiesen, daß ein Schimmelpilz ihre Nahrung vorverdaut. Er ist sozusagen ihr Koch. Für viele Tiere ist Holz ungenießbar, bis ein Schimmelpilz es gewissermaßen mariniert hat. Deshalb werden frisch restaurierte Kirchen und Rathäuser so gern vom Nagekäfer *(Xestobium rufovillosum)* angefressen, der sein Leben als etwas groß ausgefallener Holzwurm in Eichenbalken beginnt. Während der Restaurierung liegt die Dachkonstruktion eine Weile frei. Die in dieser Zeit eindringende Feuchtigkeit kann der Wind nach dem Abdichten des Daches nicht mehr trocknen. Die Schimmelpilze können zu Tisch, ihnen folgen die Käfer. Um letztere mit Gift zu bekämpfen, müßte man so viele Löcher bohren, daß die Balken ihre Stabilität verlören. Hier ist guter Rat teuer.

Falls keine Lösung gefunden wird, gehen Tausende alter Gebäude zugrunde. Aber das ist noch nichts im Vergleich zu den Millionen von Büchern, die auf dem gemeinsamen Speiseplan von Schimmelpilzen und Käfern stehen. Seit die Verleger von Hadern- auf Holzfaserpapier umgestiegen sind, haben sich Holzwürmer zu Bücherwürmern umschulen lassen. Mit ihnen begeben sich Liebhaber von Keratin, wie Motten und Pelzkäfer, an die Festtafel. Insekten, die sich klangvoller lateinischer Namen wie *Trogium pulsatorium, Dermestes lardarius* und *Attagenus unicolor* erfreuen, schlagen ihre ebenso latinisierten Mundwerkzeuge in kostbare Folianten und seltene Dünndrucke. Was für uns eine Bibliothek ist, stellt für sie ein Restaurant dar. Das eine bohrt sich gefräßig durchs Papier, das andere nascht nur vom Leim, so daß das Buch lediglich auseinanderfällt, ein drittes, der Speckkäfer, macht beides: Ist sein Kot weiß, dann hat er Papier verspeist, ist er braun, dann waren es Leim und Leder, aber er mag auch Matratzen und spanischen Pfeffer. *Thermobia domestica*, das Ofenfischchen, nimmt dem Papier nur den Glanz, der Bunte Nagekäfer frißt nach dem Verzehr eines Buches in aller Ruhe an dem Regalbrett darunter weiter. Holzfaserpapier steht ohnehin schon im Kreuzfeuer der Kritik. Es enthält Alaun, damit es besser zu beschriften ist. Hierbei kommt es zu einer chemischen Reaktion, bei der Schwefelsäure entsteht. Dieser Effekt wird durch die Verwendung von Gallapfeltinte noch verstärkt. Um die Dokumente aus dem neunzehnten Jahrhundert ist es deshalb meist schlechter bestellt als um Papier aus der Zeit davor, das man aus zerkleinerten Lumpen und kalkhaltigem Wasser hergestellt hat.

Es ist leicht, unseren Urgroßvätern Vorwürfe zu machen. Seither ist es aber noch schlimmer geworden. Es sieht so aus, als ob unsere Informationsträger immer vergänglicher werden. Papier aus dem neunzehnten Jahrhundert zerbröselt einem zwar in den Händen, aber die Zelluloidfilme des zwanzigsten Jahrhunderts sind so leicht entzündlich, daß sie wegen der Explosionsgefahr in Bunkern aufbewahrt werden. Wenigstens sind diese Filme noch hundert Jahre alt geworden. Kaum eines der Videobänder, auf denen man die Welt von vor zehn Jahren festgehalten hat, ist noch sehenswert. Im einundzwanzigsten Jahrhundert werden alle Informationen digital gespeichert, was einen großen Nachteil birgt: Sie sind nur mit Hilfe von Geräten zu entziffern, die schneller veralten als die Bademode in Saint-Tropez. Das Ergebnis dieser Entwicklung ist, daß ein Text in babylonischer Keilschrift besser erhalten bleibt als irgendeine heutige Fernsehsendung.

Die Flüchtigkeit der Information und des Mediums führt dazu, daß wir die Zeitung als Symbol der Vergänglichkeit betrachten können. Eine papierene Eintagsfliege. An einem Tag greifen wir noch neugierig nach ihr, am nächsten ist sie gerade noch gut genug, um Fisch darin einzuwickeln. Als ob der weniger vergänglich wäre. So wie Zeitungspapier seinen Untergang in sich trägt, sind die Lebensmittel in Ihrer Einkaufstasche von unzähligen Mikroorganismen bevölkert, die sich im Schlaraffenland wähnen. Gemüse und Obst halten mit ihren dicken Zellwänden länger stand als Fleisch oder Fisch, in gekochtem Zustand jedoch sind die Zellen von Pflanzen und Tieren völlig wehrlos. Die Wände sind zerstört,

Dokumente aus dem neunzehnten Jahrhundert sind oft in schlechterem Zustand als Papier aus der Zeit davor.

der Inhalt liegt offen da. Aus diesem Grunde kochen wir. Wir stehen aber nicht nur für uns in der Küche. Bakterien und Schimmelpilze, die selbst zu faul zum Kochen sind, essen mit. Es gilt, seinen Teller leer zu essen, bevor die Mikroben es tun. Das heißt, gleich nach dem Kochen, denn durch das Kochen ist das Essen sterilisiert. Probleme entstehen erst, wenn gekochte Nahrung aufgehoben wird. Bakterien sind ganz versessen auf Reste. Der englische Mikrobio-

loge John Postgate hat einmal ausgerechnet, was mit einem Rest Eintopf geschieht, den man nach dem Abendessen um acht Uhr in die Küche stellt. Bakterien sind von allen Seiten auf diesen Rest herabgeregnet, er ist beniest und befingert worden. So sind zum Beispiel acht Staphylokokken von Ihrem Daumen in den Eintopf gesprungen, als Sie ihn hinausgetragen haben. Durch das Kochen sind die Kartoffelstärke, das Karotin der Möhren und das Eiweiß des Fleisches bereits vorverdaut. Außerdem ist der Eintopf angenehm warm. Davon ermuntert, fangen die Staphylokokken an zu essen und sich fortzupflanzen. Um neun Uhr abends sind es zwanzig, um zehn Uhr nehmen vierzig an der Orgie teil, und wenn die Uhr Mitternacht schlägt, sind es hundertsechzig geworden. Am nächsten Tag wimmeln mittags eine Million Staphylokokken in Ihrem Eintopf. Das sieht man ihm zwar nicht an, aber er ist nicht mehr der alte. Wer ißt, muß schließlich auch kacken. Ein Bakterienhäufchen ist zwar winzigst, aber bei einer Million Staphylokokken sammelt sich doch einiges an. Zumindest ein gewisser Beigeschmack tritt auf.

Küchenhygiene ist einfach. Finden Sie heraus, was Bakterien mögen, und machen Sie dann das Gegenteil. Ärgern Sie sie. Triezen Sie sie zu Tode. Bakterien mögen Wasser? Trocknen Sie das Essen. Um Essen vor hungrigen Bakterienmäulern zu schützen, braucht man ihm nur das Wasser zu entziehen. Eskimos lagern Kabeljau deshalb als Stockfisch, Indianer Bisonfleisch als Pemmikan. Getrocknet hält sich Fisch oder Fleisch jahrelang. Oder Mensch.

Im friesischen Wieuwerd liegen in der Gruft der Ortskirche vier Leichname, die sich bereits seit 1609 weigern, das Feld für immer zu räumen. Dank der trockenen Zugluft haben die Körper dem Zahn der Zeit recht gut Widerstand geleistet. In ihrem Inneren ist nicht mehr viel vorhanden – bei dem ganz rechts liegenden Exemplar, das an Tbc gestorben ist, kann man stellenweise durch Bauch und Rücken von innen nach außen schauen – aber das Äußere ist mehr oder weniger vollständig erhalten. Das Resultat hat eine gewisse Ähnlichkeit

mit einem toten Insekt. Bei ihm verrottet auch erst das weiche Innere, so daß die Tierchen noch eine Zeitlang wie leere Schächtelchen auf der Erde herumgeweht werden, bevor spezialisierte Abbaukommandos auch diesen Job erledigen. Als ob die vier Leichen noch nicht makaber genug wären, hängen darüber einige Vögel. Sie sind natürlich auch schon seit Jahren tot; man hat sie dort aufgehängt, um herauszufinden, ob die geheimen Kräfte des Grabkellers auch bei Vögeln wirken. Wie die Ware eines Geflügelhändlers, der nicht mehr ganz bei Sinnen ist, hängen ein Kanarienvogel, ein Star, ein weiterer Kanarienvogel, ein etwas mitgenommener Papagei und ein Hahn nebeneinander mit dem Kopf nach unten an einer Leine. Der Star schielt. Die Vögel in ihrem unterirdischen Firmament schauen genauso verkniffen und verzerrt wie die Mumien in den Särgen unter ihnen. Jedes Jahr schieben sich Tausende von Touristen an ihnen vorbei. Die Mumien von Wieuwerd erlauben ihnen einen Blick in eine völlig andere Welt: das Totenreich, in das sie eigentlich gehören. Aber sie stehen den Lebenden noch nahe genug, um als verbindendes Element zu dienen. Die Empfindung ist die gleiche wie vor vielen Jahren im Dreiländereck, wo ich, der ich noch nie im Ausland gewesen war, mich ein wenig wie im Ausland gefühlt habe, und wie viel später, aber doch wieder vor etlichen Jahren, als ich von Westberlin aus über eine

Die Mumien von Wieuwerd.

Mauer einige Dutzend Meter weit in ein Land von Hunderttausenden von Quadratkilometern geschaut habe. Ein Zipfel des Schleiers. Das Reich der Mumien ist womöglich noch absurder. Hier streiken die kleinen Restevertilger. Das kann nicht mit rechten Dingen zugehen. Die Mumien grinsen verdächtig. Ein Zipfel mag ja ganz aufregend sein, aber ein Schleier ist definitiv zuviel.

Nicht weit von Wieuwerd entfernt befinden sich in Assen die Überreste von zwölf Menschen, die vor Jahrhunderten im Moor versunken sind. Ihre Gesichtszüge sind beängstigend gut erhalten. Bei ihnen hat die Natur eine andere Konservierungsmethode angewendet: Säure. Die Säuren des Hochmoors haben die Haut gegerbt und die Knochen aufgelöst. Im Flachmoor wirken die Stoffe entgegengesetzt: Sie enthalten viel weniger Säure, so daß die Haut verlorengeht und die Knochen erhalten bleiben. Zwischen 1791 und 1951 wurden in den Niederlanden achtundvierzig Moorleichen gefunden, mit so schönen Namen wie »Das Mädchen von Yde«, »Das Paar von Weerdringe« und »Die Jungfrau von Zweeloo«. Aus dem übrigen Nordwesteuropa sind mehrere hundert bekannt. Viele von ihnen wurden einst vorsätzlich getötet und geopfert. In Dänemark fand man den Tollund-Mann. Er

*Der Tollund-
Mann.*

trägt das Seil, an dem er aufgehängt worden ist, noch um den Hals. Noch nach 2200 Jahren stimmt uns sein friedlicher Gesichtsausdruck nachdenklich. Da das Torfstechen eingestellt worden ist, wird man nicht mehr viele Moorleichen entdecken; der britische Fund bei Lindow 1984 ist wahrscheinlich einer der letzten. Um so mehr Aufsehen erregte 1991 der Fund des »Ötzi«, eines Mannes im Eis eines Tiroler Gletschers. Nicht nur seine lederne Jacke, auch das Heu in seinen Schuhen war nach 4000 Jahren noch erhalten. Hier hat die Natur eine Konservierungsmethode angewendet, die bei uns am meisten verbreitet ist: Kühlung. Das tötet die Bakterien nicht, bremst aber ihre Fortpflanzung. Je kälter, desto stärker. In der Tiefkühltruhe läuft diesbezüglich nichts mehr, aber auch im Kühlschrank ist das Tempo schon recht langsam.

Das ist nicht sehr verwunderlich. Wie schnell würden Sie sich bei einer Temperatur nahe am Gefrierpunkt fortpflanzen?

Wie auch immer man es macht, das Wesentliche beim Konservieren bleibt, daß man den Tod vor dem Leben schützt. Man muß das Lebendige töten, um den Tod in die Länge zu ziehen. Lebendes kann man nicht konservieren. Leben hält sich nicht; man vergeht im Handumdrehen. Wer ist schuld daran? Wer will uns Böses? Liegt es an der Umwelt? Die Alarmglocken der Ökologen schlagen an. Sie klingen falsch vom sauren Regen. Und vom vielen Läuten. Wenn sogar diese riesigen Glocken vom sauren Regen angegriffen werden, wie steht es dann erst um unsere Lungen? Und um unsere Nahrung? Das ganze Gift auf dem Acker, die Rückstände aus Düngemitteln, die Genmanipulationen – das kann nicht gutgehen. Zwar sind unsere Lungen voller dreckiger Luft und unsere Mägen voller Hamburger, aber dennoch werden wir älter als unsere nicht verschmutzten Vorväter. Das kann der Grund also nicht sein. Allerdings altern wir nach wie vor. Die Ursache ist nicht um uns, sondern in uns. Wir sind nicht gut gebaut. Wir verschleißen. Das läßt sich leicht feststellen.

Ziehen Sie morgens eine dunkle Jacke an, und schauen Sie abends auf Ihre Schulter. Wenn es kein Schnee ist, sind es Schuppen. Schnee schmilzt, Schuppen bleiben auf den Schultern liegen. Schuppen sind kleine Stückchen unserer Kopfhaut. Wenn man Schuppen hat, blättert man ab. Wenn man keine hat, auch, man sieht es nur nicht so gut. Im Laufe seines Lebens verliert man sein eigenes Gewicht an Haut. Schlangen und Krebse streifen ihre Haut von Zeit zu Zeit wie eine Jacke ab, wir schälen uns Schuppe für Schuppe, wie ein altes Gemälde. Weil es unter unseren Haaren infolge des Talgs aus den vielen Talgdrüsen etwas fetter ist, kleben die mikroskopisch kleinen Schuppen dort zusammen und bilden sichtbare Flocken. Man kann also schon während seines Lebens sehen, wie man zu Staub zerfällt. Kein Wunder, daß Menschen Schuppen unansehnlich finden. Der größte Verschleiß spielt sich in unserm Innern ab, deshalb sehen wir ihn nicht. Trotzdem spürt man die Jahre. Die Gelenke bewegen

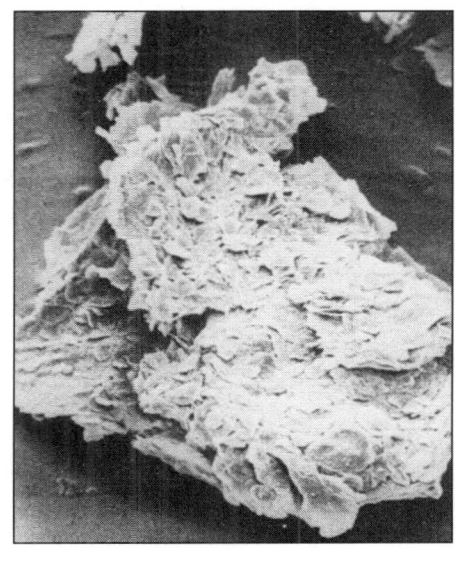

Schuppen, stark vergrößert.

87

sich nicht mehr so geschmeidig, man meint die Knochen knacken zu hören. Die Fasern der Kapseln sind kurz und spröde geworden. Teilweise sind sie zerrissen, der Rest hat sich zu dicken Strängen mit wenig Elastizität zusammengeklumpt. Wo die Knochenenden glatt über Knorpel gleiten sollten, hat aufgrund der Verkalkung die Reibung zugenommen. Freie Radikale verrichten Handlangerdienste beim Verfall. Irgendwann bekommt man einen Hexenschuß. Abgenutzte Wirbel, sagt der Arzt. Stimmt das? Sind wir wie ein Auto nach einiger Zeit schrottreif?

Nicht so schnell, aber deutlicher als bei Schuppen ist die Abnutzung am Gebiß zu erkennen. Ein Känguruh wird so alt wie seine Zähne. Pro Kieferhälfte muß es in seinem Leben mit vier Zähnen auskommen. Sobald es auf eigenen Füßen steht, wird der erste Zahn in Gebrauch genommen, und der zweite bricht durch. Beide halten etwa zwanzig Jahre lang. Dann übernehmen Zahn drei und vier, aber auch der vierte Zahn ist komplett abgenutzt, wenn das Känguruh ungefähr dreißig Jahre alt ist, so daß es in freier Wildbahn zum Hungertod verurteilt ist. Auch Nilpferde bräuchten in hohem Alter ein künstliches Gebiß. Insekten sind das auffälligste Beispiel für Abnutzung in der Natur. Ihr Chitinpanzer verschleißt wie eine Jacke: Zuerst verliert er seinen Glanz, dann brechen hervorstehende Teile ab, ein Gelenk bekommt Risse. Vor allem die Flügel leiden. Bei einer erwachsenen männlichen Hausfliege sind sie nach zwei Wochen so zerfleddert, daß sie damit nicht mehr in die Luft kommt. Manchmal fällt ein Flügel einfach ab, wie bei einem schlecht gewarteten Flugzeug. Wie schnell ein Flugzeug kaputtgeht, hängt natürlich davon ab, wie oft und wie schnell damit geflogen wird. Wenn man es ordentlich im Hangar untergestellt hat, kann ihm nicht viel geschehen. Der deutsche Physiologe Max Rubner ist der Ansicht, daß für Tiere das gleiche gilt. Schnellebende Tiere würden demnach schneller verschleißen als träge Typen. Als ob jedes Tier eine bestimmte Menge Energie mitbekommt, die es nach Belieben schnell oder langsam aufbrauchen kann. Je stärker man den Ofen einheizt, desto eher sind die Kohlen verbraucht. Und um so eher wird das Feuer durch Asche und Schlacke erstickt. Wenn die Körperzellen mehr Schlacken produzieren, als sie verarbeiten können, verstopfen sie. Mit der Zeit kommen sie in ihrem eigenen chemischen Abfall um. Bei alten Menschen kann man das beobachten. Die Pigmente in den Leberflecken sind nichts anderes als chemischer Zellabfall. Die Haut alter Menschen enthält jedoch weniger Pigmentzellen als die junger, nur ist der Farbstoff ungleichmäßiger verteilt. Der Beweis wird jeden Sommer erbracht. Alte Weiße werden langsamer braun als junge. Vielleicht ist das ein Grund dafür, daß schön gebräunte Haut so in ist: Sie ist ein Zeichen von Jugend.

Wenn Autos, Häuser und Laternenpfähle verschleißen, dann verschleißt auch ein Mensch. Anders kann es gar nicht sein. Allerdings gibt es da einen großen Unterschied: Ein Mensch lebt. Was sich abnutzt, wird repariert. Man darf einen Menschen also getrost mit einem Auto vergleichen, jedoch einem Auto voller Mechaniker. Diesen Umstand berücksichtigte der deutsche Biologe August Weismann, als er 1882 den Alterungsprozeß vor allem der Abnutzung zuschrieb: »Der Tod tritt ein, weil abgenutztes Gewebe sich nicht immer wieder erneuern kann.« Er ging davon aus, daß Tiere altern, weil sich die Schäden, die sie im täglichen Leben erleiden, anhäufen. Das beinhaltet mehr, als Weismann wissen konnte. Außer Verletzungen und Krankheiten übersteht der Körper auch Strahlung und freie Radikale. Die bringen nicht nur den Körper selbst durcheinander, sondern auch seine Regelsysteme. Wenn der Körper altert, werden weiße Blutkörperchen im Kampf gegen Bakterien und Viren nachlässiger. Antikörper, die Fremdstoffe im Blut unschädlich machen sollen, verwechseln immer häufiger körpereigene und körperfremde Stoffe, was zur Folge hat, daß sie immer öfter Eindringlinge in Ruhe lassen und dem eigenen Gewebe Unannehmlichkeiten bereiten.

Anfangs merkt man kaum, daß die Dinge außer Kontrolle zu geraten drohen. Bis zum Alter von zwanzig Jahren wiegen Neubau und Reparatur den Verfall in etwa auf. Dann wird auf die Reserven zurückgegriffen. Junge Lungen können sechsmal soviel Luft aufnehmen, wie es fürs normale Atmen nötig ist. Geht ihr Fassungsvermögen um ein Sechstel zurück, passiert noch nichts. Auch das Herz ist wesentlich leistungsfähiger, als es in Ruhe erforderlich ist. Mit der Zeit werden die Reserven kleiner, aber der Körper weiß sich zu helfen: Er produziert einfach mehr Norephedrin, den Stoff, der das Herz zu Aktivität anspornt. Mit vierzig erbringt man keine Spitzenleistungen mehr, aber das merkt ein vernünftiger Mensch kaum, weil er seinen Lebensstil anpaßt. Wenn er mit Rugby aufhört und die sexuellen Ausschweifungen etwas zügelt, geht es noch ganz gut.

Äußerlich hat sich bis vierzig schon einiges verändert. Das Bindegewebe in der Haut altert genauso wie das in den Gelenken, nur kann man die Haut sehen. Bindegewebe ist wie ein Stapel Leitern aufgebaut. Und je älter es wird, desto mehr

Querverbindungen bilden die Leitern untereinander und lassen sich immer schwieriger gegeneinander verschieben. Das Gewebe wird kürzer und spröder. Der Haut alter Menschen ist das anzusehen. Sie läßt sich zwar noch ein bißchen dehnen, zieht sich aber immer schlechter wieder zusammen, bis sie wie ein zu großer Sack wirkt. Wenn die Haut weniger geschmeidig wird, bekommt sie mehr Falten. In den Tälern der Runzeln ist jegliche Elastizität verschwunden.

Die Haut wird runzlig, das Haar dünner. Haarbälge machen längere Pausen oder stellen die Produktion ganz ein. Außerdem wachsen die Haare langsamer und werden nicht mehr so dick wie vorher. Viele Männer werden völlig kahl. Ein ernster Fall von Abnutzung, sollte man meinen, aber gerade Kahlheit weist darauf hin, daß beim Altern noch mehr im Spiel ist. Wenn es nur eine Folge von Abnutzung wäre, würden alle Männer ungefähr gleich schnell kahl werden. In Wirklichkeit hat der eine schon als Student eine Glatze, während der andere noch als Emeritus mit vollem Kopfhaar herumläuft. Das Kahlwerden folgt allerdings einem festen Muster. Zuerst entstehen vorn Einbuchtungen, dann wird es auf dem Kopf dünner und so weiter, bis hinten nur noch ein Kranz übrig ist, der schließlich auch noch verschwindet. Der Schlüssel zu diesem Prozeß liegt bei den Kastraten, die bei weitem nicht so kahl werden. Kahlköpfig wird man von männlichen Hormonen. Je kahler der Mann, desto männlicher ist er. Frauen werden normalerweise erst nach der Menopause kahl, wenn ihren männlichen Hormonen mehr Bedeutung zukommt. Die verbleibenden Haare werden häufig grau, weil die Haarbälge keine Pigmente mehr produzieren. Das ist im Tierreich ziemlich ungewöhnlich. Unter den wilden Tieren werden nur die Kapbüffel kahl und grau. Wasserbüffel sind in der Blüte ihres Lebens grau und werden mit zunehmendem Alter schwarz.

Graue Haare sind ein genauso schlechtes Kriterium für die Altersbestimmung beim Menschen wie ein kahler Kopf. Da ist es schon einfacher, wie beim Pferd die Abnutzung der Zähne zu betrachten. Aber dieser Verschleiß ist ebensowenig die Ursache für das Altern wie Grau- oder Kahlwerden. Er ist nicht einmal eine Folge davon. Zähne nutzen sich durch Kauen ab, nicht durch Älterwerden. Auch wer nur Brei ißt, altert, wenn auch mit einem intakten Gebiß. Umgekehrt wird man keinen Tag älter, wenn man sich sämtliche Zähne abfeilen läßt. Das gleiche gilt für die anderen Organe. Selbst wenn man jegliche Abnutzung vermeidet, wird man keine hundertfünfundzwanzig. Daß dem Menschen kein längeres

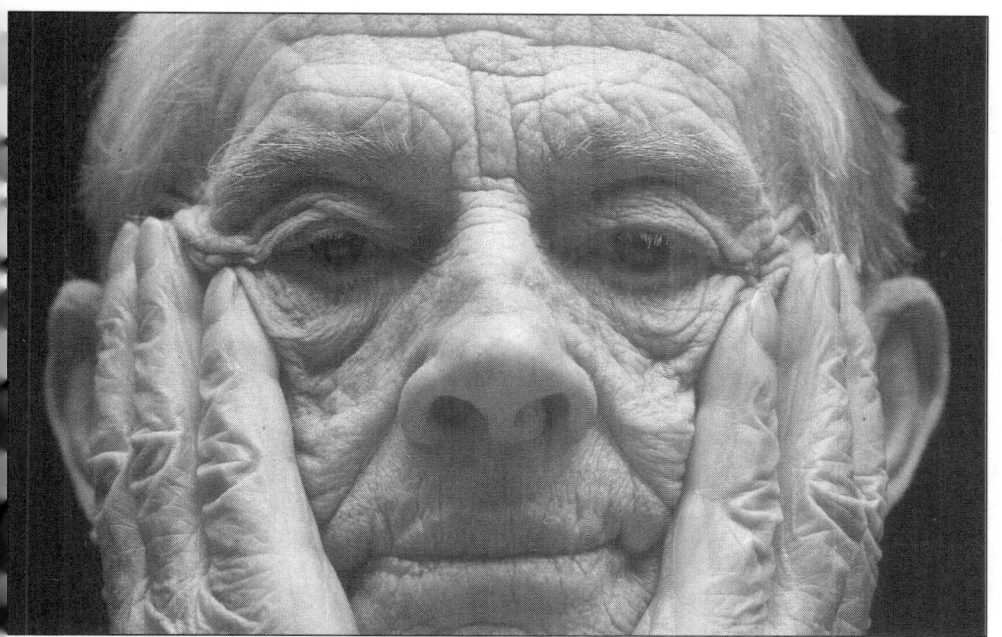

Leben beschieden ist, liegt nicht an seinem Äußeren, das am meisten zu leiden hat; die Ursache steckt im Innersten seines Inneren: im Erbmaterial im Kern jeder Zelle. Von hier kommen die Instruktionen für kleine und große Inspektionen. Bis ein Mensch erwachsen ist, ist sie schon ziemlich oft kopiert worden. Jedesmal, wenn sich eine Zelle teilt, muß eine Enzyklopädie voller Daten abgeschrieben werden. Wie früher in den Klosterbibliotheken kommt es dabei zu Fehlern. Wenn die Botschaft ein paarmal kopiert worden ist, ist sie nicht mehr dieselbe, nach etwa zehnmal kann man sich keinen Reim mehr darauf machen. Ohne Gegenmaßnahmen wäre eine Zelle innerhalb eines Jahres am Ende. Die Reparaturabteilung verhindert, daß es soweit kommt. Leider werden die Reparaturen immer nachlässiger ausgeführt. Das liegt nicht daran, daß kein gutes Personal mehr zu bekommen ist, sondern daß es immer schlechter instruiert wird. Außerdem fällt immer häufiger der Strom aus. Die Zellen erhalten ihre Energie von den Mitochondrien in Bläschen außerhalb des Kerns. Sie haben ihre eigene DNS, die allein schon deshalb empfindlicher ist als die DNS im Zellkern, weil sie nicht so gut repariert werden.

Da die Zellen allmählich nur noch mit halber Kraft arbeiten und mit immer schlechter lesbaren Gebrauchsanweisungen auskommen müssen, gibt eine nach der anderen auf.

Wenn die Haut weniger geschmeidig wird, bekommt sie mehr Falten.

Gewebe und Organe geraten sozusagen ins Stottern. Zwischen dem zwanzigsten und dem achtzigsten Lebensjahr geht die maximale Lungenkapazität durchschnittlich um vierzig Prozent zurück, die maximale Herzfrequenz um fünfundzwanzig Prozent. Damit man die gleiche Menge Schlaf bekommt, muß man länger im Bett liegen, und es wird immer schwieriger, das Wasser bis zur Toilette zu halten. Die Knochen werden brüchiger. Diejenigen Organe, die keine neuen Zellen bilden können, leiden am meisten: Muskeln und Nerven. Ein Muskel besteht aus einer großen Anzahl von Fasern. Geht eine davon kaputt, wird sie nicht ersetzt, da kann man noch soviel laufen oder seilspringen. Indem man Sport treibt, erreicht man lediglich, daß eine Nachbarfaser dicker wird und den freigewordenen Platz mit einnimmt. Treibt man keinen Sport, tritt Fett an ihre Stelle. Die ersten Anzeichen des Verfalls erkennt man deshalb an Muskeln, die man nicht trainieren kann. Sofern man keine Augenlidgymnastik treibt, werden die Augenlider schlaff und fangen schließlich an zu hängen. Zum Schluß enthalten sie nur noch die Hälfte der ursprünglichen Anzahl von Muskelfasern. Die Muskeln in den Augen, die die Pupille öffnen, werden so schwach, daß ständig zuwenig Licht hereinkommt. Sehen wird mit der Zeit ohnehin mühsam, weil Linse und Netzhaut trüb werden. Das Licht geht in alle Richtungen, nur nicht in die richtige. Unsere Umgebung verschwimmt, und kein Sinnesorgan kann die fehlende Information ergänzen. Unser Gehör läßt schon ab dreißig Jahren nach. Zuerst hören wir die hohen Töne nicht mehr. Das macht sich in Gesellschaft bemerkbar. Es wird schwierig, sich auf eine Stimme zu konzentrieren, und man fängt an, laute Kneipen zu meiden. Restaurants werden erst später uninteressant, wenn der Geschmackssinn nachläßt. Nur starke Reize dringen noch bis zur Zunge durch. Deshalb sind alte Menschen genau wie kleine Kinder auf Süßes versessen. Wenn die anderen Geschmackspapillen erschöpft sind, kommt als Krönung noch der süße Geschmack der Nachspeise. Weil das Riechvermögen nachläßt, gehen Duftnuancen verloren. Die Zahl der Riechzellen oben in der Nase nimmt ab, und der Koch bekommt immer weniger Komplimente. Schließlich nehmen alte Menschen nicht einmal mehr wahr, was für einen Geruch sie selbst verbreiten, was sehr unangenehm sein kann.

Wenn die Sinne nach und nach ihren Dienst versagen, erhält das Gehirn weniger Reize. Als würde die Welt kleiner. Vielleicht ist das ganz gut so, denn es gibt immer weniger Zellen, die die Information verarbeiten. An jedem Tag unseres

Lebens verlieren wir fünfzigtausend. Im hohen Alter hat man hundert Gramm Gehirn verloren. Seit wir wissen, daß Frauen von jeher hundert Gramm weniger haben als Männer, ist es glücklicherweise unschicklich, daraus Schlußfolgerungen über das Denkvermögen zu ziehen. Außerdem ist es unüberlegt. Ein Gehirn büßt zwar fünfzigtausend Zellen pro Tag ein, könnte aber insgesamt fünfhundert Jahre funktionieren, bevor es aufgebraucht ist. Den Verlust an Zellen gleicht es aus, indem es zusätzliche Verbindungen zwischen den verbleibenden Zellen herstellt. Nicht die Anzahl der Telefone, sondern die Anzahl der Gespräche ist entscheidend. Wir können nicht einmal ausschließen, daß das Gehirn so clever ist, die dümmsten Zellen hinauszuwerfen. Je mehr Dummheit man beseitigt, desto weiser wird man. Vielleicht beruht hierauf der Eindruck, daß die Weisheit mit den Jahren kommt.

Der Krug geht so lange zum Brunnen, bis er bricht. Irgendwann ist man alt genug, um zu sterben. Aber woran? Es gibt genügend Möglichkeiten zur Auswahl. Die meisten Menschen haben Angst vor Mord, Aids und Flugzeugunglücken. Das Risiko, daß ihre Angst bestätigt wird, ist gering. Zwei von fünf Menschen sterben an Kreislaufversagen oder Krebs. Auch die übrigen sterben überwiegend im Bett. Aber so normal es auch ist, das Sterben bleibt eine Kunst. Am besten gelingt es noch im Theater. Erst, wenn der Held des Dramas ein Schwert zwischen den Rippen stecken hat, legt er richtig los. Während er stirbt, gibt er noch eine Arie zum besten. Diese Art, das Zeitliche zu segnen, wird bis zur letzten Note ausgekostet. Aber das größte Vergnügen hat wohl ein Sterbender, der seine letzten Augenblicke dazu benutzt, seinen Angehörigen ein Versprechen zu entlocken, das sie später bitter bereuen werden. Niemand wagt zu hoffen, daß ihm selbst an der Schwelle zwischen Leben und Tod so viel Zeit bleiben wird. Und doch ist gerade die Vorstellung, daß jemand im einen Moment noch springlebendig und im nächsten mausetot sein soll, absurd. Das Leben funktioniert zu gut, als daß es im Handumdrehen zu beenden wäre. Versuchen Sie es einmal. Wie verübt man am besten Selbstmord? Wo ist der Hauptschalter? Die Krankenhäuser quellen über von Selbstmördern in spe, bei denen einzig das Leben ungebrochen ist. Ein Stockwerk zu niedrig. Manch einer wirft sich in seiner Verzweiflung vor einen heranrasenden Zug, in den er wegen des schlecht berechneten Sprungs noch Jahre später mit dem Rollstuhl hinein- und hinausgeschoben werden wird. Die größten Stümper nehmen Schlaftabletten, schlafen ein und sind hinterher auch noch empört.

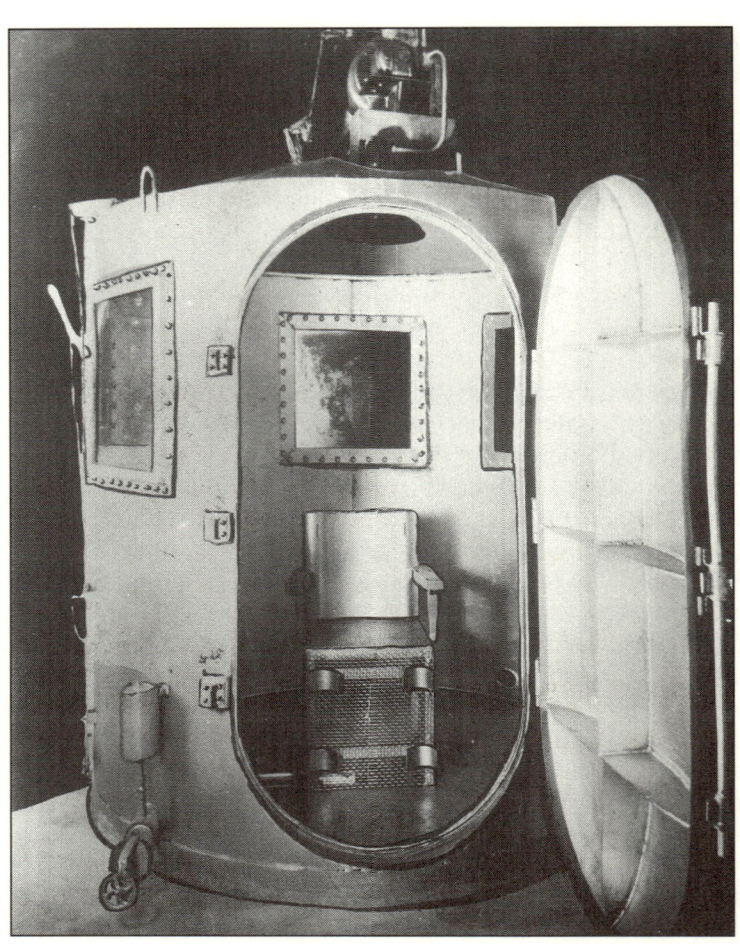

Gaskammer, ca. 1937.

Noch unangenehmer ist es, jemand anderen zu töten. Schon ein Tier zu töten ist schwierig. Das weiß jeder, der seiner Katze schon einmal einen Vogel weggenommen hat, der nicht mehr zu retten war. Als Henker steht man vor noch größeren Problemen. In den Ländern, in denen es die Todesstrafe noch gibt, wird noch immer darüber nachgedacht, wie man den Lebensschalter so schmerzlos wie möglich umlegt. Nicht *en masse*, mit einer Bombe, sondern einzeln, *à la carte*. Womit soll man anfangen? Im Mittelalter schnitt ein Scharfrichter dem Opfer ein Ohr ab oder riß ihm einen Nagel aus, um mit irgend etwas anzufangen. Das Sterben sollte lange dauern und ordentlich weh tun. So wollten es die Zuschauer nun einmal. Das Opfer wollte genau das nicht; es traf sich also gut. Heutzutage muß eine Exekution so schmerzlos wie möglich ablaufen. Das geht auf die Französische Revolution zurück. Im Rahmen von Freiheit, Gleichheit und Brüderlichkeit bekam der kleine Mann das Recht auf den gleichen Tod wie ein Adliger: durch das Schwert. Man hatte ihm allerdings nicht beigebracht, wie unhöflich es ist, den Kopf während des Schwerthiebs halb zurückzuziehen. Die Henker beklagten sich, daß sie ihre Arbeit so nicht erledigen könnten. Die Zeit war reif für die Mechanisierung; die Guillotine kam auf. Im übrigen Europa schwor man weiterhin auf Hängen, Würgen, Rädern und Verbrennen. In Amerika versah man die Gefängnisse mit Gaskammern und elektrischen Stühlen. Die Vor- und Nachteile der verschiedenen Methoden sind im *New Scientist* gegeneinander abgewogen worden. Das Fallbeil erweist sich tatsächlich als besser als der Strang. Aus dem abgeschlagenen Kopf fließt mit dem Blut das Bewußtsein und damit auch der zweifellos heftige Schmerz schnell heraus, obwohl Zeugen behaupten, die Augen abgeschlagener Köpfe hätten noch eine Weile vorwurfsvoll in die Runde geschaut. Falls man sich auf einen Genickschuß aus nächster Nähe beschränken könnte, wäre die Kugel noch besser. In der Praxis ist der Tod durch die Kugel jedoch eher kirmesartig organisiert: Eine ganze Reihe von Soldaten muß aus großer Entfernung versuchen, ein Loch ins Herz zu schießen. Offenbar ist die uralte Wahnvorstellung, das Bewußtsein sei im Herzen angesiedelt, nicht auszurotten. Die Gaskammer, die in Amerika noch zum Einsatz kommt, läßt dem Opfer die Wahl zwischen einem Todeskampf von mehreren Sekunden oder einigen Minuten, je nachdem, wie lange es seinen Atem anzuhalten wünscht. Das Ende ist fast so schmerzhaft wie auf dem elektrischen Stuhl, auf dem der Verurteilte bei vollem Bewußtsein spürt, wie er gelähmt wird, erstickt und lebendig verbrennt. Aus seinem Haar, der Nase und den Ohren steigt Rauch auf. In den Niederlanden wurde die Todesstrafe glücklicherweise vor mehr als hundert Jahren abgeschafft. Jetzt ist der Tod an der Reihe.

In Italien wurden nicht nur Menschen, sondern auch Gebäude zur Strafe enthauptet. In vielen Städten standen im Mittelalter schlanke Türme von vierzig bis hundert Meter Höhe. In San Gimignano gab es zweiundsiebzig, und Pavia war als *civitas centum turrium*, als Stadt der hundert Türme, bekannt. Je höher der Turm, desto höher das Ansehen seines Besitzers. Fiel er in Ungnade, dann mußte der Turm angepaßt werden. War der Besitzer verurteilt worden, wurde der Turm enthauptet. Damit die umstehenden Häuser dabei nicht zu Schaden kamen, wurde der Turm an zwei oder drei Seiten mit Holzpfählen abgestützt. In Höhe der Enthauptungsstelle

schlug man große Löcher in die Mauern und steckte dann die Pfähle in Brand, worauf der Turm in die gewünschte Richtung fiel. Matthys Levy und Mario Salvadori kommen in *Why buildings fall down* zu dem Schluß, daß den Türmen Gerechtigkeit widerfuhr. Daß Gebäude wie Menschen behandelt werden, erstaunt sie nicht. Die beiden ähneln einander nun einmal sehr:

> Ein Gebäude atmet durch den Mund seiner Fenster und die Lungen seiner Klimaanlage. Es pumpt Flüssigkeiten durch die Adern und Schlagadern seiner Leitungen und schickt an alle Teile seines Körpers über das Nervensystem seiner elektrischen Verkabelung Botschaften. Ein Gebäude wird durch die Haut seiner Fassade geschützt und steht auf den Füßen seines Fundaments. Wie die meisten menschlichen Körper leben auch die meisten Gebäude ihr Leben und sterben dann.

Gebäude sterben wie Menschen. Sie brechen zusammen. Auch hier hat man den frappanten Unterschied innerhalb kurzer Zeit. Im einen Augenblick kann man noch hineingehen, die Treppen hochsteigen und die Aussicht genießen, im nächsten steht man vor einem amorphen Steinhaufen. 1902 stürzte völlig unerwartet der Campanile von San Marco ein. Neunundneunzig Meter Steine hatten plötzlich genug davon, Venedig zu schmücken. Der Glockenturm, der jetzt dort steht, ist nachgebaut. Warum hat der Turm nach tausend Jahren plötzlich aufgegeben? Der Blitz bekam die Schuld, das viele Glockenläuten, das schlechte Mauerwerk, das Fundament. Die einzige befriedigende Antwort aber kam von einem einfachen Bürger Venedigs: »Er ist an Altersschwäche gestorben.«

Ist man irgendwohin unterwegs, sollte man sich nicht wundern, wenn man einmal dort ankommt.

4
So gut wie neu

Warum ich keine Kinder habe? Ich weiß genau, warum. Was ich schon gern hätte, ist ein Mädchen von etwa vier Jahren mit langem Haar bis zum Po, das mir auf den Schoß klettert, mir die Arme um den Hals legt und sagt, daß ich der liebste Papi auf der ganzen Welt bin. Davon hätte ich gern ein Dutzend. Aber ich fange erst gar nicht damit an. Ich werde mich hüten. Ich weiß, daß man ein solches Kind nirgends bekommt.

Falls man trotzdem eins möchte, muß man als Mann erst einmal eine Frau auftreiben. Man muß sie befruchten, und dann folgen neun bange Monate. Man weiß nie genau, was dabei herauskommt. Eines steht fest: Ein Mädchen von etwa vier Jahren mit langem Haar bis zum Po wird es nicht. Bestenfalls erscheint ein plärrender Nacktarsch, der einem die Nachtruhe raubt und der Frau die Karriere kaputtmacht, wenn man nicht aufpaßt. Einen Weg zurück gibt es nicht. Also füttert man das Kind, das sich einnäßt. Man bleibt am Ball, tagein, tagaus, Woche für Woche, vier Jahre lang. Und dann ist es so weit: Verdammt noch mal, es hat geklappt, da steht es, mein Traummädchen mit dem langen Haar. Sie klettert mir auf den Schoß, legt mir die Arme um den Hals und sagt, daß ich der liebste Papi auf der ganzen Welt bin. Ich schmelze dahin. Und sie sagt es noch einmal, und noch mal, und ein viertes Mal. Aber dann ist es vorbei. Kinder wachsen einem unter den Händen weg. Bevor man sich's versieht, hat man es mit einer schlaksigen Schülerin zu tun und noch ein wenig später mit einer pickeligen Pubertierenden, die einem das Geld aus der Tasche zieht, damit sie sich Joints kaufen kann. Das muß ich mir genausowenig antun wie einen plärrenden Nacktarsch. Also lieber kein Kind.

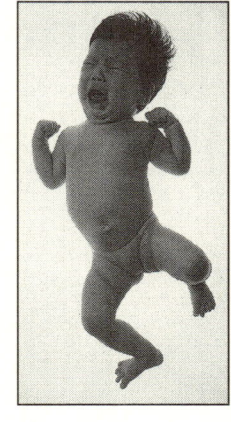

Ein plärrender Nacktarsch raubt uns die Nachtruhe.

Vernünftige Menschen begreifen, daß sie als Eltern alle vier genannten Stadien lieben müssen und die tausend anderen zwischendurch auch. Gute Eltern freuen sich an den ständigen Veränderungen. Sie sind der beste Beweis dafür, daß sie ihrem Kind tatsächlich das Leben geschenkt haben. Jedes Foto im Album ist anders, und so muß es auch sein. Die Natur steht niemals still.

Es sind ihre Beschützer, die davon wenig verstehen. Sie haben ein Idealbild vor Augen, an dem sie festhalten – koste es, was es wolle. Das älteste Naturreservat in den Niederlanden, das Naardermeer, ist das beste Beispiel für den Hochmut, mit dem man die Natur in ihrem Lauf zu behindern versucht. Es sieht noch genauso aus wie zu der Zeit, als »Naturmonumenten« gegründet wurde. Einen besseren Beweis, daß es sich hier nicht um wirkliche Natur handelt, gibt es nicht. Wäre das Naardermeer wirklich Natur gewesen, würde dort längst ein Naarderwald stehen. Kleinere flache Seen füllen sich von Natur aus mit abgestorbenem Riedgras, und anschließend wächst auf dem Morast ein Wald. Aber das darf nicht sein, wenn es nach »Naturmonumenten« geht, denn so wurde es ihnen nicht von Heimans und Thijsse übergeben. Deshalb sind dort jeden Tag Menschen damit beschäftigt, es unberührt aussehen zu lassen. Das Naardermeer muß wie eine Ansichtskarte erhalten bleiben. Aber die Natur ist keine Ansichtskarte. Sie ist keine Momentaufnahme, sie ist ein Film, ein Thriller.

Nichts bleibt, wie es war. Das ist die Natur. Und das mögen wir nicht. Die Welt ist schon kompliziert genug, wenn sie stillsteht. Deshalb ist der Naturschutz so beliebt. Er hält die Natur instand. Die Natur will Gras wachsen lassen? Die Naturschützer setzen Weidetiere ein, die es auffressen. Leben gegen Leben, das wahre Antibiotikum. Natürlich kann man das Leben nicht anhalten, aber man kann verhindern, daß es vorwärtskommt, wie ein Fahrrad im Fitneßstudio. Jede Veränderung in der Natur wird von ihren Beschützern zunichte gemacht, woraufhin die Natur es erneut probiert, die Beschützer wieder eingreifen, und so weiter, so daß die natürlichen Kreisläufe zu einer Tretmühle werden, in der man im Kreis herumläuft und dennoch stillsteht. Jetzt verstehen Sie sicherlich, weshalb Naturschutz so teuer ist. Es bedarf vieler Menschenhände, um die Natur so aussehen zu lassen, als wäre sie von keiner Menschenhand berührt worden.

Was früher war, ist kein Kriterium. Das können wir an den Kopfweiden erkennen. Man verzweifelt fast, wenn man Kopfweidenschneider bei der Arbeit sieht. Die Tatsache, daß die ganzen Zweige in wenigen Jahren wieder nachgewachsen sind, die Überlegung, daß das Zurückschneiden so ziemlich das Unnatürlichste ist, was man einem Baum antun kann, die bange Vermutung, daß Weidenschneiden sich auf einem Straßenmarkt alter Handwerke nicht schlecht machen würde, und die Überlegung, daß Kopfweiden ein isolierter Rest einer für immer vergangenen Landwirtschaft sind, machen einen um so trübsinniger, wenn man sieht, wie begeistert die Freiwilligen bei der Sache sind und wie schön das Resultat ist. Vor allem, wenn man das Ganze aus einiger Entfernung betrachtet – die kleinen Kerlchen in der weiten Landschaft –, wirkt es, als wollten die Naturschützer das Land mit der Laubsäge ein wenig auf Vordermann bringen. Was wie ein Kampf gegen die Häßlichkeit aussieht, ist in Wirklichkeit ein Kampf gegen die Zeit.

Ein Kampf aus Liebe. Liebe zu allem, was schön ist und zu verschwinden droht. Aber liebt jemand, der das Zurückschneiden liebt, auch die Weiden? Zurückzustutzen, was wächst – dieses Verhalten erinnert an Mütter, die ihre Kinder aus Liebe bevormunden, klein halten. Was macht eine gute Mutter, die ihr Kind ungern groß werden sieht? Sie schafft sich ein weiteres Kind an, und später vielleicht noch eins. Laßt so ein Naardermeer doch einfach verlanden, laßt eine Weide wachsen, wie sie selbst es will, und hebt von Zeit zu Zeit einen neuen See aus, bei dem der ganze Verlandungsprozeß wieder von vorn beginnen kann, mit Weiden und allem, was dazugehört.

Natürlich entwickelt sich der Naturschutz. Neue Natur scheint besser zu sein als alte, tote Bäume dürfen liegenbleiben, um neues Leben hervorzubringen. Aber einen Forstwart, der tut, was man in einem Wald tun muß – nämlich warten –, den gibt es immer noch nicht. Anhänger der neuen Natur sind noch konservativer als alte Naturschützer. Sie halten die Uhr nicht an, sie drehen sie zurück. Nicht konservieren, sondern restaurieren ist das neue Ziel. Man erhält nicht, was man hat, sondern holt sich das zurück, was man früher hatte. Ein Restaurator versetzt ein Stück Natur – oder ein Gemälde oder einen Schleppkahn – wieder in den Zustand, in dem es bzw. er sich einmal befunden hat, am liebsten in den ursprünglichen. Trockengelegte Vogelgebiete werden zu Sümpfen abgegraben, Sümpfe werden zu Teichen ausgebaggert, man erhöht Wasserstände oder senkt sie ab, als wäre die Natur ein Badehaus. Wenn dann alles ins gewünschte Urstadium zurückrestauriert ist, kann man wieder anfangen zu erhalten. Oder man läßt der Natur ihren Lauf – bis eine neue Mode im Naturschutz ausbricht.

Sowenig man eine Frau durch Restaurieren wieder zu dem Mädchen machen kann, das sie einmal war – Konservieren ist schon anspruchsvoll genug –, sowenig lassen sich ein Stück Natur oder ein Gemälde oder ein Schleppkahn in den Urzustand zurückversetzen. Genau das ist jedoch das Ziel der Bemühungen: das Wiedererlangen der Jungfräulichkeit. So wie manche Ärzte heiratsfähigen Musliminnen das Jungfernhäutchen wieder flicken, schaffen Naturschützer verschwundene Tierarten aus dem Ausland wieder herbei, Liebhaber alter Schleppkähne nehmen an einem Kurs über Metallbearbeitung teil. Obwohl sie wissen, daß es nicht möglich ist, versuchen sie, das Entjungferte wieder jungfräulich zu machen. Ein Restaurator ist das Gegenteil eines Vergewaltigers. Nur mit weniger Erfolg.

Im alten Rom durften nur Jungfrauen bei der Verehrung der Vesta dienen. Verhielten sie sich unkeusch, wurden sie lebendig begraben. Für einen modernen westlichen Mann braucht eine Frau nicht mehr im wörtlichen Sinn Jungfrau zu sein. Aber das Verlangen nach Unversehrtheit bleibt. Wer will schon eine Frau, an der ein Stückchen fehlt? Auch wenn ihr ein Schneidezahn oder ein Nasenloch fehlt, ist sie nur noch zweite Wahl. Männer müssen ebenfalls vollständig sein. Unter Blinden mag der Einäugige König sein, ansonsten aber hat er wenig zu bieten. Glücklicherweise ist nichts so fragil wie Unversehrtheit. Ein Fußabdruck im frisch gefallenen Schnee, ein Kratzer im Lack, ein Moment der Unachtsamkeit, und das Fleckenlose ist befleckt. Ein Schnaps, und der Abstinenzler war einmal; entweder er ist ganz abstinent oder eben nicht.

Schon das Besichtigen besudelt. Natur, die schon einmal jemand betreten hat, eine Frau ohne Geheimnisse, ein Gemälde, das bereits Millionen Augen betrachtet haben – sie werden nie mehr sein, was sie einst waren. Sind die weißen Flecken auf der Karte erst einmal farbig, werden sie nie wieder weiß. Was einmal entdeckt ist, kann man nie wieder verbergen. Uns bleibt höchstens eine Sehenswürdigkeit.

Tausende von Museen in der ganzen Welt sind voll mit Entdeckungen, von denen man meint, sie lohnen die Mühe des Ansehens. Obwohl die Museumsbesucher nicht als erste einen Blick darauf werfen dürfen, haben sie dem Entdecker dennoch etwas voraus: In aller Regel sind die Entdeckungen in einem intakteren Zustand, als er sie selbst je gesehen hat. Scherben sind zusammengeklebt, das Kupfer ist geputzt, ein Ohr ist angenäht. Das ist die Arbeit des Restaurators.

Ein Restaurator zeigt uns, wie es früher war. Aber wie war es früher, außer besser? Das hängt vom Heute ab. Unser Standpunkt bestimmt den Blick, auch wenn es um einen Blick auf die Vergangenheit geht. Nichts ist so wechselhaft wie Geschichte. Legen Sie einmal das Geschichtsbuch aus Ihrer Schulzeit neben ein modernes Unterrichtswerk. Oder schauen Sie sich einen Western an. Es ist schwer auszumachen, in welchem Jahrzehnt der Film spielt, aber man erkennt augenblicklich, wann er gedreht wurde. Cowboys mit langen Haaren stammen aus den siebziger Jahren, hat die Heldin einen Riesenbusen, ist man in den fünfziger Jahren gelandet. Je dümmer die Indianer, desto älter der Film. Darüber hinaus verrät auch der Schauspielstil die Aufnahmezeit. Jede Zeit färbt die Vergangenheit anders ein. Oft kann man dies sogar wörtlich nehmen: Im achtzehnten Jahrhundert wurden Gemälde bei der Restaurierung gezielt aufgehellt, im neunzehnten Jahrhundert dunkler gemacht.

Wie die Cowboys wirklich herumgelaufen sind, wissen wir nicht; die Fotografie war zu ihrer Zeit noch nicht erfunden. Gemälde und Skulpturen liefern uns jedoch unmittelbare Zeugnisse vergangener Jahrhunderte, bis zurück zu den Höhlenmalereien. Mit ihrer Hilfe können wir in eine andere Zeit schauen! Das ist zwar wunderbar, aber wie verzerrt ist dieser Blick?

Auch wenn Gemälde den Maler überleben und Filme länger durchhalten als Filmstars, sind die Abbildungen doch ebenso sterblich wie die Abgebildeten. Alte Farben verfärben sich im Licht, Lackschichten brechen auf, Leinwand zerfällt, ein Schmutzschleier beeinträchtigt die Sicht. Kupferhaltige Farben zerfressen das Papier, eine Skulptur verliert ein Bein. Bis zur Mitte des achtzehnten Jahrhunderts hatte man damit kein Problem. Abgebrochene Nasen wurden ausgewechselt wie ein defekter Reifen, Gemälde wie alte Hosen geflickt. Der Bildhauer Benvenuto Cellini aus dem sechzehnten Jahrhundert glaubte, daß beschädigte antike Skulpturen ihn »um Hilfe anriefen«. Erst in der Aufklärung entstand das Bedürfnis nach Authentizität. Mittlerweile hat der niederländische Restauratorenverband die »Integrität des Gegenstandes«, die zu »respektieren« ist, in seinen Berufskodex aufgenommen. Ein Restaurator soll möglichst wenig eingreifen und möglichst viel des authentischen Materials erhalten. Eingriffe müssen aufgezeichnet werden, damit man sie später wieder rückgängig machen kann. Diejenigen, die heutzutage um die antiken Gegenstände herumstehen, tragen genauso weiße Kittel und benutzen genauso teure Salben wie die Experten in einem vornehmen Schönheitssalon. Kunst ist Wissenschaft geworden. Mit Hilfe von Mikroskopen und Chromatographen wird reiflich erwogen, ob überhaupt eine

Jede Zeit färbt die Vergangenheit anders ein.

103

Restaurierung vorgenommen werden soll – vorgenommen wird sie letztendlich immer. In dieser Hinsicht zeigt die Kunstwelt gewisse Ähnlichkeiten mit der Baumchirurgie, wo auch immer jemand bereit ist zu bestätigen, daß die alten Eichen, die auf einer geplanten Trasse im Wege stehen, krank seien.

Früher stand nicht das Kunstwerk, sondern die Kunst an erster Stelle. Ein Kunstwerk bekam genau wie ein Haus von Zeit zu Zeit einen neuen Anstrich. Dies galt auf jeden Fall für Skulpturen, die im Freien aufgestellt waren. Als dann das Interesse für die Antike aufflammte, war die anstehende Wartung so überfällig geworden, daß der ungestrichene Zustand zur Norm wurde. Ein Museum mit griechischen und römischen Skulpturen wirkt in erster Linie weiß. Die Renaissancekünstler haben daraufhin ebenfalls ganz in Weiß gearbeitet, und späteres Ausbessern hat das Weiß noch weißer werden lassen. Der Kunstprofessor James Beck bemängelte, daß die Tumba von Ilaria del Carretto im Dom von Lucca nach ihrer Restaurierung 1989 aussah, als wäre sie »mit Ata geputzt und mit Johnson-Wachs poliert worden«.

Durch die *Grands Tours* wurde die Nachfrage nach griechischen und römischen Antiquitäten in eine Höhe getrieben, die erst in unserer Zeit durch den Run auf abgelaugte Naturholzmöbel übertroffen wird. Eifrige Händler klebten alles zusammen, was sich nur ein bißchen ähnlich sah, füllten die verbliebenen Lücken mit Gips und transportierten den Krempel für viel Geld nach Frankreich und England. Krüge bekamen wieder Henkel, Venusstatuen wuchsen wieder Arme, auf jeden Topf paßte schließlich ein Deckel. Bei antiken Stücken, die vor dem Zweiten Weltkrieg gesammelt wurden, ist oft ein hervorstehender Körperteil locker. Aus welcher Zeit die verschiedenen Bestandteile einer Skulptur stammen, läßt sich noch immer nicht ohne weiteres feststellen, aber man erkennt problemlos, in welcher Zeit sie zusammengeklebt wor-

Vor und nach der Restaurierung. Jacopo della Quercia, Ilaria del Carretto, ca. 1406–1408.

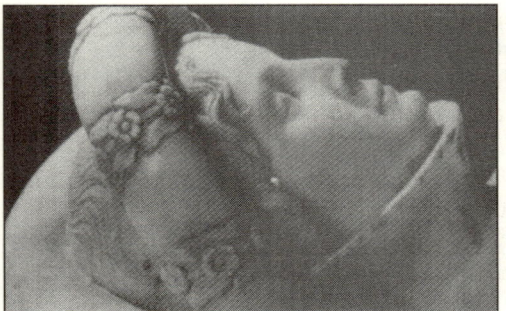
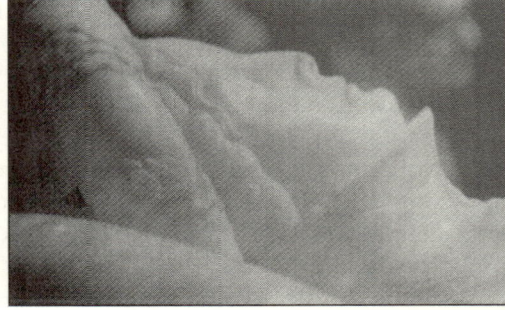

104

den sind. Ein schönes Beispiel ist die Vase von Piranesi im British Museum. Hier hat der berühmte italienische Architekt Bruchstücke einer antiken steinernen Vase aus der römischen Hadriansvilla zu einer völlig eigenen Schöpfung verarbeitet.

Die Grenze zwischen Restaurieren und Fälschen ist vage und verschiebt sich von Zeit zu Zeit. Viele restaurierte Kunstgegenstände wurden später wieder entrestauriert, damit man sie erneut – aber diesmal ohne Ergänzungen – restaurieren konnte. Gefäße werden in ihre Scherben zerlegt, nicht dazugehörige Scherben verbannt, und der Rest landet, von fremden Makeln gereinigt, wieder als Vase in der Vitrine. Bis zur nächsten Restaurierung. Aber die Grenze hat sich schon wieder verschoben. In den siebziger Jahren war es noch ganz normal, daß bei der griechischen Tempelskulptur aus Ägina in München die Ergänzungen des Bildhauers Thorvaldsen aus dem neunzehnten Jahrhundert entfernt wurden. Heutzutage fragt man sich zumindest, ob man die Ergänzungen nicht hätte mitrestaurieren müssen. Ansichten verändern sich schnell. Noch 1969 wurden in London mit großem Erfolg Fresken ausgestellt, losgelöst von den Gebäuden, zu denen sie jahrhundertelang gehört hatten. So etwas wäre heutzutage undenkbar.

Das Fresko *Die Vertreibung aus dem Paradies* von Masaccio blieb zwar an seinem Platz in der Florentiner Brancaccikapelle. Aber ein wichtiger Bestandteil ist verschwunden: das Blatt, das dem frommen Auge Adams Geschlecht entzog. Bei der Restaurierung im Jahr 1984 wurde es mit allerhöchster Zustimmung entfernt, weil die Blätter angeblich irgendwann zwischen 1652 und 1798 über das viel ältere Fresko gemalt worden waren. Das Publikum ging begeistert zur kunsthistorisch gerechtfertigten Pimmelschau, die Kritiker blieben auf ihren Fragen sitzen. In Rom hängt nämlich eine Michelangelo zugeschriebene Replik von Masaccios »Vertreibung« mit einem ganz anderen Penis. Offensichtlich wurde das Organ dem Publikum bereits zu Michelangelos Zeiten vorenthalten, vielleicht sogar von Masaccio selbst. Bei einer frühen Restaurierung könnte das Laub entfernt worden sein, und später brachte man der Keuschheit halber wieder neue Blätter an. Wer weiß das schon? Und wer weiß, was die Menschen später von unserer Restauriersucht halten werden? Vielleicht wollen sie dann wieder, daß Kunstwerke möglichst schön sind. Vielleicht aber schätzen sie Kunstwerke endlich als Ergebnisse all der Jahrhunderte, die sie überdauert haben, inklusive aller Hinzufügungen von anderen Künstlern und vor allem samt Schmutz und Verfärbung.

*Die Vertreibung
aus dem
Paradies
(1425–1428)
von Masaccio
vor und nach
der Restaurie-
rung von
1984–1988.*

Ich persönlich bin von restaurierten Gemälden immer enttäuscht. Wie die »so gut wie neuen« denkmalgeschützten
Treppengiebel wirken sie irgendwie kitschig. Was sie an Frische gewonnen haben, haben sie an Würde eingebüßt. Trotz
aller Berufskodizes läßt sich das nicht rückgängig machen.
Beim Reinigen eines Gemäldes wird die Firnisschicht, die das
eigentliche Bild schützt, entfernt. Man ist sorgfältig bemüht,
die alten Farbschichten nicht zu zerstören, aber die Firnis-
schichten mit dem Schmutz der ganzen Jahre werden rigoros
abgetragen. Unabhängig davon, ob man Aceton, Urin oder
sehr milde Seifen verwendet, man wäscht das Alter von etwas
ab, das seinen Wert auch aus seinem Alter ableitet. Ein derar-
tiges Gemälde kann noch so gut bearbeitet werden, das Gefühl, direkt mit der Vergangenheit in Kontakt zu stehen, geht

verloren. Dies beklagten die Brüder Edmond und Jules de Goncourt übrigens schon 1851, nachdem sie einen Rubens und andere Gemälde zum ersten Mal nach einer Reinigung gesehen hatten:

> Es ist wie ein Musikstück, aus dem alle halben Töne verschwunden sind: Alles schreit und brüllt wie wahnsinnig gewordene Töpferware. Die ihrer goldenen Patina beraubten Gemälde haben uns stark zweifeln lassen. Die Zeit ist ein großer Herrscher: Sollte sie etwa auch ein großer Maler sein?

Die Kunsthistorikerin Nicole Ex stellt diese Auffassung einer Karikatur von William Hogarth aus dem Jahr 1761 gegenüber. An die heilsame Wirkung der Zeit auf die Kunst glaubte er nicht. Er zeichnete Vater Zeit vor einem Gemälde, seine Sense steckt in der Leinwand. Das Bild ist vom Rauch seiner Pfeife in Nebel gehüllt, der Firnis ist nachgedunkelt. Eine abgebrochene Hand zeigt auf einen Topf Firnis im Vordergrund. Für Hogarth ist die Zeit ein Feind der Kunst. »Wird das Wasser auf einem Landschaftsgemälde heller, oder leuchtet der Himmel mit mehr Glanz, wenn das Bild aufgrund des Verfalls braun und dunkel ist?«

Im Fernen Osten hat man weniger Probleme mit dieser *cleaning controversy*. Weil es dort eine heilige Pflicht ist, die Skulpturen in den Tempeln instand zu halten, werden auch die Farb- und Schmutzschichten, die die ursprünglichen Farben im Laufe der Jahrhunderte überdeckt haben, gepflegt. Unter einem Belag von Qualm und Weihrauch mag sogar glänzendes Gold verborgen sein, für einen Japaner ist das noch lange kein Grund, es durch Putzen zum Vorschein zu bringen. Eine glanzvoll restaurierte japanische Skulptur in einem lichtdurchfluteten europäischen Museum kann man deshalb getrost als Fälschung bezeichnen.

Wenn es allein über die Schutzschicht so viele Ansichten gibt und gegeben hat, wäre es dann nicht besser, man sähe häufiger von einer Restaurierung ab? Archäologen haben schon lange begriffen, daß ihre Bodenschätze in keinem Museum so gut liegen wie unter der Erde, wo sie vor den Klauen der Restauratoren und Konservatoren sicher sind, unerreichbar, unerforscht und unverdorben. Sie sind gerade deshalb noch da, weil man sie lange nicht gefunden hat. In gewisser Weise wäre es wohl besser, wenn die letzten unrestaurierten Kunstschätze in gut verschlossenen Kellern oder Tresoren begraben würden. Bis jetzt steht dieses Tor zur Ewigkeit nur unbekannten Malern offen. Sie wenigstens bleiben unbehelligt.

Für William Hogarth ist die Zeit ein Feind der Kunst. Stich aus dem Jahr 1761.

Wenn man alte Gemälde in Topzustand erwerben möchte, muß man sich nach Ansicht des New Yorker Restaurators Marco Grassi den Arbeiten kleiner, wenig begehrter Meister zuwenden, die der Restaurierungwut des neunzehnten Jahrhunderts entkommen konnten. Sie sind oft »tadellos erhalten, so daß wir annehmen müssen, daß im neunzehnten Jahrhundert, als in großem Umfang Restaurierungen vorgenommen wurden, etwas Furchtbares passiert ist«. Vielleicht sollte man einmal alle Restauratoren auf ein und dieselbe entlegene Insel verbannen, wohin ich auch alle Naturschützer wünsche. Notfalls müssen sie dort jahrelang bleiben, bis sie gelernt haben, was einem modernen Menschen am schwersten fällt: die Finger von etwas zu lassen.

Es ist natürlich nicht einfach, sich zurückzuhalten, wenn es um viel Geld geht. Manch eine Restaurierung bringt mehr als seinerzeit das Kunstwerk selbst. Für den Besitzer ist ein Kunstwerk nun einmal eine gerahmte Kapitalanlage, und er wird nicht tatenlos zusehen, wenn das handgemalte Geld vom Zahn der Zeit angefressen wird. Aber die Künstler machen es einem auch nicht leicht. Immer mehr moderne Kunst besteht aus alten Fahrrädern, Milchkartons und anderem Plunder – in der Kunstwelt nennt man das »nichttraditionelle Materialien«. Konservatoren, Kunsthistoriker und Naturwissenschaftler diskutieren ernsthaft mit Restauratoren, ob ein Schwamm, der sich seit dem Entstehen des Kunstwerks 1982 aufgelöst hat, ersetzt werden darf, damit *One space, four places* des britischen Künstlers Tony Cragg wieder vollständig ist. Das Kunstwerk besteht aus Shampooflaschen, Papier, Beton, Schaumgummi, Dosen und anderem Abfall, den Cragg am Ufer des Rheins und anderswo gesammelt hat. Wenn man Kunst aus Abfall macht, legt man es dann nicht darauf an, daß die Kunst wieder zu Abfall wird, wenn ihre Zeit gekommen ist? In besonderem Maße gilt das für bewegliche Kunst, wie den *Gismo*, einen künstlerischen Wirrwarr aus Fahrrädern und anderem Schrott, der durch einen Motor mit Treibriemen in Bewegung gesetzt werden kann. Wenn man ihn jedoch anstellt, zerstört sich das Kunstwerk von Jean Tinguely allmählich selbst. Seit dem Ankauf durch das Amsterdamer Stedelijk Museum 1974 haben die Hämmer der Mechanik Löcher ins Metall geschlagen, das Chassis ist zusammengesunken, Räder drehen sich nicht mehr, Riemen sind abgenutzt. Diese Probleme treten im Grunde natürlich bei jeder Maschine auf, ob es sich nun um Kunst handelt oder um ein Dampfkraftwerk. Sobald sie läuft, verschleißt sie, läuft sie nicht, dann ist sie keine Maschine mehr. Der frühere Konservator des Stedelijk Museum war der Ansicht, der *Gismo* müsse ständig laufen, so daß man dem Geräusch schon von weitem folgen könne. Offensichtlich hatte der Konservator das Inakzeptable akzeptiert: daß Leben leben muß, selbst wenn das den Tod einschließt. Dies ist ein befreiender Gedanke, der bis zur äußersten Konsequenz von denjenigen verfolgt wird, die aus Eis oder Sand Kunstwerke schaffen und mit Genugtuung beobachten, wie Sonne oder Wasser ihr Werk innerhalb kürzester Zeit vernichten. Sie haben der Materie kurzzeitig eine andere Form gegeben, und später nimmt die Materie ihre ursprüngliche Form wieder an. Nicht mehr und nicht weniger. Kunst.

Der Inbegriff eines lebenden Kunstwerks sind wir selbst, der Mensch. Viele Menschen sind wahre Augenweiden; ihr Ausstellungsraum ist die ganze Welt. Und jeder Mensch ist sein eigener Konservator. Kunstwerk und Konservator in einer Person vereinigt, das kann nicht gutgehen. Das Problem daran ist, daß ein Mensch sich vor allem darüber Gedanken macht, wie andere ihn sehen. Unserer Katze ist es egal, ob wir häßlich sind. Solange der Schweiß gut riecht. Eine Katze urteilt mit der Nase. Aber von Menschen wird man mit den Augen beurteilt. Fast die gesamte Aufmerksamkeit richtet sich deshalb aufs Äußere, auf die Haut, das Schaufenster des Körpers. Das ist gar nicht mal so schlecht. Wie die Fassade eines Hauses ist die Haut von allen Organen Wind und Wetter am meisten ausgesetzt. Beim Menschen um so mehr, als er kein dichtes Fell hat, um die Wirkung abzumildern. Es ist nicht leicht, eineinhalb Quadratmeter Nacktheit vor der Umwelt zu schützen. Verfall ist unvermeidlich.

Zur Restaurierung ihrer Haut haben die meisten Menschen ein eigenes Atelier. Was Fotografen mit einem Foto machen, machen viele Frauen, bevor ein Foto gemacht wird: retuschieren. Bevor sie sich in der Öffentlichkeit zeigen, haben sie sich ausgiebig mit allerlei Substanzen aus Tuben und Töpfchen eingecremt und angemalt, die ihnen eine schönere, jüngere Haut versprechen. Dabei können sie noch froh sein,

Verfall ist unvermeidlich.

110

daß sie nicht ihren ganzen Körper mit Kosmetika behandeln müssen. Den überwiegenden Teil versteckt man einfach unter der Kleidung. Bei jungen Menschen sind darin oft Öffnungen ausgespart, die zeigen, was darunter geboten ist, alte Menschen sind in der Regel so freundlich, uns diesen Anblick zu ersparen. Diese Gewohnheiten bestimmen das Bild unserer Innenstädte und Einkaufszentren, wo es von Bekleidungs- und Kosmetikgeschäften nur so wimmelt. In einem Kaufhaus muß der Biologe mittleren Alters erst durch zwei stark duftende Stockwerke, bevor er etwas nach seinem eigenen Geschmack findet.

Viele Kosmetika sollen die Haut jung erhalten. Tatsächlich kann man genausogut eine Leiche einbalsamieren. Es ist eine Ironie des Schicksals, daß die Haut, die man mit Salbe jung halten will, bereits gestorben ist. Die äußere Schicht ist mausetot. Da gibt es nichts mehr zu verjüngen. Und zu den inneren Schichten dringen die Kosmetika, was immer sie auch versprechen mögen, nicht durch. Gott sei Dank. Wenn jede beliebige Creme in die Haut eindringen könnte, könnten Bakterien und andere schädliche Stoffe dies auch. Es kann gut aussehen, zur Verschönerung Lippenstift oder Mascara aufzutragen, aber es ist, als ob man Pergament neu bemalt. Auf Dauer kann sich diese Art von Restaurierung ins Gegenteil verkehren. Alte Frauen in Amerika, denen es von Jugend an nicht auf einen Topf Creme mehr oder weniger ankam, bekommen oft einen richtigen Kosmetikkopf, der nur noch vorzeigbar ist, wenn sie noch mehr Kosmetika benutzen, bis man als Europäer schließlich nur noch die Amerikanerin statt der Frau sieht. In der Regel ist eine Gruppe Chinesen leichter auseinanderzuhalten als ein Kränzchen alter Damen in Florida. Diese Nachteile bewegen sich jedoch gegen Null, wenn man sie mit den Gefahren der Kosmetika von früher vergleicht. Als die Mode noch bleiche Gesichter vorschrieb, trugen viele Frauen Bleiweiß auf. Antimonschwarze Augenbrauen bildeten den Kontrast. Lippen und Wangen färbte man mit zerstampften Läusen rot. In Erdbeerjoghurt findet man diesen Farbstoff – Koschenille – noch heute, aber Bleiweiß darf man kaum noch

Moderne Kosmetik.

auf Türrahmen streichen und schon gar nicht auf seine Frau. Und zwar mit Recht. Bleiweiß und Quecksilbersulfat – auf den Lippen – wurden der bildschönen Gräfin Maria Gunning zum Verhängnis; sie starb im Alter von siebenundzwanzig Jahren.

Moderne Kosmetika schaden allenfalls Ihrem Geldbeutel. Ihr größter Nachteil ist, daß niemand mehr auf sie hereinfällt. Unter anderem durch das Fernsehen haben wir gelernt, das Gesicht eines anderen eingehend zu betrachten, so daß wir durch die Schminke hindurchschauen können wie ein Gebrauchtwagenhändler durch die Spachtelmasse an einem alten Kadett. Das ist dem Kadett jedoch ebensowenig klar wie einer geschminkten Frau. Die Magie der Kosmetik besteht in dem Selbstvertrauen, das man daraus zieht. Es ist immer wieder amüsant zu sehen, wie keck fünfzehnjährige Mädchen, die im Schminken noch nicht so geübt sind, der Welt mit einem Gesicht voller Selbstvertrauen entgegentreten.

Über kurz oder lang haben viele Menschen nicht mehr den Mut, sich ohne größere Restaurierung im Spiegel zu betrachten. Dieses Bedürfnis ist nirgendwo charmanter dargestellt als im Muiderslot, wo das Gemälde *De bakker van Eeklo* (Der Bäcker von Eeklo) Schulklassen auf Ausflugsfahrt begeistert.

De bakker van Eeklo. Kupferstich von Philibert Bouttats, dem Jüngeren (1656–1728).

In Eeklo konnte man seinen alten Kopf neu backen lassen. Während der abgeschnittene Kopf im Ofen verjüngt wurde, hielt ein Kohlkopf die Halswunde geschlossen. Zumeist hatte man hinterher etwas Besseres, aber es konnte auch passieren, daß der Ofen zu heiß oder nur lauwarm war. Dann – so der Schloßführer – bekam man einen Hitzkopf oder, wenn der Kopf noch nicht durchgebacken war, eine »weiche Birne«. Das war seiner eigenen Phantasie entsprungen, aber so gehört es sich nun mal für eine richtige Legende. Ursprünglich war es auch kein Bäcker, sondern ein Schmied, der Frauenköpfe umschmiedete. Per Schiff oder Schubkarre, auf Eselswagen, die von Affen gelenkt wurden, oder von Lastträgern wurden Köpfe von nah und fern herbeigeschafft. Bäcker und Schmied gaben nicht nur Anlaß zu Witzen über alte Weiber, die »wie ein frisch gestrichenes Scheißhaus« aufgemöbelt sein wollten, es war auch eine Moral damit verbunden. Das Feuer des Ofens stand für das Fegefeuer, in dem der Mensch geläutert wurde, bevor er ein neues Leben beginnen konnte.

Die heutige plastische Chirurgie verfolgt zwar niedrigere, irdische Ziele, dient aber nicht nur der Eitelkeit. Die plastische Chirurgie wurde in erster Linie erfunden, um dem Krieg ein menschlicheres Gesicht zu geben. Was Bomben und Granaten auseinanderreißen, wird mit Nadel und Faden wieder zusammengeflickt. Später kamen die Opfer des Krieges ohne Frieden, den wir Verkehr nennen, dazu. Inzwischen betrachten immer mehr Menschen ihr Leben als einen Krieg, das Schlachtfeld ist ihr Gesicht. Je länger wir leben, desto mehr greift die Schwerkraft die Haut an. Gegen die Schwerkraft hilft nur, sich auf den Kopf zu stellen. Oder den Lift zu nehmen. Bei einem Facelifting wird die Gesichtshaut von hinten gestrafft, die überflüssige Haut wird weggeworfen. Das läßt sich mit dem ganzen Gesicht machen, aber auch mit einzelnen Partien wie den Augenlidern. Vor allem bekannte Gesichter unterziehen sich dieser Behandlung, auch wenn sie uns dadurch mit der Zeit immer weniger bekannt vorkommen. Auf die Brüste wirkt sich die Schwerkraft noch stärker aus. Entweder muß ihr Inhalt vergrößert oder aber die Verpackung verkleinert werden, damit sie wieder Ausdruckskraft bekommen. Frauen legen großen Wert auf ihre Maße, Männern sind sie weniger wichtig, solange sie etwa gleich groß sind. Sie sinnieren lieber über die Größe ihres Penis, der in schwerwiegenden Fällen chirurgisch vergrößert werden kann. An einem Facelifting ist ihnen weniger gelegen. Meist haben sie, wenn der Zeitpunkt für sie gekommen wäre, zuwenig Haare, um die Narben darunter zu verbergen. Der eine

oder andere versucht es mit Haarimplantaten, aber das verschafft vorerst wenig Abhilfe. In der Regel bieten sich kahl werdenden Männern wenig andere Möglichkeiten als Cäsar, der bei jeder Gelegenheit einen Lorbeerkranz trug.

Die Nachfrage im Bereich Schönheitschirurgie hat stark zugenommen. Nicht nur in Amerika, auch in den Niederlanden, wo es über einen langen Zeitraum großzügige Unterstützung von der Krankenkasse gab. Um dafür in Betracht zu kommen, mußte man allerdings eine körperliche Unvollkommenheit vorweisen können, die »außerhalb der normalen Variation des Äußeren« lag. Kommissionen tagten wie nie zuvor. Wie weit mußten die Ohren abstehen, wie groß mußte die Nase sein, um nicht mehr als normal zu gelten? Damit man ein Facelifting von der Krankenkasse bekam, mußte man mindestens zehn Jahre älter aussehen, als man war, Brüste wurden erst dann auf Staatskosten geliftet, wenn »die Brustwarzen sich auf gleicher Höhe mit den Ellbogen befanden«. Es gab viel zu tun.

Inzwischen starrt einen aus so manchem restaurierten Grachtenhaus ein nicht einmal so altes restauriertes Gesicht an. Es ist ein Symptom dafür, daß wir an eine machbare Gesellschaft – oder besser: an das Recht auf eine machbare Gesellschaft – glauben. Das Haus ist nicht mehr, was es war? Restaurieren! Man wird ein Jährchen älter? Zum Schönheitschirurgen! Die Natur ist alt? Neue Natur muß her! 1973 war ein Viertel der amerikanischen Frauen mit Größe und Form ihrer Brüste unzufrieden, 1986 war die Zahl auf ein Drittel angestiegen, obwohl sich an den Brüsten in dieser Zeit nichts verändert hat. Und die Ansichten sind von Land zu Land unterschiedlich. Für niederländische Frauen dürfen es buchstäblich hundert Gramm weniger sein; ihre Brustprothesen sind um einen Deziliter kleiner als die ihrer amerikanischen Schwestern.

Ob die Welt wirklich so machbar ist, bleibt abzuwarten. Restaurierte alte Stadtviertel sind in der Regel mehr restauriert als alt, restaurierte alte Menschen mehr alt als restauriert. An der Zeit herumzubasteln führt zu Pfusch. Haut erschlafft wieder, Nähte entzünden sich, Bindegewebe kapselt Brustprothesen zu einem Türknauf ein. Genau wie in der Kunst sind Restauratoren von Haut und Körper immer mehr mit dem Korrigieren des Flickwerks anderer beschäftigt. Bei dem niederländischen Chirurgen Kraaijenhagen ist es jede dritte

Operation. Wer schön sein will, muß leiden, aber lange nicht jeder, der leidet, wird schön. Plastische Chirurgie ist das Gegenteil von Heilkunst: Man geht gesund hinein und kommt als Patient wieder heraus. Böse Zungen behaupten, wer wegen seines Aussehens unters Messer will, solle besser zum Psychiater gehen; noch bösere Zungen behaupten, daraus spreche doch ein sehr großes Vertrauen in die Psychiater.

Falten als Markenzeichen.

Mit jedem chirurgischen Eingriff sind Gefahren verbunden. Filmstars nehmen sie als Berufsrisiko in Kauf. Sie gehörten zu den ersten, die sich den Brustkorb verkürzen, die Lippen aufwölben oder Fett von den Schenkeln saugen ließen. Marlene Dietrich verdankte ihre geheimnisvolle Ausstrahlung unter anderem der Tatsache, daß sie sich bereits früh die hintersten Zähne hat ziehen lassen, wodurch ihre Wangen so schön eingefallen aussahen. Aber es gibt natürlich auch Menschen, die damit nichts zu tun haben wollen. Während Jane Fonda sich fast völlig erneuern ließ, läßt Brigitte Bardot einfach alles, wie es ist. Für Simone Signoret waren ihre Falten

sogar Markenzeichen, und was wären Society-Journalist Dröge oder Inspektor Derrick ohne ihre Tränensäcke? Manch einer, der sich die Augenlider hat liften lassen, ist anschließend beim Publikum durchgefallen, weil das stille Wasser wohl doch nicht so tief war wie angenommen. Hunderassen wie Chow-Chows und Shar-peis erzielen gerade deshalb so hohe Preise, weil sie so wunderbar melancholische Falten haben.

Komiker sind oft der Ansicht, dick seien sie am schönsten. Dick wird gleichgesetzt mit gemütlich: Eine Hummel wirkt gemütlicher als eine Biene. Aufgrund ihrer Leibesfülle wird die Comicfigur Ollie B. Bommel für gemütlich gehalten. Menschen sehen es zwar gern, wenn ein anderer dick ist, aber selbst dick sein wollen sie nicht. Bei Bierbäuchen und dicken Schenkeln denken alle gleich an Alter und Verfall. Abnehmen ist angesagt. Jedesmal sind wir enttäuscht, wenn wir wieder zunehmen, allerdings freuen wir uns auch jedesmal, wenn wieder mal fünf Kilo runter sind. Aber niemand fragt sich, wo die Kilos geblieben sind. Fünf Kilo Mensch, das ist, als ob ein ganzer Arm weg, ein halbes Bein amputiert oder der Kopf verlorengegangen wäre. Mehr als fünf Prozent von Ihnen sind dann aus der Welt verschwunden, weg, tot. Wer abnimmt, schaut der Vergänglichkeit ins Auge. Was passiert dabei mit uns? Wir verbrennen uns selbst. Wer abnimmt, kremiert sich selbst, ganz langsam und lange vor dem Tod. Ihre fünf Kilo sind buchstäblich in Rauch aufgegangen. Irgendwo über Ihnen schwebt ein Teil Ihrer selbst als Kohlensäure und Wasserdampf. Wenn nach den Feiertagen alle Niederländer ein Kilo abnehmen, dann wird die Atmosphäre mit 15 Millionen Kilo Abgasen angereichert, umgerechnet sind das ca. 200 000 gasförmige Landsleute, die zum Treibhauseffekt beitragen. Ob man sich selbst verbrennt oder ob der Chirurg das abgesaugte Fettgewebe zur Müllverbrennung transportieren läßt, macht letztendlich keinen Unterschied.

Nach einer strengen Diät betrachten Sie zufrieden im Spiegel, was nicht mehr da ist, sehr befremdet schauen Sie dagegen, wenn Ihnen nach einer Operation plötzlich ein ganzes Bein fehlt. Sich von einem ganzen Körperteil zu trennen fällt einem viel weniger leicht. Oft meint man sogar, es sei noch dran. So wie ein Hund ohne Schwanz meint, fröhlich damit weiterzuwedeln, so verspüren viele Menschen noch jahrelang Schmerzen an einem Bein, das sie schon lange nicht mehr haben. Die Erklärung ist einfach: Beinschmerzen gibt es ebensowenig wie Rücken- oder Bauchschmerzen. Nur Kopfschmerzen gibt es. Die Nervensignale laufen im Kopf zusammen und werden dort in Schmerzen umgewandelt. Die Nerven im Beinstumpf bleiben weiterhin reizbar, und die Gehirnzellen, die mangels Bein untätig waren, stellen auf eigene Faust neue Verbindungen her; deshalb kann man den Eindruck haben, das amputierte Bein werde berührt, obwohl einem vielleicht gerade jemand die Wange streichelt.

Mit einem Bein kann man nicht gehen. Zwei sollten es schon sein. Oder vier oder sechs oder acht, wenn man ein Hund oder eine Ameise oder eine Spinne ist. Je mehr Beine, desto sicherer steht man. Aber drei oder fünf oder sieben Beine kommen in der Natur ebensowenig vor wie ein Bein. Ein gesundes Tier hat eine gerade Anzahl Beine. Der Grund dafür ist die Symmetrie. Sie und ich, wir könnten uns gegenseitig mit dem Beil so in zwei Teile hacken, daß die eine Hälfte das Spiegelbild der anderen ist. Bei Karpfen, Eichhörnchen und Katzen funktioniert das auch. Dank ihres symmetrischen Aufbaus haben Wirbeltiere die meisten Organe doppelt. Man nennt sie paarige Organe. Unpaarige Organe sitzen in der Regel in der Symmetrieebene: unsere Nase zum Beispiel oder die Rückenflosse eines Karpfens. Paaren tun wir uns seltsamerweise mit einem unpaarigen Organ. Das liegt daran, daß wir keine Haie sind. Ein Hai hat zwei Penisse. Es ist praktisch, von jedem Organ zwei zu haben. Fällt eines aus, dann hat man immer noch eines als Ersatz. Ist etwas mit Ihrem linken Arm nicht in Ordnung, dann haben Sie immer noch den rechten, mit einer Lunge kann man noch ganz ordentlich leben, und wenn Sie wollen, können Sie eine Ihrer Nieren jemandem schenken, der gar keine mehr hat. Man ist also nur zur Hälfte man selbst, die andere Hälfte besteht aus Ersatzteilen, die man sein ganzes Leben mit sich herumträgt. Die Frage ist nur, welche Hälfte die echte ist. Und warum dieser Satz nicht vollständig ist. Es ist kein Ersatzherz dabei, und daran wird man höchstwahrscheinlich auch sterben.

Gebrechen sind so unterschiedlich wie Äpfel und Birnen. Ein Mensch mit nur einem Bein, das geht zwar, aber man gewöhnt sich nie dran, während man sich in der Umgebung eines Sägewerks über einen Finger mehr oder weniger nicht wundert. Finger haben wir ja auch zehn und nicht nur zwei. Ein Organ wird uns sogar tausendfach zugleich amputiert, ohne daß es medizinisch notwendig wäre, und auch noch auf kommerzieller Basis: das Haar. Haben wir keine Haare mehr, beklagen wir uns endlos, aber solange noch genügend da sind, bringen wir sie zum ältesten aller Chirurgen, dem Barbier. Viel Schaden kann er nicht mehr anrichten, weil das, was er abschneiden darf, schon tot ist, bevor er das Messer

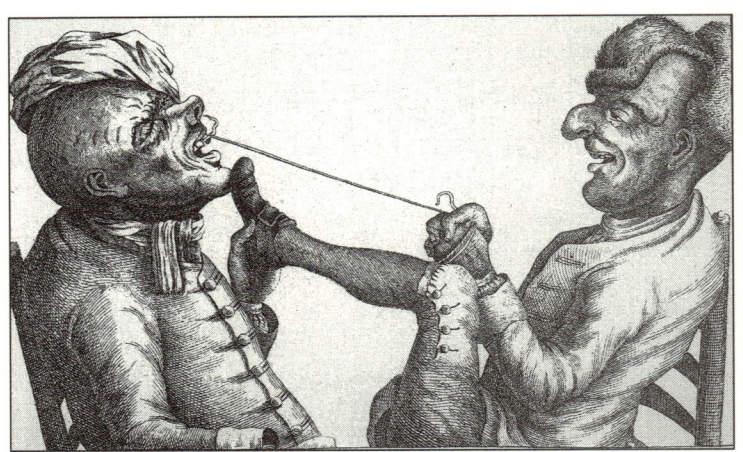

Der Mensch hat von Natur aus zu viele Zähne.

zückt. Also schneidet er drauflos. Sehr wahrscheinlich hat man Ihnen aber auch schon ein lebendes Organ amputiert. Fast jeder erwachsene Mensch hat sich schon einmal einen Zahn ziehen lassen. Das hat seinen Grund. Von Natur aus hat der Mensch zu viele Gebißelemente. Unsere Kiefer sind zu klein, um alle zu beherbergen, unser Gebiß ist überzählig. Als erstes werden die Weisheitszähne gezogen. Es ist unnötig, daß ein Kiefer bis zum Rand mit Zähnen gefüllt ist. Die meisten Pflanzenfresser haben hinten Zahnlücken, sogenannte Diastemata. Schneidezähne haben an dieser Stelle keinen Sinn, weil sie wie die Spitzen einer Pinzette nach vorn gehören. Die Backenzähne müssen weiter hinten sitzen, weil Kiefer genau wie Nußknacker ihre größte Kraft nahe am Gelenk entwickeln. Vögel haben überhaupt kein Gebiß. Sie zerkleinern ihre Nahrung im Magen, wo sie von harten Riffeln und Mahlsteinchen zermahlen wird. Auch wir können außerhalb des Mundes etwas zerkleinern, zwar nicht nach, aber doch vor dem Schlucken. In der Küche nämlich. Dort werden abgeschnittene Hinterteile von Rindern zerstückelt, Kartoffeln und Artischocken lebend in kochendes Wasser geworfen. Fertig zubereitet, ist unser Essen so gut vorverdaut, daß viele Menschen ihr künstliches Gebiß *heraus*nehmen, um die Mahlzeit richtig zu genießen.

Klappernde Gebisse haben der Prothese einen schlechten Ruf eingetragen. Der Kiefer schrumpft, Lachen fällt schwer, und Küssen ist auch nicht mehr das, was es einmal war. Das künstliche Gebiß ist einer der Gründe, warum alte Menschen so wenig lachen und so schlecht Saxophon spielen. Junge Menschen behalten ihre eigenen Zähne so lange wie möglich, weil sie befürchten, mit solch einem Klappergebiß früh alt auszusehen. Das ist auch der Grund, weshalb die Hälfte der Menschen, die eigentlich ein Hörgerät benötigen, keines tragen. Zahnlosigkeit und Schwerhörigkeit werden nun einmal mit Alter assoziiert. Mit Recht. Aber das gilt auch für schlechte Augen. Die meisten Menschen über fünfzig brauchen zumindest eine Lesebrille. Komischerweise ist das für sie kein Problem. Anders als ein Hörgerät oder ein Gebiß ist eine Brille ein Modeartikel, mit dem man sein Aussehen aufpeppen kann.

Eine Prothese kann also durchaus auch etwas Positives haben. Manchen haftet sogar ein Hauch von Romantik an. Als Jungen ergötzten wir uns an Piratengeschichten. Der mit dem Holzbein und dem Eisenhaken war zwar ein Invalide, aber er war schließlich der Kapitän. Pirat spielten wir mit einem Stuhlbein, einem Garderobenhaken und einer Augenklappe. Einfach toll. Manchmal habe ich mich auch in eine eiserne Lunge hineingedacht, wie sie in der Fernsehzeitung abgebildet war. Am ehesten glich ein solches Monstrum einem Ofen, in dem Patienten gebraten wurden; nur ihr Kopf schaute heraus. In Wirklichkeit wurden sie nicht gebraten, *Eine eiserne Lunge.*

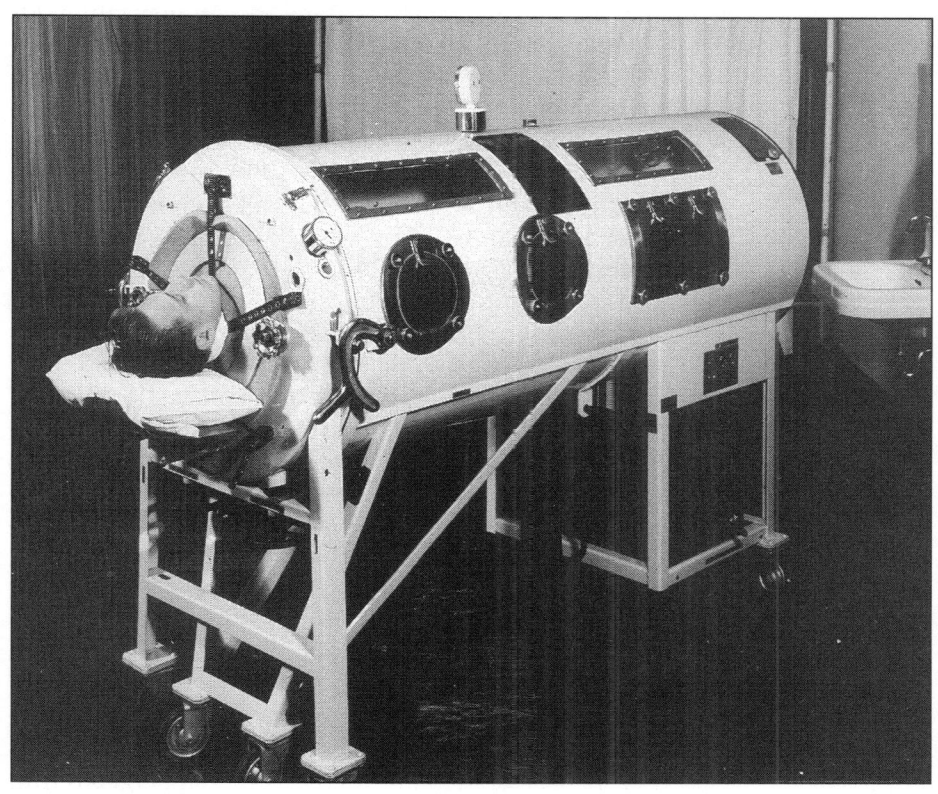

119

sondern beatmet. Eine Pumpe sorgte dafür, daß der Brustkorb sich regelmäßig hob, so daß sich die Lungen auch dann füllen konnten, wenn die Atemmuskulatur gelähmt war. Wie gern hätte ich in einer solchen Lungenmaschine gelegen! Wie gern hätte ich damals – in der Zeit von Meccano und der Radiobausätze – eine gebaut! Meine eigene Lunge! Mit einer eigenen Tür! Unbewußt begriff ich, was eine eiserne Lunge einem Holzbein oder einer eisernen Hand voraushatte: Sie war nicht am Körper befestigt, der Körper steckte in ihr. Die Maschine hatte sich den Menschen einverleibt; dadurch hatte sie dieselbe Anziehungskraft wie ein Auto.

Neidisch betrachtete ich auch die Schaufenster voller Vergrößerungsgläser, handgetriebener Fahrräder und Stühle, auf denen man mitten im Zimmer sitzen und kacken konnte. Wenn schon ein Invalide sich damit zu helfen wußte, wieviel Vergnügen würde erst ein gesunder Junge mit diesen Dingen haben – einem Besteck für Einarmige, einem Schlauch im Hosenbein, damit man nie mehr aufs Klo bräuchte, oder Scherenzangen, mit denen man bis zum obersten Regalbrett reichen konnte? In der Wochenschau wurde eine Frau gezeigt, der eine Hand fehlte, und die sich auf den Stumpf einen Adapter hatte montieren lassen, in den sie einen Schneebesen, einen Kartoffelschäler, eine Zahnbürste und andere Hilfsmittel einklinken konnte. Diese lebende Küchenmaschine war der Beweis dafür, daß es beim Menschen noch viel zu verbessern gibt. Mit einer Brille sieht man genausogut wie jemand mit guten Augen, mit einem Fernglas sehen beide weiter. Ein künstliches Organ kann besser sein als das echte. Eines Tages werden die Sportler mit Hilfe der neuesten künstlichen Organe im Körper aus der Zwangsjacke der menschlichen Anatomie ausbrechen. Warum sollte ein Athlet Supersprungschuhe tragen, sich aber keine Supersprunggelenke einbauen lassen? Der anfängliche Widerstand der Sportverbände wird wie Schnee in der Sonne schmelzen, sobald behinderte Sportler mit ihren neuen Prothesen bessere Resultate erzielen als Sportler, die nur aus Fleisch und Blut bestehen, und das Publikum nur noch die Paralympics sehen will. Dann wird auch für den Durchschnittsbürger die Zeit anbrechen, in der er wählen darf, ob er mit Organen weiterwursteln will, wie sie auch der Schlachter verkauft, oder ob er sich den letzten Schrei einbauen läßt.

Wenn der Doktor sowieso gerade dabei ist, könnte er doch auch gleich ein paar Verbesserungen vornehmen, aber daran haben die meisten Menschen kein Interesse. Nicht Gott, sondern der Nachbar ist unser Ideal – mit allen seinen

Macken. Ein Mensch hat lieber ein echtes als ein künstliches Herz, lieber eine echte als eine künstliche Niere, selbst wenn eine Fabrik bessere Organe herstellen würde als der Mensch. Originalersatzteile wollen wir. Daher der Ruf nach Spenderherzen und Spendernieren. Die Nachfrage übersteigt das Angebot bereits so stark, daß man alle Ampeln wochenlang auf Grün stellen müßte, bis man genügend Tote zusammenhätte. Ein Buchrestaurator nimmt lieber altes schwaches Leinen als neuen starken Kunststoff, Ärzte nehmen lieber ein Secondhandorgan als eines aus der Fabrik. Lieber schlecht als nachgemacht. Das ist Restaurierung in Vollendung.

In der Natur gibt es keine Chirurgen. Trotzdem läuft manches Tier mit einem komplett restaurierten Organ herum. Ein Paradebeispiel ist die Eidechse. Sobald ihr Schwanz zu einem Haltegriff für einen Feind zu entarten droht, spannt sie bestimmte Notmuskeln an, woraufhin der Schwanz an einer Sollbruchstelle abbricht. Während der Feind das zappelnde Anhängsel betrachtet und sich fragt, wie das möglich ist, bringt sich das Vorderteil flugs in Sicherheit. Nach einiger Zeit ist der Schwanz wieder nachgewachsen. Bei manchen Arten sieht man sogar mehr Exemplare mit einem regenerierten Schwanz als mit dem ursprünglichen, als würden sie's zum Spaß machen. Weshalb wachsen dann nicht auch die Finger von Zimmerleuten nach? Zimmerleute sind zu hoch entwickelt. Je primitiver ein Organismus, desto besser regeneriert er sich. Seesterne bekommen immer wieder neue Arme. Krebse opfern dem Feind eine Schere, Bienen ihre Stacheln. In beiden Fällen kann der abgelöste Körperteil dem Feind noch lange Probleme bereiten. Ein Unterschied liegt jedoch darin, daß der Stachel einer Biene nicht mehr nachwächst. Warum sollte er auch? Es gibt noch genügend Bienen und damit Stacheln im Stock. Süßwasserpolypen kann man in zehn Stücke schneiden. Das ergibt zehn Süßwasserpolypen. Eigentlich eine Art Vermehrung durch Stecklinge. Ungeschlechtliche Vermehrung könnte man als eine Extremform der Regeneration betrachten. Solche Zaubertricks haben wir nicht in unserem Repertoire. Dennoch regenerieren wir in jedem Augenblick lebenswichtige Bestandteile unserer Organe. Auf Zellebene werden kaputte Bestandteile fast sofort ersetzt. Zwar ist diese Wartung weniger spektakulär, als wenn ein Körperteil einfach wieder anwächst, ihre Bedeutung ist deshalb aber nicht geringer. Wunden schließen sich wie von selbst, abgeschabte Hornhaut wird ersetzt. Organe und Gewebe sind nicht so dauerhaft, wie sie aussehen. Die Haut, die Sie im Spiegel sehen, war im Monat davor noch nicht da. In der

Haut, in der Darmwand und in dem Gewebe, das die roten und weißen Blutkörperchen bildet, gibt es viele Zellen, die sich täglich teilen, unabhängig davon, wie alt man ist. Bis zum letzten Atemzug wird an Ihnen gewerkelt.

Daß ein Eidechsenschwanz so schnell nachwächst, läßt sich leicht erklären: Es ist kein Schwanz mehr im Weg. Auch bei Bäumen kann man das beobachten: Hundert Jahre lang wächst am Stamm kein Blatt, sägt man aber die Krone ab, treibt der Stamm aus. Im Schwanzstummel einer Eidechse beginnen formlose Zellen wie bei einem Embryo wieder ganz von vorn mit dem Neubau. Solange der Schwanz noch dran ist, geht das nicht. Wie in einer Altstadt muß erst abgerissen werden, bevor neu gebaut werden kann. Vergänglichkeit ist essentiell für Erneuerung. Nach dem Abbrechen muß aufgebaut werden, aber für Aufbau ist Abbruch nötig. Seht zu, daß ihr wegkommt. Viele Zellen begehen Selbstmord, um dieser Forderung nachzukommen. Lange bevor für sie die Zeit gekommen wäre, verändert sich etwas in ihrem Zellkern. Dadurch wird eine geordnete Selbstzerstörung in Gang gesetzt, die oft kleinere Gruppen betrifft, wie bei einer religiösen Sekte. Das beginnt schon im Embryo. Embryos sind voller Organe, die sie entweder nur vorübergehend zur Überbrückung zwischen zwei Stadien benötigen oder die als Relikte einer evolutionären Vorgeschichte überflüssig sind. Diese Organe müssen verschwinden. Sonst würden wir noch heute mit den Kiemen unseres Vorvaters Fisch herumlaufen. Und mit Händen, die allenfalls in Fausthandschuhe passen. Nur die Tatsache, daß die Zellen, durch die die Finger miteinander verbunden sind, absterben, bewirkt, daß wir einzelne Finger haben. In einem erwachsenen Körper begehen Zellen Selbstmord, weil sie nicht mehr richtig funktionieren oder weil sie für Eventualitäten bereitgestellt worden sind, die nicht eingetreten sind. So müssen Abwehrzellen gegen Eindringlinge nach einer gewissen Zeit unschädlich gemacht werden, damit sie nicht den eigenen Körper angreifen. Wenn sie sich nicht zum Wohle des Ganzen opfern wollen, kann es zu Allergien oder chronischen Entzündungen wie rheumatischer Arthritis kommen.

Trotz des ständigen Ab- und Aufbauens behält ein Organismus seine Form und seinen Charakter. Auch in dieser Hinsicht verhält sich eine Stadt wie ein Organismus. Grachten werden zugeschüttet, aber ihr Verlauf bleibt erhalten, alte Festungsstädte behalten ihre Festungsstruktur, und Urk ist nach wie vor als Fischerdorf zu erkennen, auch wenn es nach der Eindeichung und der Landgewinnung jetzt keine Insel mehr

Ruine van het Huis Ter-Haar

ist, sondern zum Festland gehört. Als Baron Haussmann Mitte des neunzehnten Jahrhunderts mitten durch das Herz von Paris Boulevards trieb, strömte die Seine weiterhin dort, wo sie schon strömte, als sie die Stadt gebar, und der Parnasse blieb ein Mont. Der Charakter bleibt. Deshalb fällt es so leicht, eine Stadt zu lieben. Ein Amsterdamer liebt seine Stadt mehr als sein Land. Gerade weil er das Alte so gut kennt, weiß er das Ringen des Alten mit dem Neuen zu schätzen. Jede Baustelle fährt ihm in die Knochen und ist ihm zugleich ein Zeichen, daß noch Leben in der Stadt ist – wenn auch manchmal etwas zuviel.

Am schönsten sind alte Häuser dann, wenn man ihnen ansieht, was sie erlebt haben: Die Treppen sind schief, ein Stockwerk wurde geteilt, ein anderes mit einem dritten verbunden, der Wirrwarr von Leitungen stammt aus allen möglichen Epochen. Aber alte Häuser sind seltener als alte Städte. Während Städtebauer gelernt haben, mit organischem Wachstum zu leben, haben Architekten bereits beim Entwurf ihrer Häuser deren Lebenslauf festgelegt, wie es früher ein Familienvater bei der Geburt seiner Söhne und Töchter getan hat. In der Regel liefern sie ein ihrer Ansicht nach fix und fertiges Gebäude und machen sich dann aus dem Staub wie ein geiler Kater nach dem Decken. Es ist das reinste Bauhaus. Form erwächst aus der Funktion, das ist zwar richtig, aber was

Die Ruine des Anwesens Huis Ter Haar, ca. 1880 von Ad. Mulder gezeichnet.

123

ist, wenn die Funktion sich ändert? Alle baulichen Neuheiten sind nach fünfundzwanzig Jahren hoffnungslos veraltet, so daß man ein neues Gebäude hinstellen muß, das der neuen Funktion gerecht wird und seinerseits wieder voller Neuheiten steckt. Fünfundzwanzig Jahre später sind sie wieder veraltet.

Die Alternative zum Abbruch ist Restaurierung. Selbst in Amerika, dem Land der ewigen Veränderung, wird mehr Geld für die Restaurierung und Renovierung von Gebäuden ausgegeben als für Neubauten. Während ein Gebäude beim Renovieren so stark der neuen Zeit angepaßt wird, daß alles Alte verschwindet, geht es beim Restaurieren darum, den Charakter des Hauses zu erhalten. Seit 1988 gibt es in den Niederlanden ein Gesetz, das »alles, was vor mehr als 50 Jahren hergestellt wurde und aufgrund seiner Schönheit, seiner Bedeutung für die Wissenschaft oder seines kulturhistorischen Werts von allgemeinem Interesse ist« als Denkmal unter Schutz stellen kann. Inzwischen fallen 50 000 Gebäude unter das Gesetz. Die Restaurierung von vielen dieser Häuser hat der Staat großzügig unterstützt. Aber es gibt natürlich auch die üblichen Stiftungen, Vereinigungen, Verbände und Dachorganisationen, die das Erbe erhalten und dadurch Touristen anlocken sollen.

Viele Restauratoren versuchen, ein Haus wieder in den ursprünglichen Zustand zu versetzen. Kaputte Eichenbalken werden durch neue Eichenbalken ersetzt, Bildhauerarbeiten gereinigt, schiefe Treppen gerichtet oder auch nicht, und Farben werden anhand alter Bildvorlagen gemischt. Nach viel Zeit und noch mehr Geld kann das Gebäude »in altem Glanz«, wie es so schön heißt, dem neuen Besitzer übergeben werden. Stolz prangt eine frisch gemalte Jahreszahl am Giebel. Aber diese Jahreszahl ist eine Lüge. Nichts an dem Gebäude ist mehr alt. Durch die Restaurierung ist das Alte verschwunden. Der Giebel hängt zwar absichtlich ein wenig über, und die Fensterrahmen sind nicht gleich groß, aber es sitzt kein eingefressener Schmutz mehr im Holz, die alten Zeitungen hinter der Tapete sind weg, keine Maus findet mehr ein Loch. Kinder spüren das sofort: Es ist kein schönes Haus mehr. Nur die Form ist geblieben. Das Haus hat keine Seele mehr, mit seinem alten Selbst hat es noch so viel gemein wie die Mumie mit dem Pharao, der sie einmal war. Außerdem ist es sowieso keine getreue Wiedergabe des Damals. Wenn Grachtenhäuser originalgetreu restauriert wären, hätten sie Plumpsklos aus Holz und keine Elektrizität. Die Unterschiede zwischen dem Denkmalschutz und dem Schutz von Kunstwerken sind nicht groß. Wenn aber die Prinzipien die gleichen sind, warum darf man dann der Venus von Milo keine neuen Arme verschaffen, einem alten Windmühlenrumpf aber neue Flügel? Natürlich sehe ich es gerne, wenn sich in der verbliebenen holländischen Landschaft wieder Mühlenflügel drehen, aber gibt es denn auch noch genug dieser alten Mühlenrümpfe mit selbstgezimmerten Fensterläden, dem Rauch eines Holzfeuers aus einem Loch im Ofenrohr und Gerümpel auf dem Grundstück? Gibt es dafür auch Vereine? Einem linientreuen Denkmalpfleger ist eine solche Hausmühle ein Dorn im Auge. Viele seiner prachtvoll restaurierten Mühlen würden sich jedoch nicht drehen, wenn nicht eine Zeitlang Menschen in ihren Rümpfen gelebt hätten. Eine Wiederverwendung verlängert das Leben. Wenn eine Kirche nur als Supermarkt erhalten werden kann, muß sie eben zu einem Supermarkt werden, und ein Elektrizitätswerk wird zum Restaurant. Das ist sogar Mode. Leider ist die Bestimmung des Gebäudes als Restaurant dann oft genauso dauerhaft eingebaut wie seinerzeit die Bestimmung als Elektrizitätswerk. Die Restaurierung kann nicht mehr, wie es in der Kunst verlangt wird, rückgängig gemacht werden.

Dreizehn Schichten Tapeten aus der Zeit von 1820 bis 1910, gefunden in einer amerikanischen Wohnung.

Was dann? Oft bleibt einem nichts anderes übrig, weil das Ganze sonst in sich zusammenfallen würde. Aber das dürfte auch der einzige Grund sein. Restaurierung ist ein Notbehelf. Sowenig ein normaler Mensch im Alter ein Holzbein braucht, sowenig braucht ein altes Gebäude restauriert zu werden – wenn es gut gepflegt ist. Ein gut unterhaltenes Gebäude hat praktisch das ewige Leben. Vorausgesetzt, es sind Menschen da, die Freude daran haben. Und das ist nur dann gegeben, wenn sie es nach ihren Bedürfnissen verändern dürfen. Das Gebäude muß sich anpassen können. Davon kann es nur profitieren. Gute Beispiele sind noch nicht restaurierte denkmalgeschützte Häuser. Da kleben noch zwölf Lagen Tapeten übereinander. Eigentlich sollte man einfach eine dreizehnte Lage darüberkleben. Damit fügt man Geschichte hinzu, während bei einer Restaurierung Geschichte weggenommen wird. Geert Mak mit seiner Liebe für die Noorderkerk in Amsterdam hat das erkannt. Anfang der neunziger Jahre hat er sie besungen:

Auf eine bestimmte Art ist die Noorderkerk einzigartig: Sie ist eines der wenigen Denkmäler der Stadt, die nicht restauriert

Die Noorderkerk in Amsterdam wurde am 1. Juni 1979 um Mitternacht von einem Blitz getroffen.

sind. Wer wissen will, wie eine Kirche in früheren Jahrhunderten aussah, wird weder in der hochglanzpolierten Westerkerk noch in der wegrestaurierten, zum Partyzentrum umgebauten Nieuwe Kerk schlauer. Nur in der Noorderkerk quietschen die Türen noch, der Raum für die Bälge hinter der Orgel ist noch so wie damals, als das Instrument von drei stämmigen Männern angeworfen werden mußte, und sogar die Wandhaken in der Toilette stammen aus dem vorigen Jahrhundert.

Laßt Gebäude doch leben. Laßt Landschaften leben, Standbilder, Wälder, Wale, Eskimos, kleine Mädchen. Leben und leben lassen. Pflegt sie gut, nicht um sie zu konservieren, sondern damit sie mit der Zeit mitwachsen können. Erneuert heruntergewehte Dachpfannen, putzt Rotznasen, schützt Denkmäler gegen Wind und Wetter, konsultiert, falls nötig, einen Arzt, macht sauber, was schmutzig ist, und liebt alles. Macht die Türen größer, wenn ihr reich, und kleiner, wenn ihr arm seid, hegt euer Haus, wie es euch hegt, und steht ihm in seinen letzten Tagen bei. Und wenn es schließlich soweit ist, dann laßt das Haus in aller Ruhe einstürzen, Wand für Wand. Schaut zu, wie der Efeu anfängt, es zu überwuchern,

126

laßt Kinder dort spielen, gönnt den Mauerblumen ihr Vergnügen, macht schöne Fotos davon. Und baut ein Stückchen weiter ein neues Haus, das wieder von vorn anfangen kann. Ein ganz anderes Haus oder eine Kopie. Kopien stehen nicht hoch im Kurs. Dennoch sind französische Dörfer gerade dadurch so schön, daß die Neubauten sich kaum von den Altbauten unterscheiden. Es gibt Unterschiede, aber die Gebäude haben den gleichen Charakter. Sie sind in dieselbe Kultur eingebettet. Kopien? Ja. Aber auf Kopien basiert das ganze Leben. Daß euer Platz auf der Erde bald von anderen nach eurem Bilde eingenommen wird, von neuen Artgenossen, das ist das älteste Lebensprinzip auf Erden. Es heißt Fortpflanzung. Und es kann herrlich sein.

5
Alter Samen

Die Natur ist groß. Um sie in einem Museum einfangen zu können, braucht man ein immenses Bauwerk. Große Herrscher sehen sich gern vor solche Aufgaben gestellt. In London, dem Mittelpunkt eines Reichs, in dem die Sonne nie unterging, ließ Königin Victoria der Natur einen Tempel errichten. Am meisten ähnelt das British Museum for Natural History einer romanischen Kathedrale. Unter dem Eindruck der hohen Gewölbe nahmen am Anfang viele Besucher unwillkürlich den Hut ab. In dieser Galerie des Lebens wurde den Menschen die Schöpfung zu Füßen gelegt, um den Ruhm Dessen zu mehren, Der alles gemacht hat. Und den Ruhm derjenigen, die es zusammenrauben hat lassen.

Etwas Großes ist verwundbar und unverwundbar zugleich. Während der Schlacht um England war das megalomane Museum kaum zu verfehlen. Am frühen Morgen des 9. September 1940 durchschlugen zwei Brandbomben und eine Sprengbombe, die als Ballast von der zurückkehrenden Luftwaffe abgeworfen worden waren, das Dach der Abteilung Pflanzenkunde. Im Handumdrehen wurde aus der romanischen Halle eine romanische Ruine; das Dach ging in Flammen auf. Die getrockneten Pflanzen wurden damals noch in altmodischen Holzschränken aufbewahrt. Glücklicherweise, denn Holz ist ein schlechter Wärmeleiter. Hinter modernen Stahltüren wäre das Herbarium von der Hitze versengt worden – als Strafe für den menschlichen Hochmut, der Gottes ewigem Kreislauf von Entstehung und Untergang ein Stückchen Schöpfung zu entziehen versucht hat. Offenbar war die Zeit dafür noch nicht gekommen. Den größten Schaden erlitt die Sammlung durch die Löscharbeiten. Papier verklebte, Aufschriften verblichen, und viele Originalexponate, anhand derer berühmte Pflanzenkundler neue Arten beschrieben hatten, gingen für immer verloren. Manche Pflanze starb zum zweiten Mal.

Aber Tod ermöglicht auch Leben. Durch die kalte Dusche erwachten einige Samen, die Sir George Staunton 1793 aus China mitgebracht hatte. Nach hundertfünfzig Jahren Schlummer in ihrem staubigen Kabinett hatten sie ihre

Die pflanzen-kundliche Abteilung des British Museum wurde 1940 von einer Bombe getroffen.

eigentliche Bestimmung nicht vergessen. Unbeirrt begannen sie, zu Seidenbäumen *(Albizia julibrissin)* heranzuwachsen. So erfüllte sich ihr Lebenszweck nachträglich. Obwohl britische Botaniker sich davon überrascht zeigten, war die Auferstehung der Samen nichts Neues für sie. 1856 hatten sie sechshundert Samen aus Kew Gardens vor den Toren Londons nach Australien geschickt, um dort einen eigenen Hortus zu begründen. Aufgrund verschiedenster Umstände gelangten die Samen erst 1906 in die Erde. Obwohl manche von ihnen mittlerweile über hundert Jahre alt waren, sind viele aufgegangen.

Neues Leben aus alten Samen – da stimmt doch was nicht. Eine Lebensquelle muß jung sein, frisch, unbefleckt, ohne Geschichte. Viel häufiger werden Menschen jedoch vom Widernatürlichen angezogen. Daß ein Same seine zusammengeballte Lebenskraft nicht sofort verpulvert, sondern in aller Ruhe abwartet, bis seine Zeit gekommen ist, zeugt von Weisheit. Samen sind schließlich nicht blöd. Auch ohne Zutun englischer Gärtner oder deutscher Piloten keimen sie zu gegebener Zeit. Weise gedulden sich Samen, die im Herbst fallen, bis zum Frühjahr, bevor sie keimen. In trockenen Gebieten warten sie die Regenzeit ab. Samen sind jedoch wie Menschen, auch unter ihnen gibt es welche, die nicht warten können. Mitunter kommt es vor, daß das Korn schon keimt, während es noch in den Ähren sitzt. Bauern mögen solche ungeduldigen Samen nicht. Am liebsten sind ihnen Samen mit einer garantierten Ruheperiode, die sie mit einem Standardverfahren, zum Beispiel durch eine plötzliche Veränderung von Luft, Licht oder Wasser, aufwecken können.

Die geduldigsten Samen hat das Blumenrohr *(Canna compacta)*. In Südamerika wurden vor der Inkazeit Rasselketten aus ihnen hergestellt. Die Kette bestand aus Walnüssen, in die man in einem frühen Stadium Cannasamen gesteckt hatte, so daß die Nuß Zeit hatte, hermetisch dicht zu wachsen. Samen aus einer argentinischen Kette, die bei Santa Rosa de Tastil ausgegraben wurde, waren in so gutem Zustand, daß 1968 eine Pflanze daraus gezüchtet werden konnte. Für Menschen mit einem Hang zur Philosophie ist es eine nette Denkübung zu überlegen, ob die Pflanze inzwischen über dreißig oder sechshundert Jahre alt ist.

1995 wurde übrigens aus China von noch älteren Samen berichtet, die nach gut zwölfhundert Jahren noch gekeimt haben sollen. Dabei handelt es sich allerdings auch um eine heilige Pflanze: den Lotus *(Nelumbo nucifera)*. Die Samen stammen vom Grund eines ausgetrockneten Sees, an dem Buddhisten früher Lilien gezüchtet haben. Ihre lange Lebensfähigkeit hat möglicherweise weniger mit ihrer Heiligkeit zu tun als vielmehr mit der dicken Wand der Samenkapsel und dem hohen Gehalt an L-Isoaspartylmethyltransferase, einem Enzym, das Eiweiße repariert. Der Rekord des Lotus läßt sich wahrscheinlich nur brechen, wenn man im Boden unter dem ewigen Eis des Nordpolgebiets sucht. Kälte vertragen Samen gut. In der Tiefkühltruhe überleben die meisten Samen problemlos, weil der Nahrungsvorrat den Keim davor schützt, daß sich Eiskristalle bilden. Da man in vielen botanischen Gärten inzwischen des jährlichen Säens und Gießens müde ist, gibt es dort Samenbanken, in denen die Pflanzen jahrelang als unterkühlte Samen weiterleben.

Aber auch ein Same hat kein ewiges Leben. Das Leben ist ein nicht enden wollender Kampf gegen den Tod. Letztendlich dient alles Blutpumpen, Verdauen und Nachdenken nur dazu, den Tod noch ein Weilchen hinauszuzögern. Bei einem Samen ist es dasselbe. Man kann ihm zwar nicht ansehen, ob er lebendig oder tot ist, mit Meßgeräten läßt sich jedoch feststellen, ob in einem Samen noch chemische Prozesse ablaufen, die auf Leben hindeuten. Wenn keine grünen Blätter vorhanden sind, die Nahrung aus Luft und Licht aufbauen, muß ein Same auf seinen Vorrat zurückgreifen. Dafür benötigt er Sauerstoff, denn ein Same atmet wie wir. Und falls er nicht keimt, haucht er, wie wir, eines Tages seinen letzten Atem aus.

Wie steht es dann mit den Samen von Mumien? Mit roten Ohren habe ich als Junge gelesen, daß Samen von Pharaonen nach vielen Jahrhunderten noch lebten. In Gedanken sah ich schon den Sohn eines Pharaos neben mir in der Schulbank sitzen. Später stellte sich heraus, daß es sich nicht um den Samen des Pharaos selbst handelte, sondern um die Getreidekörner, die er nach seinem Tod für die große Reise mitbekommen hatte. Trotzdem erschien es mir wie ein Wunder, daß Weizen aus dem Grab von Tutanchamun nach 3350 Jahren noch aufging und so viel Mehl ergab, daß man mit dem daraus gebackenen Brot eine ganze Bäckerei füllen konnte. Leider zeigte sich, daß es eine Ente war. Man hatte zwar vierbis sechstausend Jahre alte Getreidekörner gefunden, und es ließ sich auch Brot aus ihnen backen, aber gut war das Brot nicht. Das Getreide war mausetot, fast völlig verkohlt. Wegen ihrer weichen Hülle bleiben Körner nur kurze Zeit keimfähig.

Die Geschichte von dem lebenslustigen Mumiengetreide geht auf den Grafen von Sternberg zurück. Er säte zwei echte Getreidekörner aus einem echten Sarkophag, echt aus Ägypten, und sah sie zu seinem Erstaunen echt aufgehen. Nur eines war an dem Korn nicht echt: Es war nicht echt alt. Anstatt vor dreitausend Jahren war es vor höchstens drei Monaten geerntet worden. Der Sarkophag, aus dem es kam, diente den Pferden des Vizekönigs als Futtertrog. Es bedurfte nur noch eines geldgierigen Fremdenführers und eines gutgläubigen Grafen, und schon gab es wieder ein Märchen mehr in der Welt.

Dennoch lag ich mit meinem Jugendirrtum nicht gänzlich daneben. Aus Roggensamen entsteht Roggen und aus Kleinkreuzkrautsaat Kleines Kreuzkraut, also entsteht – so sollte man meinen – aus Pharaonensamen ein Pharao. Samen ist schließlich Samen. Der einzige Unterschied besteht im Boden. Roggen und Kreuzkraut können in die kalte Erde, Menschensamen muß in den warmen Mutterschoß. Der einzige Samen, den ein Gärtner nicht in seinem Garten aussät, ist sein eigener. In fruchtbarem Boden keimen aus meinem Samen keine kleinen Biologen. Eher in einer fruchtbaren Frau.

So jedenfalls dachte man bis vor kurzem. Der Mann liefere das Kind, die Frau sei nur eine lebendige Wiege. Davon, daß in der menschlichen Samenzelle ein kompletter Mensch steckte, war ihr Entdecker, Antonie van Leeuwenhoek, noch vor wenigen Jahrhunderten überzeugt. Ein anderer Niederländer, Hartsoecker, sah unter dem Mikroskop sogar einen kleinen Menschen, der die Arme um die angezogenen Knie gelegt hatte, um in seinem kleinen Gefährt genügend Platz zu haben. Mit dem Schwanzfaden als Antrieb gelangte der Kleine dann in die Mutter.

Daß Vater und Mutter je zur Hälfte zu den Anlagen ihres Kindes beitragen, wurde erst im neunzehnten Jahrhundert bekannt. Erst in dieser Zeit zeigte sich, wie völlig unterschiedlich Pflanzen- und Menschensamen sind. Im Samen einer Pflanze befindet sich schon ein kleines Wesen, das von dem mitgelieferten Nahrungsvorrat lebt, bis es auf eigenen Wurzeln stehen kann. Das Wesen hat bereits einen Vater und eine Mutter. Will man einen Pflanzensamen mit etwas aus dem Tierreich vergleichen, dann mit einem befruchteten Ei. In ihm steckt nämlich auch schon ein Wesen, ein Kind zweier

Elternteile, mit Nahrungsvorrat und allem, was es braucht. Der harte Panzer, der alles umgibt, wird ihm später, wenn es zusehen muß, daß es herauskommt, noch Schwierigkeiten bereiten.

In diesem Vergleich entspricht unser Menschensamen dem Pollen der Staubgefäße. Er hat nur einen Vater und muß noch mit einer Eizelle verschmelzen, bevor er zu einem Wesen heranwachsen kann. Weil der Samen von Pflanzen viele Jahrhunderte früher bekannt war als der von Mensch und Tier, sollte ein Mann sein Sperma besser Pollen nennen. Dabei stellt man sich aber womöglich ungefragt diensteifrige Bienen und Hummeln mit ihren gruseligen Stacheln und Saugrüsseln vor. Außerdem müßte ein Mann seinen Penis Staubgefäß nennen. Solange er das nicht will, haben wir eine Sprachverwirrung, die mehr feministische Entrüstung verdient als eine Ansprache in einem Büro voller Sekretärinnen, die mit »Meine Herren« beginnt. Auf sexuellem Gebiet dagegen sind wir an Sprachverwirrung gewöhnt. Waren Sie nicht auch immer der Ansicht, daß der Stempel bei einer Blume das männliche Organ ist?

Aus einem Menschensamen kann ohne eine Eizelle kein Mensch entstehen, aus einem Baumsamen jedoch ein ganzer Baum. Der Samen enthält die komplette Blaupause für den Baum, und zwar in jeder Zelle. Die Information ist in den Wendeltreppen der DNS gespeichert. Ist es nicht nett, daß wir in der Zeit der Datenbanken und Raketentechnologie eine altmodische Bildersprache mit Begriffen wie Wendeltreppen und Blaupause benutzen, wenn wir über die Geheimnisse des Lebens sprechen? Wendeltreppen gehören in mittelalterliche Burgen, die Blaupause wurde 1842 von Sir John Herschel erfunden. Wer weiß heute noch, daß eine Blaupause in den ersten Stunden oder Tagen nicht blau, sondern gelb war? Junge Genetiker jedenfalls nicht. Aber das hindert sie nicht daran, ständig davon zu reden.

Der Samen ist eine Blaupause einer Pflanze, und eine Blaupause ist der Samen eines Gebäudes. Sämtliche Information ist darauf festgehalten, bei jedem Gebäude ist sie ein klein wenig anders. Der Samen eines Gebäudes geht allerdings nicht an seiner eigenen Verwirklichung zugrunde. In den Tresoren von Gemeinden und Architekturbüros liegen stapelweise Blaupausen von Gebäuden, die schon lange stehen oder sogar bereits wieder abgerissen sind. Und von Gebäuden, die niemals gebaut wurden. In der ganzen Welt warten Zehntausende, Hunderttausende von Blaupausen seit Jahrzehnten

1694 sah Hartsoecker unter seinem Mikroskop in einer Samenzelle einen vollständigen Menschen.

auf ihre Erfüllung, wie Samen in einer Samenbank. Die Chance, daß es jemals soweit kommt, ist gleich null. Architekten sind der Ansicht, daß etwas Neues besser ist. Den alten Samen anderer lassen sie gern vertrocknen.

In London müßte es weitere zweiunddreißig British Museums for Natural History geben. Als Blaupausen zwar, aber dennoch detailliert genug, um das heutige Museum durch einen Entwurf aus derselben Zeit ersetzen zu können, falls es erneut von Bomben getroffen werden sollte. Dieses Überangebot resultiert aus einem Architektenwettbewerb, der für den Bau ausgeschrieben worden war. Solche Wettbewerbe waren in England an der Tagesordnung. Auch die Bank von England, die National Gallery und die Houses of Parliament sind im Wetteifer entstanden. Bekannte Preisträger anderswo auf der Welt sind das Weiße Haus, der Eiffelturm und das Rathaus von Amsterdam. Wir alle sehen nur diese Eichbäume, niemand trauert um die vielen Eicheln, die für die Produktion eines einzigen Baumes verschwendet wurden.

Je länger eine Blaupause in der Schublade liegt, desto geringer wird die Chance, daß der Entwurf jemals ausgeführt wird. Gartenliebhaber kennen dieses Phänomen von echtem Samen. Von hundert jungen Samen gehen neunundneunzig auf, von hundert mittelalten Samen keimen nur noch fünfzig bis sechzig. Außerdem wachsen die Pflanzen langsamer, und es kommt häufiger zu Mißbildungen. Alter Samen ist schwacher Samen. Beim Menschen ist das nicht so schlimm. Viele Opas sind noch Vater geworden. Etwa einer von fünftausend Deutschen hatte bei seiner Geburt einen über sechzigjährigen Vater, einer von dreißigtausend einen über siebzigjährigen. Der älteste bekannte junge Vater stand im Alter von vierundneunzig an der Wiege.

Alte Männer sind Schweinigel. Wenn man sie so am Fenster des Altersheims sitzen sieht, sollte man es nicht meinen, aber sie produzieren noch immer jeden Tag, bis zu ihrem letzten Atemzug, unter den Augen der Heimleiterin Millionen von Samen. Natürlich ist dieser Samen etwas lasch – es sind immer mehr Nieten dabei, der Samenfaden wird etwas ungelenk –, aber er enthält immer noch genügend lebensfrohe Spermien, um die Heimleiterin zu befruchten – wenn sie dafür nicht zu alt ist.

Wenn bei irgend etwas das Prinzip des Überflusses gilt, dann bei der Samenproduktion des Mannes. Während in den meisten teuren Tütchen aus dem Gartencenter wenig steckt, ist der Sack eines Mannes reich gefüllt. Nur einer kann die Ziellinie erreichen, trotzdem stehen jedesmal wieder Millionen von Samentierchen am Start und schwänzeln mit ihren Schwänzchen. Das ist aber noch nichts verglichen mit dem Samen mancher Meerestiere. Im Wasser lebende Männchen haben oft nicht so eine praktische Spritze wie wir, um damit den Samen so nahe wie möglich ans Ziel zu bringen. Er wird ohne Umschweife ins Meer abgegeben und muß selbst zusehen, wie er ein Ei zum Befruchten findet. Damit die Samenzellen dennoch eine gewisse Chance haben, werden sie in astronomischen Mengen bereitgestellt. Berücksichtigt man die Tatsache, daß die zugehörigen Tiere ebenfalls in astronomischer Anzahl vorkommen, kann man das Meer, in dem so viele von uns ihren teuer bezahlten Urlaub verbringen, durchaus als verdünntes Sperma bezeichnen.

An Land besteht ein geringeres Risiko. Würde ein Landtier sein Sperma einfach auf die Erde spritzen, wären die Samen vertrocknet, bevor es zu einer Befruchtung käme. Trotzdem waten wir auch auf dem Land durch Schwaden von Sperma, das an unseren Haaren hängenbleibt und in die Nase dringt. Pflanzen, für deren Fortpflanzung der Wind sorgt, verteilen ihr Sperma so freigebig, daß viele Menschen Heuschnupfen davon bekommen. Samenfäden braucht dieser Blütenstaub nicht. Der Wind sorgt für kostenlosen Transport bis in sechstausend Meter Höhe und über vierhundert Kilometer Entfernung pro Tag. Mitten auf dem Atlantik wurde Pollen von Erlen, Birken, Eichen, Buchen und Gräsern gefunden. Er hat zwar etwas Lebenskraft eingebüßt, weil Blütenstaub empfindlich auf ultraviolettes Licht reagiert, aber bei der großen Menge ist das drin.

Das sehen alte Männer auch so. Auf ein paar hunderttausend mißlungene, senile oder kaputte Samentiere mehr oder weniger kommt es nicht an. Sie werden nicht einmal als Reserve benötigt, so groß ist der Überfluß. Hinter diesem Überfluß im Überfluß verbirgt sich das Ziel, schneller zu sein als die Konkurrenz. Je mehr Samen ein Mann in eine Frau pumpt, desto kleiner ist die Chance, daß der Samen eines Rivalen den Sieg erringt. Und je größer das Risiko der Untreue ist, desto stärker muß die Samenproduktion angekurbelt werden. Innerhalb einer Tiergruppe kann man das Maß der Untreue der einzelnen Arten an der Größe der Samendrüsen ablesen. Meistens liegen sie unsichtbar innerhalb des Körpers, aber bei uns, den Affen, baumeln sie nackt im Freien herum. Messungen haben ergeben, daß sie beim Schimpansen viermal so groß sind wie beim Gorilla. Gorillas sind am treuesten. Während ein Schimpansenmann es jedes Jahr Hunderte von Malen mit Dutzenden von Frauen treibt, bewachen Gorilla-

Alte Bäcker ver-
kaufen frisches
Brot, alte Män-
ner produzieren
jungen Samen.

männchen ihre wenigen Partnerinnen eifersüchtig und warten auf die seltenen Augenblicke zwischen Austragen, Gebären und Säugen, in denen ihnen die Weibchen ihre Gunst
erweisen. Und Menschen? Wie treu sind unsere Eier? Was
den Umfang betrifft, liegen unsere zwischen denen eines
Schimpansen und eines Gorillas, wenn auch mehr auf der
Gorillaseite, der Seite der Treue. Dennoch bleibt bis ins hohe
Alter genügend Spielraum für Untreue. Eine Untersuchung
an der Universität Münster bestätigt dies. Es zeigte sich, daß
die alten Herrschaften zwischen sechzig und neunzig mit
ihren drei Millilitern der Kontrollgruppe aus jungen Leuten
um kein Tröpfchen nachstanden. Zwar waren die Samenzellen darin etwas weniger flink, aber sie drangen genauso eifrig
in die ihnen zugewiesenen Eizellen ein. Übrigens enthielt das
Sperma der Alten mehr Zellen als das der Jungen – 125 gegenüber 75 Millionen pro Milliliter –, das liegt jedoch daran,
daß alte Männer ihren Samen länger bei sich behalten. Er hat
sich ja längst bewiesen. Ein Alter, dem noch nach Fortpflanzung ist, kann die Samenverteilung ruhig seinen Söhnen
überlassen.

Alte Männer produzieren junge Samen. Nach jedem Erguß

wird er wieder frisch zubereitet, wie Brot beim Bäcker. Wie alte Bäcker frisches Brot verkaufen können, so spritzen alte Männer frischen Samen. Bei Frauen ist das anders. Eine Frau legt alte Eier. Auch wenn sie selbst jung ist. Jeden Monat legt eine Frau ein altes Ei. Man kann es nicht sehen, weil es so klein ist. Es ist auch nicht nötig, daß es groß ist, denn im Gegensatz zu einem Hühnerei braucht es kaum Dotter zu enthalten. Wächst das Ei zu einem Baby heran, dann bekommt es in der Gebärmutter genug zu essen. Mit ihrer Größe von 0,2 mm passen Millionen von Menscheneiern in ein Hühnerei. Vom Eierlegen selbst merkt eine Frau wenig, um so mehr aber von der monatlichen Blutung, die damit einhergeht.

Ist ein Menschenei einmal gelegt, ist es seltsamerweise für die Fortpflanzung verloren. Damit ein befruchtetes Ei zu einem Menschen heranwächst, muß es im Körper bleiben. Aber selbst ein Ei, aus dem sich ein Baby entwickelt, ist alles andere als frisch. Die Eier einer Frau sind ungefähr so alt wie sie selbst. Sie werden produziert, wenn sie selbst noch im Bauch ihrer Mutter steckt. Danach geht das nicht mehr. Eine Frau muß ihr ganzes Leben lang mit dem Vorrat an Eizellen aus ihrer Embryonalphase auskommen. Viele braucht sie ja auch nicht. Jeden Monat des fruchtbaren Lebens ein Ei, das macht insgesamt kaum fünfhundert Stück. Verschwindend wenig im Vergleich zu den vielen hunderttausend Millionen Samen, die ein Mann in seinem Leben produziert. Dennoch herrscht auch bei einer Frau Überfluß.

Bei der Geburt hat eine Frau nämlich eine Million Eier in den Eierstöcken. Mit zwanzig ist davon etwa noch ein Viertel übrig, mit vierzig sind es nur noch einige zehntausend. Wahrscheinlich werden bei diesem Zellengemetzel die schlechten beseitigt, so daß die guten übrigbleiben. Sonst müßten zwanzig, dreißig Jahre nach der Entstehung viel mehr Fehler auftreten. Das Mindesthaltbarkeitsdatum einer Eizelle basiert weniger darauf, wie stark das Erbmaterial abgenutzt ist, als vielmehr darauf, wie es gelagert wird. Eizellen werden in unreifem Zustand aufbewahrt. Die Zellteilung wurde bei ihnen auf halbem Wege unterbrochen, noch bevor die Chromosomen der Mutterzelle an die zwei Tochterzellen verteilt werden konnten. Nach dreißig, vierzig Jahren ist der Verteilungsmechanismus so abgenutzt, daß die eine Tochter manchmal ein Chromosom zuviel bekommt. Dann kann das Kind mongoloid werden. Das Risiko, ein mongoloides Kind zu bekommen, beträgt normalerweise eins zu siebenhundert, bei einer über vierzigjährigen Mutter kann es auf eins zu zehn ansteigen. Der Mutter selbst fehlt dann noch nichts, nur ihre

Eizellen haben das Verfallsdatum überschritten. Glücklicherweise verfügt der Körper über ein Sicherheitsventil. Wenn das Risiko, geschädigte Kinder zu bekommen, biologisch gesehen zu hoch wird, bilden die Eierstöcke nicht mehr genügend Hormone, um Eizellen heranreifen zu lassen. Die Frau legt nicht mehr. Sie ist jetzt in den Wechseljahren.

Hühner hören auch irgendwann auf zu legen. Auch bei ihnen entwickeln sich jedes Jahr weniger Eier. Was ein richtiges Huhn ist, legt im ersten Jahr 175 Eier, im zweiten nur noch 125 und im dritten nicht einmal mehr hundert. Zeit für die Suppe. Bis zu den Wechseljahren bringen es die meisten Tiere jedoch nicht, da sie dafür nicht alt genug werden. Nur im Zoo und im Laboratorium hat man bei Rhesusaffen, Lampongaffen *(Macaca nemestrinus)* und Schimpansen so etwas wie eine Menopause beobachtet. Als wir Menschen noch splitternackt durch die Wälder liefen, haben wir die Wechseljahre auch nicht erreicht. Unser Leben jenseits der Vierzig ist eine Zugabe unserer Kultur, mit der die Natur nicht gerechnet hatte. Biologisch paßt es ganz gut, daß die Natur uns für diese Extrajahre nicht auch noch ein Extrapaket Fruchtbarkeit mitgibt, denn der Mensch ist nicht nur aufgrund der Wechseljahre ziemlich einmalig, sondern auch wegen der langen Pflege, die er seinen Jungen angedeihen läßt. Wenn man als gesunder Elternteil ein Kind gesund großziehen will, ist ein Alter von fünfzig bei der Geburt des letzten Kindes schon ziemlich hoch. Dementsprechend beträgt das höchste Alter einer Frau, die auf natürlichem Weg ein Kind bekommen hat, neunundfünfzig Jahre.

Die Wechseljahre sind das Gegenteil der Pubertät. Es gibt allerdings auch eine bemerkenswerte Übereinstimmung: Manche Frauen verhalten sich in den Wechseljahren sehr merkwürdig. In beiden Fällen sind Hormone im Spiel. Die plötzliche Zufuhr von Hormonen verursacht all die Schereien, die man Pubertät nennt, und das Zudrehen des Hahns geschieht auch nicht unbemerkt. Am auffälligsten sind die Hitzewallungen. Von Zeit zu Zeit fließt das Blut plötzlich in den Kopf, der dann in Flammen zu stehen scheint. Dieser Schwelbrand kann fünf Jahre anhalten und lodert jedesmal für wenige Sekunden bis zu vielen Minuten auf. Brandstifter ist das Gehirn, das nicht recht weiß, was es mit dem reduzierten Östrogengehalt anfangen soll, und aufs Geratewohl die Blutgefäße in Hals und Kopf erweitert. Wenn jedoch ein Mangel an Östrogenen das Gehirn verwirrt, warum haben Mädchen vor der Pubertät dann keine Probleme damit? Die Antwort geben uns merkwürdigerweise erwachsene Männer.

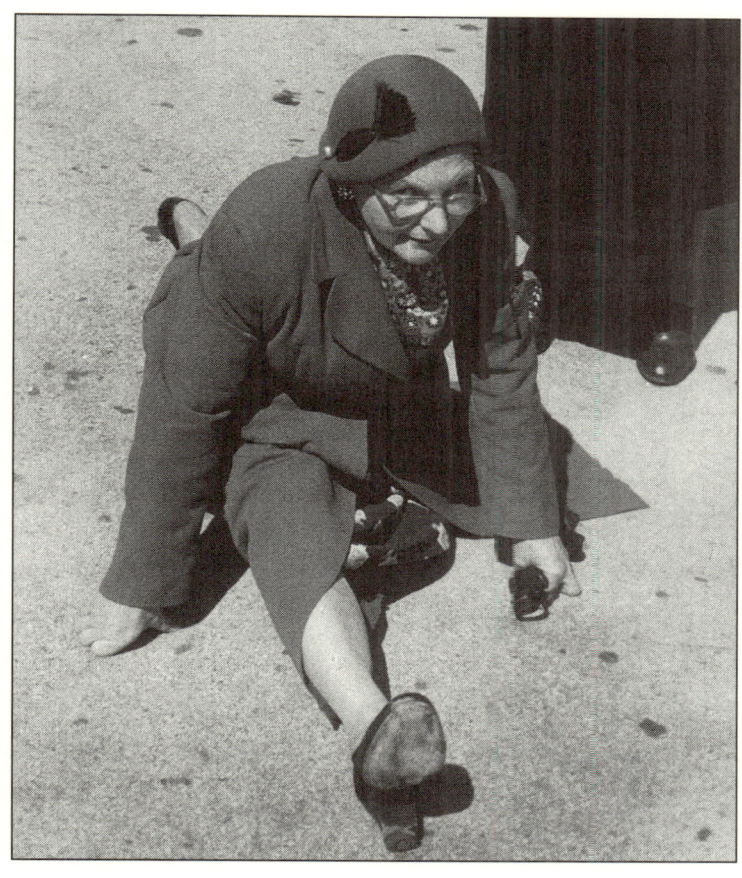

*In den Wechsel-
jahren verhal-
ten sich Frauen
manchmal
merkwürdig.*

Werden sie bei Prostatakrebs mit Östrogenen behandelt, bekommen sie nach Ende der Therapie ebenfalls Hitzewallungen. Die Nerven, die die Blutzufuhr der Haut regulieren, sind
östrogenabhängig geworden und jetzt auf Entzug. Nebenbei
bemerkt wird die Abnahme des Östrogengehalts auch vom
Nervensystem reguliert. Was jedoch das Nervensystem hierzu
veranlaßt, was also die Wechseljahre auslöst, ist noch völlig
unklar.

Viel klarer sind die Nebenerscheinungen. Viele Frauen bekommen nicht nur Hitzewallungen, sondern werden in den
Wechseljahren auch schwermütig, müde und nervös. Sie fangen an zu schwitzen, werden viel zu früh wach und halten
den Schöpfer für einen Sexisten. Die eine greift zur Flasche,
die andere geht noch mal auf Männerjagd, eine dritte ist
nicht mehr vom Spiegel wegzukriegen – nur wenige empfin-
den das Ende der Fruchtbarkeit als Befreiung. Und das sind
nur die vorübergehenden Symptome. Außerdem verküm-

mert der Fortpflanzungsmechanismus, Inkontinenz droht, die Haut legt sich in Falten – das bleibt. In allen drei Achseln verschwinden die Haare und tauchen als Schnurrbart wieder auf, Kalk rieselt aus den Knochen und scheint die Schlagadern zu verhärten. Diese Folgen lassen sich zwar durch Hormongaben mehr oder weniger wirkungsvoll lindern, es rächt sich dann aber einmal mehr, daß ein und dasselbe Hormon viele verschiedene Wirkungen haben kann. Eine Hormontherapie kann zum Beispiel das Risiko von Brustkrebs und Gefäßkrankheiten erhöhen.

Weil Männer immer neidisch sind auf alles, was Frauen haben und sie nicht, beanspruchen sie ihre eigenen Wechseljahre: die Penopause. Ab vierzig fühlen sie sich plötzlich nicht mehr gut und sind der Ansicht, daß sie sich auch merkwürdig verhalten dürfen. Angesichts der Tatsache, daß die Fruchtbarkeit bei Männern nicht plötzlich zu Ende geht, scheint die Penopause mehr eine Ausrede fürs Fremdgehen zu sein als eine Lebensphase. Statt körperlicher Symptome wie Hitzewallungen beschäftigen die Männer Fragen wie »Soll das alles gewesen sein?« Zur Strafe für sein Selbstmitleid verordnet sich mancher Mann mittleren Alters Joggen. Von seinen Ängsten verfolgt, trabt er durch Feld und Wald. Würde er dabei auf die Vögel achten, dann könnte er sogar eine echte Menopause bei Männern wahrnehmen. Bei Wachteln verschrumpeln nach etwa vier Jahren die Samendrüsen. Anders als Menschenmänner, die sich auf ihre Penopause berufen, werden Wachteln dadurch sexuell weniger aktiv. Aufgrund des Mangels an männlichen Hormonen verlieren Wachtelhähne jegliches Interesse an Hennen.

Natürlich schwinden auch beim Menschenmann die Hormone, aber das geschieht ganz allmählich. Die meisten Männer waren in ihrer Jugend so von Hormonen durchtränkt, daß wohl immer genügend übrigbleiben. Trotzdem nehmen die Hormone ab, und das zeigt sich an der schwindenden Potenz. Mit zunehmendem Alter will ein Mann weniger, und was er weniger will, kann er auch weniger. So ist es wenigstens im angelsächsischen Teil der Welt, was folgender berühmter Spruch belegt:

Under 25 – twice daily
25 to 35 – try weekly
35 to 45 – try weekly
45 to 55 – try weakly
55 and on – try, try, try.

Ein alter Schwanz ist leck. Das Blut, das ihn steif aufgepumpt halten soll, versickert durch die Adern. Dabei sind auch noch die Schlagadern, die ihn vollpumpen sollen, enger und steifer geworden. Der Hauptschuldige aber ist das Nervensystem. Die Nerven im Penis reagieren weniger auf Berührung, und das Gehirn bestellt zu wenig Testosteron, um den Penis zu erregen. Frauen finden das übrigens weniger schlimm, als Männer denken. Dank seiner reduzierten Libido braucht er vor dem Akt mehr Zeit, und das kommt vielen Frauen entgegen.

Mit dem Sex ist es wie mit Essen: Man nimmt sich zwar im Laufe der Jahre immer weniger, aber man genießt es. Solange die Gesundheit es zuläßt, schlafen auch alte Paare noch gern miteinander, wenngleich es dabei körperlich nicht mehr allzu heftig zugeht. Bis ins hohe Alter flirten alte Menschen, füßeln miteinander oder wagen sich an eine Nummer. Ingmar Skoog hat bei einer Untersuchung in Göteborg herausgefunden, daß mehr als zehn Prozent der Einwohner über fünfundachtzig im zurückliegenden Jahr Geschlechtsverkehr gehabt hatten, und ein Drittel hatte sexuelle Gefühle verspürt. In Altersheimen sieht man das nicht gern. Es würde Intimsphäre erfordern und Unruhe unter den Alten stiften. Eifersucht käme auf. Oft versucht das Personal, dies von vornherein zu unterbinden, indem Gespräche über Sex vermieden werden. Die Bewohner von Altersheimen wissen deshalb oft nicht, was in ihrem Alter noch alles an körperlicher Liebe möglich ist, und damit werden sie zum zweiten Mal in ihrem Leben Opfer mangelhafter Aufklärung. Aus Frustration reagieren sie ihre sexuellen Bedürfnisse manchmal am Personal ab. Damit die es ein für allemal begreifen.

Während es sich als schwierig erweist, die Abnahme fleischlicher Gelüste bei alten Menschen zu messen, ist es bei alten Rhesusaffen recht einfach. Ein Weibchen, das nur einen Hebel betätigen mußte, um in den daneben liegenden Käfig des Männchens zu kommen, benutzte den Hebel mit zunehmendem Alter immer seltener. Sie hatte nicht mehr so oft das Bedürfnis. Wie das Männchen das fand, geht aus der Untersuchung nicht hervor. Wahrscheinlich nahmen seine Bedürfnisse auch ab, wenn vielleicht auch nicht so schnell wie bei ihr.

Es steht fest, daß Menschenmänner den Rückgang ihrer eigenen Libido mit wenig Sinn für Humor verfolgen. Es ist, als ob ihr letzter Rückhalt in ihren Händen erschlafft. Daß der Mann in ihnen stirbt, bevor sie tot sind, betrachten sie als größte Beleidigung durch den eigenen Körper. Dagegen muß etwas unternommen werden. Aphrodisiaka werden herbei-

141

geschafft. In Betracht kommen dafür seit alters her Geschlechtsorgane und -produkte. Schafshoden, Kaviar und Eier werden mit einem Augenzwinkern aufgetischt. Erfolgversprechend ist auch die äußerliche Ähnlichkeit. Daher sind einerseits Spargel und Bananen, andererseits Muscheln, Pflaumen und Feigen beliebt. Tiere mit penisartigen Organen trifft es besonders schlimm. Wegen seines Horns steht das Nashorn kurz vorm Aussterben. Wilderer töten die Nase, um das Horn abzusägen, Naturschützer sägen das Horn ab, um die Nase am Leben zu erhalten. Und dann töten die Wilderer auch Nasen ohne Horn, damit sie die Nase nicht umsonst gejagt haben. Mit Kuhhörnern geben sich impotente Chinesen nicht zufrieden; das ist nicht exotisch genug. Die Kraft des Exotischen haftet zum Beispiel Adlerklauen und Tigerhoden an. Früher galt dies in Europa sogar für heute ganz gewöhnliche Produkte wie Kartoffel und Kakao. In den Geschichten des Marquis de Sade kommen die Partner oft mit Hilfe von Kakao wieder etwas zu Kräften: »Nach seiner Orgie bot der König von Sadigne mir die Hälfte seiner Schokolade an.« Großen Eindruck hinterließen auch Mittel, von denen einem tatsächlich heiß wurde, wie Pfeffer, Sambal und die Spanische Fliege.

Naturschützer sägen das Horn ab, um das Nashorn am Leben zu erhalten.

Die Spanische Fliege hat mit Spanien überhaupt nichts zu tun und ist genauso eng mit der Fliege (Klasse *Diptera*) ver-

wandt wie eine Eintagsfliege (Klasse *Ephemeroptera*). Sie ist schlicht ein Käfer aus Gelderland und Limburg. Um einen Liebestrank zu brauen, löst man das getrocknete, zerstampfte Tier in etwas Alkohol auf. Wenn man nach dem Schlucken nichts merkt, hat man Glück gehabt. Es weckt nämlich nicht die Lüste, schädigt dafür aber bereits in kleinen Mengen die Nieren. Der Wirkstoff, das Kantharidin, ist zwar ein Aphrodisiakum, aber in erster Linie für die weiblichen Käfer, die bei der Paarung einiges davon abbekommen. Wenn die Spanische Fliege je einem Menschen den Kopf verdreht hat, dann nur mit Hilfe unseres besten Aphrodisiakums – unserer Phantasie, die die wahren Liebessäfte, die Hormone freisetzt. So gut wie jeder Mann ist bis ins hohe Alter zu so schmutzigen Gedanken fähig, daß man damit einen Baukran hochkriegen könnte.

Wenn man von trockenen Hoden alt wird, sollten saftige Hoden einen wieder jung machen. Das dachte wohl der überaus gelehrte Charles-Edouard Brown-Séquard, der 1889 im Alter von zweiundsiebzig wissen ließ, daß er sich mit einem Extrakt aus zerstampften Haustiertestikeln eingesprüht hatte. Es tat ihm, wie er sagte, gut. In den zwanziger Jahren griffen der Amerikaner John R. »Doc« Brinkley und der Russe Serge Voronoff diese Idee auf. Brinkley wurde durch Ziegenhodenimplantate so reich, daß er sich als Kandidat für das Gouverneursamt in Kansas aufstellen lassen konnte, Serge Voronoff implantierte gutgläubigen Herren in Liebesnöten kleine Scheiben Affenhoden und machte damit ein Vermögen. Die Menschen waren zufrieden, die Affen weniger. Voronoff überspannte den Bogen jedoch. Mit Hilfe von jungen Pferdetestikeln versuchte er, aus alten, aber noch immer berühmten Deckhengsten die letzten Samentropfen zu pressen. Da alte Hengste für Suggestion unempfindlich sind, fiel Voronoff durch. Exit Drüsentherapie. Es bleibt nur die Frage, warum sich alte Frauen noch nie mit Eierstocksäften haben einsprühen lassen.

Wenn man aufgrund höheren Alters weniger Sex hat, führt weniger Sex zu einem höheren Alter. Diese Argumentation ist stichhaltiger als die von Brown-Séquard. Sex ist teuer, riskant und ermüdend. Wer Schürzen jagt oder Männer anmacht, vernachlässigt seine täglichen Pflichten. Während der Paarung ist man verletzlich, nach der Paarung rufen neue Pflichten. Man muß sich Sorgen machen, Mäuler stopfen, Opfer auf sich nehmen. Und wenn es geklappt hat, wenn man sich fortgepflanzt hat, was hat man davon? Man hat sich seine eigenen Konkurrenten geschaffen. Mütter bekommen ein Kind

Der Kastrat Carlo Broschi, genannt Farinelli (1705–1782).

nach dem anderen, Väter reiben sich auf. Im Vergleich zu ihnen sind Kastraten ein Ausbund an Gesundheit. Beobachten Sie, wie der fette Ochse macht, was er will, während der Stier eifersüchtig seine Herde bewacht, ergötzen Sie sich an dem fetten Kapaun, während die Katze ein junges Hahnenküken knackt, reiten Sie in aller Gemütsruhe auf Ihrem Wallach an dem ausgepreßten Deckhengst des Gestüts vorbei. Sogar Menschen können durch Kastration gewinnen. Kastriert man einen Jungen vor der Pubertät, dann wird er ruhiger, die Pubertätspickel bleiben ihm erspart, das Risiko, daß er ein Verbrechen begeht, sinkt enorm, und er wird niemals einen Bierbauch bekommen. Kurz: er verweiblicht. Außer Nachteilen hat dies den großen Vorteil, daß ein Kastrat länger lebt. Männer haben sich dadurch aber selten überzeugen lassen. Kastration in abgeschwächter Form jedoch kannte man als Verjüngungskur. Im Wien der zwanziger Jahre konnte man sich bei Professor Eugen Steinach die Samenleiter abbinden lassen. Das machte einen Mann zwar steril, aber gleichzeitig sollten die Hoden angeregt werden, mehr Hormone zu produzieren und auf diese Weise ihren Besitzer zu verjüngen. Theoretisch spricht durchaus etwas dafür, in der Praxis erwies es sich als Unsinn. Heutzutage wird dieser Eingriff bei Männern vorgenommen, die keine Kinder mehr wollen.

Eine weniger rigorose Alternative besteht darin, die Apparatur intakt zu lassen, sie jedoch nicht zu benutzten. Wie es die Priester geloben. Mönche leben tatsächlich länger als ihre verheirateten Brüder und Vettern. Bei Frauen sind die Auswirkungen völliger Enthaltsamkeit auf die Lebensdauer schwieriger auszumachen, aber es spricht für sich, daß das Gebären von Kindern die Lebenserwartung verringert. Sexuelle Enthaltsamkeit hat noch weitere Vorteile. Der Karriere wird volle Aufmerksamkeit zuteil, wie man in jedem Ameisenhaufen oder Bienenkorb sehen kann. Befreit von jeglichem Sex, der unser Handeln zu einem großen Teil und die Gedanken manchmal völlig in Anspruch nimmt, können die

Arbeiterinnen von früh bis spät zum Wohle des Staates beitragen. Der sprichwörtliche Bienenfleiß ist nichts anderes als Keuschheit. Älter werden die Arbeiterinnen dadurch seltsamerweise aber nicht. Mit einer Lebensdauer von wenigen Wochen kommen sie nicht an die Königin heran, die etliche Jahre alt werden kann. Die gleiche Spezialnahrung, die aus einer Larve eine Königin macht, trägt auch dazu bei, daß sie die anderen Larven um ein Vielfaches überlebt. Nicht umsonst enthalten alle möglichen Verjüngungspillen Königinnenstoff (»Gelée Royale«). Allerdings wird man dadurch weder länger leben noch plötzlich fliegen können. Außerdem fragt sich, ob Königinnen dadurch wirklich älter werden. Es könnte genausogut sein, daß sie das normale Alter erreichen und die Arbeiterinnen durch ihre minderwertige Kindernahrung relativ früh sterben, nämlich dann, wenn ihr Beitrag für den Staat geringer ausfällt als der Aufwand für das fließbandmäßige Herstellen einer neuen Arbeiterin. Männliche Bienen werden auch nicht alt. Die meisten Drohnen werden ganz einfach liquidiert, sobald die Königin befruchtet ist. Die Drohne, der diese Ehre zufällt, muß sie mit dem Tod bezahlen. Ihr Penis bricht im Körper der Königin ab, der Rest der Drohne stürzt sterbend zur Erde.

Bei der Liebe zu sterben scheint, wenn man ohnehin sterben muß, der schönste Tod zu sein. Viele Dichter haben die *mort douce* besungen, den Tod durch Herzstillstand während des Liebesakts, wenn sich jemand, der keine Aufregung verträgt, der höchsten Erregung hingibt. In der Natur ist Tod beim oder durch Sex ganz normal, nicht nur bei Insekten, sondern auch bei Fischen, zum Beispiel dem Lachs. Wenn der männliche Lachs vom Meer aus seinen Fluß weit genug hinaufgeschwommen ist, um seine Fischmilch über ihren Rogen zu ergießen, ist er so erschöpft, daß er kurz darauf stirbt. Daß der Lachs ausstirbt, ist also auch ein wenig seine eigene Schuld – wer macht schon so lange Reisen für einen so kurzen Genuß –, und die Verschmutzung des Rheins erspart ihm einen Haufen Scherereien. Das Männchen der Steppenantilope stirbt nicht bei der Paarung selbst, sondern wird durch die Liebe so ausgelaugt, daß es eine leichte Beute für die Wölfe ist. Ein anderes Säugetier, die Beutelspringmaus *Antechinus stuarti*, scheint nach dem Paaren plötzlich um Jahre gealtert. Wie eine von Gott gesandte Warnung für uns Sünder geben die kaum ein Jahr alten Männchen nach einer mehrtägigen Gruppenorgie erschöpft den Geist auf. Die Erregung hat sie niedergestreckt, sie sind an ihren eigenen Streßhormonen erstickt.

Wie sehr Liebe und Tod zueinandergehören, wird in unserer Kultur durch den Pfeil symbolisiert, mit dem Amor das verliebte Herz durchbohrt. Früher oder später werden wir der Liebe erliegen. Es entbehrt also nicht einer gewissen Logik, daß ein Hochzeitsauto oft auch als Leichenwagen Dienst tut. Ob der Wagen in Sachen Tod unterwegs ist oder für die Liebe, erkennt man allenfalls am Blumenschmuck. Auch das kann kein Zufall sein: die Liebesorgane einer Pflanze, für unsere Liebe oder unseren Tod ermordet. Deutlicher kann die Liebe nicht auf den Tod verweisen.

Das hält alte Böcke nicht davon ab, junge grüne Blättchen zu mögen. Eine ganze Menge alter Böcke suchen nach solch einem Blättchen. Junge Geißlein auf der Suche nach braunen Blättern sieht man seltener. Wenn es um Fortpflanzung geht, steht jung nun einmal auf jung. Gerontophilie, die Liebe für viel ältere Menschen, wird als Abweichung betrachtet, jedoch nicht als problematisch. Meistens handelt es sich um ein junges Mädchen, das auf einen alten Mann steht. Ihn hört man nicht darüber klagen, daß sein Abendrot einen goldenen Rand bekommen hat, und auch die Frau kann zufrieden sein. Wahrscheinlich hat sie Sicherheit und einen Halt gesucht, womöglich einen Vater. Sie braucht nicht oft Kopfschmerzen vorzutäuschen, und was ihm an Leidenschaft abgeht, kann

Zahlreiche alte Böcke suchen nach einem grünen Blättchen.

146

mit Geld aufgewogen werden. Auf den Karikaturen, auf denen es alte Männer mit jungen Frauen treiben, sind nicht ohne Grund Geldbörsen mitabgebildet. Der Dritte im Bunde ist oft ein junger Liebhaber, der den alten zum Narren hält. Geschickt spielt sie ihm den Schlüssel für den Keuschheitsgürtel zu, den der alte Trottel ihr umgelegt hat. Der junge Liebhaber wird wohl wissen, wie er ihn ins Schloß bekommt. Diese Karikaturen stellen also nicht nur ihre Macht über ihn dar, sondern vor allem die von jung über alt. Ein gewisser Altersunterschied ist übrigens ganz normal. Ein Mann ist fast immer etwas größer als seine Frau – auch wenn sie ihrerseits groß ist – und fast nie kleiner – wie klein er selbst auch ist –, und er ist fast immer etwas älter als sie. Zu Beginn einer Ehe spricht vieles dafür – ein älterer Mann kann besser beschützen, eine jüngere Frau besser gebären –, aber am Ende wird die Frau früher Witwe als nötig. Denn die Frauen überleben ihre Männer sowieso.

Seien Sie also eine Frau, wenn Sie alt werden möchten. Das scheint der vernünftigste Grund dafür zu sein, sich von einem Mann zu einer Frau umwandeln zu lassen. Durchschnittlich werden Frauen fünf bis zehn Jahre älter als ihre Männer; Männlichkeit ist eine tödliche Krankheit. Teilweise ist dies einer ungesunden Lebensweise zuzuschreiben. Je mehr Frauen rauchen, je schneller sie Auto fahren und je höher sie auf der gesellschaftlichen Leiter steigen, desto kleiner wird der Unterschied. Aber Männlichkeit ist auch eine angeborene Krankheit. Solange Männer und Frauen unterschiedlich hoch springen, unterschiedlich schnell kahl werden, beim Schachspielen unterschiedlich abschneiden und zu unterschiedlichen Zeiten pubertieren, so lange wird es auch einen Unterschied bei ihrer Todesstunde geben. Gäbe es bei den Olympischen Spielen die Disziplin Überleben, müßte der Wettbewerb wie beim Sprint oder Kugelstoßen für Männer und Frauen getrennt ausgetragen werden. Der springende Punkt ist natürlich, wie groß der erbliche Anteil ist und ob sich daran etwas ändern läßt. Und wenn Frauen länger leben, warum sitzen dann stets mehr Frauen als Männer beim Arzt? Geht bei Frauen eher etwas kaputt? Oder leben sie länger, weil sie früher zum Arzt gehen?

In allen Altersklassen verursachen Frauen höhere Krankheitskosten als Männer. Für das Gesundheitswesen gibt es nichts Teureres als eine alte Frau, aber das Geld ist gut investiert, weil Frauen erfolgreicher zu behandeln sind. An typischen Frauenkrankheiten wie rheumatischer Zellulitis und Lupus, wie unangenehm sie auch sind, stirbt man nicht so

*Die Vergäng-
lichkeit des
Menschen auf
einem friesi-
schen Faltblatt
aus dem
neunzehnten
Jahrhundert.*

schnell. Anders ist es bei Krebs an typisch weiblichen Orga-
nen wie Gebärmutter und Brust. Wenn sie sich dieser Organe
rechtzeitig entledigen würden, wäre das Durchschnittsalter
von Frauen noch höher. Nach Ansicht des britischen Frauen-
arztes James Owen Drife täten Frauen gut daran, sich ihre
Brüste entfernen zu lassen, bevor es dort zu Krebs kommt.
Natürlich kommt das für die meisten Frauen nicht in Frage.
Für ihre Brüste setzen sie buchstäblich ihr Leben aufs Spiel.
Sie brauchen sie. Hackt ein Mann denn seinen Pimmel ab?
Nein, tut er nicht. Und mit Recht: Krebs im Penis kommt
nicht häufig vor. Bei Männern tritt Krebs vor allem in der
Prostata, im Magen und in den Lungen auf. Aber bevor sie
daran zugrunde gehen können, sind die meisten schon an
Muskeldystrophie, Bluterkrankheit, Herzstillstand, Brucel-

148

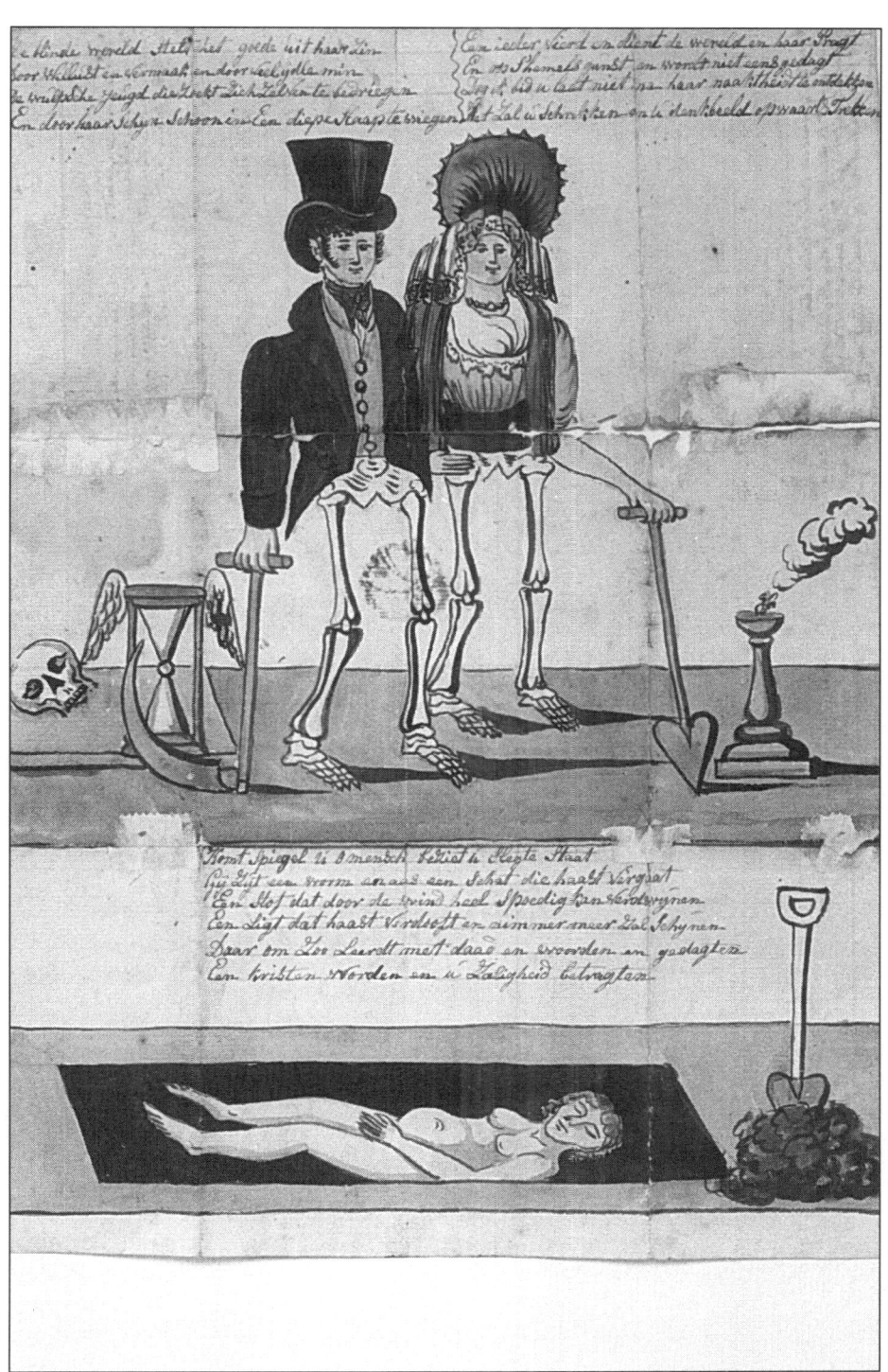

lose, Asthma oder einer der vielen anderen Krankheiten gestorben, an denen Männer häufiger erkranken als Frauen. Oder durch einen Unfall. Nur die Anfälligkeit für das Alter selbst ist bei Männern und Frauen gleich. Alte Männer sterben nicht früher, weil sie alt, sondern weil sie Männer sind. Bereits ihr ganzes Leben lang sterben sie schneller als das andere Geschlecht. Das war schon vor der Geburt so.

Mit Männern geht es nicht nur früher zu Ende, sie sind auch einfacher herzustellen. Wegwerfprodukte. Auf hundert ungeborene Mädchen kommen in den Niederlanden hundertundfünf Jungen. Der Wahrscheinlichkeitsrechnung entspricht das nicht. Ob man ein Junge oder ein Mädchen ist, wird durch das Los bestimmt. Als Würfel dient der Samen des Vaters. Er hat nur zwei Seiten: ein X und ein Y. Zusammen mit dem X-Chromosom der Eizelle wird entweder ein XX (Mädchen) oder ein XY (Junge) gebildet. Angesichts der Tatsache, daß es genauso viele Samen mit einem X und mit einem Y gibt, müßten auf hundert Mädchen hundert Jungen geboren werden. Tatsächlich schaffen es viel mehr Y- als X-Chromosomen, das Rennen zu gewinnen. Es entstehen anderthalbmal so viele Jungen-Eizellen wie Mädchen-Eizellen. Aber wer zu schnell startet, dem geht die Luft aus. Bereits von der ersten Zellteilung an sind Männer vergänglicher als Frauen. Überstehen sie die Embryonalphase, dann verursachen Jungen mit ihrem schweren Körper mehr Geburtsprobleme als Mädchen. Dieses Ausscheidungsrennen geht das ganze Leben lang weiter. Bei den etwa Dreißigjährigen ist der Vorsprung der Männer bereits völlig dahin, und das Verhältnis beträgt eins zu eins. Unzufrieden mit dem wiederhergestellten Gleichgewicht, sterben sie anschließend weiter, bis sie lange vor den Frauen alle sind. Bei den Siebzigjährigen gibt es doppelt so viele Frauen wie Männer, so daß ein Altersheim eine gewisse Ähnlichkeit mit einem Frauenhaus hat. Vergreisung ist Verweiblichung.

Die Ursache hat man lange in den Geschlechtschromosomen gesucht. Stimmt etwas nicht mit einem Gen auf einem X-Chromosom – so die Argumentation –, kann dies bei Frauen durch eine gesunde Entsprechung auf dem anderen X-Chromosom kompensiert werden. Männer haben jedoch kein zweites X. Und in der Tat wird Muskeldystrophie durch ein schwaches X-Gen verursacht. Diese Theorie wird allerdings durch die Tatsache widerlegt, daß sich in jeder der Zellen einer Frau nur eines der zwei X-e ausbildet. Einer Frau ergeht es in dieser Hinsicht also genauso schlecht wie einem Mann. Außerdem gibt es zum Beispiel bei Vögeln und

Schmetterlingen auch Männchen mit zwei X-en, und sie werden nicht älter als eine ein-X-ige Frau. Schaut man sich im Tierreich genau um, dann scheint es von den äußeren Umständen abzuhängen, wer älter wird. Müssen die Männchen hart um die Weibchen kämpfen, dann sind sie oft die Dummen, sind das Eierlegen oder die Brutpflege besonders aufwendig, dann sterben die Weibchen früher. Hierbei sollte man nicht nur an Todesursachen wie Bisse und Fehlgeburten denken, sondern vor allem auch an die Überdosis Hormone, die notwendig ist, damit die Geschlechterrollen unverkennbar ausgefüllt werden.

Beim Menschen werden die Frauen älter als die Männer. Die Frage ist nur, ob die Frauen sich darüber freuen sollen. Ihre letzten fitten Jahre verwenden sie nur allzuoft auf die Pflege eines kränkelnden Partners und verbringen danach ihre wirklich letzten Jahre grübelnd und allein, oder aber sie schnappen sich gegenseitig die letzten alten Männer weg. Während alte Männer dank der Bücher Simon Carmiggelts und dank häufiger Kneipenbesuche eine gewisse Popularität haben, genießen alte Frauen geringes Ansehen. Hätte Carmiggelt über alte Frauen in Kneipen geschrieben, wäre nichts aus ihm geworden. Alte Männer sind originell. Alte Frauen werden in der Literatur oft als Hexen, böse Schwiegermütter oder nörgelnde Weibsbilder im Hintergrund dargestellt, die höchstens in die Kneipe kommen, um ihren Mann nach Hause zu holen. Würden sie etwas mehr trinken, wären sie nicht nur geselliger, sondern würden vor allem auch in ähnlicher Geschwindigkeit leben und sterben.

Solange Frauen ihr Leben lang ihr möglichstes tun, um jung auszusehen, müssen sie schwer dafür büßen, wenn ihnen das nicht mehr gelingt. Ohne Enkelkinder kann man nicht einmal die Rolle der Großmutter übernehmen. Dann bleibt nur noch das friedliche Klischee »altes Frauchen im Garten«. Diese Rolle paßt jedoch auch gut zu alten Männern. Eine clevere Gartenbaufirma wirbt mit einem alten Gärtner. Fröhlich vor sich hin harkend und jätend und mit einem Strohhut auf dem Kopf – so sehen wir unsere Alten gern. Unschuldiger geht es nicht. Achten Sie aber einmal darauf, was sie gerade tun: säen, Geschlechtsorgane züchten, befruchten und bestäuben. Was gibt es für einen alten Menschen Schöneres, als neues Leben hervorzubringen? Und dann heißt es für den Greis hoffen, daß er es erlebt, wie es stirbt.

6
Der Zahn der Zeit

Münder sind für Zähne ein Übel. Der Gaumen ist für das Gebiß kein sicheres Obdach, sondern eine Folterkammer, ein Schlachtfeld, eine Pesthöhle, die Hölle. Unaufhörlich werden die Zähne von dem Gesindel bedroht, das in der Plaque sitzt. Ihr Mund ist eine Millionenstadt voller Gassen und Stiegen, die immer mehr abgewohnt werden. Wie lallende Kneipengänger am Fuße alter Kathedralen pinkeln Streptokokken die Zahnhälse mit einer ätzenden Säure an, der kein Zement standhält. Schnell sind die Löcher so groß, daß die ganze Festgesellschaft hineinpaßt. Täglich wird mit Hilfe von Zahnpasta ein chemischer Krieg geführt, der unter den Gassenbewohnern ein Gemetzel anrichtet, woraufhin Blut und Speichel die Zähne wieder kräftig mit Mineralien versorgen, aber durch ungezügelte Fortpflanzung hat die Metropole innerhalb kürzester Zeit erneut Dritte-Welt-Niveau. Zahn für Zahn verkommt und verschwindet durch das orgiastische Treiben der Mikroben, bis sich nur noch ein einzelner Mahlzahn wie ein Turm aus dem Schlachtfeld erhebt. Für Aristoteles lag hierin ein Beweis, wie sinnig die Welt doch strukturiert ist: Die Natur sorgt dafür, daß man genau dann seine Zähne verliert, wenn man bald stirbt und sie ohnehin nicht mehr braucht. Nur Hilfe von außen kann daran etwas ändern. Zahnärzte können einem neue Zähne verpassen, aber das ist etwas anderes als der Erhalt der eigenen. Viele Menschen haben mehr Blei und Quecksilber im Mund, als in dem Boden unter ihrem Haus gesetzlich zugelassen ist. Für einen Zahn ist es das beste, wenn sein Mund jung stirbt. In einem Leichnam, aus dem die zuckersüchtigen Streptokokken verschwunden sind, halten sich Zähne länger als in einem lebenden Körper. Lange, nachdem die Zunge sich aufgelöst hat und das Zäpfchen verfault ist, klappern die intakten Zähne noch auf dem Sargboden.

Zähne ohne Münder – das geht ohne weiteres –, aber Münder ohne Zähne machen sich schlecht. Zähne haben den Wirbeltieren und Gliederfüßern zur Herrschaft über die Erde verholfen. Mit Hilfe ihres Gebisses zerkleinern sie ihre Nahrung so stark, daß alle Energie herausläuft. Weil die Wirklichkeit zu groß ist, als daß man sie als einen Happen schlucken könnte, wird sie von Ratten, Fischen, Heuschrecken und Staren zuerst zerstückelt. Bakterien und Schimmelpilze vollenden das Werk, bis nichts mehr da ist. Der anklagende Finger weist jedoch hartnäckig auf die Zeit. Der Zahn der Zeit, der war's.

Das ist reine Verleumdung. Den Zahn der Zeit gibt es gar nicht. Die Zeit hat keine Zähne. Die Zeit tut nichts, außer verstreichen. Was nagt, sind die Mäuse, die Würmer, die Schim-

melpilze und das Gewissen. Oft in unserem Auftrag. So wurden vor einigen Jahren auf dem Polizeirevier der schottischen Insel Mull zwei Rennmäuse als Aktenvernichter eingestellt. Die Tierchen zernagen geheime Akten und Dienstvorschriften im Handumdrehen zu Schnipseln, die sicher beseitigt werden können. Nach Aussage von Wachtmeister Armour ist es »eine Freude, Otto und Shredder bei der Arbeit zu sehen«.

Kleine Nagetiere eignen sich gut als Aktenvernichter.

Alles ist schon einmal dagewesen. In den siebziger Jahren bereits pries der niederländische Schriftsteller Maarten 't Hart, der damals noch an der Universität tätig war, Nagetiere als Aktenvernichter an. Er setzte jedoch keine Rennmäuse ein, sondern die ihnen eng verwandten Wüstenmäuse. Ihre Dienste waren in der Epoche der Demokratisierung sehr willkommen. Maarten 't Hart drückte es so aus: »Alle hektographierten Blätter, Memoranden, Berichte, Strukturentwicklungspläne, Verwaltungsrichtlinien, Protokolle und Kommissionsberichte, die täglich massenweise auf meinem Schreibtisch und in meinem Postfach landen, verschwinden ungelesen in dem Behälter mit den Wüstenmäusen, wo sie augenblicklich zu kleinen Schnipseln zermahlen werden. So kann ich im Alleingang noch einigermaßen die Folgen der Einführung des Gesetzes über die universitäre Selbstverwaltung auffangen, das aus der Universität ein einziges großes Diskussionshaus gemacht hat.« Ganz nostalgisch wird einem zumute, wenn man das liest. Hektographierte Blätter! Bei denen gab es noch Hektographien! Was vor so kurzer Zeit noch völlig normal war, ein Strom von Hektographien, gegen den man nicht einmal mit einer Rattenplage angekommen wäre, ist fast über Nacht zum Stillstand gekommen. Aber nicht durch den Zahn der Zeit. Die alten Techniken sind nicht vergangen, sondern wurden von neuen verdrängt. Aktenvernichter zernagen jetzt Faxe und Ausdrucke.

Die Vergänglichkeit ist unverwüstlich. Deshalb ist sie auch kein Produkt, sondern ein Maß der Zeit. *Das* Maß. Wer Vergänglichkeit als das Werk der Zeit betrachtet, verwechselt die Uhr mit der Zeit, die sie anzeigt. Am Vergehen mißt man die Zeit, an der Zeit das Vergehen. Daher das krankhafte Interesse der Menschen an Altersangaben. Wir wollen von allem wissen, wie alt es ist: von einem Dinosaurier, von Rob de Nijs, von Max Havelaar, vom Wetterhahn auf dem Turm und dem Hund an unserer Hose. In Gerichtsreportagen wird der Name des Verdächtigen weggelassen, aber sein Alter wird genannt. Damit können wir fast genausogut herausfinden, mit wem wir es zu tun haben. Ein siebenunddreißigjähriger Mann? Klar, der war's! Den Siebenunddreißigjährigen ist nicht zu trauen. Ob es sich um einen Menschen handelt, ein Denkmal oder eine Melodie, das jeweilige Alter ist sehr aussagekräftig. Ist man kein junger Hund, dann ist man eben ein alter Fuchs; wer kein grünes Blättchen ist, wird wohl ein alter Bock sein. Es gilt nicht umsonst als ungehörig, jemanden nach seinem Alter zu fragen. Mit dem Alter entblößt man sich sozusagen. Bevor man sich's versieht, steht man im Hemd da.

Alter zu schätzen kann man zu seinem Beruf machen. Man kann Antiquitätenhändlerin werden oder Heiratsvermittler, Paläontologin oder Auktionator, Warenprüferin oder Straßenbahnschaffner. Daß man sein Brot damit verdienen kann, bedeutet, daß sich aus dem Alter Geld schlagen läßt. Je älter eine antike Vase, desto mehr bringt sie ein. Whisky muß alt genug, Milch frisch genug sein. In der Kunstwelt kann eine Expertenmeinung Millionen ausmachen. Anhand der Farben, des Stils und der Leinwand kann ein Experte das Alter eines Kunstwerks ziemlich genau schätzen, vor allem, wenn er selbst aufgrund seines Alters erfahren ist. Die besten Experten jedoch sind die Fälscher. Sie bringen es fertig, daß neue Gemälde alt aussehen und alter Fisch frisch. In Museen werden nicht allzu viele Gemälde gefälscht sein, in Lebensmittelgeschäften sieht das schon anders aus. Dank Kühlhäusern, Konserven und Tiefkühltruhen wirkt das Essen auf Ihrem Teller viel jünger, als es ist. Das bringt der Nahrungsmittelindustrie Milliarden ein. In der Wissenschaft können Fälschungen ein ganzes Weltbild auf den Kopf stellen. Würde man einen Menschenschädel finden, der so alt ist wie ein Dinosaurier, zerfiele die gesamte Evolutionstheorie zu leerem Gerede.

Pflanzen und Tiere sehen oft lange nicht so alt aus, wie sie sind. Das Leben hat sie unterschiedlich stark gezeichnet. Um dem Problem der Differenz zwischen biologischem und

Jahresringe.

chronologischem Alter zu entgehen, suchen Biologen fortwährend nach absoluten Kriterien. Der Baum mit seinen Jahresringen ist das Schulbeispiel, auch wenn bei weitem nicht in jeder Schule gesagt wird, daß man den Baum erst umsägen muß, bevor man seine Ringe zählen kann; gerade dies will man bei monumentalen Eichen meist nicht. Also muß man doch wieder auf Schätzungen anhand von Stammumfang und Standort zurückgreifen. Auch Muscheln und die Gehörsteinchen von Fischen haben Wachstumsringe. Sie lagern im Sommer mehr Kalk ab als im Winter. Wenn man weiß, wie alt Heringe oder Kabeljaus sind, kann man ausrechnen, wie viele gefangen werden dürfen. Biologiestudenten sind auf solche Untersuchungen ganz versessen. Sie zählen die Steinchen und essen den Fisch. Während man das Alter von Hirschen bestimmt, indem man die Verzweigungen ihres Geweihs zählt, muß man der Zeitschrift *De Nederlandse Jager* zufolge einen Hasen an seinen beiden Vorderläufen hochheben, wenn man wissen will, wie alt er ist. Brechen die Vorderläufe, ist er jung, brechen sie nicht, ist er alt. Junge Knochen haben nämlich eine Epiphysenfuge, eine Schwachstelle, an der sie noch wachsen sollen. Bei geschenkten Gäulen macht man so etwas natürlich nicht, denen darf man nicht einmal ins Maul schauen. An der Abnutzung des Gebisses könnte man ja erkennen, wie hinfällig das Geschenk bereits ist. Aber beim Schlachter schaut man genau hin, ob das Steak frisch ist, und auch im Supermarkt ist der Konsument dauernd mit Altersbestimmungen beschäftigt: Ist der Salat noch frisch, sind die Bananen nicht zu braun, haben die Äpfel schon Runzeln?

Auf der Grundlage dieser Schätzungen, Zählungen und Messungen werden Fischfangquoten festgelegt, Einkäufe getätigt, Pferde gehandelt und Einschlaggenehmigungen erteilt. In Form von Pensionen oder Renten machen Menschen ihr Alter zu Geld. Um wählen zu können, Wohngeld zu bekommen oder eine Kneipe zu eröffnen, braucht man ebenfalls ein gewisses Alter. Aber wie bestimmt man das? Ein Mensch hat keine Jahresringe oder Gehörsteinchen, und der Zustand seines Gebisses sagt mehr über seinen Zahnarzt aus als über ihn selbst. Auf der Suche nach Kriterien sind Haarfarbe, Lungenvolumen, Ohrlänge, Hautfalten und viele andere Kennzeichen untersucht und verworfen worden. Die Variationsbreite war zu groß. Bei einem Kanarienvogel gibt der Ring, bei einem Menschen nur die Geburtsurkunde Aufschluß. Sie ist jedoch leicht zu fälschen. Hätte Ihr Vater Ihre Geburt erst ein Jahr später gemeldet, würden Sie gar nicht merken, daß Sie ein Jahr älter sind, als Sie immer gedacht haben.

Da es keine wissenschaftlichen Kriterien gibt, sind wir alle Fachleute auf dem Gebiet der Altersschätzung. Stundenlang beschäftigen wir uns damit. Den ganzen Tag betrachten wir andere und werden selbst betrachtet. Das findet jeder normal, solange man sich gegenseitig nicht direkt anstarrt. Und beim Fernsehen ist sogar das erlaubt. Die Nachrichten, die Talkshow, das soundsovielte Interview: Gezeigt werden in erster Linie Gesichter, oft genug immer die gleichen, und trotzdem sehen wir sie uns jeden Abend an. Wir betrachten lieber Gesichter im Fernsehen, als daß wir Stimmen aus dem Radio hören. Am liebsten überlegen wir uns, wie alt sie wohl sind. Heimlich das Alter zu raten ist der populärste Zeitvertreib in Straßenbahnen und Wartezimmern. Betrachten mich die Zuhörer während einer Lesung sehr aufmerksam, dann weiß ich, daß es ihnen schwerfällt, mein Alter herauszufinden. Falten, hängende Augenlider, der Kopf ist geierartig zwischen die Schultern gesackt – alles wird miteinbezogen, bei näherer Bekanntschaft eventuell sogar die Verkalkung

Gern betrachten wir Gesichter und raten, wie alt sie sind.

der Zehennägel und der Potenzverlust. Es wird mit vielen Waagschalen gewogen, und dennoch liegen die Wägenden häufig weit daneben, oft nur deshalb, weil das biologische Alter lange nicht so gleichmäßig ansteigt wie das chronologische. In einer Nacht kann man alt werden, aber nicht grau; eine andere, wesentlich angenehmere Nacht läßt einen monatelang Jahre jünger aussehen. Aber es ist ja gerade das Nette daran, daß man komplett danebenliegen kann. Unermüdlich wird geschätzt und wieder geschätzt, und jedes Kennzeichen der Zeitlichkeit wird im Licht der Ewigkeit interpretiert.

Das plötzliche Auftreten von Runzeln, das Verwelken von Blumen, der Abriß unseres Geburtshauses – all dies sind Uhren, an denen man die Zeit ablesen kann. Der Verfall der Erde selbst ist ein hervorragender Zeitmesser, das Verschwinden der Insel Rottumeroog ist der Sekundenzeiger, der Abtransport der Schweizer Alpen durch den Rhein ist der große Zeiger und die Abkühlung der Magma der kleine. Wie zuverlässig diese Uhr ist, hängt davon ab, ob sich die Zeiger gleichmäßig bewegen. Die Väter der Geologie, Lyell und Hutton, behaupten, dem sei so. Und man könne die Vergangenheit nur begreifen, wenn man annehme, daß früher dieselben Gesetze galten wie jetzt. Die Gegenwart ist der Schlüssel zur Vergangenheit. Wenn man weiß, wie tief sich ein Fluß in zehn Jahren in seine Schlucht eingräbt, dann kann man ausrechnen, wie lange der Fluß für die ganze Schlucht gebraucht hat und wie alt die Schlucht demzufolge ist. Bei dicken Ablagerungsschichten wendet man vergleichbare Berechnungen an. Die Ergebnisse stehen stets in Widerspruch zu den Angaben in der Bibel. Auch wenn man alle Erzväter aufzählt und zusammenrechnet, wer wen gezeugt hat, kommt man selbst mit Hilfe einiger Kunstgriffe auf ein Erdalter von nur ein paar tausend Jahren. Wenn die Bibel eine Geburtsurkunde der Erde ist, dann ist sie falsch.

Nachdem die Bibel für die Altersbestimmung der Erde nicht taugte, kam die Physik an die Reihe. George Louis Leclerc, Graf von Buffon, ging Mitte des achtzehnten Jahrhunderts davon aus, daß die Erde sich einst als Kugel aus glühender Flüssigkeit von der Sonne losgerissen habe. Versuche mit heißen Kugeln unterschiedlicher Größe und unterschiedlicher Zusammensetzung ergaben, daß die Erde 74047 Jahre gebraucht hat, um auf die heutige Temperatur abzukühlen. Dieses Alter mußte um »ungefähr« 74832 Jahre höher angesetzt werden, um die Erwärmung der Erde durch die Sonne zu berücksichtigen. Auch deshalb, weil er diesen letzten Faktor falsch eingeschätzt hatte, lag Buffon um das etwa 60000fache daneben. Hundert Jahre später vergaloppierte sich William Thomson, der spätere Lord Kelvin, ebenfalls noch ziemlich. Das Alter der Sonne schätzte er auf 500 Millionen Jahre, und der Erde gab er höchstens ein paar Millionen Jahre, in denen sie so weit abgekühlt war, daß sich Leben entwickeln konnte. Das brachte Charles Darwin in Schwierigkeiten, der der Ansicht war, daß einige hundert Millionen Jahre nötig wären, um seine Evolution zu ermöglichen. Der Beweis hierfür wurde erst nach seinem Tod erbracht, als die Radioaktivität entdeckt wurde. Man stellte fest, daß Stoffe mit einer solchen Regelmäßigkeit in andere zerfallen, daß man die Uhr danach stellen kann. Statt Millionen schienen sogar Milliarden Jahre zur Verfügung zu stehen und damit genug Zeit, daß sich Meere und Kontinente verlagerten, Fische an Land krochen, Elefanten Rüssel bekamen und Darwin Gelegenheit hatte, seine Evolutionstheorie aufzustellen. Aber viel zu viel, als daß wir es uns vorstellen könnten.

In Schulbüchern wird die Geschichte der Erde anhand einer Uhr dargestellt, auf der der Mensch erst Punkt zwölf erscheint. Es gibt jedoch anschaulichere Bilder für die Tiefe der Zeit. John McPhee verglich das Bestehen der Erde mit der Grundlage der englischen Elle: dem Abstand zwischen der Nase des Königs und seiner ausgestreckten Hand. Mit einem einzigen Streich seiner Nagelfeile hätte er die Geschichte der Menschheit auslöschen können. Mark Twain hatte bessere Bilder, wenn auch schlechtere Zahlen bei der Hand:

> Der Mensch existiert seit 32000 Jahren. Daß es ungefähr 100 Millionen Jahre gedauert hat, die Erde für ihn vorzubereiten, zeigt, daß es um ihn ging. So scheint es mir zumindest. Wenn nun der Eiffelturm das Alter der Erde wiedergäbe, entspräche die Farbschicht auf der obersten Spitze dem Anteil des Menschen an der Geschichte. Jeder würde einsehen, daß der komplette Turm für diese dünne Schicht gebaut wurde. So scheint es mir zumindest.

Unsere eigene Erinnerung reicht zwar nicht so weit zurück, aber der Turm aus Fossilien und Ablagerungen soll uns an unsere Vorgeschichte erinnern. Ohne Vergänglichkeit hätten wir diese Zeit niemals messen können. Das ist bemerkenswert. Bemerkenswerter als alle Altersbestimmungen ist jedoch der Schluß, daß jung zwar alt werden kann, aber alt niemals jung. Wir können uns nur an die Vergangenheit erinnern, nicht an die Zukunft. Die Zeit schreitet nur in eine Richtung fort, vom unerklärlichen Beginn bis zum unabwendbaren Ende. Wir können es noch so gern wollen, sie läßt sich nicht umkehren. Die Zeit ist ein Pfeil, dessen Spitze nur in eine Richtung weist.

Aber wie verhält es sich dann mit den Bäumen und der Mode und der Politik? Dort dreht sich immer alles im Kreis. Blätter fallen ab und sprießen wieder neu, damit sie erneut abfallen können, Röcke werden nur kürzer, damit sie auch wieder länger werden können, bevor sie zum soundsovielten Male wieder hochrutschen, in der Politik stoßen sich Labour und Tories gegenseitig ständig von denselben Sitzen. James

Hutton sah ein, daß Felsen nicht ewig nur abgetragen werden können, weil dann die Berge schnell weg wären. Von Flüssen und Meeren würde so viel Boden weggespült, daß man den Verlust durch Herbeischaffen frischer Erde nicht kompensieren könnte. Der Mensch müßte verhungern, weil es kein Ackerland mehr gäbe. Das kann Gottes Plan nicht gewesen sein. Es mußten also ab und zu neue Berge und Felsen hinzukommen. Ab und zu mußte Abgeschliffenes recycelt werden, ab und zu mußte der Boden sich heben. Abbau und Wiederaufbau wechselten sich ab – laut Hutton in endloser Wiederholung. Die Zeit verlief nicht wie ein Pfeil von der Schöpfung zum Chaos, sondern kreisförmig von Schöpfung zu Chaos zu Schöpfung zu Chaos zu Schöpfung. Hutton vertrat die Ansicht, die Zeit sei ein sich ständig wiederholender Kreislauf, so daß man genau wisse, in welcher Phase man sich gerade befinde, aber nicht, in welcher Runde: in der siebenunddreißigsten oder der neunhundertsten. Auf diese Weise leugnet ausgerechnet Hutton, der Mann, der uns so unendlich viel Zeit gegeben hat, die Geschichte.

So zu denken sind wir nicht gewohnt. Dank der Bibel ist die christliche Welt mit biblischer Geschichte aufgewachsen. Sie beginnt mit der Schöpfung in einer bestimmten Anzahl von Tagen, findet ihren Höhepunkt in der Auferstehung von Gottes Sohn und steuert seitdem unabwendbar auf den glücklichen oder unglücklichen Ausgang des Jüngsten Gerichts zu. Dennoch gilt auch für die Bibel »Alles schon einmal dagewesen«:

Alle Wasser laufen ins Meer; doch wird das Meer nicht voller; an den Ort, dahin sie fließen, fließen sie immer wieder. [...] Was geschehen ist, eben das wird hernach sein. Was man getan hat, eben das tut man hernach wieder, und es geschieht nichts Neues unter der Sonne. Geschieht etwas, von dem man sagen könnte: »Sieh, das ist neu.«? Es ist längst vorher auch geschehen in den Zeiten, die vor uns gewesen sind.

In dem Buch »Der Prediger Salomo« wird dies auch auf die Grundlage unseres Kalenders, die Himmelskörper, angewendet:

Die Sonne geht auf und unter und läuft an ihren Ort, daß sie dort wieder aufgehe. Der Wind geht nach Süden und dreht sich nach Norden und wieder herum an den Ort, wo er anfing.

Galileis und Keplers astronomische Forschungen vermochten daran wenig zu ändern. Tagein, tagaus zieht die Erde ihre Bahn um die Sonne, mit 270 km/sec rast unser Planet durch die Milchstraße. Der Polarstern steht zwar keineswegs immer im Norden, doch alle 2600 Jahre kommt er ziemlich nahe heran. Nach neuesten astronomischen Erkenntnissen kommt kein einziger Himmelskörper nach Beendigung seiner Runde wieder an derselben Stelle an, was auch daran liegt, daß sich das Weltall ständig weiter ausdehnt. So wie das Neue Testament eine Wiederholung des Alten zu sein scheint, so ist die Welt immer wieder dieselbe, aber auch immer wieder anders. Die Zeit ist kein Pfeil und kein Kreis, sie ist eine Spirale, die sich ständig im Kreise dreht und am Ende ganz woanders ankommt.

Natürlich haben die Menschen immer wieder versucht, die Spirale zu einem Ring zusammenzudrücken und wie ein Phönix aus der eigenen Asche aufzuerstehen. Wenn ein Spielzeugkaninchen seinen Geist aufgibt, setzt man ihm einfach eine neue Batterie ein, und schon trommelt es lustig weiter. Könnte man das denn nicht auch bei einem echten Kaninchen oder einem Menschen machen? Kann man einem Menschen keine neuen Batterien einsetzen? Ein Transistorradio wirft man doch auch nicht weg, wenn die Batterien leer sind.

Stich aus Galvanis De Viribus Electricitatis in Motu Musculari, 1791.

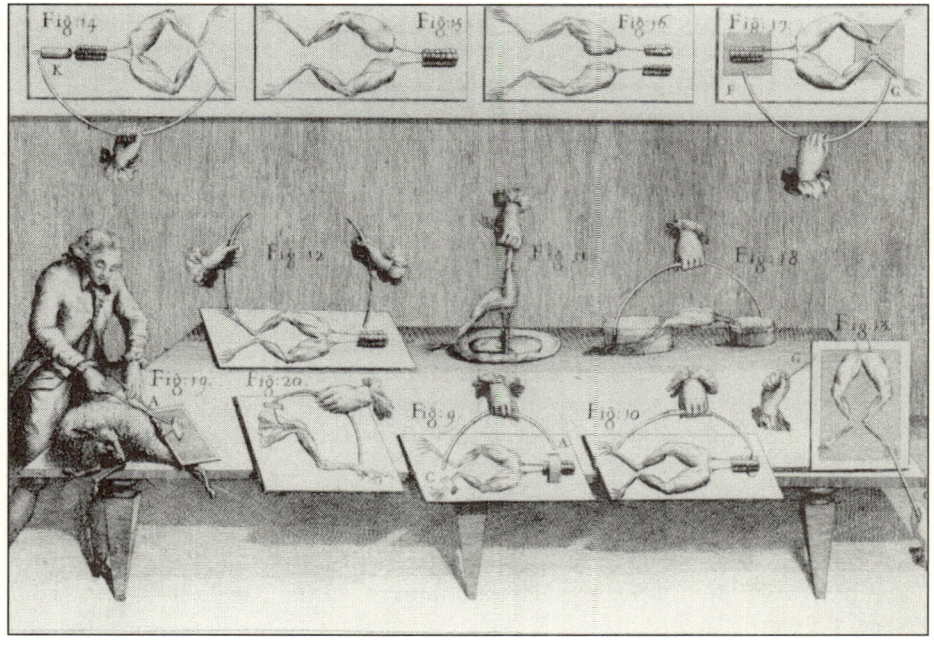

Zu Beginn des neunzehnten Jahrhunderts, als die Batterie gerade erfunden worden war, sah man diesbezüglich hoffnungsvoll in die Zukunft. Was Galvani bei einem Froschbein gelungen war, meinte der schottische Arzt Hue genausogut mit einem Menschen tun zu können. 1818 war es soweit: Eine Leiche sollte elektrisch zum Leben erweckt werden. Um sicherzustellen, daß er frische Ware bekam, hatte Hue die Leiche direkt von ihrem ursprünglichen Besitzer, einem zum Tod durch den Strang verurteilten Mörder, gekauft. Von dem Ertrag hatte sich die Leiche in spe ihre letzten Lebenstage mit Gin, Bier und Beefsteak verschönt. Eine Stunde nach der Exekution lag sie auf dem marmornen Seziertisch der Universität Glasgow, umringt von einer neugierigen Menge Gelehrter und anderer Schaulustiger. Dr. Hue inspizierte zufrieden seinen Erwerb: keine Striemen am Hals, ein friedlicher Gesichtsausdruck, alles dran. Neben dem Tisch blubberte eine Batterie aus vierundsechzig Behältern mit Chemikalien vor sich hin. Ein Draht führte zum Hals des Gehängten, wo das Rückenmark fachkundig freigelegt worden war. Ein Schalter wurde umgelegt, und der Strom verrichtete sein Werk. Der ganze Körper fing an zu zittern, als ob das Leben alles daransetzte, wieder Besitz von ihm zu nehmen, das Publikum zitterte mit. Der Strom wurde abgeschaltet, und der Körper war wieder eine Leiche.

Dann wurde eine Elektrode an einem Bein befestigt, das ein Assistent festhielt. Der Strom wurde eingeschaltet, das Bein streckte sich, und der Assistent fiel auf den Rücken. Offenbar hatte der Tote, der in Ruhe gelassen werden wollte, nach ihm getreten. Weitere Organe wurden getestet. Der Brustkorb bewegte sich durch Strom so, daß man geschworen hätte, der Körper atme. Der Todesblick wandelte sich unter dem Einfluß von Elektroden an den Gesichtsmuskeln in eine verzweifelte Grimasse und wechselte dann zu blinder Wut, Kummer und Vorwurf. Zornig schauten die toten Augen in den Saal, und ein elektrisch angetriebener Zeigefinger deutete beschuldigend auf einzelne der Umstehenden. Manche Zuschauer liefen davon, einer wurde ohnmächtig, immer wiederkehrende Alpträume wurden geboren. Doch was auch immer man in Glasgow probierte, der Motor sprang nicht an, es war kein Leben hineinzubekommen. Tot war tot. Juristisch wäre es sicher interessanter gewesen, wenn es geklappt hätte. Was macht man mit einem Gehängten, der wieder zum Leben erwacht? Wenn man den Tod ungeschehen machen kann, bekommt die Todesstrafe den Charakter eines Ausflugs und verliert ihren Sinn.

*Nur in Grusel-
filmen werden
Tote wieder
zum Leben
erweckt.*

Heutzutage kommt es nur in Gruselfilmen vor, daß Tote
wieder zum Leben erweckt werden. Und mit Recht. Etwas,
das tot zu sein schien und sich plötzlich als lebendig erweist,
ist äußerst beängstigend. Nur geht es nicht. Ein Toter, der
zum Leben erwacht, ist wie ein Stein, der nach oben fällt, wie
Scherben, die von der Erde hochspringen, um wieder eine
Teekanne zu werden, wie Kugeln, die hintereinander in den
Lauf der Pistole zurückfliegen. Sieht man so etwas im Fernsehen, dann weiß man, daß der Film gerade zurückgespult
wird. Aber wenn man einen Film zurückdrehen kann, warum
dann nicht auch die Zeit? Warum kann eine Ruine nicht zu
einem Tempel verfallen, ein alter Mann nicht zu einem Baby
heranwachsen, ein Baum nicht in seinen Samen zurückkehren?

Was ist so besonders an der Zeit, daß sie unumkehrbar ist?
Im Grunde nichts. Für die Natur sind Vergangenheit und Zukunft gleich. Auch andere physikalische Größen lassen sich
mühelos umkehren. Druck kann man so oft erhöhen und
senken, wie man will, Volumina nehmen zu und ab, Atome,
die gerade bei B angekommen sind, wandern wieder nach A.
Es gibt keinen einzigen Grund, warum die Sonne sich nicht
von West nach Ost bewegen sollte, und der Nordpol wird automatisch zum Südpol, wenn man die Stromrichtung in
einem Elektromagneten umdreht. Was dem Nachobenfallen
von Steinen und der Selbstreparatur von Teekannen ent-

gegenwirkt, ist der Zweite Hauptsatz der Thermodynamik. Er besagt, daß früher alles besser war. Früher herrschten Ordnung und Regelmaß.

Der Begriff »Thermodynamik« klingt moderner, als er ist. Diese Lehre stammt aus der Zeit der Steinkohle und Dampfmaschinen, und es geht darin um Wärme und Arbeit. Der Erste Hauptsatz der Thermodynamik besagt, daß man keine Energie erzeugen kann. In einem Kraftwerk wird die Energie, die bereits im Brennstoff vorhanden ist, in elektrische Energie umgewandelt. Es ist also möglich, Energie von einer Form in eine andere zu verwandeln. Nun besagt der Zweite Hauptsatz, daß dabei allerdings ein Teil der Energie als Wärme verlorengeht. Es gibt immer Atome, die sich nicht in das neue Korsett, d. h. in elektrischen Strom oder Bewegung, pressen lassen, sondern sich der neuen Ordnung entziehen und durch die Gegend treiben lassen. Bei jeder Umwandlung wird also deshalb weniger nutzbare Energie übrig. Und so liefert ein Auto weniger Fortbewegungsenergie, als man an Brennstoffenergie hineinsteckt, ein Löwe bekommt auch nur ein Zehntel der Energie, die seine Antilope beim Grasfressen angesammelt hat, und das ist wiederum nur ein Zehntel der Energie, die das Gras umgewandelt hat. Eine ordentliche Antilope verdampft zu neun Zehnteln zu unordentlicher Wärme. Überall um uns herum entsteht aus Ordnung ständig Unordnung.

Der physikalische Ausdruck für Unordnung lautet Entropie. Dem Zweiten Hauptsatz der Thermodynamik zufolge nimmt sie in spontanen Prozessen immer zu. Das kann nicht

Energieumwandlung in einer Dampfmaschine von Thomas Savery, 1702.

gutgehen. Die Welt steuert unaufhaltsam auf einen Wärmetod zu. Dieses Buch trägt auch dazu bei. Damit ich es schreiben konnte, habe ich in meinen Eingeweiden Hunderte von Butterbroten und Genevern verheizt. Das Buch trägt dazu bei, daß man ein wenig geordneter über Vergänglichkeit nachdenkt, doch diese Ordnung wiegt nicht die Unordnung auf, die beim Verbrennen solch wunderbar geordneter Materie wie Butterbrote und Genever entsteht. Deshalb altern Tiere auch sehr unterschiedlich. Bis zur Fortpflanzung ist alles ordentlich geregelt und verläuft nach einem geordneten Schema, danach muß das Tier sehen, wie es klarkommt. Von jetzt an ist es egal, wie es mit ihm zu Ende geht, Hauptsache, es geht zu Ende. Entsteht denn niemals spontan Ordnung aus Unordnung? Doch, natürlich. Natürlich kann eine Tüte voller Scrabble-Buchstaben so auf den Boden fallen, daß ein sinnvoller Text dasteht. Die Chance, daß Unsinn dasteht, ist allerdings ungleich größer. Natürlich wandern manche Luftteilchen von niedrigem zu hohem Druck, aber sehr viel mehr tun das Entgegengesetzte, so daß man im normalen Leben ruhig behaupten darf, die Luft ströme vom höheren zum niedrigeren Druck, bis der Druck ausgeglichen ist.

Zwar freuten sich vor eineinhalb Jahrhunderten die Ingenieure über die Thermodynamik, aber die Biologen rauften sich die Haare. Wie kann jemals aus unordentlichem Staub so etwas Superordentliches wie das Leben entstanden sein, wenn Ordnung zu Unordnung tendiert? Den Schlüssel zur Beantwortung dieser Frage liefert die Definition von Entropie. Der Zweite Hauptsatz gilt nämlich nur für geschlossene Systeme, die sich im Gleichgewicht befinden. Und wenn es ein offenes, ungleichgewichtiges System gibt, dann ist es die Erde. Die Erde wird mit Sonnenenergie bombardiert. Die Pflanzen nehmen zwar nur wenige Prozent davon auf, aber dennoch genug, daß ganze Wälder und Steppen wachsen können und alle Tiere mit ihren wohlorganisierten Körpern neue Tiere werfen, legen oder gebären können. Menschen bauen ihren komplizierten Körper auf, indem sie die komplizierten Körper von Rindern und Blumenkohl abbauen. Die verbleibende Energie verwenden sie, um Städte und Weltreiche aufzubauen oder zu verwüsten, je nach Laune. Weil ihnen das nicht schnell genug geht, wenn sie es nur aus eigener Kraft machen, bohren sie außerdem noch nach der Energie, die in Öl und Steinkohle gebunden ist. Was die Erde in mehreren hundertmillionen Jahren aus der Sonne herausgeholt hat, jagt der Mensch binnen weniger Jahrhunderte durch den Schornstein. Vergänglichkeit ist nicht per se träge.

Ordnung bewegt sich nur in eine Richtung: von mehr nach weniger. Deshalb ist auch die Zeit eine Einbahnstraße. Der Verlauf der Zeit wird nämlich an der Abnahme der Ordnung gemessen: am Entspannen einer Feder, am Hinabfließen von Sandkörnern, am Zerfall von Atomen. Die Zeit folgt der Entropie wie ein Pfeil dem anderen. Weil wir den Pfeil der Zeit nicht umdrehen können, bleibt uns nur, ihn so lang wie möglich zu machen. Auf verschiedenste Art und Weise versuchen wir, das irdische Dasein zu verlängern. Menschen, die darin erfolgreich sind, werden bewundert. Geburtstage werden nicht betrauert, sondern gefeiert. Je älter die Menschen um uns herum werden, desto größer werden unsere eigenen Chancen auf ein Jahr mehr. Auch in technisch hochentwickelten Ländern wie dem unsrigen ist es ganz normal, dabei auf Beschwörungen zurückzugreifen. »Ein langes Leben« wünschen wir uns gegenseitig. Das hilft – davon sind wir alle überzeugt. Warum würden wir sonst jedes Jahr wieder einen besonderen Tag organisieren, um diese Wünsche entgegenzunehmen? Gegen ein paar Häppchen und etwas zu trinken wünschen die Gäste einem jedes Jahr einen Tag lang ein langes Leben. Dafür sind wir sogar dazu bereit, in der Öffentlichkeit zu singen, was wir uns sonst nicht trauen. »Hoch soll er leben«, trällert Tante Agathe, »dreimal hoch« – was auch immer da oben passieren mag. Der Nutzen dieser unwissenschaftlichen Methode der Lebensverlängerung ist bereits 1872 von Francis Galton wissenschaftlich widerlegt worden. In seinen *Statistical Inquiries into the Efficiacy of Prayer* untersuchte er, ob die Glückwünsche für die Königin und die Gebete, daß sie und auch die übrigen Mitglieder des Königshauses gesund bleiben mögen, etwas fruchteten. Trotz der vielen Lang-lebe-die-Königin!-Rufe zeigte sich, daß die siebenundneunzig untersuchten Personen von königlichem Geblüt durchschnittlich 64 Jahre alt wurden und damit drei bis fünf Jahre kürzer lebten als die Pfarrer, Juristen, Ärzte, Offiziere und Händler, für die beträchtlich seltener gebetet und geflaggt wurde.

Wie macht man es denn nun, hundert zu werden? Mit dieser Frage werden immer noch junge Journalisten zum Geburtstag von Hundertjährigen geschickt. Der niederländische Schriftsteller Godfried Bomans hat diese Ereignisse treffend persifliert.

»Ist Ihr Vater zu Hause?« fragte ich den alten Mann, der aufmachte. Er nickte und führte mich in ein Zimmer, in dem ein noch älterer Mann saß, der schon fast tot war. Ich riß rasch ein

Die Welt steuert unwiderruflich auf einen Wärmetod zu.

Sprachrohr von der Wand und schrie ihm ins Ohr:
»Herzlichen Glückwunsch!«
»Bei mir sind Sie falsch«, sagte der Alte mit schwacher Stimme,
»Vater ist oben.«

Verärgert unterbricht der Hundertjährige seine Übungen an
den Ringen, damit er die Frage, wie er so alt geworden sei, be-
antworten kann:

>»Es ging von selbst. Jedes Jahr wurde ich ein Jahr älter, das liegt
in der Natur der Sache. Es ist eine Frage der Geduld. Als ich siebzig wurde, war ich noch ein unbedeutender Mann, meine Zeit
mußte noch kommen. Mein achtzigster Geburtstag war sogar
ein Tiefpunkt: Niemand konnte begreifen, warum ich nicht

starb. Aber dann war es allmählich soweit. Als ich neunzig war, fingen die Leute an, auf mich zu zeigen, und mit fünfundneunzig hatte ich alle Probleme hinter mir.«

Diese Erklärung trifft es genau. Bei normalen Menschen wächst mit jedem Lebensjahr das Risiko, bald zu sterben. Jeder Lebensversicherungsvertreter seit Benjamin Gompertz weiß, daß das Sterberisiko eines Erwachsenen sich alle sieben Jahre verdoppelt. Bald ist es statistisch unmöglich, dem Tod zu entgehen. Aber den Ältesten ist Gott gnädig. Nach dem achtzigsten Lebensjahr steigt das Sterberisiko jedes Jahr weniger steil an. Die Chance, daß jemand mit 105 Jahren 106 wird, ist somit größer als die eines 104jährigen, 105 zu werden. Wer auch nur die geringste Veranlagung zum Sterben hatte, ist in diesem Alter schon ausgeschieden. Der Kampf spielt sich jetzt zwischen den Allerstärksten ab. Um sehr alt zu werden, muß man erst einmal alt werden. Altwerden ist Veranlagungssache – Alter ist erblich. Sind beide Eltern älter geworden als siebzig, dann ist die Chance, neunzig oder hundert zu werden, doppelt so groß wie sonst. Neun von zehn Neunzigern und Hundertern hatten mindestens einen Elternteil, der älter als siebzig geworden ist.

Die Zahl der Hundertjährigen wird zum Verdruß vieler Bürgermeister ständig größer.

Zum Verdruß vieler Bürgermeister steigt die Zahl der Hundertjährigen. Allein in den Niederlanden sind mehr als tausend Menschen über hundert. Hundert- und über Hundertjährige bilden die am schnellsten wachsende Bevölkerungsgruppe. Das hat jedoch keinen großen Einfluß auf die Lebenserwartung des Menschen. Auch wenn immer mehr Menschen alt werden, wird deshalb der Mensch noch nicht älter. Hundertjährige gab es bereits vor unserer Zeitrechnung, und wenn man sich in einer Enzyklopädie die Lebensdaten berühmter Männer und Frauen anschaut, sind auch aus grauer Vorzeit viele mit einem Lebensalter dabei, für das sich ein modernes Altersheim nicht zu schämen braucht. Wie kann das sein? Es wird doch alles immer nur besser? Springen wir nicht jedes Jahr einen Zentimeter weiter oder höher oder beides und laufen eine Sekunde schneller? Das trifft zwar zu, aber der Mensch als Art lebt keine Sekunde länger. Ein Grund liegt darin, daß Rekorde sich dann allmählich der menschlichen Spitzenleistung annähern, wenn mehr Menschen an den Wettkämpfen teilnehmen. Vor einem Jahrhundert hat so gut wie niemand Sport getrieben, Frauen haben nach wie vor einen Rückstand aufzuholen, und in vielen armen Ländern hat man andere Dinge im Kopf als die Frage, wer den Diskus am weitesten wirft. An einem Wettkampf nimmt jedoch jeder immer und überall teil: wer am ältesten wird. Abgesehen von den paar Selbstmördern will niemand, niemals, nirgendwo sterben, und deshalb ist der Rekord schon längst aufgestellt. Die Medizin hat dem nicht viel hinzuzufügen. Es gibt jeweils nur einen Nachtisch.

Sieger im Wettkampf um den Altersrekord sehen selten wie Sieger aus. Sie haben weniger gewonnen als vielmehr noch nicht verloren. Und lange können sie ihren Rekord nicht genießen. Bis vor kurzem war Jeanne Calment der älteste Mensch. Am 17. Oktober 1995 brach sie den früheren Rekord des Japaners Schigechiyo Izumi, der 1986 im Alter von 120 Jahren und 237 Tagen starb. Die meisten Rekordalter nehmen dubiose Russen in Anspruch, Jeanne Calment dagegen war Französin. In ihrer Jugend ist sie noch Vincent van Gogh begegnet. An ihrem 120. Geburtstag erzählte Frau Calment, daß sie 110 Jahre auf Ruhm habe warten müssen und daraus nun Nutzen ziehen wolle. »Ich warte auf den Tod und auf Journalisten.« Der Käufer ihres Pariser Appartements, der damit gerechnet hatte, nach ihrem zweifellos bevorstehenden Tod dort einziehen zu können, ist Jahre vor Jeanne Calment gestorben. Sie starb 1997 im Alter von 123 Jahren.

Wenn an den Olympischen Spielen Tiere teilnehmen dürften, würden wir eine schlechte Figur abgeben. Wale sind größer, Geparden laufen schneller, Elefanten haben längere Nasen, Adler sehen besser. Bei den Olympischen Spielen der Natur sind wir die Versager mit dem Wasserkopf. In Langlebigkeit geben wir eine bessere Figur ab. Bei den Säugetieren sind wir sogar Meister, mit weitem Vorsprung vor der Nummer 2, dem Elefanten. Daß Elefanten über hundert Jahre alt werden, ist Jägerlatein – der Rekord steht bei 70. In diesem Alter starb in Birma Nummer 1342, besser bekannt als Kyaw Thee, der im Dienste des Menschen Baumstämme schleppte. Er ist ein gutes Beispiel dafür, daß Haustiere besonders große Chancen haben, alt zu werden.

Nach den Elefanten schlagen sich Pferde noch ganz gut. Am ältesten soll Old Billy geworden sein. Das pensionierte Tier starb im Alter von 62 Jahren, nachdem es den größten Teil seines Lebens Schiffe an englischen Kanälen und Flüssen gezogen hatte. Das war am 27. November 1882. Den ausgestopften Kopf kann man noch im Museum von Bedford bewundern. Hunde erreichen ein solches Alter bei weitem nicht. Sie geben mit 29 Jahren auf, sieben Jahre vor den ältesten Katzen. Wer möchte, daß sein Haustier ihn überlebt, sollte sich anstelle eines Pferdes lieber einen Papagei zulegen.

Old Billy starb 1882 im Alter von zweiundsechzig Jahren.

Der Rekord des Großen Gelbhaubenkakadus soll bei 73 Jahren liegen. Vögel werden wesentlich älter, als man denkt. Sofern sie nicht verhungern oder durch einen Unfall sterben, ist es, als würden sie nicht verschleißen. Die Fotos des schottischen Ornithologen George Dunnet mit ein und demselben beringten Sturmvogel sind ein überzeugender Beweis. Auf dem einen Foto ist Dunnet sichtlich über vierzig Jahre älter als auf dem anderen von 1950, aber an dem Vogel sieht man nach all den Jahren keinen besonderen Unterschied. Nur der Ring hat etwas gelitten.

Unter den Fischen gibt es ebenfalls zähe alte Knacker. Berühmt ist der Hecht, der 1497 im Kaiserwoogsee bei Kaiserslautern gefangen worden ist. Dem Kupferring, den er um den Hals trug, war zu entnehmen, daß er 1230 ausgesetzt worden war. Das Skelett des Ungetüms, das 267 Jahre alt geworden sein soll, wurde im 19. Jahrhundert von einem Anatomen untersucht, der feststellte, daß die Knochen von verschiedenen Fischen stammten. Vom Koi, einem Zierkarpfen,

Im Zoo kann ein Elefant bis zu siebzig Jahre alt werden.

der in Japan für Unsummen gehandelt wird, behauptet man ebenfalls, daß er ein astronomisches Alter erreicht. So soll der Koi Hanako, der dem Hauptmann von Higashi Shriwaka gehörte, 223 Jahre alt geworden sein. Als Beweis wurden die Wachstumsringe angeführt. Es kann jedoch passieren, daß Kois zwei oder drei Wachstumsringe pro Jahr bekommen. Ein vergleichbares Problem liegt bei Walen vor, die den Furchen ihrer Knochen zufolge angeblich 90 Jahre alt werden können, tatsächlich aber nur die Hälfte erreichen. Zuverlässige Altersangaben für Fische ergeben nicht mehr als etwa 80 Jahre. So starb der Stör *(Acipenser ruthenus)* Opa Sterlet nach einem Aquariumleben von 69 Jahren und 8 Monaten im Amsterdamer Zoo Artis; für rote Störe *(Acipenser fulvescens)* aus dem Lake Winnebago (Wisconsin) werden Altersangaben von 82 Jahren gemacht.

Menschenaffen reichten mit 50, 60 Jahren nicht an unser Rekordalter heran. Trotzdem gehören sie zu den Champions unter den Säugetieren. Nicht weil sie mit uns verwandt, sondern weil sie so groß sind. In jeder Gattung werden die Riesen am ältesten. Menschen sind auch Riesen, und dies nicht nur unter den Säugetieren. Ein Elefant ist zwar schwerer und eine Giraffe größer, doch über neunundneunzig Prozent aller Tiere sind kleiner als der Mensch.

Der Mensch wird so alt, wie er groß ist. Er lebt schön langsam. Das gehört in die Physik. Eine Turmuhr ist träger als eine Armbanduhr, ein Elefant träger als eine Maus. Elefantenfüße und Mäusefüße gehorchen demselben Gesetz wie das Pendel einer Uhr: Je länger das Pendel, um so träger schlägt es aus. Selbst wenn ein Elefant in der Lage wäre, wie eine Maus zu trippeln, sollte er es lieber seinlassen. Er würde schnell heißlaufen und dampfend zugrunde gehen, weil seine Hautoberfläche im Verhältnis zu klein ist, um die Wärme des großen Körpers abzugeben. Das gehört in die Geometrie. Stellen Sie sich der Einfachheit halber einen Elefanten als Würfel vor. Wäre er 25mal so groß wie eine würfelförmige Maus, wäre seine Hautoberfläche 25 mal 25 oder 625 mal und sein Volumen mindestens 25 mal 25 mal 25 oder 15 625 mal so groß. Er muß es langsam angehen lassen, sonst wird ihm genauso heiß und eng wie einem dicken Mann beim Treppensteigen im Sommer.

Menschen sind zwar beweglicher als Elefanten, aber das aufgeregte Gehüpfe, Getrippel und Gepiepse von Kleintieren wie Spatzen und Mäusen ist uns viel zu schnell. Zwerge wie Mücken, die wir nicht zu fassen bekommen, machen uns Riesen verrückt. Mensch und Mücke leben zwar im selben Raum, aber in einer anderen Zeit. Für eine Mücke ist ein Mensch so träge wie für einen Menschen der Zeiger einer Uhr. Wenn wir eine Schmeißfliege beobachten wollen, müssen wir sie superschnell filmen und den Film in unserem Tempo ablaufen lassen. Dann erst ist zu erkennen, wie sich der Flügel bei jedem seiner superschnellen Schläge um seine Längsachse dreht und wie sich von der Flügelbasis zur Flügelspitze wellenförmige Zitterbewegungen fortpflanzen. Um etwas über uns zu erfahren, müßte sich eine Mücke einen mit Zeitraffer aufgenommenen Film ansehen, so wie wir Blüten in 20 Sekunden entstehen, aufgehen, Frucht ansetzen und verwelken sehen.

Was hat es für einen Sinn, ein solch langes Leben wie das unsere zu führen, wenn es so langsam geht? Wenn man zehnmal so alt wird, indem man zehnmal so langsam lebt, erlebt man letztendlich nicht mehr als in einem kurzen schnellen Leben. Ein Elefant und eine Maus sehen denselben Lebensfilm, nur läuft er für den einen zehnmal so schnell ab wie für den anderen. Eine Maus hat in ihren wenigen Jahren genausooft einen Fuß aufgesetzt, genauso oft Angst gehabt und genauso oft geliebt wie ein Elefant in seinen Dutzenden von Jahren. Ihrem Gefühl nach haben sie wahrscheinlich gleich lang gelebt. Beide ein Leben lang.

Auch in einem Menschenleben vergeht die Zeit nicht immer gleich schnell. Wartet man darauf, daß das Teewasser kocht, dauert jede Minute eine Stunde; muß die Klausur noch fertig werden, ist die Zeit um, ehe man sich's versieht. »Arbeiten hat den Vorteil«, sagte der Philosoph Diderot, »daß es die Tage verkürzt und das Leben verlängert.« Für ein verliebtes Paar scheint die Zeit stillzustehen. Wenn auch nur kurz. Wärme hat eine vergleichbare Wirkung auf die Zeit wie Liebe. Eine Uhr ist temperaturabhängig. Bei Hitze wird das Pendel länger, das Glas der Sanduhr dehnt sich aus, chemische Prozesse laufen schneller ab. Gleiches gilt auch für die biologische Uhr. Das hat der Physiologe Hoagland herausgefunden, als er für seine Frau, die mit Fieber im Bett lag, zur Apotheke ging. Sie warf ihm vor, er sei fürchterlich lange weggeblieben, obwohl er nur eine Viertelstunde gebraucht hatte. Die Fieberhitze verursachte, daß ihre körperlichen Vorgänge schneller abliefen und sie den Eindruck bekam, die Zeit verstreiche langsamer.

Vor allem für alte Menschen, die ständig klagen, daß ihre letzten Lebensjahre so viel schneller vorübergehen als ihre ersten, ist es gut, dies zu wissen. Weil die Lebensvorgänge mit zunehmendem Alter auf kleinerer Flamme köcheln, be-

schleunigt sich die Zeit. Man sollte den Alten einheizen. Vielleicht ist das der Grund, weshalb es in Altersheimen immer so warm ist, daß der Besuch samt Blumen im Handumdrehen verwelkt; hier gedeihen nur alte Menschen und tropische Pflanzen. Aber auch bei Kälte scheint die Zeit für alte Menschen schneller zu verstreichen als für Kinder. Während für ein Kind eine Woche ein Jahr und ein Jahr eine Ewigkeit ist, scheinen für alte Menschen die Jahre wie Wochen zu verstreichen, und die Ewigkeit liegt zum Greifen nah. Das läßt sich psychologisch leicht erklären. Man mißt sein Leben immer an dem Leben, das man kennt, das hinter einem liegt. Ein Jahr ist für ein Kind ein Viertel seines bewußten Daseins, für einen alten Menschen etwas mehr als ein Prozent. Im Handumdrehen vorbei. Aber es gibt auch einen Ausgleich. Je älter wir werden, desto mehr Zeit verbringen wir in einem Dämmerzustand. Während junge Menschen immer etwas tun müssen, können alte Menschen einfach nur herumsitzen. Einfach sein. Bis sie nicht mehr sind.

Alte Menschen können einfach nur dasitzen.

175

Es heißt, der Mensch sei eine wandelnde Uhr. In uns steckt eine Uhr, die uns zu gegebener Zeit müde oder hungrig macht. Wenn wir an dieser Uhr herumdoktern, bekommen wir einen Jetlag oder einen Zuschlag für Nachtarbeit. Tiere richten sich sogar in ihrem Liebesleben nach dieser Uhr – den größeren Teil des Jahres sind sie impotent. Ein Mensch ist jedoch keine wandelnde Uhr, sondern ein wandelndes Uhrengeschäft. Jeder Körperteil, jedes Organ, jede Zelle, jede chemische Umwandlung hat ein eigenes Tempo, eine eigene Zeit. Wie in einem Uhrengeschäft, in dem alle Uhren in vierundzwanzig Stunden einmal rundherumlaufen, aber jede hat andere Zeiger, einen anderen Rhythmus, ein anderes Ticken; die Geschwindigkeit variiert, aber es steht fest, wie oft sie ticken. Unabhängig davon, ob man ein Elefant oder eine Maus ist, hat nach ungefähr einer Milliarde Schlägen das Herz ausgeschlagen. Eine Maus verbraucht ihre Ration in einigen Jahren, ein Elefant verteilt sie auf ein halbes Jahrhundert. Eine Maus hat ein Mäuseherz, eine Katze hat ein Herz von der Größe einer Maus, ein Löwe hat ein Herz von der Größe einer Katze, und ein Wal hat ein Herz von der Größe eines Löwen. Dennoch pumpen all die Herzen in ihrem Leben etwa gleich viel Blut in jedes Gramm des jeweiligen Körpers. Ein Gramm Maus setzt im Leben deshalb genausoviel Energie um wie ein Gramm Elefant: ungefähr 650 kJ. Wenn die Zellen in diesem Gramm ihre Energieration verbraucht haben, stellen sie ihre Tätigkeit ein. Vogelzellen setzen drei- bis viermal soviel Energie um, bevor sie aufgeben. Wie sie das bewerkstelligen, ist noch ein Rätsel, aber es kommt den Vögeln sehr gelegen. Mit ihrem kleinen Körper und ihrer aktiven Lebensweise benötigen sie pro Gramm mehr Energie als Säugetiere.

Amphibien und Reptilien leben auf kleiner Flamme. Sie sind Kaltblüter, das heißt, ihre Körperwärme kommt vor allem von außen. Ein Kilo Säugetier erzeugt ausreichend Energie für eine Taschenlampenbirne (4 Watt), ein Kilo Krokodil nur ein Zehntel davon. Das ist mit ein Grund, weshalb Krokodile weniger schnell das Zeitliche segnen als gleich große Säugetiere. Ein Mississippi-Alligator, der 1880 in den Dresdener Zoo kam, hat die Hitlerzeit noch erlebt. Schildkröten werden sogar älter als Menschen. Der Rekord liegt für die Karolina-Dosenschildkröte bei 138 Jahren, für die Riesenschildkröte bei 152 Jahren. Andere Kaltblüter, darunter Krebse, Salamander und Termiten, werden etwa fünfzig Jahre alt. Bei den Termiten sind es die Königinnen, die während der ganzen Zeit Eier legen.

Da man sein Leben als solches nicht verlängern kann, kann man versuchen, die Zeit zu beeinflussen. Würde ein Jahr statt 365 nur hundert Tage dauern, würden wir plötzlich 365 Jahre alt statt hundert. Darauf würde allerdings kein Mensch hereinfallen. Auf- und Untergang der Sonne ließen uns schnell zum Uhrmacher gehen, und sogar in der tiefsten Dunkelheit eines Bergwerkstollens wäre auf unsere biologische Uhr noch Verlaß. Wir brauchen nur einen einzigen Tag im Flugzeug zu verbringen, und schon protestiert unser Körper. Um so bemerkenswerter ist, daß unsere Regierung meint, sie könne uns mit der Sommerzeit hereinlegen, die zu allem Überfluß schon im Frühjahr anfängt. Alles geschieht plötzlich zur selben Zeit eine Stunde früher. Der Nacht wurde damit eine Stunde gestohlen und dem Tag zugewiesen. Erst im Oktober geben wir sie wieder zurück. Aber ganz so einfach ist das nicht. Wer mit Hilfe der Uhr die Zeit austricksen will, verhält sich wie ein Übergewichtiger, der seine Waage nicht auf Null stellt. Der Erfinder der Sommerzeit hat viel mit dem Mann gemeinsam, der ständig mit dem Düsenflugzeug nach Westen flieht, damit er nicht älter wird. Fauler Zauber. Aufgrund der Sommerzeit machen wir alles früher, weil wir denken, es sei später. Nicht nur im Sommer, sondern während des ganzen Jahres. In den Niederlanden ist das ganze Jahr über Sommerzeit. Mitten im Winter steht die Sonne nicht, wie wir es in der Schule gelernt haben, um 12 Uhr genau über uns, sondern erst um Viertel vor eins. In Deutschland ist die Sonne pünktlich, aber da kommt unsere Zeit ja auch her, und infolgedessen ist es bei uns immer Sommerzeit. Im Sommer wird es nur noch schlimmer. Dann muß man bis Viertel vor zwei warten, bis die Sonne ihren 12-Uhr-Termin wahrnimmt.

Die Kneipen, die Campingplätze, die Frittenbuden, die Kantinen und die Konditoreien wollen das so. Je länger es hell bleibt, desto mehr Geld geben wir bei ihnen aus. Wir müssen uns bis zum Umfallen erholen. Überrascht guckt man an einem Sommerabend auf die Uhr. Ist die Freizeit denn noch immer nicht um? Seufzend genießen wir sie noch ein Weilchen. Und ist die Sommerzeit nicht auch gut für die Umwelt? Das ist noch die Frage. Wenn man es genau betrachtet, hat die Umwelt von einer eigenen Zeit genauso wenig wie von eigenen Ministerien. Was man mit weniger künstlichem Licht an Energie spart, geht sofort wieder bei der Freizeit drauf. Wenn man wirklich Energie sparen will, sollte man nicht an der Zeit herumbasteln, sondern an der Temperatur. Sie sollten einmal sehen, wie der Verbrauch sinkt, wenn wir festlegen, daß Wasser bei achtzig Grad kocht.

Warum basteln wir trotzdem lieber an der Zeit herum? Nicht, weil wir es länger hell haben wollen, wir wollen es kürzer dunkel. Menschen fürchten sich vor dem Abend. Er ist das Ende des Tages, und man weiß nie, ob noch einmal ein neuer anbricht. So beruhigend das Morgenrot ist, so beunruhigend ist das Abendrot. Abendrot heißen Altersheime, das soll den Alten von Anfang an einen ordentlichen Schrecken einjagen. Daß ihre Tage zu Ende gehen, ist todsicher. Wie gern hätten sie noch ein paar mehr davon.

Das läßt sich machen. Wenn man einem Tag einfach vier Viertelstunden anhängt, kann man auch ein Menschenleben leicht um vier Jahre verlängern. So wie man einmal pro Jahr zu drei Uhr »zwei Uhr« sagt, kann man einmal in seinem Leben, wenn das Alter einen zu drücken anfängt, vierunddreißig Jahre »dreißig« nennen. Von jetzt an zählt man jeden Geburtstag ausgehend von diesen dreißig. Mit fünfzig ist man eigentlich vierundfünfzig, mit sechsundsechzig siebzig. Niemand merkt etwas davon, denn heutzutage verhält sich sowieso jeder, als wäre er vier Jahre jünger. Dank Kosmetika und Sport sieht niemand so alt aus wie seine Mutter oder sein Vater im gleichen Alter. Wenn alle über vierunddreißig vier Jahre von ihrem Alter abziehen, ist das Gleichgewicht zwischen Zahl und Verhalten wiederhergestellt. Das nutzt dem Menschen und auch dem Staat. Es gibt plötzlich viel weniger Alte!

Schade ist nur, daß man nicht mehr so alt wird wie früher, aber auch das läßt sich ändern. So wie man die im Frühjahr gestohlene Stunde mit der Winterzeit wieder zurückgibt, bekommt jeder bei seinem Tod die vier unter den Teppich gekehrten Jahre wieder zurück. Jung sterben und trotzdem alt werden – wenn man will, geht das. Sich beschummeln zu lassen mag schlecht sein, schwierig ist es nicht.

Sie machen das jedes Jahr. An Ihrem Geburtstag feiern Sie, daß Sie ein Jahr älter geworden sind. Aber das stimmt nur zu einem kleinen Teil. Die Haut, die man jetzt hat, war voriges Jahr noch nicht da. Seit dem letzten Jahr hat sich die Haut schon fünfzehnmal erneuert, an Ihren Fußsohlen sogar öfter. Ihre roten Blutkörperchen würden die Kollegen vom Vorjahr nicht wiedererkennen, denn sie überstehen nur hundert Tage. Ihre Darmwand bekommt sogar alle drei Tage eine neue Auskleidung. Haare und Nägel kann man fast wachsen sehen. Sie sind ein Sammelsurium aus alten und neuen Bestandteilen, wie eine immer wieder geflickte Hose. Eigentlich sollte jeder Bestandteil seinen eigenen Jahrestag feiern, die kurzlebigeren eben im Monats- oder Stundenturnus. Durchschnittlich ist man mit fünfzig so alt wie ein Kleinkind. Nur ein paar Skelettmuskeln und Ihr Nervensystem haben am gleichen Tag Geburtstag wie Sie. Letzteres bewahrt die Erinnerung an längst vergangene Bestandteile. Was wir sterben nennen, bezeichnet nur den Tod der letzten Reste, das meiste ist schon lange ohne irgendeine Form von Trauer über Bord geworfen worden. Der Rest darf noch ein Weilchen leben, um sich über die Zeit zu wundern.

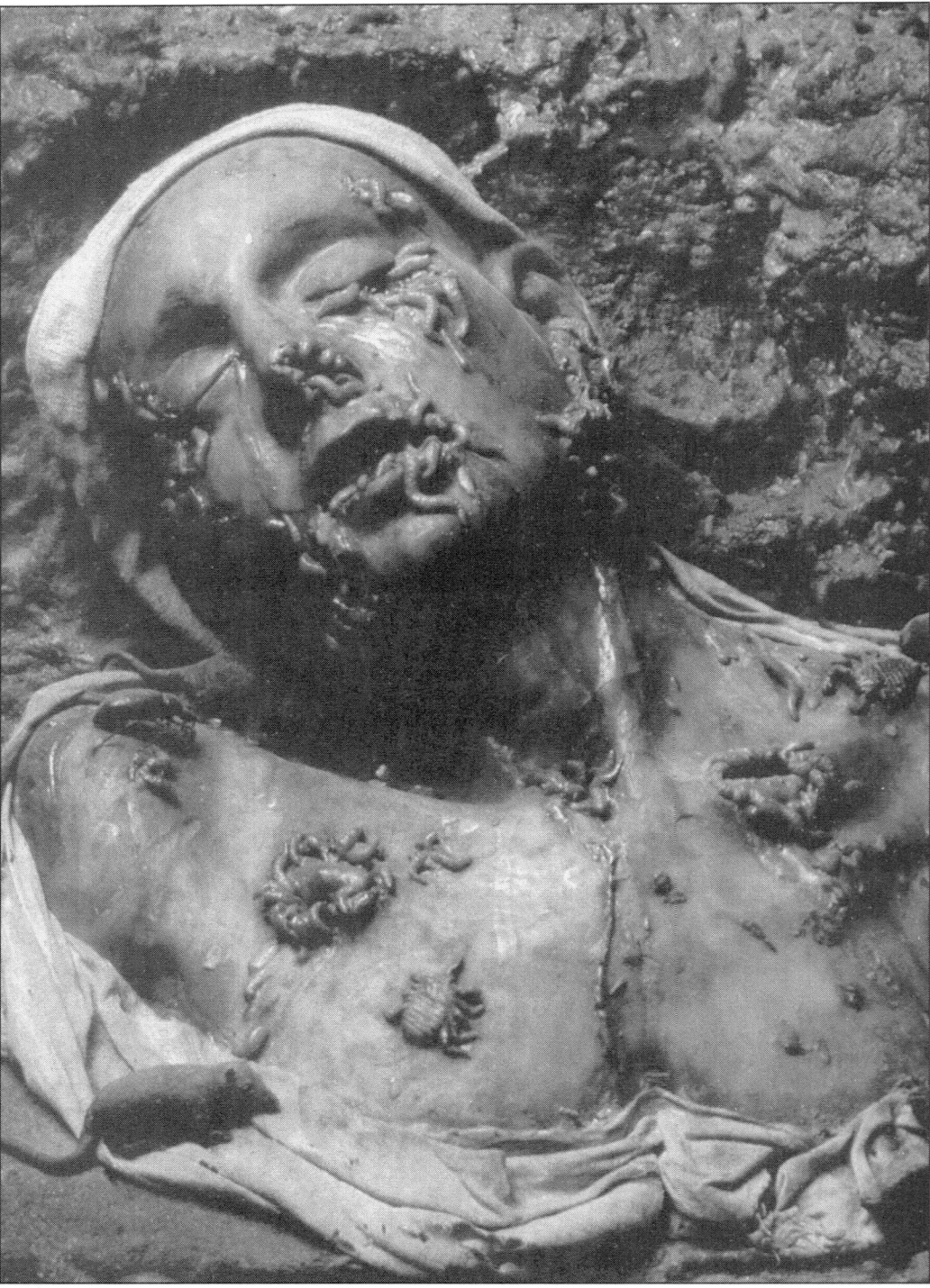

7
Staub und Asche

Mit dem Tod ist es nicht vorbei. Nach dem Tod fängt das Sterben erst richtig an. Dem Körper steht jetzt seine größte Aufgabe bevor. Das ganze Gefüge aus Knochen, Muskeln, Nerven und Schleim muß wieder zu Staub werden, damit sich die biblische Prophezeiung erfüllt. *Ashes to ashes, dust to dust.* Alles, was im Laufe des Lebens über lange Zeit zuerst in der Gebärmutter und dann außerhalb aufgebaut worden ist, muß in kleinste Bausteine aufgelöst werden. Was kurz nach dem Ableben genauso aussieht wie zuvor und nur so wirkt, als hätte jemand vergessen, es einzuschalten, muß zu Erde in unseren Gärten zerfallen, zu Wind in unseren Haaren verwehen. Eine höllische Arbeit. Sterben geht von allein, aber wie vergeht man? Wie zaubert man einen ganzen Körper weg? Das weiß man nicht, wenn man noch lebt, und erst recht nicht, wenn man tot ist. Dennoch wird es Ihnen gelingen. Schon viele vor Ihnen haben es geschafft.

Sterben ist ein Prozeß, der immer schneller wird. Anfangs ist in dem umgestürzten Waldriesen noch deutlich der Baum zu erkennen. Nur die Perspektive ist anders. Später, wenn keine Blätter mehr kommen wollen, wird es schwieriger, den Tod zu verleugnen. Langsam verwandelt sich der Baum zu Holz, das Holz zu Fäule, die Fäule zu Schwamm. Der gleiche Prozeß – nur in schnellerem Tempo – vollzieht sich auf einer Obstschale, wenn das liegengebliebene Obst sich in einer Wolke von Schimmel auflöst. Ein guter Ruf geht ebenfalls schnell verloren. Und tote Vögel. Der Zeichner Han van Hagen zeichnet lieber tote als lebende Vögel: »Mit einem toten Vogel gibt es mehr zu erleben.«

Es wird etwas aus einem, wenn man stirbt. Man ist plötzlich eine Leiche. Die Haut wird bleich und schlaff. Auch die Muskeln erschlaffen, und der Pulsschlag hat aufgehört. Die Temperatur sinkt pro Stunde um ein bis zwei Grad, bis der Körper sich nach etwa zwölf Stunden wie eine Leiche anfühlt. Ärzte haben ständig komplizierter werdende Kriterien – Gehirnwellen, Reanimationschancen, den Bedarf an Organen –, mit Hilfe derer sie feststellen, wann der Tod eingetreten ist, normale Menschen spüren jedoch genau, wann ein Mensch zu einer Leiche geworden ist: nämlich dann, wenn er unheimlich aussieht. Im Tod wird jeder Mensch zu einem Scheusal. Solange man lebt, grüßen einen selbst die schlimmsten Feinde manchmal, aber wer traut sich schon, einer Leiche die Hand zu geben? Wer streicht einem Toten übers Haar? Daß das Haar auch bei einem lebenden Menschen schon tot ist, macht das Haar eines Toten nicht weniger unheimlich. Man hat Angst, daß in dem Toten noch irgend etwas am Leben geblieben ist. Schließlich weiß man nie, ob nicht doch noch ein Lebensgeist da ist. Es könnte der Teufel sein oder ein Krankheitskeim, die Angst wird deshalb nicht geringer. Wie tot ist eine Maus?

Flüsternd gehen die Menschen am aufgebahrten Sarg vorbei, schweigend stehen sie am Grab und fürchten, die ewige Ruhe des Toten zu stören. Man stelle sich vor, er würde aufwachen! Wir umrunden zwar mit dem Leichnam nicht mehr das Haus, um böse Geister zu bannen, aber es wird keine Leiche beerdigt, der wir nicht zuvor die Augen zugedrückt haben. Eine Leiche anzuschauen, trauen wir uns gerade noch, aber nur, wenn sie verspricht, nicht zurückzugucken. Und nach dem Betrachten muß sie schnell in ihren Sarg. Die alten Griechen hatten ein schönes Wort dafür: Sarkophag. *Sarx*, das auch unserem Wort »Sarg« zugrunde liegt, bedeutet im Griechischen Fleisch, *phagein* heißt essen. Ein Sarkophag ist ein Fleischesser. Jetzt können wir nur noch hoffen, daß er beim Essen Ausdauer zeigt.

Särge essen kein Fleisch. Damit seine Geschöpfe fristgerecht zerlegt werden, hat der Schöpfer ein umfassendes Abbruchunternehmen hervorgebracht. Würmer und Maden, Geier und Krähen können es kaum erwarten, bis wir tot sind. Ein Mensch stirbt wie ein Weltreich: unter den Einfällen der Barbaren. Sobald die letzten Verteidigungslinien gefallen sind, stürmen sie herein, um alles kurz und klein zu schlagen. Weil die Lebenskräfte sie nicht mehr aufhalten, marschieren sie durch die Breschen in der verhaßten Haut wie Marinesoldaten durch einen leckgeschossenen Atlantikwall oder Holzwürmer durch ein von Gott und der Denkmalpflege aufgegebenes Kirchendach. Wie es sich für Barbaren geziemt, kassieren sie den Prunk, der ihnen in die Augen stach, nicht einfach ein. Die Herrlichkeit muß verwüstet, umgerissen, dem Erdboden gleichgemacht werden. Zunächst müssen weniger die Materialien als vielmehr die Strukturen dran glauben. Ohne Zusammenhang zerfällt das Reich dann von selbst zu Staub und Asche. Es löst sich auf.

Damit Sie sich eine Vorstellung davon machen können,

wie sehr unsere Mitgeschöpfe darauf brennen, unser Dasein zu vernichten, sollten Sie an einem schönen Sommertag einmal eine tote Maus in den Garten legen. Achten Sie darauf, daß keine Katzen herankommen. Innerhalb kürzester Zeit beginnt die Maus so schnell zu sterben, daß sie wieder lebendig zu werden scheint. Es ist richtig was los in ihr, als wäre eine Party im Gange. Die Pfoten bewegen sich, als wollte sie jeden Moment weglaufen. Es ist aber eher eine Art Sackhüpfen; die Aufregung wird durch Maden verursacht, die die Maus leer fressen. Die Maden sind so schnell da, als wären sie vom Himmel gefallen. In gewisser Weise ist das auch so. Sie schlüpfen aus den Eiern, die Fliegen in den Kadaver gelegt haben. Lange bevor wir etwas riechen, sind sie schon dem leisesten Hauch von Faulgasen wie Skatol, Aceton und Essigsäure gefolgt. Sie müssen sich beeilen, denn sie wissen ja nicht, wann sich wieder eine Gelegenheit bietet. Aas läuft zwar nicht weg und wehrt sich auch nicht, wird aber sehr unregelmäßig angeliefert. Damit ihre Fortpflanzungschancen größer sind, legt die Graue Fleischfliege *(Sarcophaga carnaria)* fertige Larven statt Eier. Die stopfen sich innerhalb von ein, zwei Wochen voll, und dann wird es für kurze Zeit still in der Maus. Die Larven verpuppen sich. Zum Schluß geht die Maus in die Luft, in Gestalt von hundert fetten Fliegen.

Zum Dank für den Aufenthalt auf Erden hinterläßt die Maus ihre Haut als kleines Geschenk für Liebhaber von Haut und Haar. Von ihnen gibt es nicht so viele Arten wie von den Fleischfressern, weil Haut und Haar zähe Kost wie Kollagen und Keratin enthalten. Wir kennen sie gut. Da es ihnen nichts ausmacht, daß wir aus Haut und Haar Lederjacken,

Tote Schleiereule.

Pelzmäntel und Wollpullover angefertigt haben, sind sie auch in unseren Kleiderschränken zu finden. Pelzkäfer *(Attagenus)*, Teppichkäfer *(Anthrenus)* und andere Käfer stoßen in unseren Häusern auf einen herrlichen Tierfriedhof. Die Kleidermotte *(Tineola biselliella)*, ursprünglich ein tropisches Tier, ist ein Falter, der nur in unseren Häusern vorkommt, die Pelzmotte *(Tinea pellionella)* ist auch außer Haus anzutreffen. Dort kann man beobachten, woher Motten ihre merkwürdige Vorliebe für so etwas Ungenießbares wie Keratin haben. Man findet sie vor allem in Vogelnestern.

Mittelalterlicher Totentanz.

Vögel sind Keratingroßverbraucher. Sie stellen ihre Federn daraus her. Obwohl sie das schon seit 100 Millionen Jahren machen, sind die Federn immer noch nicht wirklich gut. Sie müssen jedes Jahr ausgetauscht werden. Während der Mauser werden enorme Mengen verschlissener Federn weggeworfen. Bei einer durchschnittlichen Anzahl von fünftausend Federn pro Vogel und einer Vogelfauna von 50 Millionen Tieren fallen in den Niederlanden jedes Jahr 250 Milliarden Federn an. Ohne Motten und Käfer wäre das Land längst eine einzige Daunendecke. Jedes Jahr wieder verhindern die Insekten diese Schreckensvision und setzen dabei ihr Leben aufs Spiel. Für ein Insekt ist es verdammt riskant, im Nest eines Insektenfressers zu wohnen. Deshalb war es auch nicht unvernünftig von ihnen, vor Tausenden von Jahren in die Häuser der Menschen zu ziehen. Die meisten Menschen essen keine Insekten. Und Bekämpfungsmittel hat es bis vor kurzem nicht gegeben.

Es ist kein Vergnügen zu sehen, wie Motten und Käfer unsere Kleider und Teppiche auffressen. Das ist jedoch nur ein Vorgeschmack auf das, was uns selbst erwartet. Menschenhaut und Menschenhaar mögen sie nämlich auch. Wenn die Keratintruppe anrückt, sind in der Regel bereits ganze Armeen anderer kleiner Fresser am Werk. Wie ein Kuhfladen Hunderte von Tierchen unterschiedlicher Art beherbergt – das eine ist auf saftigen Brei aus, das andere möchte lieber was zu beißen haben –, so lockt auch jedes Stadium unserer Leiche andere Arten an. Mit Hilfe von Standardwerken wie *La faune des cadavres* von J. P. Mégnin kann die Polizei sogar herausfinden, wie lange eine Leiche schon tot ist, in welcher Jahreszeit der Betreffende ermordet und ob er an einen anderen Ort gebracht worden ist. Ein Mörder muß heutzutage ein halber Entomologe sein, wenn er seine Spuren verwischen will.

184

Anfangs folgen dem zarten Leichengeruch außer Fleischfliegen auch Wespen. Sie sind zwar nicht darauf spezialisiert,
aber ein Allesfresser wie die Wespe hat hin und wieder auch
mal Appetit auf einen Bissen Leiche zur Limonade. Die Totengräber *(Necrophorus)* treffen etwas später ein. Sie sind oft
von Milben *(Poecilochirus necrophori)* bedeckt, die statt des
Fleisches die Eier der Fleischfliegen essen. So schaffen sie als
Dank für die Mitfahrgelegenheit zur Leiche die
Konkurrenten des Totengräbers aus dem Weg. Käfer und Wespen befinden sich fast immer in Gesellschaft von Ameisen. Das Gesamtgewicht aller
Ameisen in der Welt ist viel größer als das aller
Säugetiere oder Vögel, die auf der Erde umherlau-
fen oder -fliegen. Zusammen mit den in den Tropen lebenden Termiten beseitigen Ameisen dreiviertel aller kleinen Leichen.

Wenn nach einigen Monaten das Fett ranzig genug geworden ist, werden Speckkäfer *(Dermestes)*
und Fettschaben *(Aglossa)* von den flüchtigen
Fettsäuren angelockt. Werden die Eiweiße zu Käse, treffen
auch die Käsefliegen *(Piophila casei)* ein, die in einer alten Leiche dasselbe machen wie in altem Käse. Je stärker der Kadaver austrocknet, desto mehr Stutzkäfer *(Hister)* gesellen sich
zu den Totengräbern. Den Nachtisch bekommen die Diebkä-
fer *(Ptinus)*, die von den Ausscheidungen leben, die die übrigen Leichenschmauser als grauen Schleier auf den Knochen
hinterlassen haben.

Manche Insekten können nicht warten, bis die Leiche eine
Leiche ist. Die Goldfliege *(Lucilia caesar)* legt ihre Eier in ei-
ternde Wunden. Auf diesen Inseln des Todes auf dem noch
lebenden Körper ernähren sich die Maden von abgestorbenem Fleisch. Früher hat man sie zum Sauberhalten von Wunden extra gezüchtet. Heutzutage geben sie vor allem dem
Entomologen bei der Polizei wichtige Hinweise. Trifft er in
einer frischen Leiche auf grüne Fleischfliegen, dann müssen
sie neben den neun natürlichen Körperöffnungen eine weitere, künstliche Öffnung gefunden haben, durch die sie eingedrungen sind. Höchstwahrscheinlich gab es irgendwo eine
Schuß- oder Stichwunde. Andersherum weist ein Käfer, der in
einer Leiche gefunden wird, deren Verwesungsprozeß für
diese Art eigentlich schon zu weit fortgeschritten ist, darauf
hin, daß eine Vergiftung mit Parathion oder Arsen vorliegt.
Diese Gifte verlangsamen die Entwicklung von Fliegen und
Käfern. Von Kokain dagegen wird man als Insekt schneller erwachsen.

Im Frühjahr 1728 wurde Carl von Linné in Schweden beim Pflanzensammeln von einem »Wurm« in den Arm gestochen. Der Arm schwoll lebensgefährlich an, ein Arzt schnitt ihn in voller Länge auf, und Linné wurde »nach schlimmsten Schmerzen« und »heftigem Bohren und Klopfen« gerettet. Aus Rache nannte er den Wurm *Furia infernalis*, die höllische Furie. Seitdem hat man nichts mehr von dem Tier gehört. Wahrscheinlich handelte es sich um die Larve einer Fleischfliege. *Furia* hatte später keine großen Chancen, einen Bissen von ihrem Namengeber abzubekommen. Vor seinem Tod hat Linné Instruktionen für seine Beerdigung gegeben. »Legt mich unrasiert, ungewaschen, unbekleidet und nur in ein Laken gehüllt in einen Sarg. Nagelt den Sarg sofort zu, damit niemand sieht, wie es mir ergeht.«

Man braucht keinen Sarg, um Insekten abzuwehren. Feine Gaze tut es auch. Wie meine Oma besaß früher jeder einen kleinen Schrank mit Gaze, in dem er sein Fleisch aufbewahrte. Die Zersetzung läßt sich dadurch allerdings nicht verhindern, denn Gaze ist nicht fein genug, um Bakterien abzuhalten. Und selbst wenn es so wäre, würde das feinmaschige Schränkchen nicht viel nützen, weil nämlich schon beim Schlachter Unmengen von Bakterien am Beefsteak oder Kotelett saßen. Sie kommen aus der Luft, von den Händen des Schlachters oder von dem Papier, das für die Hygiene gedacht war. Sie vermehren sich nicht sehr schnell. Solange die Zellen noch intakt sind, gibt es für sie nicht viel zu fressen. Das ändert sich abrupt, wenn das Fleisch gebraten wird. Die Zellen brechen auf und gewähren Zugang zu den Nährstoffen in ihrem Innern. Gleichzeitig werden die Bakterien abgetötet. Probleme entstehen hauptsächlich dann, wenn das Fleisch nur angebraten und wieder in den Fliegenschrank zurückgelegt wird. Dann beginnt ein wahres Festmahl, eine Orgie, bei der die Bakterien sich in rasendem Tempo fortpflanzen. Bei Zimmertemperatur verdoppelt sich ihre Anzahl alle halbe Stunde. Aus hundert Bakterien werden in zehn Stunden hundert Millionen. Verglichen mit der Fleischmenge ist die Gesamtmasse der winzigen Organismen vernachlässigbar klein. Man schmeckt sie auch nicht. Nur ihre Unreinlichkeit macht sich bemerkbar. Sie pinkeln allesamt in unser Essen, das einen komischen Geschmack annimmt. Wir sagen, das Essen sei verdorben. Sie sagen, das Essen war herrlich. Sie haben nur ihre Pflicht getan. Woher sollen sie wissen, daß unser Schlachter dieses Fleisch für sich beansprucht hat und daß es kein toter Vogel ist, der im Interesse der Volksgesundheit beseitigt werden muß?

Bakterien sind für das bloße Auge zu klein. Trotzdem sieht man sie manchmal am Werk, bevor man sie riechen kann. Die Kunst besteht darin, die richtige Art anzulocken. Am besten geht es mit Fisch. Bakterien lieben frische Scholle und kühles Meerwasser. Legen Sie die Scholle in einen tiefen Teller. Geben Sie fünf bis zehn Grad kaltes Wasser, dem sie dreißig Gramm Salz pro Liter beigemengt haben, hinzu. Die Scholle sollte halb bedeckt sein. Schauen Sie hin und wieder im Stockdunkeln nach Ihrem Fisch. Nach etwa einem Tag werden Sie verblüfft sein: Der Fisch leuchtet! Vor allem an der Grenzfläche zwischen Luft und Wasser glüht er geheimnisvoll. In Wirklichkeit leuchten natürlich die Bakterien. Manche Menschen schmatzen beim Essen, Bakterien geben dabei Licht ab. Aber nur für kurze Zeit. Der üble Geruch nach Fischereihafen zeigt an, daß der Verrottungsprozeß in eine neue Phase getreten ist. Andere Bakterienarten übernehmen den Abbau und dann wieder andere und nochmals andere, bis die Scholle weg ist.

Wir selbst sind ebenfalls voller Bakterien. Nach unserem Tod können sie sofort ans Werk. Nach zwei bis drei Tagen ist unsere Leiche von einem grünlichen Schleier aus Bakterien überzogen, die zum größten Teil unseren Därmen entstammen. Nur bei neugeborenen Kindern funktioniert das nicht. Ein Baby ist bei der Geburt steril; die Darmbakterien be-

Mumien von Kindern in Palermo, Sizilien.

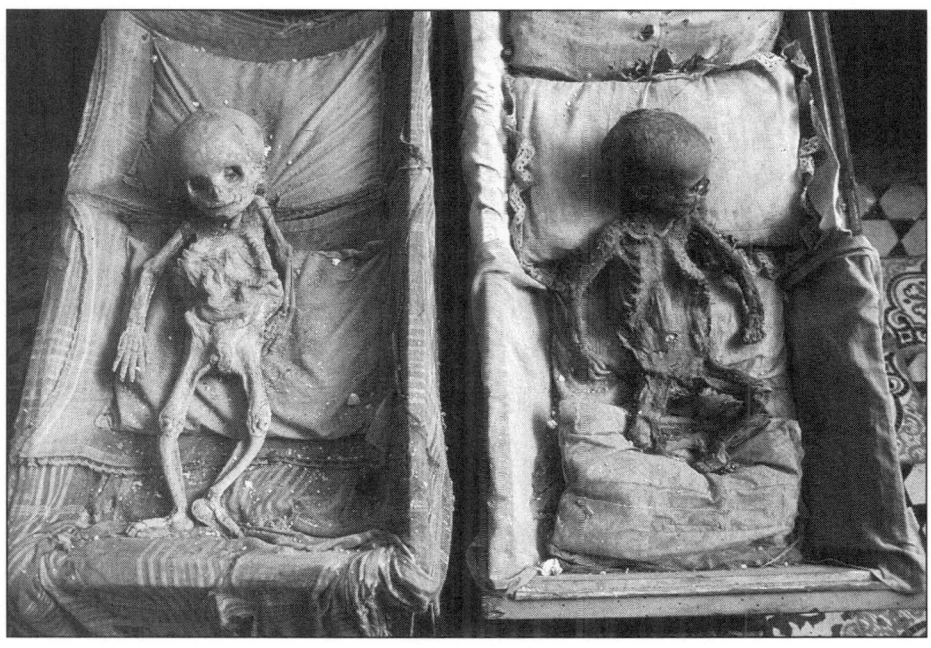

187

kommt es erst später, und zwar ausgerechnet über sein Badewasser. Mangels Bakterien zersetzt sich ein totgeborenes Kind schlecht, es kommt sogar vor, daß es mumifiziert.

Weder das eine noch das andere gefällt uns. Wir Menschen finden die Vorstellung, wie ein verfaulter Fisch oder ein ungegessener Keks zu zerfallen, keineswegs angenehm. Glücklicherweise bietet die Natur eine Alternative zu der Möglichkeit, von einer langen Reihe immer unheimlicherer Organismen langsam abgenagt und aufgeschleckt zu werden. Mehr als die Hälfte der Kadaver wird von großen Aasfressern wie Hyänen oder Geiern auf einmal verschlungen. Wo sie auftauchen, ist nach kürzester Zeit nur noch ein Gerippe übrig. In den Niederlanden hat man häufiger auf diese Methode zurückgegriffen, als es den Anschein hat. Nicht mit Hilfe von Hyänen, sondern von Haien. Mancher Schiffsjunge ist auf See gestorben und wurde gemäß dem Protokoll, das wir vom »Ketelbinkie« kennen, der See übergeben.

> *In Segeltuch und auf einem Rost getragen*
> *er jetzt auf der Luke steht.*
> *Der Kapitän nahm seine Mütze ab,*
> *sprach mit Grogstimme ein Gebet.*
> *Mit einem »Eins-zwei-drei-in-Gottes-Namen!«*
> *ging Ketelbinkie über Bord.*
> *Der Alte hat ihn nicht küssen dürfen,*
> *weil sich's für Seeleute nicht gehört.*
> *Für den Mann gab's einen Becher extra*
> *und für die Alte ein Telegramm,*
> *das war das Ende eines »Seemanns«,*
> *dieses Straßenjungen aus Rotterdam.*

Wenn das Schiff mit Mann und Maus unterging, fiel manchmal die gesamte Besatzung den Haien zum Opfer. Es zeigte sich, daß ein Schiff unter Wasser dem Zahn der Zeit in der Regel besser trotzte als an Land, wo der Sauerstoff immer aggressiv bis in den letzten Winkel vordringt, Rost bildet und Holzwürmer am Leben hält.

Auch auf manchen Südseeinseln werden die Verstorbenen den Haien übergeben. Die Parsen in Indien legen ihre Toten an eine Stelle, an die die Aasgeier gut herankommen. Diese Vorstellung widerstrebt uns. Der Gedanke, von einem Aasfresser aufgefressen zu werden, erniedrigt uns zu Aas. Aasfresser haben einen schlechten Ruf. Bereits Männer, die sich im Zoo nur die Geier, Hyänen und Ratten anschauen, werden mit Argwohn betrachtet. Geier gelten als gierige Galgenvögel, die ihre Hälse dadurch abnutzen, daß sie in dampfenden Kadavern wühlen. Nur gut, daß es sie bei uns nicht gibt. Wir haben unsere eigenen Leichenfresser. Aale. Wenn im Fernsehen gezeigt wird, wie man mit einem halbverfaulten Pferdekopf Aale fängt, die sich dann aus den leeren Augenhöhlen winden, fällt der Aalpreis für Wochen. »Wegelagerer« oder »Diebe in der Nacht« nennen die Angler sie. Ordentliche Hausfrauen wickeln die Unterfische in Zeitungspapier, um sie zu Hause bei lebendigem Leibe in Stücke zu hacken.

Wie eine tote Kuh, ein totes Huhn und ein toter Kabeljau aussehen, wissen wir dank Schlachter, Geflügel- und Fischhändler. Aber wie sieht ein toter Schwan aus? Wann haben Sie zum letzten Mal ein totes Eichhörnchen gesehen? Nehmen Schwalben ihre Toten mit in den Süden? Man sieht natürlich schon einmal ein totes Tier im Wald oder am Wasser, aber das steht in keinem Verhältnis zu dem unaufhörlichen Sterben um uns herum. All die Jungtiere, die in den vielen Nestern geboren werden, all die Fliegen, die an einem warmen Sommerabend um unseren Kopf herumschwirren,

Die Parsen in Indien überlassen ihre Verstorbenen den Geiern.

189

müssen sterben, um Platz zu machen. All die Muscheln am Strand haben eine wie die andere einen Todeskampf hinter sich. In der Natur wird mehr gestorben als gelebt. Alle 50 Millionen Vögel in den Niederlanden müssen mindestens einmal pro Jahr dran glauben. Fünfzig Millionen letzte Atemzüge, das macht zusammen eine kräftige Brise. Ein Wunder, daß es beim Waldspaziergang nicht tote Vögel regnet. Die Waldwege müßten vor lauter toten Amseln und Mäusen unpassierbar sein, Mund und Nase von dem Platzregen toter Insekten verstopft. Wenn Tiere in ihrer letzten Stunde wimmern würden, verginge uns Hören und Sehen.

Emporragendes Rückgrat eines Rinds.

Tatsächlich sieht man in erster Linie die Opfer des einzigen Raubtiers, das seine Beute nicht frißt: des Autos. Sie sammeln sich am Straßenrand an. Die LPs sind Igel, die CDs Kröten. Weil die Erstgenannten sich beim Herannahen des Autoreifens erst noch zusammenrollen, scheint der Übergang von drei auf zwei Dimensionen noch dramatischer, aber platt ist platt. Die Kröten sind im Sprung erstarrt, halten die Pfoten flehend ausgestreckt wie in Zadkines Skulptur *Die zerstörte Stadt*. Deutlich ist zu erken-

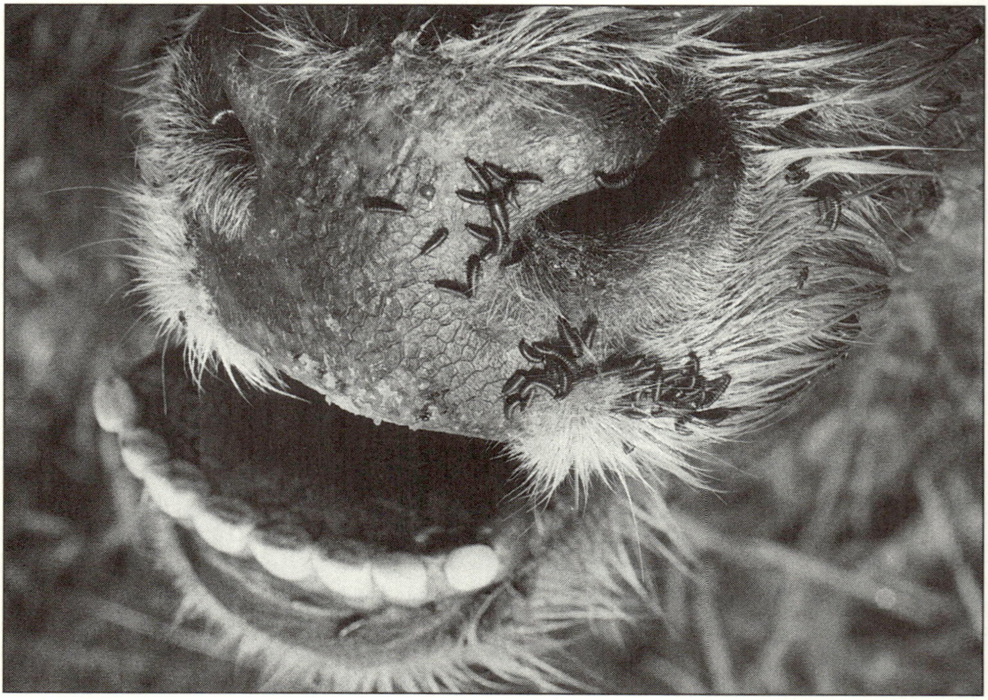

190

nen, daß sie sich abhetzen mußten, damit sie sich noch fortpflanzen konnten, bevor sie von uns totgefahren wurden.
Insgesamt kommen in den Niederlanden pro Jahr mehrere
Millionen Säugetiere und Vögel durch den Straßenverkehr zu
Tode. Eine Arbeitsgruppe zählte 126 Vogelarten und 24 Säu-
getierarten, im Grunde genommen also 126 und 25, denn
auch der Mensch ist ein Säugetier.

Appetitlich ist der Anblick der vielen großen und kleinen
Leichen am Wegesrand nicht, aber man wäre parteiisch,
würde man immer den Standpunkt des Toten einnehmen.
Für Aasfresser wie Krähe, Elster und Möwe sind die stark be-
fahrenen Autobahnen ein Schlaraffenland; Hauptverkehrs-
zeit ist Essenszeit. Auf der Veluwe wurden sogar wieder Raben
ausgesetzt. Früher lebten die Raben von den Resten, die die
Wölfe von ihrer Beute übrigließen. Trotz aller Planung sind
die Wölfe noch nicht wieder zurück, aber die Autos machen
viel wett. Es wird keine Mühe gescheut, damit die Autoreifen
und damit die Raben ausreichend mit Futter versorgt werden.
Blumen am Straßenrand locken Vögel an, Straßenlampen
ziehen Kaninchen an, Kröten hilft man im Frühjahr beim
Überqueren der Straße, damit im Herbst, wenn sie wieder
zurückwandern, genug zum Plattwalzen da ist.

Insekten auf einem toten Hochländer.

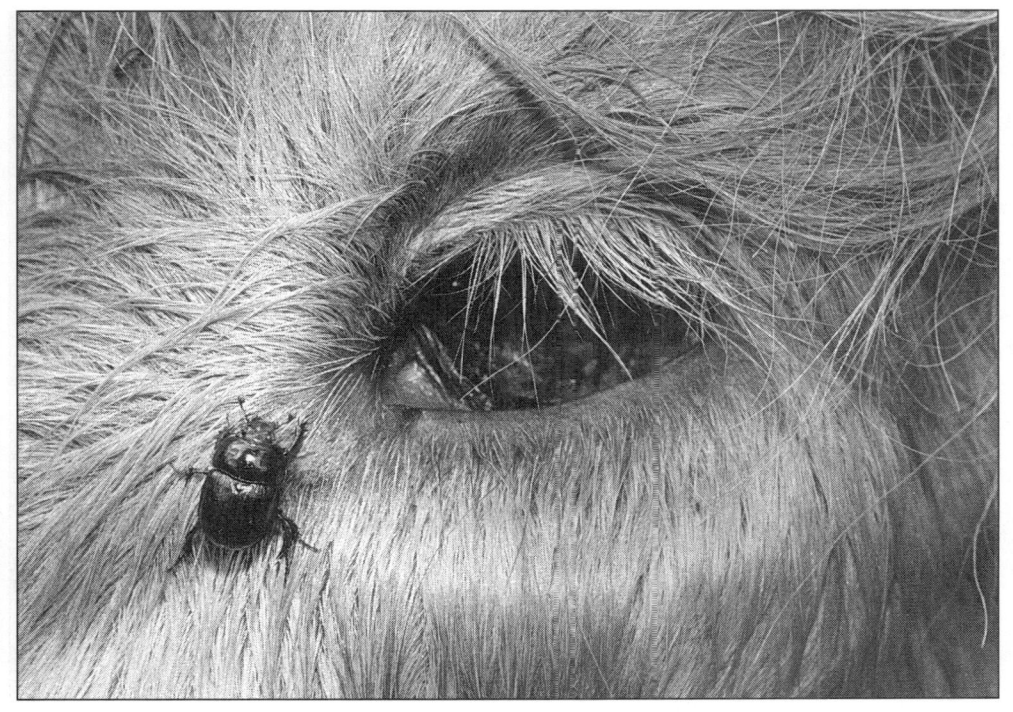

»Wildwechsel«-Schilder werden weit entfernt von den Stellen, an denen das Wild tatsächlich kreuzt, aufgestellt. Oder haben Sie jemals in der Nähe eines solchen Schildes einen Hirsch gesehen? Den Aasfressern bieten die Straßen ein Festmahl aus Igelbuletten und Krötenpüree; Naturfreunde könnten statt Vogelexkursionen altmodischen Straßenrandtourismus betreiben.

Biologielehrer können den Nutzen von Aasfressern für das Ökosystem noch so gut erklären, wir selbst entziehen unsere sterblichen Überreste diesem Kreislauf lieber. Die meisten Toten werden begraben. Wir sagen, daß wir sie niemals vergessen werden, und sorgen gleichzeitig dafür, daß sie möglichst schnell aus unserem Blickfeld verschwinden. Sand drüber. Vielleicht ist diese Gewohnheit irgendwann entstanden, damit Feinde sich nicht mit der Leiche davonmachen konnten, um sie zu verspeisen. Noch immer werden Kriegsgefallene begraben, damit man später, wenn der Frieden ausgebrochen ist, genau nachzählen kann, welche der Parteien den Kampf wirklich gewonnen hat.

Vom hygienischen Standpunkt aus betrachtet ist Begraben jedenfalls eine gute Maßnahme. Unter der Erde können Krankheitskeime nicht viel anrichten, und es gibt keine Luft, die den Gestank verbreitet. Vorausgesetzt natürlich, die Leiche kommt rechtzeitig unter die Erde. In unseren Regionen muß das normalerweise innerhalb von fünf Tagen geschehen. Manchmal geht es aber nicht. Im Hungerwinter starben in Amsterdam so viele Menschen, daß man auf den Friedhöfen nicht mehr nachkam. Manchmal warteten 135 Leichen in der Zuiderkerk, bis auf dem Friedhof ein Platz für sie bereit war. Da es am Holz für die Särge fehlte, wurden spezielle Klappkonstruktionen gebaut. Bei der Beerdigung öffnete sich der Sarg an der Unterseite, die Leiche glitt ins Grab, und der Sarg konnte noch viele Male verwendet werden. Dank der Kälte brachen keine Epidemien aus. Irgendwo in der Stadt fand das städtische Amt für Leichenbestattung in einer Einzimmerwohnung einen Verstorbenen im Bett, »der mindestens fünf Wochen zuvor gestorben war. Kinder und Ehepartner schliefen in demselben Bett; sie lebten und spielten in demselben Zimmer, in dem der Tote lag. All dies geschah, damit sie die Bezugsscheine des Verstorbenen behalten konnten.« Im Sommer wäre die Leiche längst von Fliegen heimgesucht und von ihren Maden durchtunnelt worden. Im Winter und im Kühlraum einer modernen Leichenhalle ist dieses Risiko viel geringer. Ihre Zeit kommt noch.

M. G. Motter, der Verfasser von *A Contribution to the Study*

of the Grave, fand in hundertfünfzig der von ihm ausgegrabenen Leichen eine regelrechte Fauna von Insekten, Würmern und anderem Kleingetier vor, die durch Risse im Sarg eingedrungen waren. Ich kann nicht behaupten, daß mich das mit dem Tod versöhnt hat, es tröstet mich jedoch, daß aus meinem Altmännerleib noch so viele herrliche Käfer und Fliegen hervorgehen werden, wenn es soweit ist. Nach Motters Angaben zeigten sich die kleinen Menschenfresser nicht sehr wählerisch. Männer wurden von denselben Arten aufgefressen wie Frauen, alte Leichen von denselben wie junge. Der Zustand der Leichen sagte eher etwas über die Beschaffenheit des Bodens, die Qualität des Sargs und den Grundwasserstand aus, als daß die Zusammensetzung der Fauna etwas über die Leiche aussagte. Mit einer beerdigten Leiche kann ein Entomologe der Polizei nicht viel anfangen. Die geladenen Gäste kommen in willkürlicher Reihenfolge zur Party, und alle sind sie zu spät. Die Auflösung einer Leiche dauert im Boden achtmal so lange wie an der Luft und viermal so lange wie im Wasser. Erst nach etwa zehn Jahren kann ein Grab so gut wie leer sein. Aber oft ist nach zwanzig oder dreißig Jahren noch beunruhigend viel von Opa übrig. Dann hat er den Würmern zwar geschmeckt, aber sie kamen nicht gut an ihn heran. Särge aus Spanplatten, Leichentücher aus Kunststoff und kunststoffbeschichtetes Furnier versperren ihnen den Weg zu ihrer Mahlzeit, die eher verseift, als daß sie vergeht, was die Arbeit des Grableerers später nicht angenehmer macht.

Dann lieber in die Luft, sagen die Befürworter der Einäscherung. In den Flammen des Krematoriums löst sich der Leichnam hunderttausendmal schneller auf als bei der all-

Im Hungerwinter erzwang der allgemeine Mangel die Wiederverwendung von Särgen.

193

Leichenverbren-
nungsofen im
neunzehnten
Jahrhundert.

mählichen Verbrennung in den Verdauungsorganen all der
kleinen Leichenfresser. Bei tausend Grad ist die Leiche innerhalb weniger Stunden zu Staub und Asche verbrannt. Schneller kann die biblische Prophetie nicht in Erfüllung gehen.
Dennoch hat sich die Kirche der Einäscherung lange widersetzt. In der christlichen Tradition ist Leichenverbrennung
eine Strafe für Gottesleugner, Hexen und Sodomiten. Damit
die Schlechtigkeit ihrer Taten für immer vom Angesicht der
Erde verschwand, mußten sie in Rauch aufgehen. Staub und
Asche wurden vom Wind in alle Richtungen verstreut, damit
der Körper sich bei der Wiederauferstehung nicht mehr zu-
sammenfügen konnte. Kirchenfeinde wußten dies und stellten die Märtyrer deshalb bevorzugt auf Scheiterhaufen, was

deren Märtyrertod zu einem besonderen Martyrium machte und die Kirche auf diese Weise sogar noch stärkte.

Während Leichenverbrennung am Ganges ganz normal ist, war sie bis in unser Jahrhundert an Rhein und Maas sehr ungewöhnlich. Zwischen den Weltkriegen wurde heftig gegen die gesetzlichen Einschränkungen gekämpft; an der Themse lautete der Leitspruch »Spielplätze oder Friedhöfe?«. Argumente für und wider flogen hin und her, und die unzähligen Broschüren, Flugschriften, Pamphlete und was damals in aller Unschuld sonst noch »Propaganda« genannt wurde, machten manche Drucker reich. Mit großem Eifer schilderten die Anhänger der Einäscherung, wie das Nagen der Würmer und das Wühlen der Bakterien die ewige Ruhe im Grab von Anfang an störten:

Gewiß kann eine trügerische Poesie darin liegen, wenn wir an einem Junitag bei sommerlichem Duft und Glanz unsere »schönen« Toten in ein trockenes, warmes Grab unter kühlenden Bäumen betten, in denen die Vögel ein Triumphlied auf das Leben singen; sicherlich ist es möglich, daß wir dann durch das Grabstein- und Kreuzfeld nicht das schreckliche Leichengelage des wimmelnden Friedhofgetiers sehen, aber wie ist uns zumute, wenn wir unser Liebstes an einem kalten, tristen Wintertag aus dem warmen Haus und dem gemütlichen Familienkreis in das kalte, nasse, schlammige, einsame Grab bringen müssen?

Auch die Angst der Lebenden vor den Krankheiten der Toten wurde ausführlich geschildert:

Auf wie vielen Friedhöfen hat das Grundwasser Kontakt mit den Särgen, und wer kann sagen, welche unbekannten unterirdischen Wasseradern die Ansteckung über große Entfernungen übertragen.

Die Argumente der Gegner waren auch nicht immer fair. Durch das Kremieren würden dem Boden wichtige Substanzen vorenthalten. Vor allem könne im Boden mangels Leichen ein Mangel an Ammoniak entstehen. Den Befürwortern der Einäscherung warf man in dieser Hinsicht Egoismus und materialistische Lieblosigkeit vor. Nach Ansicht von Professor Harting sollte man gerade in unfruchtbarem Boden Tote beerdigen. Er hatte an vier zentrale Heidefriedhöfe zur Urbarmachung von Ödland in den Niederlanden gedacht. Und so wie Krematisten »den abscheulichen Prozeß im Grab« beschrieben, so erzählten Beerdigungsbefürworter gern von

TWEEËRLEI BIJZETTING

VOL PIËTEIT   VOL GRIEZELIGHEID

Leichen, die sich in dem Höllenofen gegen die heiße Luft
wehrten, »indem sie sich winden, verkrampfen, bewegen, die
Augen öffnen, mit den Händen schlagen usw.« Vor allem das
»usw.« regte meine Phantasie an. Aber nach den Beobach-
tungen von Dr. L. A. Rademaker, einem Vorstandsmitglied
der Vereinigung Fakultativer Leichenverbrennung, trifft das
nicht zu. Er hat sich zusammen mit einigen anderen selbst
von der Wirklichkeit in den Öfen überzeugt.

Das Ereignis hat uns tief berührt, aber es war eine Rührung von
größter Schönheit. Der Nachmittag war schon fortgeschritten,
und es begann an diesem Tag im Spätherbst bereits zu däm-
mern, als das Öffnen des Ofens plötzlich den Blick auf einen
Horizont freigab, wie er an einem schönen Sommerabend heftig glüht.

*Propaganda-
material für die
Legalisierung
des Einäscherns,
ca. 1880.*

In poetischer Hinsicht steht das Einäschern dem Beerdigen
keinesfalls nach. Der einzige entscheidende Unterschied liegt
in der Geschwindigkeit, denn das Endprodukt ist und bleibt
das gleiche: Staub. Fünfeinhalb Pfund Staub. Es ist eine
ernüchternde Vorstellung, daß der größte Dichter, der hin-
terhältigste Diktator und die schönste Frau letztendlich wieder auf ein Häufchen Staub reduziert werden, aber es gibt
einen Trost: Auch die größten Bäume, die hinterhältigsten
Schlangen und die schönsten Gebirge vergehen zu Staub. Wir

196

TWEEERLEI RUST

BLIJFT ONGEREPT.

WORDT UITGESCHEPT.

spazieren darüber hinweg, atmen ihn ein, sehen ihn im Sonnenlicht tanzen.

Alles und jeder wird zu Staub. Woraus Staub genau besteht, spielt keine Rolle, Hauptsache, er ist fein genug, um in der Luft herumgewirbelt zu werden. Staubteilchen sind ein Millionstel- bis einen Millimeter groß. Was man im Haus in einem Sonnenstrahl sieht, sind vor allem Baumwoll-, Woll und Papierfasern. Der Staub auf dem Boden enthält mehr Sand und Lehm. Aber mehr als die Hälfte der Staubteilchen, die kleiner als ein Zehntelmillimeter sind, stammt von uns.

Mehr als die Hälfte des feinen Hausstaubs besteht aus Schuppen unserer Haut. Wenn Sie das Gefühl haben, sich selbst zu verlieren, dann schauen Sie doch mal auf Ihren Schrank. Gehen Sie mit dem Finger darüber, und Sie stehen Auge in Auge mit dem Zustand, in dem Sie sich in wenigen Jahrzehnten befinden werden. Ein Schlag auf die Matratze, und Sie wirbeln als Staub durch die Luft.

Im Hausstaub lebt eine ganze Fauna. Flöhe natürlich, und vielleicht auch Läuse, aber vor allem Milben: Milben, die von Milben leben, und Milben, die die Häufchen der Milben, die die Milben fressen, fressen. Vor diesem Getier sind Sie in dem Staub, zu dem Sie wieder werden, sicher. Die fünfeinhalb Pfund in der Urne oder im Grab unter dem halbeingesunkenen Grabstein enthalten absolut nichts Eßbares mehr. Flammen mögen sie genausowenig wie Würmer oder Käfer. Sie bestehen nur noch aus unverdaulichen anorganischen Bestandteilen, die sich allenfalls zur Aufnahme durch Pflanzen eignen. Substral. Mairol.

Was für ein Staub ist das aber nun, zu dem wir werden? Woraus besteht ein Mensch? Bekanntlich bestehen wir größtenteils aus Wasser. Mit dem Wasser aus unserem Körper

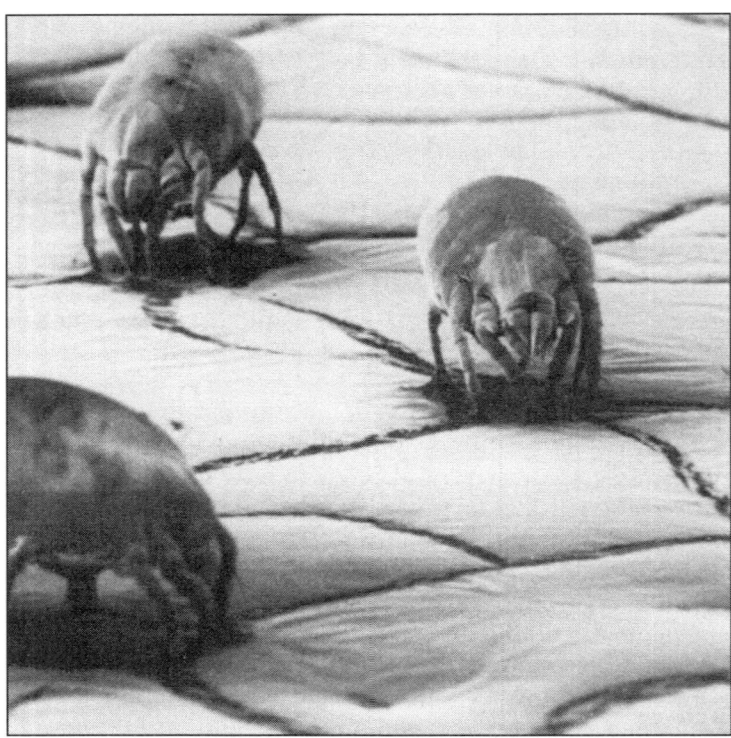

Stark vergrößerte Aufnahme von Hausstaubmilben (Dermatophagoides pteronyssinus).

198

könnte man 60 Kannen Tee oder Kaffee kochen. Nach dem Tod verdampft das Wasser. Sterben ist vor allem Verdampfen. Übrig bleiben vor allem Stickstoff und Kohlenstoff, die die Pflanzen für uns aus der Luft holen. Durch die Schornsteine der Krematorien und die Körperöffnungen der Leichenfresser gelangen sie größtenteils wieder in die Atmosphäre, wo sie den Treibhauseffekt verstärken. Die wenigen Kilo, die jetzt noch übrig sind, enthalten genügend Phosphor für fünfzig Schachteln Streichhölzer, Eisen für einen Nagel, Kalium für eine Rolle Zündplättchen, und so viel Kalk, daß man damit einen Hühnerstall weißen kann. In der Drogerie bekommt man alles zusammen für ein paar kleine Scheine. Für Accessoires kommen allerdings noch ein paar weitere Scheinchen hinzu. Die meisten Menschen bestehen nämlich schon lange nicht mehr nur aus Mensch. Außer dem Blei und Quecksilber der Zahnfüllungen enthalten immer mehr Körper Hüftgelenke aus Nickel oder Herzschrittmacher aus Platin. Manche Leiche ist Sondermüll. Nicht nur Begraben, auch Einäschern wäre deshalb schlecht für die Umwelt; schließlich muß die Asche nach dem Kremieren ja irgendwo bleiben. Und auch ohne die Accessoires sind die Umweltprobleme groß genug. Nach Ansicht des Ökologen De Molenaar handelt es sich bei »Kremationsasche in Hinblick auf ihre ökologische Auswirkung um mit Schwermetallen verunreinigten Kalkphosphatdünger«. Phosphat ist selbst ein Dünger, und Kalk löst Stickstoff aus dem Boden, was zur Folge hat, daß man im Wald deutlich erkennen kann, wo Opa ausgestreut wurde: da, bei den Brennesseln. Diese stickstoffliebenden Pflanzen gedeihen auch auf Friedhöfen, die wiederum laut *Oosthoek Milieuencyclopedie* wegen der hohen Konzentration organischen Materials, das zersetzt werden muß, eine hohe Bodenbelastung darstellen. »In einigen Fällen waren der Nitratgehalt und der Sauerstoffbedarf des Grundwassers erhöht.« Begraben ist Kompostieren.

Wichtiger als das, was in ihm steckt, ist für einen Menschen, was nicht in ihm steckt. Analysiert man die Asche und die Dämpfe, in die wir zerfallen, dann zeigt sich, daß wir zum geringsten Teil aus dem »Staub der Erde« geschaffen sind. Dasselbe gilt für »alles Getier, das auf Erden kreucht«, für »alle Vögel unter dem Himmel«, ja sogar für »alle Gräser und alle fruchtbaren Bäume«. Von den zweiundneunzig Elementen, aus denen der »Staub der Erde« sich zusammensetzt, findet man nur sechzehn in Lebewesen. Arten, die auffallen wollen, können unter acht weiteren Elementen wählen, aber das war es dann auch schon. Dreiviertel der Elemente in der Natur werden von ihren Bewohnern nicht genutzt. Außerdem nimmt das Leben die Bausteine der Natur in ganz anderen Verhältnissen auf, als sie in der Umwelt vorkommen. Sie enthalten zum Beispiel viel mehr Phosphor als Ihre Umgebung.

Der größte Unterschied zwischen dem Staub auf Ihrem Schornstein und dem Staub in Ihrer Urne besteht im Siliziumgehalt. Während Hausstaub zu einem Drittel aus Sand, Lehm und anderem siliziumhaltigen Material besteht, enthalten wir nichts von dem ganzen Silizium in unserer Umgebung. Es gibt zwar Pflanzen und Tiere, die Silizium aufnehmen, doch sie stellen daraus einen Panzer her. Gräser wappnen sich damit gegen Grasfresser. Dennoch ist der aus Kieselsäure (einer Sauerstoffsäure des Siliziums) bestehende Panzer einer Kieselalge genausowenig lebendes Gewebe wie der Motorradhelm eines Motorradfahrers. Obwohl Silizium mehr als ein Viertel der Erdkruste ausmacht, sollten wir uns hüten, davon abzubeißen. Wenn wir am Meer ein Butterbrot essen, knirscht es beängstigend zwischen den Zähnen. Arbeiter, die Fugen fräsen, Häuser abreißen oder Löcher in Beton bohren, wissen, weshalb. Feiner Siliziumstaub dringt so tief in ihre Lungen ein, daß sie schließlich an Silikose sterben können. Bauarbeiter hacken und bohren ihren eigenen Tod herbei. Aber ihre Bemühungen sind nicht vergeblich.

Weil nur wenige Organismen Appetit auf Silizium haben, können wir Menschen daraus manches herstellen, was lange halten soll: Häuser, Straßen, Grabplatten. Nichts ist für einen Organismus so unwirtlich wie ein kahler Stein, es gibt nichts zu fressen, mal ist er eiskalt, dann wieder glühend heiß. Letztendlich bekommt auch der härteste Stein Risse, aber das geschieht eher durch Säuren als durch Zähne. Auf Holz beißen viele Zersetzungsorganismen ganz gern, aber Steine kauen dauert ihnen zu lang. Deshalb bleibt von einem Grab in der Regel der Stein als letztes übrig. Enthält er einen hohen Anteil Silizium, dann bleibt sogar die Inschrift lesbar. Es ist kein Zufall, daß die ältesten überlieferten Texte auf Granitsäulen und Lehmtafeln stehen. Die ältesten Gebote waren in Steintafeln geritzt. Und wir? Wir vertrauen unsere Texte Papier an.

Papier gehört zum Pflanzenreich. Ein gefundenes Fressen für die unzähligen Organismen, die von toten Pflanzen leben. Im Komposthaufen und auf dem Waldboden sind wir ihnen dafür dankbar, aber Bibliothekare mögen keine Bücherfreunde, die mit den Zähnen lesen. Für Bücherwürmer ist ein Buch Nahrung, die jahrelang für sie mariniert worden ist. Und wo sind überhaupt die alten Schallplatten geblieben? In meiner Jugend gingen jährlich Millionen 78er-Schallplatten über den Tresen. Allein von »Jingle Bells« und »White Christmas« dürften Millionen von Platten gepreßt worden sein. Trotzdem wissen nur wenige, woraus sie gemacht wurden. Schellack – stimmt, aber was ist Schellack? Ein Fladen aus Läusebrei. Eine 78er-Schallplatte besteht aus vielen Tausenden zermahlener Läuseleichen. Auf manchen Platten meint man sie jammern zu hören. Übrigens handelt es sich nicht um normale Blattläuse, sondern um Schildläuse, die wie kleine Hütchen unser Zypergras heimsuchen. Schellack wird aus einer indischen Art *(Laccifer lacca)* hergestellt, deren Schalen aus besonders nützlichem Harz bestehen, das sowohl für Schuhcreme und Möbelwachs als auch für Spielkarten, Billardkugeln und sogar Insektizide verwendet wird. Die Glanzzeit dieser Tierchen waren die zwanziger und dreißiger Jahre, als die gesamte Schallplattenindustrie von ihnen abhängig war. Schon 1927/28 benötigten England, Deutschland und Frankreich für ihre 250 Millionen Platten zusammen 20 000 Tonnen Schellack. Dafür wurden Milliarden Tode gestorben.

Bis auf wenige Sammlerstücke sind die Platten inzwischen zerbrochen oder verlorengegangen und als Symbol für die Kurzlebigkeit des Top-ten-Ruhms aus unserem Leben verbannt. Trotzdem wissen »Jingle Bells« und »Rudolph The Red-Nosed Reindeer« uns jedes Jahr wieder zu finden. Die 78er-Platten wurden überspielt, erst auf Singles, dann auf LPs und Kassetten, mittlerweile auf CDs und demnächst auf Gott weiß was für neue Schläuche, in die dann alter Wein eingefüllt wird. Trotzdem geht mit jeder Platte, die uns zerbricht, ein wenig Musik verloren. Das ist es, was uns erbost. Das bißchen Schellack ist uns egal, es geht um die Rillen. Nicht nur der Schellack, sondern auch der Inhalt leidet. Wenn Platten zerbrechen oder Bücher auseinanderfallen, ärgern wir uns, und zwar weil wir mit der Nase auf etwas Wesentliches im Leben gestoßen werden: das Wissen, daß mit dem Körper auch der Geist vergeht. Kirchen begegnen dieser Erkenntnis mit dem Glauben, Biologen mit der Fortpflanzung. Jeder Körper wird letztendlich zersetzt oder von Würmern angenagt, aber der Geist läßt sich leicht fortpflanzen, in Nachdrucken, in Nachkommenschaft, auf Samplern, Mikrofiche oder noch besser: in Gedanken.

Der Geist ist zu retten, aber was geschieht mit dem Körper, wenn der Geist ausgehaucht ist? Wenn eine Platte, die niemals abgespielt worden ist, trotzdem Musik in ihren Rillen birgt und ein niemals gelesenes Buch voller spannender Buchstaben steht, ist dann in einer Leiche auch noch Information enthalten? Wie spannend ist eine Leiche? Für manche Menschen sind Leichen das Spannendste, was es gibt. Ein Nekrophiler wird vom Tod erregt, streichelt die kalten Wangen und hat Geschlechtsverkehr mit dem faulen Fleisch. Angesichts der Tatsache, daß eine Leiche tot ist, fällt Nekrophilie per definitionem in die Kategorie Fetischismus, wenn auch als außergewöhnliche Spielart. Selbst aus perversen Epochen wie der Antike sind nur einzelne Fälle bekannt. Herodot berichtet von dem Tyrannen Perinadrus, der es noch nach dem Tod seiner Frau mit ihr trieb, und läßt die Mumienbalsamierer Ägyptens in einem zweifelhaften Licht erscheinen:

> Frauen, die sehr schön oder besonders schätzenswert waren, wurden nach ihrem Tod nicht sofort zur Balsamierung freigegeben, sondern erst nach drei, vier Tagen. Dies geschah, um zu verhindern, daß die Balsamierer Gemeinschaft mit ihnen hätten. Es wurde nämlich behauptet, jemand sei beim Verkehr mit der Leiche einer gerade verstorbenen Frau ertappt worden; ein Kollege hatte ihn verraten.

Mit Gerontophilie braucht Nekrophilie nichts zu tun zu haben. 1996 wurde ein Belgier verhaftet, der auf tote Kinder aus war. Bei einer ersten Hausdurchsuchung entdeckte die Polizei Fotos eines neunjährigen Mädchens, das ein Jahr zuvor bei einem Autounfall ums Leben gekommen war. Die Fotos waren im Krankenhaus aufgenommen worden. Später stellte sich heraus, daß der 59jährige E. M. neben ganzen Stapeln Kinderpornos Tausende Fotos von insgesamt 1630 verschiedenen Kinderleichen besaß. Wie die Zeitung *De Morgen* berichtete, hatte er bereits seit vierzig Jahren Friedhöfe und Trauerhallen durchstreift, um Fotos zu machen.

> Mehrfach hat er sich als Familienangehöriger der jungen Unfallopfer ausgegeben. Offenbar schlug der Mann jeweils unmittelbar nach dem Begräbnis zu. Deshalb fiel nur selten auf, daß die Erde durchwühlt und das Kindergrab geschändet worden war. Man vermutet, daß der Nekrophile im ganzen Land aktiv war. Angesichts der Tatsache, daß der Junggeselle sich ausschließlich mit öffentlichen Verkehrsmitteln fortbewegte, wird ausgeschlossen, daß Kindesentführungen auf sein Konto gehen. Der aus Etterbeek stammende E. M. betreibt seit 1993 eine Devotionalienhandlung in der Kammenstraat. Der Festgenommene weist in jedem Fall eine bizarre Persönlichkeit auf. Seine Todesfaszination äußerte sich unter anderem auch darin, daß er in einem Sarg schlief.

Auf Grabschändung steht in Belgien ein Jahr Gefängnis. Wie tot eine Leiche auch ist, man darf sie nicht anfassen. Offiziell heißt es zwar, daß die Lebensgeister gewichen seien, aber die Hinterbliebenen gehen hinsichtlich der sterblichen Überreste kein Risiko ein. Während die Pastoren sich um den Geist kümmern, beschwören Totengräber und Pathologen den Körper mit Desinfektionsmitteln. Normale Menschen behelfen sich mit den Liedern von Mieke Telkamp, die bei Beerdigungen häufig gespielt werden. Das tröstet. Aber was ist Trost? Trost bedeutet, daß es noch schlimmer sein könnte. In Deutschland nimmt man immer öfter Abschied mit Freddy Quinn: »Junge, komm bald wieder«.

Thoracopagus

8
Souvenirs

Mit den Augen schaut man, mit den Ohren hört man, und mit der Nase erinnert man sich. Man braucht nur einen Hauch in die Nase zu bekommen und wird urplötzlich um zehn, zwanzig, fünfzig Jahre zurückversetzt. Beim Geruch von Anis helfe ich meiner Oma wieder in der Küche, koche ich einen Topf Rosenkohl, taucht meine Tante Anna aus dem Dampf auf. Wenn ich ein Weilchen an einem Glas Leim schnuppere, dann sehe ich mich wieder selbstausgeschnittene Heinzelmännchen auf gelben Karton kleben. Wie vor fast einem Menschenleben. Über unseren Lippen hängt eine Zeitmaschine.

Wollen Sie zurück in die Schulbank? Dann spitzen Sie einen Bleistift. Der Geruch nach Holz läßt einen sofort an Lehrer Cornelissen denken, an die Schlacht bei Nieuwpoort und an das eine Mädchen mit den Zöpfen. Und was kostet schon ein Bleistiftspitzer? Fast alles, was Sie für eine Reise in die Vergangenheit benötigen, ist an jeder Ecke für einen Spottpreis zu haben. Die Studienzeit? Lassen Sie ein Glas Bier schal werden, stellen Sie am besten noch einen vollen Aschenbecher daneben, und Sie erleben den Morgen danach noch einmal. Man braucht sich keine Kinder anzuschaffen, um die eigene Jugend noch einmal zu erleben.

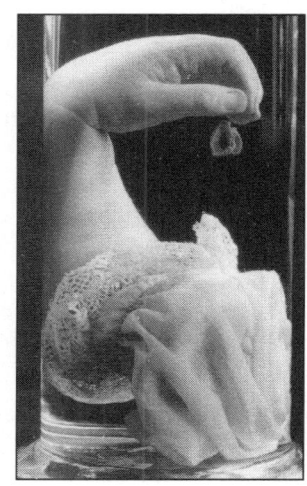

Auge in Kinderhand. Anatomisches Präparat von Frederik Ruysch aus dem achtzehnten Jahrhundert.

Auch ohne Kinder kann man Kartoffelpuffer braten. Sollten Sie sich durch den Geruch allzusehr nach Ihrer Kindheit zurücksehnen, machen Sie eine Flasche echten Lebertran auf. Das wird reichen.

Unser Gedächtnis frischen wir mit Hilfe der Nase auf. Was man mit ihr hervorholt, sind vor allem Erinnerungen. Leider gibt es keine Geräte zu kaufen, mit deren Hilfe man die Gerüche immer bei der Hand hat. Folglich weichen die meisten Menschen auf Fotos aus, wenn sie Erinnerungen haben möchten. Sie flachen die Welt ab und schneiden ein Stückchen heraus. Dieses Stückchen kleben sie dann zur Erinnerung an sich selbst in ein Album. Viel wird daraus allerdings nicht. Bei einer durchschnittlichen Verschlußzeit von

205

Die meisten Menschen behelfen sich mit Fotos, um sich zu erinnern.

1/60 Sekunde hat man in einem Album mit sechshundert Fotos kaum zehn Sekunden seines Lebens eingefangen. Ganze Minen voller Silber werden zu Filmen verarbeitet, und breite Flüsse aus Fixierbad strömen durch die Dunkelkammern der Welt, um jedem Bürger seine zehn Sekunden Sicherheit zu geben. Die mit Kameras behängten Urlauber sehen auf ihren Reisen die Sehenswürdigkeiten nicht, weil sie zu sehr mit Fotografieren beschäftigt sind. Menschen sind umgekehrte Hunde. Ein Hund pinkelt gegen einen Baum, um etwas zu hinterlassen, ein Mensch fotografiert den Baum, um etwas mitnehmen zu können. Die Hauptbeschäftigung bei Tagesausflügen besteht im Sammeln fotografischer Duftfahnen. Was soll man sonst auch machen? Nichts erlebt und davon ein Foto – das ist die Essenz eines solchen Tages. Bedeutung erhält ein solches Foto erst später, wenn die Wirklichkeit nicht mehr verfügbar ist und nur die Erinnerung bleibt. Ein

206

solches Später ist immer zu spät. Stoff für melancholische Lieder wie die der »Zangeres zonder Naam«:

Mein Papi ist nur ein Foto,
es steht im Regal auf nem Brett.
Und abends, wenn Mami zur Arbeit geht,
hängt sie ihn über mein Bett.
Sonntags geht er mit mir nie spazieren;
er hängt in seinem Rahmen und lacht,
und bevor ich einschlaf, flüstre ich leise:
Hallo Papi, lieber Papi, hallo Papi, gut Nacht.

Ein Foto ist eine Erinnerung, die man anfassen kann. Deshalb ist es auch falsch, Fotos einzukleben. Nichts fühlt sich so schön an wie einzelne Fotos in einem Karton. In der Erinnerung herumstöbern. Kramen, bis man auf etwas trifft, von dem man nicht mehr wußte, daß man es wußte. Menschen und Tiere, die schon lange tot sind, werden in einem wieder lebendig. Am spannendsten sind die Fotos, auf denen inzwischen Tote mit noch Lebenden zusammen abgebildet sind. Das verbindet. Aber Fotos bleiben eine Notlösung. Schnappschüsse und offizielle Porträts, für die Milliarden ausgegeben wurden, liegen in Schränken und auf Dachböden. Keiner schaut sie sich an, und irgendwann zerfallen sie wieder zu amorphem Silber. Vergessene Erinnerungen. Vergessen, weil man sie nur betrachten, nicht aber daran riechen kann. Fotos geben keine Gerüche wieder. Mit Formen allein dringt man nicht weit in die Vergangenheit ein.

Augen sind kühle Sinnesorgane. Wahrnehmer. Was sie sehen, dringt nicht zu ihnen durch. Sie sammeln lediglich Information und leiten sie ans Gehirn weiter, wo sie analysiert und zu einem Bild zusammengefügt wird. Beim Riechen ist das Gehirn direkt beteiligt. Die Nase steht nicht im Dienst des Gehirns, sie ist ein Teil von ihm. Außerdem sind unsere Riechzentren, wie auch die Teile des Gehirns, die für das Gehör zuständig sind, viel älter als die Sehzentren. Sie sind, ohne daß allzuviel Verstand dazwischengeschaltet wäre, mit den Gefühlen verbunden. Deshalb spricht Musik einen leichter, direkter an als ein schönes Gebäude oder ein häßliches Gemälde, und deshalb wirken Gerüche unmittelbar auf das Gemüt. Einen Geruch zu beschreiben, ohne dabei zum Vergleich einen Standardgeruch heranzuziehen, ist nicht leicht, aber die Gefühle, die durch Gerüche hervorgerufen werden, regen Dichter seit Menschengedenken zu den blumigsten Formulierungen an.

Modell eines Tempels der Minerva Medica, Kork auf Holz, erste Hälfte des achtzehnten Jahrhunderts.

Ohne Augen hat man weniger Gegenwart, ohne Nase weniger Vergangenheit. An Vergangenheit besteht ein großer Bedarf. Je mehr man davon hat, desto länger lebt man. Ein Mensch ist so alt wie seine älteste Erinnerung. Jede verlorene Erinnerung verkürzt unser Leben um die Dauer des Vergessenen. Natürlich gibt es genügend Vergangenheit, aber wenn man etwas von ihr haben will, muß man sie in die Gegenwart transponieren. Weil es unmöglich ist, den Ozean von Vergangenheit in den Eimer der Gegenwart zu gießen, konsumieren wir die Vergangenheit stichprobenartig. Ein Song der Rolling Stones ruft Ihre ganze Teenagerzeit wach, Ihre Studienzeit steckt in einem Glas abgestandenem Bier, für den Zweiten Weltkrieg genügen die drei Worte *Arbeit macht frei.* Wenn Sie die Stones auflegen oder einen Schluck von dem Bier trinken, erleben Sie Augenblicke Ihres Lebens noch einmal – als ob Sie zweimal leben oder der Zeit zusätzliche Minuten abluchsen. Dieses Bedürfnis nach etwas, das die Fotografin Sandi Warnaar »Zeitlichkeitsumgehung« nennt, ist so groß, daß wir gezielt Gegenstände sammeln, die uns demnächst, wenn »jetzt« »früher« sein wird, an das »Jetzt« erinnern und es uns noch einmal erleben lassen. Einen solchen Gegenstand nennt man Souvenir. Es kann ein Foto, ein kleiner Holzschuh, eine Eintrittskarte oder eine alte Zeitschrift sein, wenn nur ein Ort und eine Zeit daran geknüpft sind. Ein Souvenir ist eine Koordinate in Zeit und Raum, ein Bestandteil unserer Identität, ein Strohhalm in der Ewigkeit.

Kennzeichnend für ein Souvenir ist, daß es beim Kauf noch kein Andenken ist. Das muß es noch werden. Ob es ein gutes Andenken ist, wird sich erst zeigen. Wählen Sie Ihre Souvenirs im Urlaub deshalb sorgfältig aus. Denken Sie daran, daß sie Sie später an etwas erinnern sollen. Es sollte ein Geruch damit verbunden sein. Von einem kleinen Eiffelturm haben Sie nichts, er erinnert Sie nicht an Frankreich, sondern an Souvenirgeschäfte, nicht an Franzosen, sondern an Touristen. Kaufen Sie lieber eine Flasche Pernod. Schon wenn Sie daran schnuppern, fühlen Sie sich wie Gott in Frankreich. Bringen Sie von einem Waldspaziergang ein Stückchen moosbewachsene Erde mit, vom Strand ein Stück salzigen Meerschaum. Gerüche rufen auch am Meer die größte Wehmut

hervor. Nirgendwo ist das Meer so schön wie in den Dünen, wo man es noch nicht sehen, aber eben schon riechen kann. Der Geruch ist zugleich Erwartung und Erinnerung – glasklar plötzlich – an früher, als Sie durch die Dünen zum Meer gegangen sind, als Kind mit einem Schäufelchen, als Hälfte eines frisch verliebten Paars, als Vater mit seinem ersten Kind. Ohne Gerüche hat man keine Vergangenheit, ohne Vergangenheit keine Gegenwart. Das pralle Leben erschließt man sich nicht durch Anschauen, sondern durch Riechen.

Wir sind nicht die einzigen, die sich nach dem Geruch von früher sehnen. Lachse legen auf der Suche nach ihrem Geburtsfluß Tausende von Kilometern zurück. Der Geruch ihrer Quelle ist unwiderstehlich. Weder Strömungen, Schleusen noch Wasserfälle halten sie von ihrem Bemühen ab, an der gleichen Stelle zu laichen, an der sie selbst gezeugt wurden. Daß sie sich ihr ganzes Leben lang an diesen Geruch erinnern, erstaunt allenfalls Menschen, die nie wieder den Geruch einer Schiffswerft, der Höhlen, die sie bei Schulausflügen besichtigt haben, oder eines alten Koksofens eingesogen haben.

Die Trophäe ist der Ursprung des Souvenirs.

Gerüche verschwinden. Der Rhein riecht auch für einen Lachs nicht mehr nach früher. Wo findet meine Nase noch den Qualm eines alten DKW? Jedenfalls nicht in einem Automuseum, dort riecht es nur nach Bohnerwachs. Welche Gracht traut sich noch, nach Gracht zu stinken? Wie aufregend muß es im Zeitalter der Dampflokomotiven gewesen sein, wenn man auf dem Weg in die Ferien schon von weitem den Bahnhof riechen konnte!
Was hat es noch für einen Sinn, Kranke zu besuchen, wenn Krankenhäuser nicht mehr nach Krankenhaus riechen, oder in Altersheime zu gehen, die nicht mehr nach Alten riechen? Wie sollen junge Menschen im Zeitalter der Dunstabzugshaube die Gerüche entdecken, an die sie sich später erinnern könnten?

Wenn Heime für Kranke oder Alte schon jetzt wie Bürohäuser aussehen, wie sollen wir uns dann demnächst an sie erinnern? Lokomotiven werden weniger lokomotivförmig, Autos weniger autoförmig, Mercedesse weniger mercedesförmig. Das wird uns später Probleme bereiten. Aber eines

Ein »Geld-
frosch«.

bleibt gleich: Souvenirs bleiben souvenirförmig. Auf dem Kaminsims läßt sich mühelos auseinanderhalten, was irgendeinem Zweck dient und was ein Souvenir ist. Tiere auf dem Kaminsims sind so gut wie immer Souvenirs: der kleine Hirsch mit dem Gong, das ausgestopfte Eichhörnchen, der Kuckuck in der Uhr. Sie verweisen auf den Ursprung des Souvenirs: die Trophäe. Wenn ein Mann irgendwo hingeht, muß er mit irgend etwas zurückkommen. Am besten mit einem toten Tier. Die Teile, die nicht weggeworfen oder aufgegessen werden, hängt er zur Erinnerung an das Töten über dem Kaminsims auf. Solche Teile sind Trophäen. »Die Schnepfenfeder und das Hirschgeweih, die Wildschweinhauer und der Entenbürzel« sind laut der Zeitschrift *De jacht in Nederland* »die Meilensteine auf dem Lebensweg des Grünrocks«. Inzwischen gibt es mehr Gelbjacken als Grünröcke in den Niederlanden, aber auch Angler haben ihre Meilensteine. Fische, die zu groß sind, um gegessen oder ins Wasser zurückgeworfen zu werden, stopft man aus. Damit eine gute Trophäe daraus wird, muß ein Tier zwei Anforderungen erfüllen. Es darf nicht gefährlich sein – ein Tigerfell auf dem Boden, das noch beißt, ist nicht tot –, sollte aber gefährlich aussehen. Ein Hecht verschafft einem mehr Ehre als ein Goldfisch.

Ein Jäger würde sich schämen, eine Trophäe aufzuhängen, die er nicht selbst erlegt hat, aber modernen Touristen ist das egal. Zollbeamte sind den ganzen Tag damit beschäftigt, Zebrahäute, ausgestopfte Mambas, getrocknete Seepferdchen und andere Überreste von Tieren zu beschlagnahmen, die einzig dafür getötet wurden, daß sie Menschen in fernen Ländern an die Wildnis erinnern, in der sie sich behauptet haben. So viel Wild läßt sich kaum herbeischaffen. Aber den Eingeborenen ist schon etwas eingefallen. Sie lassen es von ausländischen Jägern, die viel Geld dafür bezahlen, erlegen oder fangen an, die Tiere zu züchten. Endlich bekommen sie für all die Spiegel und Korallenketten etwas wieder. Es kann einen zur Verzweiflung treiben, wenn man den ganzen Plunder sieht: Taschen aus Schlangenhaut, Eierlöffel aus Kuhhörnern, Lampenschirme aus Igelfischen, Schirmständer aus Elefantenfüßen. Umgekehrt lassen sich aus anderen Materialien Tiere herstellen: eine Schlange aus Holz, eine Schildkröte aus Elfenbein, ein Frosch aus Plastik. Auch Kombinationen sind möglich: ein Kuhhorn aus echtem Kuhhorn, ein Elefantenzahn aus echtem Elfenbein, ein kleines Krokodil aus echter Krokodilhaut. Die Menschen in der dritten Welt sind ganz versessen darauf. So sparen sie sich die Mühe, Taschen oder Löffel daraus zu machen. Die Größen zeigen deutlich, daß es sich dennoch um Souvenirs handelt. Das ausgestopfte Krokodil ist ein Baby – sonst würde es auch gar nicht ins Handgepäck passen. Seit man keine Mäntel aus Robbenpelz mehr tragen darf, werden Spielzeugseehunde daraus gemacht. Die Tendenz zur Miniaturisierung hat sich schon so eingebürgert, daß viele Menschen nicht glauben wollen, daß ein Bonsai der Baum selbst ist.

Souvenirs weisen alle Kennzeichen von Kitsch auf. Anstatt etwas zu sein, verweisen sie auf etwas, sie sind häßlich, und wenn man mit ihnen überhaupt etwas anfangen kann, dann etwas anderes, als man geglaubt hat. Eine Windmühle, die keinen Wind, sondern Pfeffer mahlt, Holzschuhe, in die keine Füße, sondern Geranien sollen, Katzen, die sich als Teekannen erweisen. Ein Eiffelturm, der auf einen Aschenbecher paßt, ist buchstäblich aussichtslos. Das ist auch beabsichtigt. Wenn Sie in einem Lampengeschäft ein Wagenrad mit der Absicht kaufen würden, es an einem Wagen zu befestigen, würde man Sie für verrückt halten. Anstelle eines Gegenstands, den man verwenden könnte – einen französischen Korkenzieher, eine türkische Kaffeekanne, eine belgische Pistole –, muß man als Souvenir etwas kaufen, das aus purer Nutzlosigkeit so sehr im Weg steht, daß man täglich an das Herkunftsland erinnert wird. Nicht einmal von der weitesten Reise, die je gemacht wurde – der Reise zum Mond –, hat man etwas anderes mitgebracht als einen Sack voller Steine. Gerade seine Sinnlosigkeit gibt einem Souvenir seinen Sinn. Wenn jemand das wissen muß, dann Sie. Ihr Körper steckt voller Souvenirs.

Viele Ihrer Organe hängen ein bißchen verloren herum. Sie sind zu nichts nutze oder bringen nur wenig zustande. Das scheint allem zu widersprechen, was der evangelische Rundfunk über den Schöpfer und der World Wildlife Fund über die Evolution behauptet haben: Ein Schöpfer pfusche nicht, und die natürliche Selektion sorge dafür, daß jeder Organismus optimal angepaßt ist. Tatsächlich achtet die Evolution darauf, daß sich die Arten den Anforderungen der Zeit anpassen, doch bei all den Umbaumaßnahmen und Restaurierungen, die dazu nötig sind, bleibt im Körper schon mal alter Plunder zurück. Solange er nicht so sehr stört, daß er aus dem Weg geräumt werden muß, bleibt er, wo er ist – wie in einem Jugendzimmer. Auf Dauer können solche Narben der Evolution dem Körper zum Verhängnis werden, doch für den Biologen sind sie eine ebenso schöne Schatzkammer wie eine Senkgrube für den Archäologen. Jedes Organ, das keine Funktion hat, muß eine Erinnerung an vergangene Zeiten sein.

Unser hervorragendstes Erinnerungsorgan, die Nase, ist selbst eine Erinnerung. Sie stammt aus der Zeit vor Millionen Jahren, als wir noch richtige Säugetiere waren. Ein richtiges Säugetier guckt nicht mit den Augen, ein richtiges Säugetier guckt mit der Nase. Wie häßlich Sie auch sind, Ihrem Hund macht das nichts aus, solange nur Ihre Unterhose lecker riecht. Seine Welt besteht nicht aus Farben, sondern aus Gerüchen. Betrachtet man die Welt so, sieht sie ganz anders aus. Wenn Sie Ihren Hund mit in die Bibliothek nehmen, wird er nichts von all den Buchstaben und Büchern begreifen – die Abenteuer, die darin beschrieben sind, mögen noch so spannend sein. Gehen wir dagegen mit unserem Hund in den Wald, verstehen wir nicht, weshalb er bei bestimmten Baumstämmen unruhig wird und in so etwas Ekligem wie Hundedreck herumwühlt. Er liest jedoch genausogut wie wir. Allerdings liest er Gerüche. Hundekacke ist für einen Hund eine Mitteilung, eine Nachricht von dem, der sie hinterlassen hat. Ein Wald voller Hundekacke ist eine Bibliothek, die hier und da in Form eines auserlesen zugespitzten Häufchens auch Lyrisches bietet. Sogar die Liebe geht bei einem Hund durch die Nase. Würden sich Menschenmänner wie Rüden verhalten, würden sie sich aufgeregt um eine soeben benutzte Damentoilette drängen, überall sähe man Männer, die ihre Nasen unter Röcke steckten, anstelle von *Playboy*-Ausgaben gingen getragene Slips von Hand zu Hand. Bei Menschenmännern geht die Liebe aber durchs Auge. Frauen werden mit den Augen abgeschleckt, Körper und Slips müssen schön sein. Was unsere Nase betrifft, sind wir kein Säugetier, sondern ein Vogel. Vögel können genauso schlecht riechen wie wir. Deshalb mögen wir sie so. Deshalb hat der Vogelschutzbund tausendmal so viele Mitglieder wie der Schutzverein der Säugetiere. Vögel sind schön bunt, so daß wir sie in Bestimmungsbüchern leicht finden können. Ein Säugetier-Bestimmungsbuch dagegen ist ganz in Braun und Grau gehalten – wie ein Katalog aus Packpapier. Bestimmungsbücher für Gerüche gibt es nicht.

212

Menschen schauen mit den Augen. Das tun sie bereits seit Affengedenken. Affen hangeln sich von Ast zu Ast durch die Bäume. Wenn sie dabei mit der Nase schauen würden, ginge das vielleicht zwei-, dreimal gut, aber dann lägen sie unten. Ein Affe muß seinen Sprung berechnen können. Deshalb sitzen seine Augen vorn am Kopf. Bei anderen Säugetieren, zum Beispiel der Kuh, sitzen die Augen an der Seite. So kann sie Gefahren von allen Seiten erkennen. Aber Sprünge berechnen kann sie damit nicht. Deshalb sieht man so wenig Kühe, die sich von Ast zu Ast durch die Bäume hangeln. Affen sehen räumlich. Weil sie mit ihren zwei Augen mit einem geringfügig veränderten Winkel jeweils dasselbe betrachten, sehen sie Tiefe. Dafür haben sie einen hohen Preis gezahlt. Weil die Augen nach vorn gewandert sind, blieb dort kaum noch genügend Platz für die Nase. Sie geriet in Bedrängnis und wurde deshalb kleiner, bis gerade genug übrigblieb, um eine Brille draufzusetzen. So können wir besser sehen, was wir hätten riechen sollen. Die Nase ist genau wie der Blinddarm im Verschwinden begriffen. Sie ist ein rudimentäres Organ, wenngleich sie beim einen weniger rudimentär ist als beim anderen. Variation ist ein Kennzeichen rudimentärer Organe. Weil der Prozeß noch in vollem Gange ist, befinden sie sich in allen möglichen Schrumpfungsstadien.

Das schönste Souvenir aus unserer Affenzeit befindet sich zwischen den Pobacken: unser Steiß. Befühlen Sie ihn einmal, und versuchen Sie sich vorzustellen, daß er noch ein Schwanz wäre. Was man damit alles machen könnte! Im Park zum Beispiel, auf einer Bank im Mondlicht mit Ihrer Geliebten neben sich – wie wäre das, wenn Sie außer zwei Händen auch noch einen Schwanz hätten! Die Muskeln dafür sind noch da. An Ihrem Steiß sitzen noch Schwanzmuskeln, so daß Sie, wenn Sie sich freuen, damit wedeln könnten, wenn er nicht so fest verwachsen wäre.

Gleichartige Muskeln sitzen auch an den Ohren. Das Ohr ist ebenfalls ein Organ auf dem Rückzug. Verglichen mit den Ohren eines Hundes sind die unseren Spielzeug. Man kann damit hören, aber das ist auch schon alles. Wenn Sie sich ein Bild von der Evolution Ihres Ohrs machen wollen, nehmen Sie einen Kaffeebecher aus Plastik zur Hand. So haben die Ohren unserer Vorfahren einmal ausgesehen. Stellen Sie den Kaffeebecher auf die linke Hand, und schlagen Sie ihn mit der rechten flach. Das Resultat ähnelt verblüffend Ihrem jetzigen Ohr. Und daran sitzen also noch die Muskeln, mit denen ein Hund seine Ohren so gut ausrichten kann, daß er gewissermaßen schielend hören kann. Es gibt sogar Menschen, die ihre Ohren tatsächlich damit bewegen können. Allerdings machen sie es nicht, um besser hören zu können, sondern vor allem um andere beim Familienfest damit zu ärgern. Souvenirs aus besseren Zeiten, etwas anderes sind die Muskeln nicht. Wie vergilbte Porträts an der Wand, so erinnern Segelohren, Weisheitszähne und Haarbüschel an den ausgefallensten Stellen unseres Körpers an die Vorfahren, ohne die es uns nicht gäbe.

Tief im Speck eines Wales liegen auf Höhe des Anus ein paar Knochen, die keine Verbindungen zu anderen haben.

Sie sind Rudimente des Beckens, Erinnerungen an lange zurückliegende Zeiten, als die Vorfahren des Wals als Vierfüßer an Land lebten. Um unserem Alltag etwas näher zu kommen: Zu Hause auf dem Teller lassen sich in den Stümpfen an den beiden Seiten eines Huhns noch die Flügel erkennen, mit denen es in der Zeit, als es noch ein richtiger Vogel war, geflogen sein muß. Nagt man das Huhn ab, dann

Mit diesem Craniometer haben Lombrosos Schüler Schädel vermessen.

zeigt sich sogar, daß die Flügel einst Vorderfüße waren. Genaueres darüber verraten uns nur Fossilien. Es gibt aber auch Rudimente, die nur sehr vereinzelt bei Lebewesen auftauchen. Einen derartigen Rückfall in vorväterliche Zustände nennt man Atavismus. Die Griffelbeine beim Pferd sind ein typisches Beispiel. Pferde hatten früher wie wir Füße mit Zehen. Der Huf, auf dem sie heute laufen, ist der mittlere Zeh. Daumenzeh und Kleinzeh sind völlig verschwunden, Zeigezeh und Ringzeh sind zu Griffelbeinen geschrumpft, die den Boden schon lange nicht mehr berühren. In ganz seltenen Ausnahmen bestätigen Stuten jedoch die Evolutionstheorie, indem sie ein Fohlen mit drei Hufen pro Fuß zur Welt bringen.

Menschen mit derartigen Abweichungen sieht man auf Jahrmärkten. Dort findet man völlig behaarte Männer, Frauen mit zusätzlichen Brüsten an Stellen, wo man sie bei einem Mutterschwein erwarten würde. Der italienische Schädelvermesser Cesare Lombroso betrachtete Kriminalität als Atavismus. Für ihn waren Kriminelle (aber auch Huren) Wesen, die auf ein früheres, weniger kultiviertes Stadium der Menschheit zurückgefallen waren. Und das könne man auch sehen, behauptete er. An hervorquellenden Augen und wulstigen Lippen erkenne man den Vergewaltiger, Einbrecher hätten einen verformten Schädel und hohe Wangenknochen. Der Amsterdamer Psychiater Jelgersma, ein Anhänger Lombrosos, stieß im Affenhaus des Amsterdamer Zoos Artis auf die typischen Ohrmuscheln von Kriminellen. Dieser Unsinn liegt mittlerweile ein gutes Jahrhundert zurück, klingt aber in unserem Wort »mongoloid« noch durch. Im vorigen Jahrhundert dachten viele Weiße, Neger und Mongolen seien die *missing links* zwischen ihnen und den Affen. Vielleicht würden sie einst selbst zu Weißen, aber soweit war es noch lange nicht. Sie konnten noch nicht einmal richtig denken. John Down erkannte an den weißen geistig Behinderten des Heims, das er leitete, die Geistesschwäche anderer Rassen. Außer mongoloiden Typen unterschied Down unter seinen atavistischen Patienten auch Äthiopier und Malaien. Die beiden letztgenannten Begriffe sind aus der Psychiatrie verschwunden, der Mongoloide aber ist geblieben. Irgend jemand muß es schließlich gewesen sein.

Ihr Körper ist das Museum Ihrer selbst. Außer Ihrer Abstammung zeigt er auch Ihren Lebenslauf. Bei einem Mongoloiden ist schon bei der Museumsgründung etwas schiefgegangen. Bei den Chromosomen. Andere Kinder werden mit offenem Rücken oder Schwimmhäuten zwischen den Zehen geboren. Dann ist der Fehler in einem späteren Stadium aufgetreten: Der Rücken ist nicht richtig verwachsen, bzw. die Zellen zwischen den Zehen sind nicht rechtzeitig abgestorben. Auch wenn alles gutgeht, hat man bei der Geburt schon zahlreiche Narben. Eine Narbe am Herzen zeigt an, wo eine im Embryonalstadium offene Stelle zugewachsen ist, damit das Kind selbständig atmen kann; bei Mädchen sitzt in der Vagina eine schlecht ausgeführte Schweißnaht, das Jungfernhäutchen. Der beste Beweis für ein Leben vor der Geburt ist unser Nabel, unser schönstes Andenken an neun Monate warmer Geborgenheit. Er bereitete Malern biblischer Szenen

Darstellung des missing link aus dem neunzehnten Jahrhundert.

große Schwierigkeiten. Hatte Adam einen Nabel oder nicht? Wie kommt man zu einem Nabel, wenn man keine Mutter hatte? Viele Maler haben das Problem mit Hilfe geschickt drapierten Blattwerks umgangen, das – wenn gewünscht – auch etwas weiter südlich am Körper gute Dienste leistete.

Nach dem Nabel bildete sich innen und außen manche Narbe: Runzeln, Kalk in den Blutgefäßen, Alltagswissen, feste Gewohnheiten, kahle Stellen und natürlich die Erinnerungen. Unser Körper ist das wichtigste Ausstellungsstück in dem Museum, das jeder zu Hause um sich herum anlegt. Jeder Gegenstand zeugt von unserem Dasein. Lampen, Bücher, Dosenöffner, schmutzige Socken und ein Fleck an der Tapete geben Ihr Leben genauso wieder wie Fotos und Briefe. Dazwischen befinden sich die Meilensteine: Schulzeugnisse, ein verkupferter Schuh, der selbstgepflanzte Baum, Jahreszahlen und natürlich die Gerüche. Der Biologe Dick Hillenius betrachtete vor allem seinen Garten als »eine Art erweitertes Gedächtnis«. Seine wilden Narzissen versetzten ihn nach Süditalien, einem früheren Reiseziel, und viele seiner Freunde »lebten« auch nach ihrem Tod in seinem Garten weiter, weil sie ihm bestimmte Pflanzen und Bäume, die darin standen, geschenkt hatten. Seit einigen Jahren erinnert nun ein ganzer Garten an Dick Hillenius. Es ist ein seltsames Gefühl, durch einen Garten zu gehen, dem deutlich anzusehen ist, daß er jemandem gehört hat. Ich selbst war einmal in Charles Darwins Garten auf dem *Sand-Walk*, wo er jeden Tag um zwölf

Darwins Arbeitszimmer in seinem Landhaus in Down.

Uhr seine Runden machte. Hier, hinter seinem Landhaus in Down, schossen die Gedanken durch seinen Kopf, hier wurden Argumente auf den Punkt gebracht und Einwände entkräftet. Hier hat sich die Biologie dank der Evolutionslehre endlich über das Stadium von Astrologie und Wetterbericht erhoben. Auch im Arbeitszimmer sah alles so aus, als könne Darwin jeden Moment hereinkommen. Sein Stuhl mit dem Schreibbrett über den Lehnen stand vor dem Kamin, auf der Fensterbank fing das Mikroskop das diffuse Licht aus dem Norden auf, auf dem Boden wartete der treue Spucknapf. Alles war von diesem Mann durchdrungen. Sein Haus war ein einzigartiges Gedächtnis.

Für das Kollektivgedächtnis der Menschheit wurden kolossale Bauten errichtet. An der Architektur des British Museum, der Bibliothèque nationale, des Rijksmuseum und der National Archives in Washington können wir erkennen, welch große Bedeutung dem Gedächtnis beigemessen wird. Es scheint zwar nicht allzu wichtig, ob das Pferd von Sheridan und die Raumkapsel von John Glenn erhalten sind, dennoch ist es von unermeßlicher Bedeutung, daß 60 Millionen Gegenstände dieser Art im Smithsonian Institute in Washington aufbewahrt werden. Ohne Gedächtnis wären wir hilflos. Ein Brand, der unseren persönlichen Besitz zerstört, greift uns auch selbst an; ohne kollektives Gedächtnis ist die Menschheit rettungslos verloren. Im Gegensatz zu den Tieren reichen der menschlichen Gemeinschaft Gene nicht aus, um Information von einer an die andere Generation weiterzugeben. Wir können auch weitergeben, was in unserem Leben und in vorangegangenen Generationen gelehrt worden ist. Die dicken Mauern und hohen Schwellen unserer Museen und Archive bilden eine schwergepanzerte Gehirnschale, die den Zahn der Zeit aussperren soll, obwohl gerade die jeweiligen Direktoren wissen, wie vergeblich das ist.

Der Charme vieler Museen besteht genau darin, daß ihre Bemühungen scheitern. Gerade in den Museen, in denen die Exponate in aller Ruhe den begonnenen Verfall fortsetzen können, ist die Vergangenheit greifbar. Etwas Altes ist nun einmal echter, wenn es auch alt aussieht. Alter ist nicht an einer Jahreszahl oder einem Etikett abzulesen, Alter ist eine Funktion des Verfalls. Es gibt noch Museen, die zugleich Museen ihrer selbst sind: die Artisbibliothek mit ihren grünen Borten an den Regalbrettern aus Mahagoni, das Missionsmuseum in Steijl, in dem es gelungen ist, beinahe die ganze Schöpfung ausgestopft in eine Vitrine zu stopfen, und das überaus lobenswerte Teyler-Museum in Haarlem mit seinem megalomanen Elektrisierapparat, wo man ihm jederzeit persönlich begegnen könnte: »Mr. Frankenstein, I presume?« Aber sie werden seltener. Institutionen, deren Aufgabe es ist, die Zeit anzuhalten, befürchten immer mehr, nicht mehr mit der Zeit zu gehen. Immer häufiger werden alte Gegenstände in neuen Behausungen ausgestellt. Das prächtige Gruselkabinett des Arztes Willem Vrolik aus dem neunzehnten Jahrhundert mit seinen in Formalin konservierten siamesischen Zwillingen wurde vom schummrigen Anatomisch-Embryologischen Laboratorium in der Stahl und Beton des Academisch Medisch Centrum überführt, die Reste des Leidse Theatrum Anatomicum werden aus der Leidener Innenstadt in eine moderne Krankenstadt gebracht. Am schlimmsten hat das zwanzigste Jahrhundert jedoch das Musée d'Histoire Naturelle im Pariser Jardin des Plantes getroffen. Hier hatte der Mensch Gottes Schöpfung endlich vollendet. Bis 1965 hatte der niederländische Autor Rudy Kousbroek noch seine helle Freude daran:

Es war wirklich unglaublich, was da in Le Musée zu sehen war: Tausende, nein Zehntausende, nein Hunderttausende ausgestopfter Tiere, in einer Art und Weise zur Schau gestellt, aus der unmittelbar die Ästhetik des 18. und 19. Jahrhunderts hervorging: bewegend und mehr von den Prinzipien der Architektur und Symmetrie inspiriert als von wissenschaftlicher Systematik. Hier manifestiert sich der Geist, in dem auch die ersten Gruppenfotos, zum Beispiel von Regimentern in voller Montur, Musikkorps, Schülern von Bildungsanstalten oder Mitgliedern einer einflußreichen Familie, entstanden: alltägliche Gesichter mit großen Schnurrbärten, die erste Reihe kniend, die zweite sitzend, die dritte stehend, links und rechts auf der Seite ein liegender Jüngling, dessen eine Hand den Kopf stützt, während die andere das Ende eines beschrifteten Transparents festhält; und das Ganze wird von Zimmerpalmen, dorischen Säulen oder einem Zuaven flankiert.

Die Anordnung der ausgestopften Tiere erinnert noch an etwas anderes, das ebenfalls im 18. und 19. Jahrhundert entstanden ist: ein Symphonieorchester in voller Besetzung mit Blas-, Streich- und Schlaginstrumenten sowie Chören und Solisten. Die Hälse der Giraffen sind die Kontrabässe, die Rippen der Wale können als Harfen durchgehen. Zu dieser Vorstellung paßt die völlige Stille, in der die reglosen Tiere verharren, als warteten sie auf das Signal, das sie wieder zum Leben erweckt. Auf die Posaunen – nicht die der Wiederauferstehung, denn die hat hier schon stattgefunden, sondern die der Apokalypse.

218

Jardin des Plantes in Paris.

Leider mußte der Tempel der wiederauferstandenen Natur instand gesetzt, neu aufgeteilt, angepaßt, zuschanden restauriert werden. Als Balsam auf die Wunde steht ein kleines Stück weiter im Jardin des Plantes die Galerie für Vergleichende Anatomie, die eher an einen Zapfenstreich erinnert. Rund um die Gebeinprozession aus Tausenden von Skeletten stehen Schrank an Schrank anatomische Präparate, die durchschnittlich hundertfünfzig Jahre alt sind. Und das ist ihnen anzusehen. Ein richtiges Museum für Naturgeschichte

219

ist ein Museum des Herbstes. Hier haben Birken und Weiden nichts verloren, hier beherrschen Mahagoni und Nußbaum das Bild. Hier wird deutlich, daß einen nichts so gut anstarren kann wie Augen aus Glas.

So etwas kann man in den Niederlanden nur in Denekamp sehen, wo man im Museum Natura Docet von Gottes Gnaden einen kleinen Raum in Ehren gehalten hat. Hier riecht es noch nach Mottenkugeln und Formalin. Auf einer Glasplatte kriecht schon seit 1925 ein kleines ausgestopftes Krokodil aus einem präparierten Ei. Überall hängen Tierköpfe. Bei einigen Exemplaren ist arglos der Schußabstand angegeben: »Wasserbock zwischen Amakoma und Beniaequator 100 Meter Juli 1924. H. G. Lemon.« Am Türpfosten hängt schief angeheftet in Schönschrift die Notiz: »Schwanzquaste eines Elefanten«. Die Quaste selbst fehlt, wer weiß, wie lange schon. Allerdings enthält der angrenzende Schrank einen Fuß des Tieres, der mit kolonialen Spazierstöcken gefüllt ist. Wie lange noch? Museen wie Natura Docet werden rar. Genauso rar wie die Pflanzen und Tiere, die dort ausgestellt werden. Bis zum Krieg wuchs der Langblättrige Ehrenpreis in Denekamp so üppig, daß der Direktor guten Gewissens die Vasen des Museums damit füllte. Jetzt ist die Pflanze selten und steht unter Schutz. Das Museum ist selten, aber um schützenswert zu sein, entspricht es zuwenig der Zeit. Ein zeitgenössisches Museum muß geräumig, hell und offen sein. Jeder Gedanke an ein Museum ist in einem modernen Museum fehl am Platze. Besonders in einem Naturkundemuseum, das schließlich das Leben selbst zum Gegenstand hat. In einem solchen lichtdurchfluteten Museum scheint immer Frühling zu sein. Die alten mundgeblasenen Gefäße und ausgeblichenen Präparate stehen schon lange bei den Mitarbeitern und deren Freunden

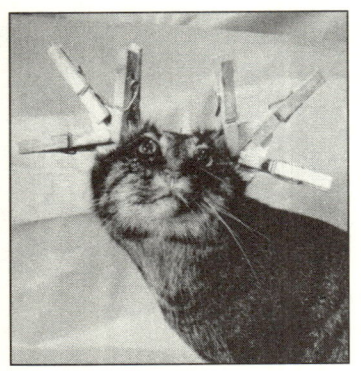

Ausgestopfte Katze im Jardin des Plantes.

auf der Fensterbank oder dem Wäscheschrank. Der Besuch wundert sich. Im Museum ist die Verwunderung der Besucher der Bildung gewichen. Mit den vielen Bildschirmen und Knöpfen sieht es dort aus wie in einem Radio- und Fernsehgeschäft. Gott sei Dank sind die meisten Geräte hinüber, genauso hinüber wie die ausgestopften Tiere, aber das muß geheim bleiben. Vögel, Füchse und Fledermäuse werden so präpariert, daß sie springlebendig aussehen. Warum eigentlich? Lebende Tiere gibt es draußen in der Natur oder noch besser im Fernsehen zu sehen. Wir haben Bedarf an toten Tieren. Durch sie bekommt das Natürliche eine Geschichte. Zwischen dem Augenblick, in dem ein Vogel noch auf

seinem Zweig singt, und dem Augenblick, in dem er mit Draht daran befestigt wird, ist so manches passiert. »Geschenk von Freunden des Museums. August 1923« steht bei dem Fossil der »Langstieligen Seelilie« in Denekamp, und es tauchen Bilder auf von Männern, die Hüte tragen wie Jac. P. Thijsse, Frauen in geblümten Kleidern auf dem Fahrrad, Spitzhacke und Uhrketten. An jedem ausgestopften Tier ist die Hand des Menschen zu erkennen. Gerade weil man sich auch früher nach Kräften bemüht hat, alles so naturgetreu wie möglich aussehen zu lassen, ist das Ergebnis Natur und Kultur zugleich. Man sieht nicht so sehr, wie ein Vogel aussah, sondern vielmehr, wie die Menschen damals dachten, daß er aussah. Ein Sammler und ein Präparator haben ihn von einem anonymen Tier zu einem Muster erhoben und der Menschenwelt einverleibt. Ein von einem richtigen Menschen berührtes Tier steht uns näher als die scharfen Fernsehbilder, bei denen sich immer ein Bildschirm und ein Teleobjektiv und meist auch noch ein ganzer Ozean dazwischen befinden.

Ein gediegenes naturgeschichtliches Museum schämt sich seiner Abstammung vom Raritätenkabinett nicht. Warum sollte es auch? Im siebzehnten Jahrhundert kamen Könige

221

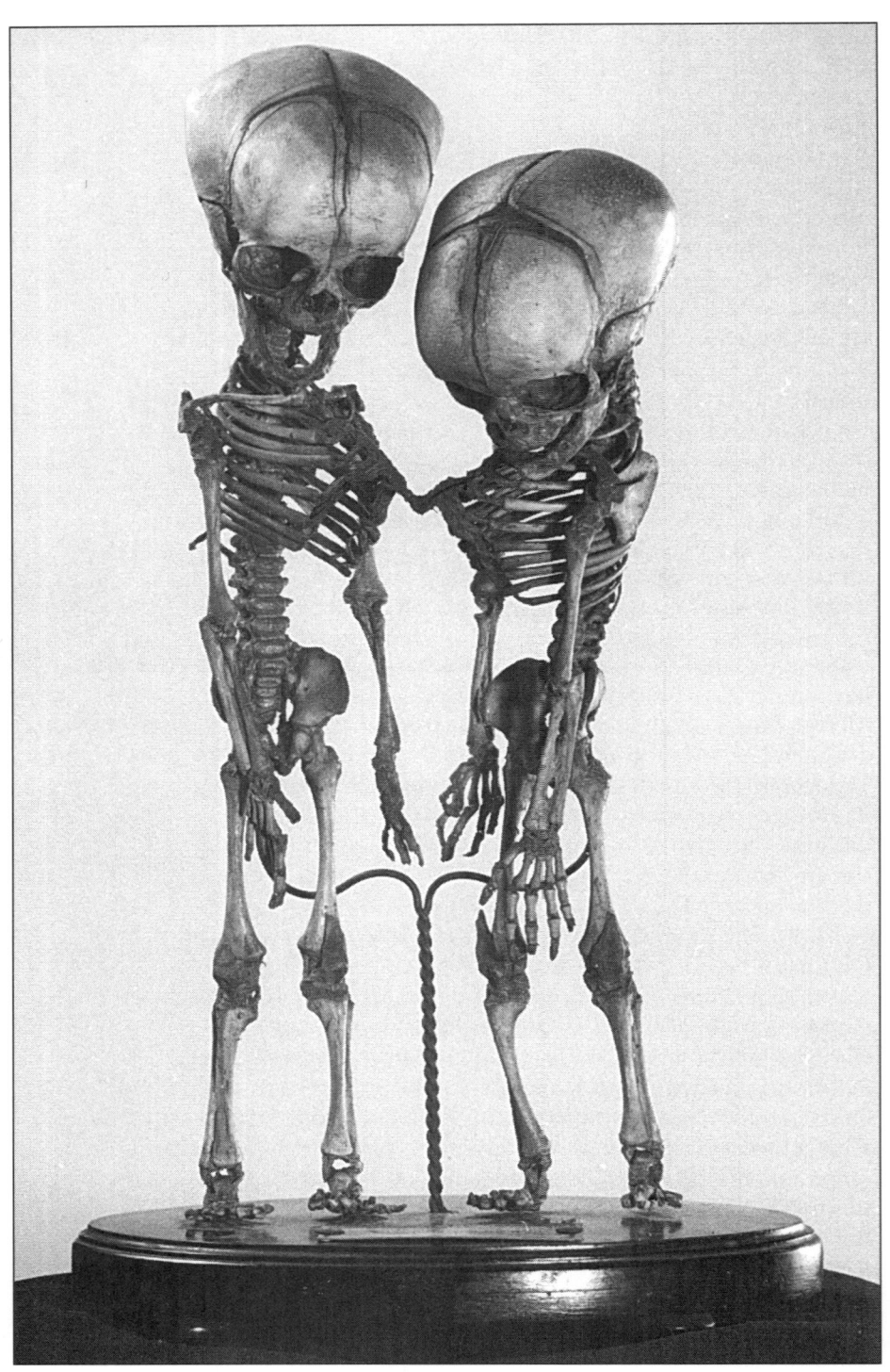

und Prinzen und sogar der große russische Zar nach Amsterdam, um die Raritätenkabinette der reichen Kaufleute und Gelehrten zu bewundern. Die einzige Voraussetzung für die Aufnahme eines Stücks war seine Außergewöhnlichkeit. Ein Raritätenkabinett ist die veredelte Hosentasche eines Jungen. Alles Auffällige wird darin gesammelt. Lendenschurze von Negerinnen in fernen Ländern liegen neben getrockneten Pottwalpenissen, über einem alten Griechen aus Bronze hängt ein merkwürdiges Krokodil. Der Höhepunkt sind die anatomischen Präparate von Frederick Ruysch. Aus einem Gefäß mit einer Konservierungsflüssigkeit unbekannter Zusammensetzung schaut ein abgeschnittener Kinderkopf den Betrachter an. Er trägt ein Mützchen aus Spitze, und seine Haut ist unbeschreiblich fein. Der Blick vermittelt die rätselhafte Genugtuung eines Wesens, das nach einem sehr kurzen Leben noch lange weiterexistiert hat. Genauso schön ist das »Präparat eines Arms von einem Negerkind, das in der Hand ein Präparat eines weiblichen Genitals hält«. Wie auf einem altmodischen Aushängeschild hält eine wunderbar erhaltene dunkle Hand mit makellosen Fingernägeln dem Betrachter wahrhaftig eine schwabblige Vagina hin. In einem Raritätenkabinett kommt man aus dem Staunen nicht heraus. Die meisten Menschen kennen das aus dem Zoo. Man glaubt kaum, was es alles für Tiere gibt. Das eine hat einen ellenlangen Hals, das andere eine Nase bis zum Boden, ein drittes ein Geweih wie eine Baumkrone. Und beim nächsten Mal fällt einem im selben Zoo das Entgegengesetzte auf: wie sehr sich die Tiere doch ähneln. Alle haben vier Beine, vorn eine Nase und die Füße unten. Übereinstimmungen ermöglichen Ordnung. Und das ist gut so, denn sonst wäre das Leben unerträglich. Nur indem er das Chaos um sich herum ständig ordnet, kann ein Mensch die Welt in den Griff bekommen und den Wahnsinn von sich schieben. So ist aus dem Raritätenkabinett das taxonomische Institut entstanden. Hier herrschen Zucht und Ordnung, Insektenkadaver sind in Reih und Glied in Schachteln geheftet, Gefäße mit Blinddärmen stehen neben Gefäßen mit Blinddärmen, alle sind in gleich große Stücke geschnitten. Man liest murmelnd die lateinischen Begriffe und hofft, das Chaos zu beschwören. Den Besucher befriedigt das jedoch nicht: alle Neunbindengürteltiere zu den Neunbindengürteltieren, alle Buntspechte zu den Buntspechten. Wie ein Souvenirshop mit den Mühlen neben den Mühlen und den Holzschuhen neben den Holzschuhen.

Skelett siamesischer Zwillinge, präpariert von Willem Vrolik.

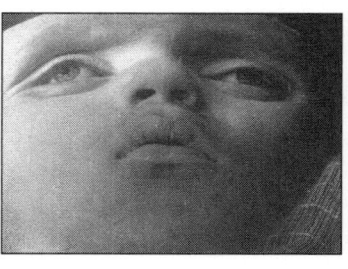

Kinderkopf. Anatomisches Präparat von Frederik Ruysch.

Ein schlechtes Museum ist wie eine Bootsrundfahrt ohne Boot. Ein gutes Museum ist ein Pilgerort. So hat es auch angefangen. Lange bevor es Museen gab, zogen die Menschen in Kirchen und Klöster. Dort konnte man mit seinem Lieblingsheiligen in innigen Kontakt treten, indem man den Boden küßte, über den er gegangen ist, bei seinen frommen Gebeinen betete oder dem Orden, den er gegründet hatte, Geld spendete. In einem Museum fühlt man sich der Vergangenheit dank der Spuren, die sie hinterlassen hat, näher. Niemals werde ich vergessen, was ich empfunden habe, als ich das erste Mal einen Dinosaurierknochen anfassen durfte, einen speziell dem Publikum zur Verfügung gestellten *touch bone*. Als ob ich Adam und Eva die Hand gäbe. Ich verspüre auch wieder die Wut, die in mir aufstieg, als man mir anvertraute, der Knochen sei *fake*. Das Ausstellen von Kopien in Museen sollte schwer bestraft werden. Damit man eine Beziehung zur Vergangenheit herstellen kann, reicht es nicht, wenn Dinge echt aussehen, sie müssen echt sein. Eine ideale Verbindung ergab sich in den achtziger Jahren beim Auftauen eines Wisents, der sich 36000 Jahre lang im Polareis und danach noch einige Jahre in der Tiefkühltruhe gehalten hatte. Er roch eindeutig nach Rindfleisch, »auf nicht unangenehme Weise mit dem vagen Geruch der Erde, in der er gefunden worden war, und mit einem Hauch Pilz vermischt«. Es wurde zu einem Essen geladen, und kurze Zeit später genoß ein Dutzend Paläontologen einen Steppenwisent-Eintopf. Jetzt laufen ein paar Menschen durch die Gegend, die lebende Moleküle einer Tierart in sich haben, die vor zehntausend Jahren ausgestorben ist. Sie haben das Unmögliche geschafft: Sie haben die Zeit gegessen.

Soweit habe ich es nie gebracht. Ich bin statt dessen in die Fußstapfen eines lebenden Dinosauriers getreten. In der Wüste von Namibia verläuft die Spur einer Art, die dort vor 175 Millionen Jahren lebte. Das ist eine unvorstellbar lange Zeit. Ab und zu versuche ich in einem Museum voller Skelette und Modelle, mir eine solche halbe Ewigkeit vorzustellen, aber es gelingt mir einfach nicht. In Namibia ist mir das Problem klargeworden: Die Museumsdinosaurier waren schon lange mausetot, als sie zu Fossilien wurden. Man betrachtet eine fossile Leiche. Die Spuren vor mir stammten jedoch von einem Dinosaurier in der Blüte seines Lebens. Ich tanzte vor Freude über diese Erkenntnis und setzte meine Füße in die seinen.

Die Vergangenheit liegt nicht nur hinter uns, sie ist überall um uns herum. Heutige Kakerlaken sehen noch genauso aus wie Kakerlaken von vor 200 Millionen Jahren, lange bevor die ersten Dinosaurier auf der Erde auftauchten. Sie lehnten es eigensinnig ab, sich weiterzuentwickeln. Das Erscheinen des Menschen, der am weitesten entwickelten Tierart, hat sie nicht daran gehindert, einfach weiterzuleben. Im Gegenteil: Gerade in den modernen Metropolen fühlen sie sich zu Hause. Sie gehören zu den lebendigsten der lebenden Fossilien. Deshalb fällt es nicht so auf, wie alt sie sind. Außerdem gibt es sie in vielen verschiedenen Arten. Der Begriff »lebendes Fossil« ist normalerweise für Pflanzen und Tiere reserviert, die als letzte einer einst erfolgreichen Art am Leben geblieben sind. Bei den Pflanzen sind das zum Beispiel der Ginkgo und die *Welwitschia*, bei den Tieren werden immer wieder der Pfeilschwanz und der Nautilus genannt. Sie sehen alle richtig urig aus. Pfeilschwänze scheinen soeben aus der paläozoischen Landschaft eines Schulbuchs hervorgekrochen zu sein. Hinter ihrem bizarren Äußeren verbirgt

Die Küchenschabe ist ein lebendes Fossil.

sich aber, daß es ganz normal ist, wenn eine Tierart hundert Millionen Jahre alt wird. Alte Formen bestehen neben neuen einfach weiter. Zukunft und Vergangenheit heben sich gegenseitig nicht auf. Einige Arten müssen zwar neuen Platz machen, aber das müssen längst nicht immer die ältesten sein. Es geht hier nicht um Personalpolitik. Alt ist nicht immer schlecht. Sie brauchen nur einmal mitten auf dem Ozean über Bord zu fallen und zu warten, bis ein Hai geschwommen kommt. Natürlich können Sie sich sagen, daß ein solcher Fisch ziemlich primitiv ist, 100 Millionen Jahre alt, ohne richtige Knochen im Leib, mit einem lächerlichen Magen-Darm-Kanal und einem völlig veralteten Zahnwechselsystem. Wahrscheinlich aber ließe er Ihnen gar keine Zeit, all das zu Ende zu denken. Ob er nun primitiv ist oder nicht, er ist dem Meer besser angepaßt als Sie. Solange sich das Meer nicht einschneidend verändert – und das tut es nicht –, besteht auch für ihn kein Grund, sich zu ändern. Dabei ist ein Hai noch ein Grünschnabel verglichen mit den Organismen, die nicht nur vor und um uns lebten und leben, sondern in uns: die Darmflora.

»Darmflora« war neben »Breitblättriges Pfaffenhütchen« der merkwürdigste Begriff, den ich als Biologiestudent lernen mußte. Eine Flora in unserem Gedärm! Das brachte meine Phantasie so richtig in Gang. Ich spürte die Tulpen und Begonien in meinem Bauch, einen halben Keukenhof, Trinken wurde bald zum Blumengießen umgedeutet.

In Wirklichkeit besteht die Darmflora natürlich nicht aus Tulpen oder Begonien, sondern aus zahllosen unsichtbaren Bakterien, die in den Höhlen unseres Körpers ihr mehr oder weniger heilsames Werk verrichten. Aber woher kommt das seltsame Wort? Der Begriff Darmflora stammt noch aus der Zeit, als man nur zwei Lebensformen kannte: Pflanzen und Tiere. Aus dieser Zeit stammen auch die zwei Arten von Biologen: Botaniker und Zoologen. Dann wurde eine dritte Lebensform entdeckt: Bakterien und andere Mikroben. Wer war für sie zuständig? Ist eine Bakterie eine Pflanze oder ein Tier? Und eine Amöbe? Niemand wußte es. Ein salomonisches Urteil wies die beweglichsten Einzeller mit der dünnsten Zellwand den Zoologen zu, während die Botaniker die dickwandigen Stillsitzer bekamen: die Bakterien. Seitdem haben wir keinen Zoo, sondern einen botanischen Garten in unseren Därmen.

»Das Reptilienzeitalter«. Stich aus dem neunzehnten Jahrhundert.

In der Zwischenzeit hat sich viel geändert. Der Paläontologe Stephen Jay Gould erinnert sich in *Illusion Fortschritt* daran, wie gründlich die Bakterien in seiner Schulzeit aus der Geschichte des Lebens entfernt worden waren. Die Abbildungen der ältesten Lebensformen zeigten nur Ammoniten

und Belemniten, vielleicht noch eine einzelne Riesenlibelle und den seltsamen Farn, den man als Kind manchmal als Abdruck auf den Kohlen neben dem Ofen finden konnte. Im Wasser schwammen die gepanzerten Vorfahren der Lachse und Heringe. Es war das Zeitalter der Fische. Danach kam auf einer zweiten Wandkarte das Zeitalter der Reptilien; sie zeigte ein Heer von Dinosauriern, und die Riesenlibelle war einem Pteranodon, dem ersten richtigen Vogel, gewichen. Den Höhepunkt stellte die dritte Wandkarte mit dem Zeitalter der Säugetiere dar, weil wir selbst darauf abgebildet waren. Das haben wir also gelernt. Aber wo sind die Bakterien geblieben? In seiner ersten Hälfte, also zwei Milliarden Jahre lang, umfaßte das Leben auf der Erde weder Fische noch Reptilien noch Säugetiere. Es gab nur Bakterien. Die ersten zwei Milliarden Jahre könnte man deshalb mit Fug und Recht das Zeitalter der Bakterien nennen. Und die nächsten zwei Milliarden Jahre eigentlich auch, denn Bakterien gibt es immer noch, und zwar in größerer Zahl und Verschiedenartigkeit als alles andere Leben zusammen. Allmählich fangen die Biologen an, das zu begreifen. Nicht Zoologen oder Botaniker, sondern Bakteriologen sind die wichtigsten von ihnen. Während Bakterien in meiner Jugend nur einen Anhang der langen Liste von Pflanzen und Tieren bildeten, ist das Leben heutzutage in vierundzwanzig Hauptgruppen aufgeteilt, von denen die meisten aus Bakterien bestehen. Zusammengefaßt zu einem Hauptgrüppchen, stehen wir Tiere etwas verloren daneben.

Wegen ihrer geringen Größe gelingt es uns zwar meistens, die Bakterien zu ignorieren bzw. sie als Futter für Zahnbürste und WC-Ente zu betrachten, aber sobald wir Durchfall bekommen und sie die Herrschaft über unseren Körper übernehmen, werden wir auf unangenehme Weise mit den tatsächlichen Verhältnissen konfrontiert. Der Gedanke, daß diese primitiven Wesen die Macht über uns hochentwickelte Systeme haben, ist keineswegs angenehm. Die Natur bringt uns in beunruhigende Gesellschaft. Achten Sie im Zoo einmal auf die Besucher, wenn sie bei den Affen stehen. Sie lachen zwar über die komischen Grimassen, aber seit bekannt ist, daß wir von den Affen abstammen, ist das Lachen nicht mehr richtig befreiend. Wir hätten lieber andere Verwandte gehabt. An unsere Abstammung wollen wir nicht gern erinnert werden. An vieles andere übrigens auch nicht. Um wirklich gute Erinnerungen an etwas zu haben, braucht man ein schlechtes Gedächtnis. Und das heißt Heimweh. Mit etwas Vaseline auf der Linse des Gedächtnisses sieht die Jugend richtig idyllisch aus, ganz zu schweigen vom Vaterland und der guten alten Zeit. Es ist deshalb auch ein Segen, daß das Gedächtnis mit den Jahren nachläßt. Aber der Schein trügt. Was nachläßt – und zwar lange nicht bei jedem –, ist das Kurzzeitgedächtnis. Es funktioniert nur so lange, wie das Gehirn die Information wiederkäut. Wo Sie Ihre Brille hingelegt haben. Was Sie verabredet haben. Welcher Tag heute ist. Oder ist vielleicht schon morgen? Das Langzeitgedächtnis scheint immer besser zu werden, je länger man Zeit hat, darin herumzustöbern. Es ist nicht von äußeren Reizen abhängig, weil die Information für immer in die Nervenzellen gemeißelt ist. Man wundert sich immer wieder, wie viele Einzelheiten von früher in versteckten Gehirnwindungen gespeichert sind. Auf der Suche nach irgendwelchen vagen Ahnungen tauchen gestochen scharfe Bilder von Dingen auf, die es überhaupt nicht mehr gibt.

»Nichts ist schlimmer«, schrieb Rudy Kousbroek, »als sich in einem Haus auszukennen, das es nicht mehr gibt.« Es ist das Gegenteil eines Souvenirs: eine Erinnerung an etwas, das man nicht mehr mit Händen greifen kann. Das Bild im Kopf sollte ein Spiegelbild der Welt sein. Je mehr Bild und Spiegelbild voneinander abweichen, um so mehr nähert man sich einer sanften Form des Wahnsinns. Erinnerungen, die sich überlebt haben, sollten durch andere, realere ersetzt werden. Leider sind Erinnerungen genauso schwierig unter Kontrolle zu bringen wie Durchfall oder Erröten. Sie tauchen auf, wenn sie Lust dazu haben. Einmal zaubern sie uns ein wehmütiges Lächeln auf die Lippen, dann wieder spuken sie wie Eindringlinge durch unseren Schädel. Das macht es uns nicht leicht, etwas loszulassen, das wir geliebt haben.

Tiere schauen sich nicht um, nicht einmal beim größten Abschied, dem Tod. Schafe grasen friedlich um einen toten Kameraden herum, tote Vögelchen werden von ihren Geschwistern aus dem Nest geworfen. Eine Ausnahme bildet der Elefant. Berichte von Elefanten, die einem toten Artgenossen nicht von der Seite wichen, zerreißen einem das Herz. Sie wühlen mit den Rüsseln in dem toten Maul, versuchen, den zusammengesunkenen Körper aufzurichten, decken Wunden mit Erde zu, nehmen sich keine Zeit zum Fressen und wiegen sich tagelang melancholisch hin und her. Man braucht keinen Friedhof, um zu trauern.

In einem Safaripark in Florida wurde vor einigen Jahren ein Tierarzt zu einem toten Elefanten gerufen. Der Mann war sich des obsessiven Umgangs von Elefanten mit dem Tod nicht hinreichend bewußt. Um die Todesursache festzustellen,

Ein Elefant neben einem toten Artgenossen.

nahm er an Ort und Stelle eine Sektion vor. Schon bald umgaben ihn Berge von Därmen, Türme von Fleisch, eine Landschaft aus Eingeweiden. Überall war Elefant. Alles lag im Weg, es war kein Durchkommen mehr. Um die Überreste beiseite zu schaffen, wurde ein lebender Kran herbeigeholt: der Bulle, mit dem das Weibchen zu ihren Lebzeiten immer zusammengewesen war. Zuerst mußte er einen abgeschnittenen Fuß in eine Ecke bringen. Das tat er, wenn auch voller Unruhe. Dann wurde ihm aufgetragen, den Kopf seiner toten Freundin wegzurollen. Der Bulle schwankte hin und her, von einem Fuß auf den anderen, führte aber aus, was ihm gesagt worden war. Er geriet dabei jedoch so sehr aus der Fassung, daß man ihn aus dem Stall ließ. Kaum war die Tür offen, stürmte der Elefant, so schnell er konnte, in den entferntesten Winkel des Parks, drückte den Kopf an den Boden und trompetete lange mit voller Lautstärke, bis es einem Aufseher endlich gelang, ihn zu trösten.

Menschen sind wie Elefanten. Sie fassen es nicht, daß ihre Mitmenschen sterben. Wenn es wieder einmal soweit ist, gedenken die Lebenden, die jetzt Hinterbliebene heißen, des Toten. Das ist ziemlich viel Aufwand; bei mehr als hunderttausend Toten pro Jahr mit jeweils etwa fünf Personen im engeren Familienkreis sind allein in den Niederlanden eine halbe Million Menschen als Hinterbliebene betroffen. Unbeholfen wie eine kleine Herde Elefanten ohne Rüssel, mit dem sie in irgend etwas wühlen könnten, trösten sie einander bei Kaffee, Kuchen und jungem Genever. Der Abschied auf dem Friedhof ist seltsam. Wir sagen, der Tote sei dahingegangen,

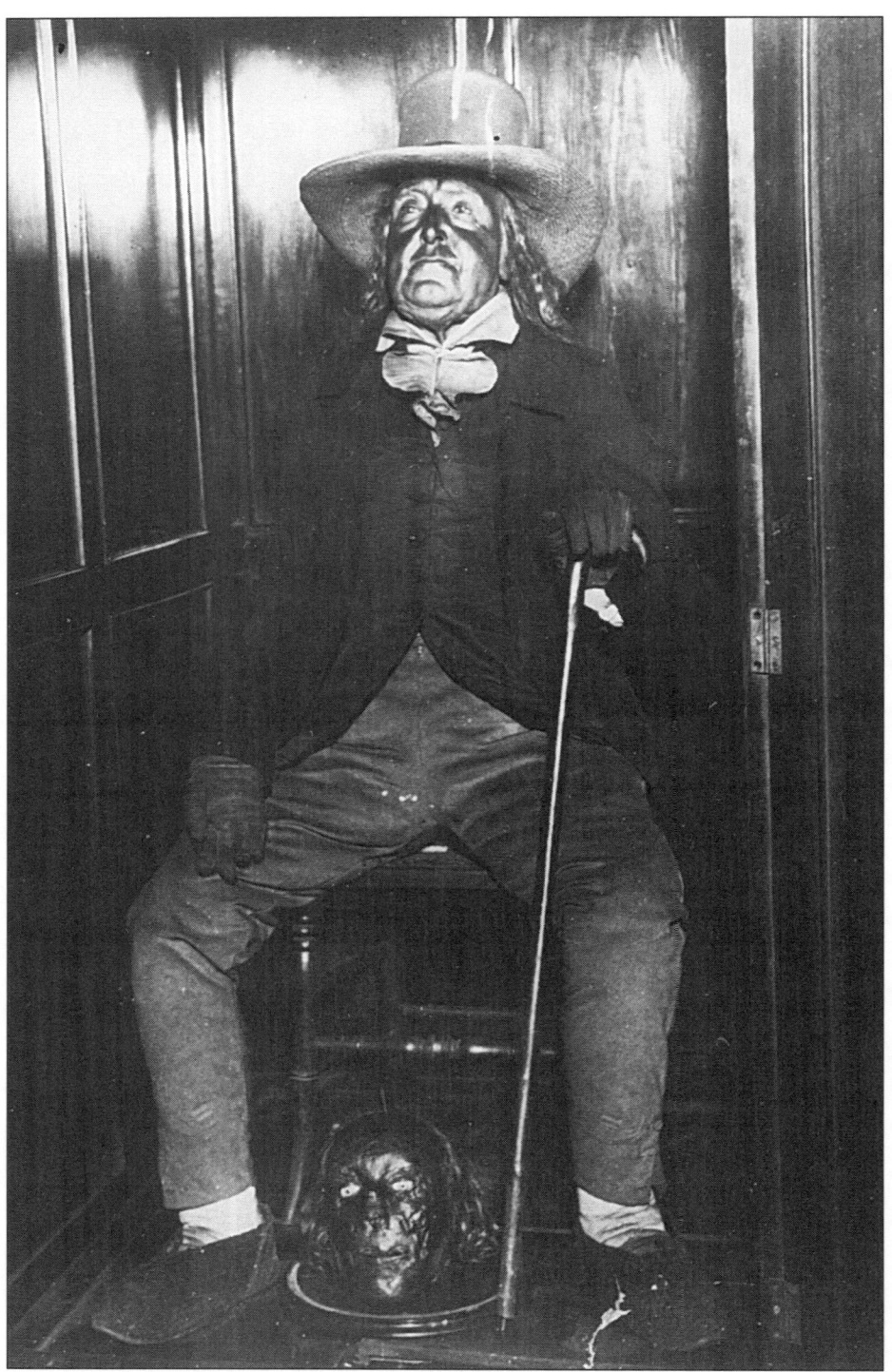

aber die einzigen, die dahingehen, sind wir. Es ist eher ein Imstichlassen als ein Abschiednehmen. Während die Hinterbliebenen hoch und heilig versichern, den Verstorbenen nie zu vergessen, wird er wie unser Müll vergraben oder verbrannt. Andere Möglichkeiten läßt uns das Bestattungsgesetz nicht. Das wäre Leichenschändung.

Wegen der Auferstehung dürfen Leichen nicht geschändet werden. Man kann schließlich am Jüngsten Tag nicht stückweise erscheinen. Einem lebenden Menschen ein krankes Bein abzunehmen ist eine Wohltat, einem toten Menschen ein totes Bein abzuschneiden ist Gotteslästerung, einen Menschen auszustopfen noch viel mehr. Bei Madame Tussaud sind deshalb selbst die schlimmsten Verbrecher aus Wachs. Um echte Leichen zu sehen, muß man sich zu den Mausoleen der kommunistischen Führer oder zu den Sarkophagen der Pharaonen begeben. Ihre Körper sind jedoch gegen alle Regeln der Taxidermie konserviert: sie sind zwar mausetot, wirken aber nicht so lebensecht wie eine Elster im Besucherzentrum der staatlichen Forstverwaltung. Nur in London kann man einen gut präparierten Menschen sehen. Dort trotzt der Philosoph Jeremy Bentham schon über hundertfünfzig Jahre lang in seinem Kabinett aus Mahagoni mit Hut und Spazierstock auf eigenen Wunsch dem Zahn der Zeit, gewissermaßen als Souvenir seiner selbst. Er hatte seinen Körper bereits im Alter von einundzwanzig Jahren der Wissenschaft vermacht und zwanzig Jahre vor seinem Tod die Glasaugen für sein eigenes menschliches Denkmal ausgesucht. Nachdem sein Körper öffentlich seziert worden war, hatte man die verbliebenen Bestandteile wieder zusammengesetzt und bekleidet. Wäre es nach Bentham gegangen, wäre es jetzt völlig normal, daß man seinen Opa ausstopfen läßt. Anstelle eines Fotos könnten wir dann den Opa selbst vom Dachboden holen, um ihn unseren Kindern zu zeigen. Soweit ist es jedoch noch lange nicht. Bentham seinerseits ist aus der Dauerausstellung ins Archiv umgezogen, aus dem er nur noch selten herauskommt.

Eine Totenmaske ist erlaubt, auch eine protzige Statue im Park und eine enthüllende Biographie, aber die Haut selbst als Andenken zu bewahren ist nur bei Tieren möglich. Das Pariser Unternehmen Maison Deyrelle ist darauf spezialisiert, geliebte Hunde, Katzen, Kaninchen und Papageien auszustopfen. Zwischen Antiquitätenhändlern und Couturiers im vornehmen siebten Arrondissement zeigt dieser renommierte Betrieb, was alles machbar ist. Für einen Tausender wird Ihr Liebling so verewigt, wie Sie ihn am liebsten in Er-

Der präparierte Philosoph Jeremy Bentham.

231

innerung behalten möchten: mit gespitzten Ohren, brav, pfiffig oder schlafend, aber niemals in der natürlichen Haltung, nämlich tot, mit den Pfoten nach oben. Dafür sind Andenken nicht gedacht. Warum sieht man nicht mehr ausgestopfte Hunde und Katzen auf Kaminsimsen, neben Lehnstühlen, in Lieblingskörbchen? Eine mögliche Antwort

Hund an einem Hundegrab.

gab mir ein Präparator in Vlaardingen, der schon viele Hunde für trauernde Herrchen ausgestopft hat. Wenn der Hund nach Monaten fertig präpariert war, haben die schon lange nicht mehr so traurigen Herrchen ihn oft nicht einmal mehr abgeholt. Dann hatten sie einen neuen Hund, einen lebenden.

Die einzige Methode, über den Tod eines Hundes hinwegzukommen, ist, sich einen neuen Hund zuzulegen. Die einzige Methode, einen Krieg zu vergessen, ist, einen neuen anzufangen. Wer spricht nach dem Zweiten Weltkrieg noch über den Ersten? Einen Dritten gibt es bisher noch nicht. Deshalb reden wir weiterhin unaufhörlich über den Zweiten Weltkrieg wie über einen verstorbenen, aufgrund verschiedener Umstände noch nicht ersetzten Hund. Es bleibt einem nur,

sich zu erinnern. Und das machen wir auch: anhand von Denkmälern, in Gedanken und vor allem auch im Fernsehen. Die Schlacht bei Stalingrad, die Konzentrationslager, die Bombardierung Dresdens, die Schießerei auf dem Dam: Ich kenne sie in- und auswendig. Was mich allerdings weiterhin fesselt, sind die Augenzeugen. Sie kennen das sicherlich: Zuerst sieht man in Schwarzweiß, wie ein Kriegsheld seine Heldentaten vollbringt oder ein Kriegsverbrecher seine Verbrechen begeht, dann ist plötzlich der gleiche Mann oder die gleiche Frau zu sehen, aber jetzt in Farbe und ein halbes Jahrhundert später auf einem Eichensofa in einer Eigentumswohnung in Moskau oder Köln. Sie haben es überlebt. Aber was? Was haben sie überlebt? Den Krieg? Im nachhinein zeigte sich, daß das nicht das Schwierigste war. Mit einem bißchen Glück konnte man Adolf Hitler oder Winston Churchill entkommen. Nun aber droht der Sensenmann, und der ist unerbittlich. Mittlerweile ist es schwierig, in den Gesichtern vieler Augenzeugen fünf Jahre Krieg wiederzuentdecken, die daraufffolgenden fünfzig Jahre essen, trinken, leben und arbeiten jedoch sind offensichtlich. Zeit ist schlimmer als Krieg.

Wo sind sie geblieben, die Kriegshelden und Großgermanen? Weg. Futsch. Buchstäblich in Rauch aufgegangen. Was man im Fernsehen sieht, ist nur ihre heutige Hülle. In ihren Knochen, ihrem Herzen, ihren Nieren sitzt kein Molekül der Zellen mehr, die sich dort vor zehn, zwanzig oder sechzig Jahren befanden. Auch bei Ihnen ist das Blut in den Adern schon längst nicht mehr das alte. Sie selbst in Ihrer Jugend, das sind nicht Sie, das ist allenfalls jemand, den Sie gut gekannt haben. Jedes Einzelteil in Ihrem Körper ist schon hundert-, tausend-, zehntausendmal durch eine Kopie ersetzt. Kaputte Zellen und nicht recycelbare Stoffe wurden kurzerhand abtransportiert, ausgeatmet, ausgeschieden. Das einzige, was bleibt, das einzige, was Sie mit Ihrem jüngeren Ich verbindet und die Illusion aufrechterhält, daß alle Fotos in Ihrem Album von ein und derselben Person stammen, ist Ihre Erinnerung. Sie ist im Gehirn angesiedelt, und ausgerechnet dieses wichtige Organ erneuert sich nicht. Während Ihr gesamter Körper sich ständig erneuert, schleppen Sie Ihr Gehirn wie einen Dachboden mit immer staubiger werdenden Erinnerungen mit sich mit. Sie haben keine andere Wahl, als immerfort an sie zu denken, zu denken und nochmals zu denken. Sprich: sich zu erinnern. Denn Sie sind nichts anderes als die Erinnerung an sich selbst.

9
Das ewige Leben

Früher ging es von selbst, heute gibt es Kongresse und Symposien zum Thema »Wie baut man dauerhaft?« Überall in Europa und Amerika sind ganze Säle mit Männern gefüllt, die etwas größere Hände haben, als man bei Kongressen und Symposien erwarten würde. Bauunternehmer und Projektentwickler sind ganz Ohr. Dauerhaftes Bauen, dafür gibt es Zuschüsse.

Dauerhaftes Bauen, schon der Gedanke daran ist unerträglich. Stellen Sie sich vor, alle Häuser aus den sechziger Jahren würden dauerhaft stehenbleiben und wir müßten bis weit ins einundzwanzigste Jahrhundert mit den Galeriehochhäusern und trostlosen Wohngebieten leben. Wir sollten uns zuerst überlegen, was man in fünfzig Jahren von unserer Art zu bauen halten wird, bevor wir uns daranmachen, etwas Dauerhaftes zu errichten. Dasselbe gilt *mutatis mutandis* für tausendjährige Reiche, ewig klebenden Leim, Triumphbögen und Bürgermeister auf Lebenszeit.

Oft ist die Vergänglichkeit der Dauerhaftigkeit vorzuziehen. Betrachten wir zum Beispiel Kunststoffe. Anfangs war man jahrzehntelang damit beschäftigt, Kunststoffe zu entwickeln, die möglichst lange halten, dann drohte die Umwelt daran zu ersticken, und jetzt ist man zwar immer noch auf der Suche nach Kunststoffen, aber nach solchen, die gut abbaubar sind. Auf diese Weise wurde zwar nicht das Rad, aber immerhin der Kreislauf neu erfunden. Ohne Vergänglichkeit geht es nicht.

Ewige Diktatoren, ewige Liebe, ewig singende Wälder: Der Schreck fährt einem in die Glieder. Alles, was einen Anfang hat, muß ein Ende haben, sonst braucht man erst gar nicht anzufangen. Man braucht seinen Kollegen nicht den Tod zu wünschen, um einen Vorteil darin zu erkennen, daß sie einmal das Feld räumen müssen. Die Ewigkeit reservieren wir gern für uns selbst und Menschen, die wir mögen. Die uns gut wollen. Das geht. Nach den Glaubensvorstellungen der meisten Kulturen folgt auf den Tod ein gutes ewiges Leben. Ihren Mythen zufolge war früher jeder unsterblich, so steht es noch in heiligen Büchern, aber dann hat jemand etwas falsch ge-

»Kinder in der anderen Welt«. Zeichnung von Reginald Knowles, 1938.

macht – mit einem Apfel oder so –, und wir wurden mit Sterblichkeit gestraft. Aber dagegen läßt sich etwas tun. Sich taufen lassen, ab und zu ein Ave-Maria, mit geputzten Schuhen in die Messe und regelmäßig zur Beichte – das war alles, was in meiner Jugend verlangt wurde, wenn man das ewige Leben erlangen wollte. Ich habe gelernt, daß nicht jedem gleich viel Gnade zuteil wurde, aber »Gott läßt allen Menschen zumindest so viel Gnade zuteil werden, daß sie in den Himmel kommen können«. Das zu hören war eine große Erleichterung. Wie aber ist das mit der Wirklichkeit in Einklang zu bringen, in der Menschen nicht für immer leben, sondern für immer sterben?

Man sieht die sterblichen Überreste zu Staub und Asche zerfallen. Also muß es auch einen unsterblichen Überrest geben, den man nicht sieht. Fast alle Religionen haben den Menschen in Körper und Geist aufgeteilt. Nach dem Tod geht der Geist allein neuen Abenteuern entgegen. Das ist eine elegante Art und Weise, den Tod zu leugnen, die noch immer bei Millionen Menschen auf der ganzen Welt populär ist. Richtig befriedigend ist die Aufteilung jedoch nicht. Alles gehört irgendwo hinein: Ohne Glas hat man nichts von seinem Wein, ohne Körper ist der Geist schlecht zu Fuß. Die alten Ägypter nahmen deshalb an, daß der Geist irgendwann wieder in den Körper zurückkehren werde. Aber dann müßte der Körper auch wieder zur Verfügung stehen. Ohne ewigen Körper kein ewiges Leben. Diese Ansicht konnten sie sich dank ihres Klimas erlauben. Im trockenen Wüstensand hält sich eine Leiche lange, besonders, wenn man eine Mumie daraus macht. Zu diesem Zweck wurde sie zwei Monate lang in Natron gepökelt. Balsam rundete den chemischen Austrocknungsprozeß ab. Zur Sicherheit wurden die Eingeweide getrennt behandelt und in extra Gefäßen dazugestellt. So lagen die Pharaonen in ihren Pyramiden sicherer als heute in ihren aufwendig klimatisierten Museumsvitrinen. Die Museumsbesucher bestaunen Körper, die sich dem Zahn der Zeit schon mehr als fünftausend Jahre widersetzt haben. An der Vitrine ist jedoch nicht zu lesen, daß sich 750 Millionen Ägypter vergeblich haben mumifizieren lassen. Ihr Geist fand bei der Rückkehr nur Staub und Asche vor.

Übrigens waren die Ägypter nicht die einzigen und auch nicht die ersten, die ihre Toten mumifizierten. Bei Arica in Chile hat man Mumien gefunden, die sogar noch einige tausend Jahre älter sind. Offenbar wurden die Leichen gehäutet und ausgenommen, dann über einem Kohlenfeuer getrocknet, anschließend wieder zusammengesetzt und nötigenfalls mit Mineralien und Lehm aufgefüllt. »Eine viel kompliziertere Konservierungsmethode als die der Ägypter«, schreibt der Pathologe Allison von der dortigen Universität. Aber auch hier hat die Wüste den Fortbestand ein wenig unterstützt.

Christen geht es weniger um den Körper, bei ihnen steht das Seelenheil obenan. Die sterbliche Hülle wird einfach weggeworfen, wenn auch fein säuberlich, wie sich das nun ein-

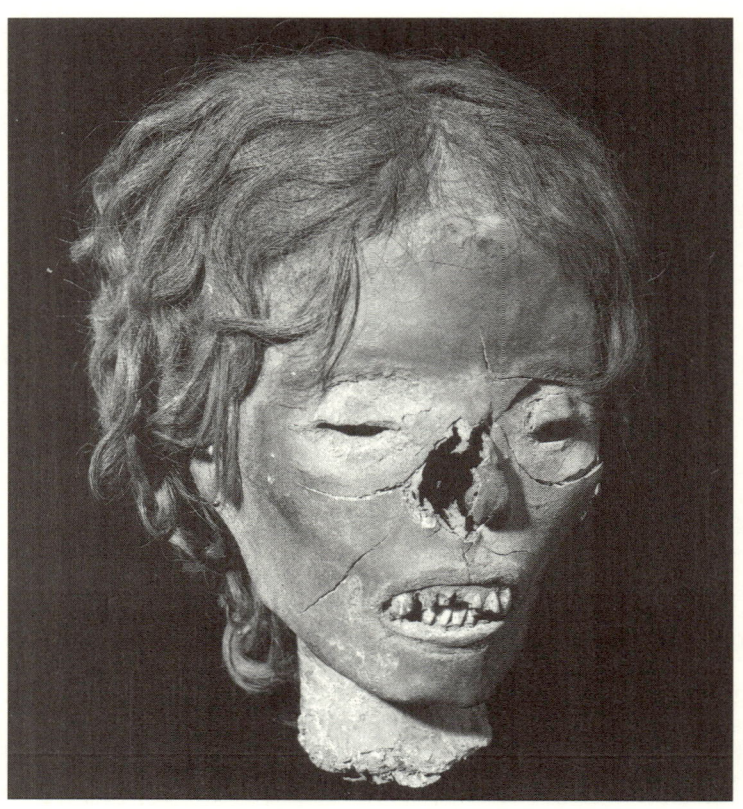

mal gehört. Sie bleibt ein Geschöpf Gottes. Manchmal weist Er deutlich darauf hin:

> Die Leiche des heiligen Paschalis Baylon, der 1592 verstorben war, sonderte Tag und Nacht einen wohlriechenden Schweiß ab, und zwar so reichlich, daß die anwesenden Ärzte vor einem großen Rätsel standen. Hunderte wischten die Feuchtigkeit ab und bestrichen damit Kranke, die daraufhin sofort gesundeten. Ein Blinder wurde durch diese Behandlung sehend.

So steht es in *Gave lichamen* (dt. *Intakte Körper*) von Pastor Timotheus 1940. Nach Ed Schilders, der dieses kuriose kleine Werk ausfindig machte, ist »das Ausbleiben der Zersetzung die höchste Gnade, die Gott dem sterblichen Körper erweisen kann; es ist ein Beweis der Sündenlosigkeit und für uns, die Lebenden, ein Vorgeschmack auf die Glückseligkeit des Jenseits«.

Dieses wunderbare Geschick widerfuhr auch Magdalena von Pazzi, Catherina von Genua, Johannes vom Kreuz, Rosa

238

von Viterbo und Christina vom heiligen Michael. Der bekannteste intakte Körper ist der von Bernadette Soubirous, die mit ihren Marienvisionen die Pilgerreisen nach Lourdes begründete. Sie ist in einem Kloster in Nevers in einem gläsernen Sarg aufgebahrt. Um Gott nicht zu sehr auf die Probe zu stellen, hat man als Unterstützung eine dünne Wachsschicht aufgebracht.

Der einbalsamierte Leichnam der Bernadette Soubirous.

In den Niederlanden steht der »Jesus von Eerbeek« dem Schöpfer bei. Der Mann, der 1988 im Alter von achtundsiebzig Jahren starb, hatte in Hütten und Bunkern auf der Veluwe gut 250000 ausgestopfte Tiere untergebracht. Wie ein zweiter Noah hatte er in Gottes Auftrag von allen Arten Exemplare zusammengetragen. Außer über Bären, Hirsche, Löwen, schwarze Schwäne und Krokodile staunten die Polizisten, die die Bunker 1982 entdeckten, vor allem über die Scharen von Vögeln, die zwischen Fließpapier präpariert worden waren und auf alttestamentliche Manier – jeweils Männchen und Weibchen – in Pappschachteln aufgehoben wurden. So warteten sie auf den Tag des Herrn, die Wiederauferstehung.

239

Denn auch das Christentum kennt eine Wiedervereinigung von Körper und Geist. Pyramiden bauen und Mumien basteln brauchen wir nach Jesus Christus nicht. Wie im Katechismus steht, wird Er selbst dafür sorgen, »daß die Körper der Verstorbenen wieder mit ihren Seelen vereinigt werden und lebend aus dem Grab auferstehen«. Dies offenbarte auch der Apostel Johannes:

> Und ich sah die Toten, groß und klein, stehen vor dem Thron, und Bücher wurden aufgetan. [...] Und das Meer gab die Toten heraus, die darin waren, und der Tod und sein Reich gaben die Toten heraus, die darin waren; und sie wurden gerichtet, ein jeder nach seinen Werken. [...] Und wenn jemand nicht gefunden wurde geschrieben in dem Buch des Lebens, der wurde geworfen in den feurigen Pfuhl.

Präparierte Tiere des »Jesus von Eerbeek«.

Die Körper der Gerechten sollen auferstehen in Herrlichkeit und dem verherrlichten Körper Christi gleichen, die Körper der Verdammten aber sollen in Schande mit dem schrecklichen Mal der ewigen Verdammnis auferstehen. Denn ob gut oder böse, Lohn oder Strafe, nach der Auferstehung ist das

Leben ewig: »Es wird gesät ein natürlicher Leib und wird auferstehen ein geistlicher Leib.«

Ein Gott, der einem das ewige Leben bietet; man wäre ja verrückt, wenn man nicht daran glaubte. Besonders, wenn man älter wird und das flüchtige Dasein immer flüchtiger wird. Der Eindruck, daß vor allem ältere Menschen Gottesdienste besuchen, wurde in Amerika durch eine Gallup-Umfrage bestätigt. Für zwei Drittel der Älteren spielte Religion eine sehr wichtige Rolle in ihrem Leben, und immerhin 94 Prozent waren davon überzeugt, daß Gott sie liebt, auch wenn Er nicht immer Freude an ihnen hat. Junge Menschen waren sich da nicht sicher. Natürlich hängt die Vergreisung der Gottesdienstbesucher mit der allgemeinen Abwendung von der Kirche zusammen, aber das allein erklärt es nicht. »Obwohl aufgrund zunehmender körperlicher Gebrechen und eingeschränkter Mobilität gerade bei den Ältesten ein Rückgang zu verzeichnen ist«, zeigen Umfragen laut David Moberg »seit mehr als fünfzig Jahren, daß Menschen über sechzig die treuesten Kirchgänger sind«. Religiosität ist eine Alterserscheinung. Nicht nur, weil alte Leute mehr Zeit haben, um über Gott und die Welt nachzudenken, sondern vor allem aus dem wachsenden Bedürfnis heraus, mit ihrem Schöpfer ins reine zu kommen, bevor es zu spät ist. Wenn man vor einer Urlaubsreise eine Versicherung abschließt, ist es sicherlich auch empfehlenswert, sich vor der Reise ins Jenseits abzusichern. Selbst wenn es mit der Ewigkeit aus irgendeinem Grund nicht klappen sollte, waren die Anstrengungen nicht umsonst. Menschen, die an ein Leben nach dem Tod glauben, werden schon hier und jetzt körperlich und geistig mit einer besseren Verfassung belohnt. Was natürlich nicht bedeuten soll, daß sie recht haben. Und auch die glühendsten Gläubigen drängen sich nicht ungeduldig danach, endlich das Zeitliche zu segnen. Die Ewigkeit kann ruhig noch ein wenig warten, sie dauert noch lange genug.

Jeder will alt werden, niemand will es sein. Die Lösung besteht darin, alt zu werden, indem man jung bleibt. Aber wie? Baden in Eiswasser, Goldelixiere, Jungfrauenblut, Injektionen aus feingemahlenen Hundetestikeln und den Atem anhalten: Alles mögliche wurde schon ausprobiert, aber die Ergebnisse lassen zu wünschen übrig. Die alten Chinesen haben es mit Sex versucht. Die theoretische Grundlage dafür legte zu Anfang unserer Zeitrechnung eine taoistische Schule. Die Taoisten behaupteten, der legendäre Gelbe Kaiser sei unsterblich geworden, nachdem er mit zwölfhundert Frauen geschlafen hatte. Normale Menschen könnten es auf dreitau-

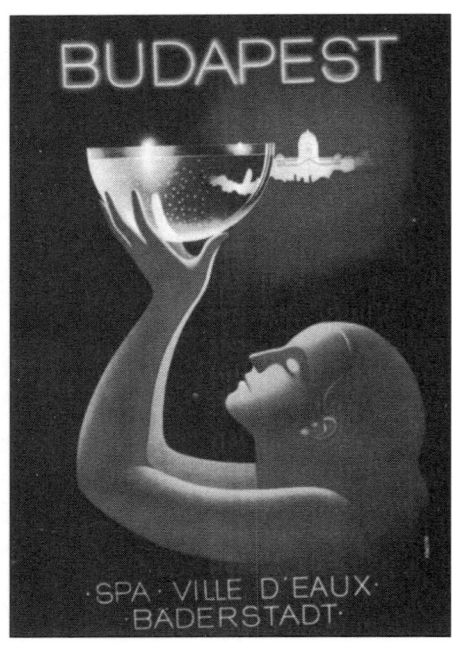

Der Kurort als Jungbrunnen.

send bringen, wenn sie sich strikt an die Regeln hielten. Es sollten idealerweise Jungfrauen sein, und zwar nicht nur eine: »Man muß jede Nacht drei, neun oder elf Frauen lieben, je mehr, desto besser.«

Andernorts suchte man Jungbrunnen. Man brauchte nur darin zu baden oder davon zu trinken, damit man wie neu geboren war. Kurz nachdem Kolumbus Amerika entdeckt hatte, meinte Juan Ponce de León dort suchen zu müssen. Statt der ewigen Jugend entdeckte er Florida, wo reiche Amerikaner dieselbe noch immer suchen. In Europa behilft man sich mit einem schwachen Abklatsch, dem Kurort. Von nah und fern kommen Menschen auf der Suche nach Gesundheit und Jugend, um sich am glaubwürdigsten Wasser zu laben. Sogar Menschen, die an gar nichts glauben, trinken Apollinaris, Perrier oder Volvic im Straßencafé. Es muß doch zumindest ein Hauch von Zauberkraft darin enthalten sein, sonst würde man sich doch nicht trauen, soviel Geld dafür zu nehmen. Außer dem in Flaschen abgefüllten Jungbrunnen stehen in den Regalen der Gesundheitsläden die Lebensmittel gegen den Tod. Wenn die griechischen und römischen Götter mit Ambrosia und Nektar Erfolg hatten, sollten wir doch mit Kleie und Gelée Royale ein Stückchen weiterkommen? Leider wirken die lebensverlängernden Mittel genausogut wie die liebesfördernden Mittel aus dem Sexshop gegenüber. Und es gibt noch eine Gemeinsamkeit zwischen Lebenswasser und Liebestrank: Je weniger sie wirken, um so besser ist es. Ihre einzigen Wirkungen sind nämlich Nebenwirkungen. Glücklicherweise muß man die meisten Mittelchen einnehmen, so daß sich die Magensäure ihrer annehmen kann.

Wie es sich für einen vertrauenswürdigen Quacksalber gehört, werden die Wundermittel pseudowissenschaftlich untermauert. Zuerst wird erklärt, warum wir altern, dann wird uns das Heilmittel dagegen aufgeschwatzt. Dabei folgt man der echten Wissenschaft auf dem Fuße. Als die Vitamine entdeckt wurden, war jedes Wundermittel voll davon. Ich sehe noch die Multivitamine vor mir, die uns zu Hause zu jeder Mahlzeit, sommers wie winters, auf den Tellerrand gelegt wurden. Wir sollten davon wachsen, Oma sollte damit länger am Leben bleiben. Wie das funktionierte, blieb unklar, aber bei so vielen verschiedenen Vitaminen in einer kleinen Pille schien das Allheilmittel zum Greifen nah. Weil man heutzutage das Altern den freien Radikalen zuschreibt, erleben die Vitamine ein Revival. Die Vitamine A, C und E sollen die freien Radikale beseitigen können. Der Nobelpreisträger Linus Pauling empfahl, jeden Tag eine größere Menge Vitamin C einzunehmen. Er selbst nahm zwölf Gramm pro Tag zu sich und damit das 175fache der in den Niederlanden empfohlenen Tagesdosis. Inzwischen ist Dr. Pauling im Alter von dreiundneunzig Jahren gestorben. Niemand weiß, wie alt er ohne seine Vitamine geworden wäre. Fest steht nur, daß man von Vitaminen auch zuviel und von freien Radikalen auch zuwenig haben kann.

Nach den Vitaminen kamen die Hormone. Plötzlich konnten alle Probleme mit Hilfe von Hormonen behoben werden. Alte Menschen haben weniger Geschlechtshormone als junge? Dann gibt man ihnen eben welche! Frauen in den Wechseljahren bekommen Östrogene, betagte Männer werden wie in der Zeit von Brown-Séquard und Voronoff mit Testosteron aufgeputscht, wenn auch jetzt ohne die dazugehörigen Affen- oder Meerschweinchenhoden. Wenn man mit der Jugend die Hormone verliert, braucht man nur Hormone zu nehmen, und schon bekommt man die Jugend zurück. Dieselbe Argumentation wird bei Wachstumshormonen ins Feld geführt. Alte Menschen haben davon nur noch die Hälfte. Kein Wunder also, daß sie alt sind, denn wenn etwas dem Verfall entgegenwirkt, dann ist es das Wachstum. Obwohl die Ergebnisse recht dürftig ausfallen, folgt eine Mode der anderen. Nach Geschlechtshormonen, Wachstumshormonen und dem Wundermittel Melatonin kam DHEA (Dehydroepianosteron) in Mode. Dieses Nebennierenhormon wird im Körper zu männlichen und weiblichen Hormonen umgewandelt und soll fürs Immunsystem und für die Gefäßwände gut sein. Viele sehen in DHEA-Sulfat die lang ersehnte Verjüngungspille. Einer, der heftig dagegen vorgeht, ist der Entdecker dieses Stoffes, Etienne-Emile Beaulieu. Er hat seine Bedenken bei Wundermitteln. Seine Ansicht steht im direkten Gegensatz zu der des amerikanischen Krebsforschers William Regelson, der seine Hoffnung auf Melatonin setzt. »Ich bin siebzig«, sagt er in einem Interviw. »Und dort drüben ist jemand, der sich Tod nennt. Er hat eine Prämie auf meinen Kopf ausgesetzt und will mir in nicht allzu langer Zeit den Garaus machen. Betrachten Sie mich einmal wie einen Aidspatienten, der sich trotz fehlender Forschung und der Risiken, die neue Mittel mit sich bringen, nicht den Luxus erlauben kann, zu warten, bis die Wissenschaft zu einem einstimmigen, abschließenden Urteil gekommen ist.«

Wenn man einmal alt ist, ist es zu spät, um alt zu werden. Wer alt werden will, muß jung damit anfangen. Das Rezept ist bekannt: nicht rauchen, sich mehr bewegen und sich anders ernähren. Von diesen dreien leuchtet das letzte den Menschen am ehesten ein. Mit jedem Bissen läßt man die böse Außenwelt in jede Faser seines Körpers vordringen. Genauso wie falscher Treibstoff ein Auto ruiniert, ist schlechtes Essen fatal für die Gesundheit, das ist logisch. Die Frage ist nur, ob unser Essen wirklich so schlecht ist. Radikal anders zu essen hat auf jeden Fall nur wenigen das Leben verlängert. Wenn Makrobioten oder Rohköstler wirklich viel älter würden als Freunde deftiger Hausmannskost, hätte ihr Anteil an der Bevölkerung automatisch zugenommen. Selbst Vegetarismus hilft nicht. Eine umfassende Untersuchung in England hat gezeigt, daß Radieschen und Petersilie das Leben nicht verlängern. Gegen Vergänglichkeit ist kein Kraut gewachsen. Man sollte nicht mehr Karotten essen, sondern weniger. Und weniger Bohnen, weniger Kartoffeln, weniger Hamburger, weniger Vanillepudding und weniger Blumenkohl. Man sollte von allem weniger essen. Ratten, die fünfzig Prozent weniger fressen, leben doppelt so lang, sofern sie genug Wasser, Mineralstoffe und Vitamine bekommen. Es geht um die Kalorien. Mit sechzig Prozent der normalen Kalorienmenge im Futter ist es im Staatlichen Zentrum für Toxikologische Forschung in Arkansas gelungen, die älteste Ratte der Welt zu züchten. Methusalem wurde fünfundfünfzig Monate, drei Wochen und vier Tage alt. Seit 1987 werden andernorts in Amerika, in Baltimore, Versuche mit Affen durchgeführt. Auch bei ihnen zeigt sich, daß sie bei Einhaltung einer reduzierten Kalorienzahl sowohl älter als auch gesünder werden. Daß dies auch beim Menschen so ist, bezweifelt der Leidener Gerontologe Knook. Seiner Meinung nach kann ein Menschenleben nicht durch eine Kalorienreduktion verlängert werden. Es scheint nur so.

Ist es also besser, sich mehr zu bewegen, als weniger zu essen? Kann man vom Sporttreiben alt werden? Die Antwort auf diese Frage fällt schwer, weil es Sport erst seit relativ kurzer Zeit gibt. Tiere treiben keinen Sport, und Ihr Urgroßvater hatte sicherlich auch Besseres zu tun. Sport ist etwas, das der Mensch sich erst in jüngerer Zeit ausgedacht hat.

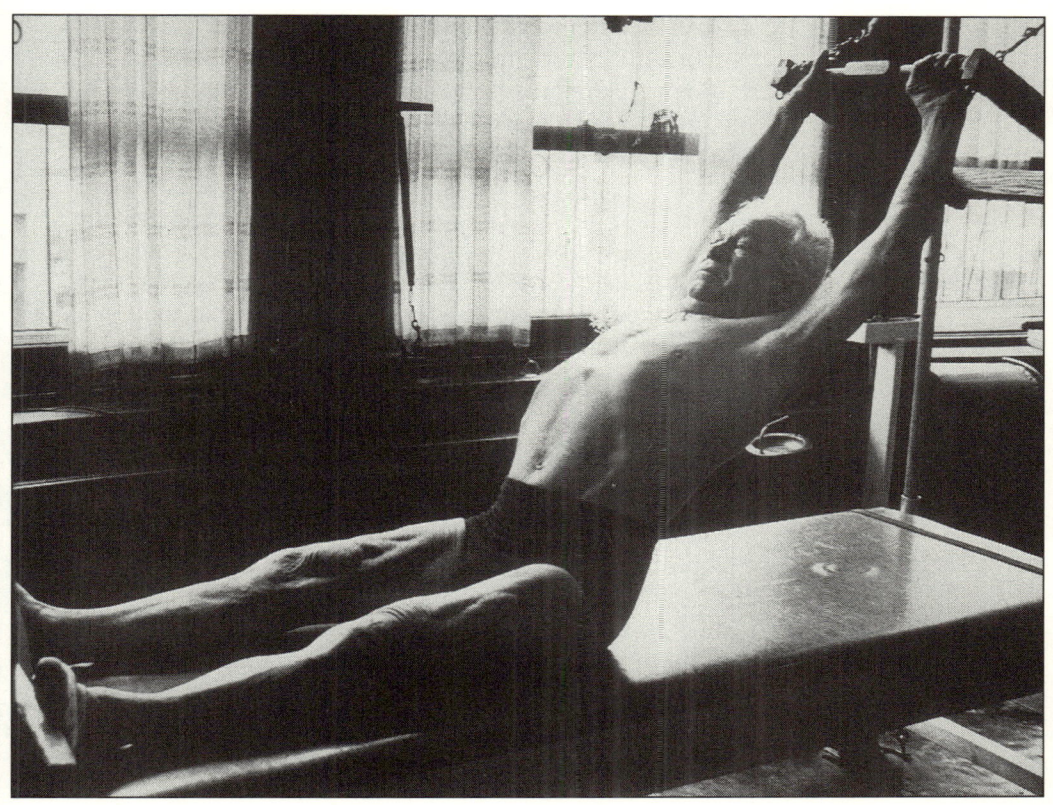

Noch nie ist der Mensch so sehr ins Schwitzen gekommen wie seit der Zeit, als er den Sport schuf. *Sisyphos goes physical.* Die Arbeit, die ihm die Maschinen abgenommen haben, ist völlig unbedeutend im Vergleich zu den vielen Trainieren, Joggen und den sonstigen Leistungen in Stadien und Sporthallen. In Fitneßzentren stehen Maschinen, an denen man mit Muskelkraft Gewichte hebt, Räder dreht und Federn spannt, genauso wie in den Tagen vor der Erfindung des Sports, aber mit einem Unterschied: Sie sind zu nichts nütze. Mit der ganzen Energie, die in den Fitneßzentren der Niederlande freigesetzt wird, könnte man leicht ein aufstrebendes Industriegebiet versorgen. Umgekehrt ließe sich ein Sägewerk mühelos zum Fitneßzentrum umfunktionieren, indem man einfach die Stecker aus den Steckdosen zieht, aber daran sind die Körperbewegten nicht interessiert. Sie strecken ihren Körper und ihr Leben.

Alt werden heißt verzichten. Nicht zu rauchen und weniger zu essen ist für viele Menschen eine Qual. Körperliche Arbeit ist schwer. Man braucht nicht viel Phantasie, um in

Kann man durch Sport älter werden?

einem Fitneßcenter mit seinen Streckbänken eine Folterkammer zu sehen. Foltern ist zeitlos. Man braucht deshalb auch nicht auf die erste Hundertjahrfeier eines Fitneßcenters zu warten, um herauszufinden, ob das Leben durch die Quälerei länger wird. 1977 veröffentlichte das Statistische Zentralamt eine Untersuchung von Überlebenden aus deutschen Konzentrationslagern. Um zu erfahren, welche Spuren die Mißhandlungen hinterlassen hatten, wurde untersucht, wie schnell die Überlebenden starben. Die Ergebnisse waren überraschend. Die Lagerinsassen lebten nach ihrer Befreiung nicht kürzer, sondern länger als die übrigen Niederländer. Von den jungen Überlebenden starb jedes Jahr ein Drittel weniger, als man erwarten sollte, von den alten Überlebenden sogar die Hälfte. Wer das Lager überlebt hatte, der hatte außerhalb des Lagers keine großen Schwierigkeiten mehr, am Leben zu bleiben. Man könnte dies als einen unseligen Fall natürlicher Selektion betrachten. Nur wer zäh und willensstark war, ist mit knapper Not davongekommen. Eine weitere mögliche Erklärung sah man darin, daß die Überlebenden sich nach dem Krieg mehr oder weniger verbittert von der Wohlstandsgesellschaft abgewandt hatten. Es wird allgemein angenommen, daß ein karges Dasein zu einem langen Leben führt. Eremiten, Säulenheilige und Asketen sind nicht ohne Grund immer als alte Männer abgebildet. Wenn man von allem, was angenehm ist, krank und schwach wird, braucht man diesen Annehmlichkeiten nur zu entsagen, damit man, wenn auch nicht lange und glücklich, so doch wenigstens lange lebt.

Im sechzehnten Jahrhundert wurde der Venezianer Alvise Cornaro auf diese Weise sowohl alt als auch glücklich. Als er im Alter von fünfzig Jahren erkannte, was er seinem Körper durch seine ungezügelte Lebensweise, seine Gier und seine sexuellen Ausschweifungen angetan hatte, schaltete er urplötzlich auf ein spartanisches Dasein um. Dank einer kargen Diät aus Brot, Fleisch, Brühe und Wein wurde er achtundneunzig. »Das Essen, das ein Mensch nach einer kräftigen Mahlzeit stehenläßt, tut ihm besser als das Essen, das er zu sich genommen hat«, schrieb er in seinem Buch *Vom maßvollen Leben oder die Kunst, alt zu werden.* Er hat sein Alter genossen, wohl auch deshalb, weil sein Buch ein solcher Erfolg war. Nach seinem Tod nahm dieser sogar noch zu. Im achtzehnten und neunzehnten Jahrhundert erlebte das Buch allein in England fünfzig Auflagen, in Amerika und Deutschland ist es heute noch erhältlich.

Das wird jemanden, der ein wenig vom menschlichen

Seelenleben versteht, nicht überraschen. Wir sind schließlich versessen auf alles, was wir eigentlich nicht mögen. Unzählige haben im Laufe der Geschichte freiwillig gefastet, sich selbst kasteit, spartanisch gelebt und Buße getan. Wo Schuld ist, ist auch Buße; wer sich schuldig fühlt, wird schnell sein eigener Richter. Obwohl die Unterernährung vor allem die Südhalbkugel trifft, wird im Norden am meisten Hunger gelitten. Inmitten von Restaurants und Delikatessengeschäften ist der moderne Mensch dort am Abnehmen. Nicht um schlanker zu werden, sondern weil er sich dadurch, daß er dick ist, schuldig fühlt. Vom Abnehmen wird man nicht schlank, das bestätigt sich immer wieder. Vom Abnehmen bekommt man nämlich Hunger, aus Hunger ißt man, und vom Essen wird man nicht schlank, sondern dick. Vom Dickwerden bekommt man ein Schuldgefühl, und wegen des Schuldgefühls will man abnehmen. Das führt zu nichts.

Je älter man wird, desto mehr fühlt man sich wegen all dem schuldig, was man in seinem immer länger werdenden Leben getan hat. Aus Angst vor der Vergänglichkeit vergällen sich viele Menschen ihre letzten Tage mit Diäten, Gymnastik und Gottesfürchtigkeit. Will man ein langes oder ein schönes Leben? Oder einen akzeptablen Kompromiß? Wiegt der Ertrag den Einsatz auf? Dies ist eine Frage der Quantifizierung. Den höchsten Ertrag bei geringstem Einsatz hat man, wenn man das Rauchen aufgibt. Jede Minute, die Sie nicht mehr rauchen, wird Ihrem Leben als Bonus angehängt. Sogar der Tabakindustrie ist klar, daß man vom Rauchen nicht alt wird: In ihrer Werbung sieht man nur junge Leute. Vernünftig essen verlängert das Leben weniger als nicht rauchen, aber die paar zusätzlichen Jahre nimmt man auch noch mit. Es fragt sich nur, ob der Ertrag immer noch den Einsatz aufwiegt. Wer das Rauchen aufgibt, muß sich wochen- oder monatelang quälen, und vernünftig essen bedeutet für manchen soviel wie lebenslänglich. Wenn länger zu leben bedeutet, daß man länger verdrießlich ist, wird es Zeit für Pommes rot-weiß oder eine Sahnetorte. Körperliche Bewegung kann einem dann nicht mehr helfen. Wenn man von Muskelarbeit alt würde, wären die Altersheime voll von Straßenarbeitern, Boxern, Holzfällern und Profifußballern. Dem ist aber nicht so. Seinen Körper zu schinden hilft nicht gegen das Älterwerden. Es hilft allerdings gegen Herz- und Kreislaufkrankheiten. Paffenbarger wies in einer Untersuchung nach, daß Harvard-Absolventen zwei Jahre älter wurden, wenn sie viel Sport getrieben hatten. Mit einer Runde Joggen im Wald war es aber nicht getan. Ein leichter Trott ist etwas für Trottel. Um statt

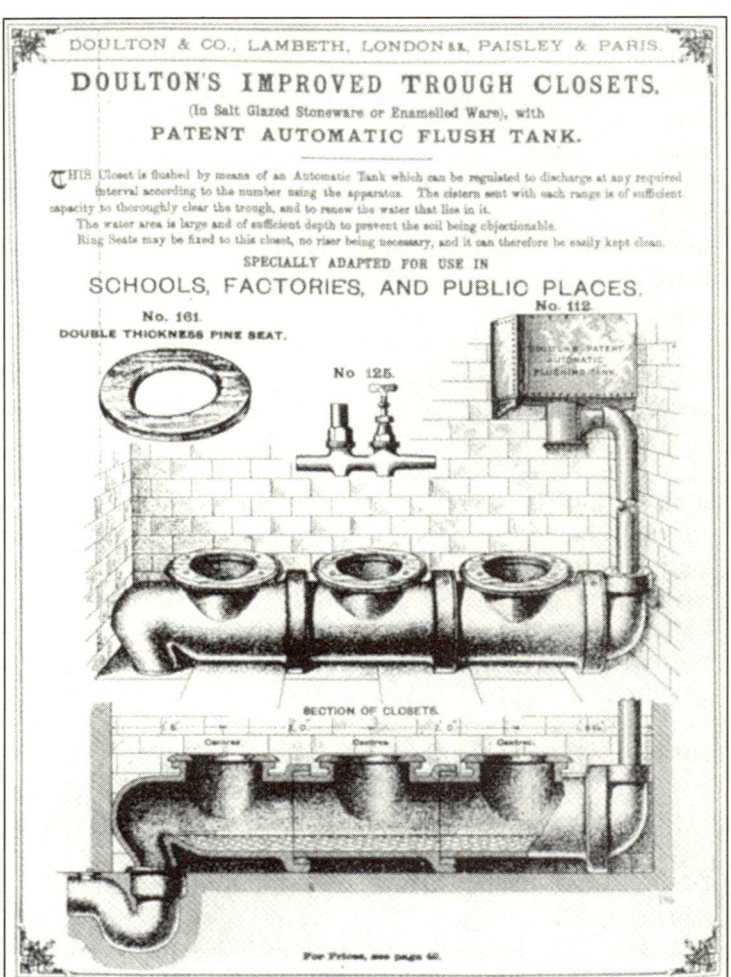

Daß wir immer länger leben, verdanken wir nicht den Ärzten, sondern den Klempnern.

achtzig zweiundachtzig zu werden, mußten sich die Harvard-Absolventen sechzig Jahre lang 2000 Kalorien abtrainiert haben, was zum Beispiel schwerer Arbeit im Hafen entspricht und zusammengerechnet zwei Jahre in Anspruch nimmt. Die hundert Wochen, um die sie ihr Leben verlängert hatten, hatten sie schnaufend, hechelnd und schwitzend verbracht. Wenn es Ihnen Spaß macht, in einem knallbunten Anzug unschuldige Spaziergänger zu erschrecken, dann tun Sie es. Für alle anderen, die alt werden wollen, gilt: Verhalten Sie sich ganz normal, und hoffen Sie auf ein bißchen Glück.

Daß wir heute doppelt so lange leben wie vor einem Jahrhundert, verdanken wir nicht den Ärzten, sondern den Klempnern. Die meisten Krankheitserreger wurden mit der

Rohrzange ausgerottet. Der Arzt stand mit seiner Spritze gegen Infektionskrankheiten daneben. Aber gegen Krebs oder einen Herzinfarkt helfen weder Kanalisation noch Penizillin. Dafür muß man schwereres Geschütz auffahren. Das kommt sicherlich noch und wird ein paar Lebensjahre mehr bedeuten. Wenn wir so weitermachen und alle Krankheiten ausrotten, haben wir dann das ewige Leben? Nein, natürlich nicht. Rottet man Killer Nr. 1 aus, dann rückt der zweite auf Platz 1 vor und so weiter, bis man auf die Krankheit stößt, die Leben heißt.

Ein Hundertjähriger ist nicht deshalb so alt geworden, weil es ihm gelungen wäre, jeder Krankheit auszuweichen. Im Gegenteil. Wenn man ihn obduziert, hat er alle Leiden der Welt. Nur war keines davon vorherrschend. Alle Einzelteile sind gleich stark abgenutzt. Das geht hundert Jahre gut, und dann plötzlich bricht in einer Kettenreaktion alles zusammen. Es würde jedoch einen gewissen Unterschied machen, wenn es kein eindeutig tödliches Leiden mehr gäbe. Wenn die zwanzig häufigsten Todesursachen, von Krebs bis Mord, wegfielen, hätten wir zwanzig Jahre mehr, und hundert wäre ein ganz normales Alter. Es wäre nur nicht bezahlbar. Infektionskrankheiten können ausgerottet werden, weil Impfungen und Antibiotika so billig sind; Herztransplantationen und künstliche Nieren fallen in eine ganz andere Preiskategorie. Seit 1980 haben sich die Ausgaben für das Gesundheitswesen in den Niederlanden ungefähr verdoppelt, aber die Lebenserwartung ist dadurch nicht auf das Doppelte gestiegen. Jeder zusätzliche Monat kostet das Gesundheitswesen ein Vermögen. Das kann besser investiert werden. In die Ausbildung zum Beispiel. Dadurch schlägt man zwei Fliegen mit einer Klappe. Die jungen Menschen werden davon schlauer und die alten älter. Eine gute Ausbildung erhöht die Lebenserwartung um drei bis vier Jahre. Noch größer wird dieser Effekt, so der Epidemiologe Daan Kromhout, wenn man die gesunden Lebensjahre betrachtet. Niederländische Männer mit einer guten Ausbildung bleiben zehn Jahre länger gesund als weniger gut ausgebildete, die sich bis zu einundzwanzig Jahre herumplagen, bevor sie sterben dürfen. Gute Ausbildung, eine gute Kanalisation, gutes Essen und ein gutes Gesundheitswesen gibt es jedoch nur aufgrund des Wohlstands. Damit stecken wir aber in einem Teufelskreis, denn vom Wohlstand bekommt man Wohlstandskrankheiten, und mit Wohlstandskrankheiten wird man nicht alt. Erst wenn neben jedem Maschinenpark ein Fitneßcenter steht und neben jedem Restaurant eine Dependance der Ernährungsberatungs-

Henrietta Lacks.

stelle, wird der Teufelskreis durchbrochen. Das erfordert jedoch noch mehr Wohlstand, und schon dreht sich der Kreis wieder. Sollte es das ewige Leben geben, dann ist es unbezahlbar. Für den Staat und den Bürger.

Ein normaler Mensch zahlt für das ewige Leben den höchsten Preis: den Tod. Er lebt nur weiter, wenn er Krebs bekommt. So erging es Henrietta Lacks Anfang der fünfziger Jahre. Ein paar Wochen, bevor die Amerikanerin krank wurde, hatte sie ihr fünftes Kind bekommen, einen Sohn; wenige Monate später, am 4. Oktober 1951, war sie tot. Ihre Zellen leben jedoch heute noch, unter dem Decknamen HeLa in Laboratorien auf der ganzen Welt. Inzwischen sind vierhundertmal mehr Zellen von Henrietta im Umlauf, als sie selbst je hatte. Die Zellen haben mehr erlebt, als eine einfache schwarze Frau sich je hätte erhoffen können. Zusammen mit zwei weißen Mäusen waren sie im All, sie haben zur Polioforschung beigetragen, und ihre Gewebekultur hat Scharen von Mäusen für Allergietests in kosmetischen Laboratorien das Leben gerettet. Daß die Zellen soviel berühmter geworden sind als ihre Besitzerin, liegt an ihrer Krankheit. Anfangs handelte es sich um Gebärmutterhalskrebs, aber als Henrietta auf dem Seziertisch lag, sah der Assistent »in allen Gewebeteilen Tumore, wohin man auch schaute«. Nach sechs Wochen teilten sich die Zellen außerhalb des Körpers in einer Rekordzeit von zwanzig Stunden. Das ewige Leben schreitet kräftig voran.

Das flüchtige Dasein hat es nicht so eilig. Sonst wäre es noch flüchtiger. Würde ein Embryo mit der Geschwindigkeit eines Krebsgeschwürs wachsen, dann drohte jede Schwangerschaft zu einer Explosion auszuarten. Nicht nur mit der Mutter, auch mit dem Kind wäre es schnell vorbei, weil nur eine bestimmte Anzahl von Zellteilungen möglich ist. Leonard Hayflick entdeckte 1965, daß eine Zelle sich vierzig- bis fünfzigmal teilt und dann nicht mehr. Mit dem Tempo der HeLa-Zellen wäre der Embryo innerhalb von sechs Wochen nach der Befruchtung ein runzliger, hinfälliger Greis. Es gäbe nichts mehr zu teilen.

Normalerweise halten Zellen ein Leben lang, und das ist kein Zufall: Inklusive aller Zellen, die man im Laufe seines Lebens abstößt oder verliert, reichen für einen ausgewachsenen Körper etwa vierzig Zellteilungen aus. Danach gerät der Prozeß hier und da ins Stocken, bis vitale Körperfunktionen lahmgelegt sind und nichts mehr geht. Wenn sich nun aber Krebszellen ewig teilen können, warum können gesunde das nicht auch? Warum läßt der Körper seine gesunden Zellen sterben? Aus Angst vor Krebs wahrscheinlich. Das ungezügelte Wachstum von Krebszellen ist für den Körper so bedrohlich, daß er in alle Zellen Bremsen eingebaut hat. Ein Gen, das in Krebszellen angeschaltet ist, ist in normalen Zellen abgeschaltet. Das verhindert die Bildung von Telomerase. Dies ist ein Enzym, das dem Zerfasern von Chromosomen entgegenwirkt. Ohne Telomerase fransen die Enden der Chromosomen (die Telomere) bei jeder Zellteilung etwas weiter aus, bis sie ganz verschwunden sind. Eine Zelle kann ein zerfranstes Ende nicht von einem defekten Chromosom unterscheiden und macht, was sie immer macht, wenn Chromosomen defekt sind: kleben. Wenn die Chromosomen mit ihren ausgefransten Enden aneinandergeklebt sind, kann der Zellkern seine Arbeit nicht mehr verrichten, und die Zelle stirbt ab. Theoretisch könnte man normale Zellen genauso unsterblich machen wie Krebszellen. Man braucht nur das abgeschaltete Gen anzuschalten. Der Schalter wäre zu finden, das ist nicht das Problem. Das Problem ist, wie man ihn wieder abschaltet, bevor die Zelle die Kontrolle verliert und sich übermäßig teilt. Dürfen wir etwas wagen, was der Körper selbst nicht wagt? Möglicherweise nicht, aber wenn der Schalter erst einmal gefunden wäre, würden wir wohl kaum die Finger davon lassen können.

Unüberwindbar ist der Tod jedenfalls nicht. Auch wenn man nicht an Jesus Christus und Lazarus glaubt, es gibt welche, die dem Tod getrotzt haben. Wahrscheinlich stehen die Unsterblichen bei Ihnen zu Hause auf der Fensterbank. Geranien, Begonien und Graslilien *(Chlorophytum)* fürchten das Grab nicht. Sie lassen sich durch Stecklinge vermehren. Jedesmal, wenn man einen Ableger in die Erde steckt, trotzt man dem Tod. Aus dem Steckling wächst ein ganz neues Wesen, das man auf gleiche Weise vermehren kann und so weiter. Die Mutterpflanze stirbt nie: Sie lebt in dem Steckling weiter und später dann in dessen Steckling. In jeder Zelle jeder Generation ist sie noch die Pflanze von einst. Geburt und Tod verlieren hier ihre Bedeutung.

Es stimmt zwar, daß viele Pflanzen durch wiederholtes Stecken immer schwächer werden, bis es an der Zeit ist, im Blumengeschäft wieder einmal eine neue Pflanze zu kaufen. Bei der Graslilie ist das allerdings nicht nötig. Sie verliert ihre Kraft nicht. Jeder der kleinen Regenschirme, die als Satelliten dem zu groß gewordenen Grasbüschel entspringen, liefert tadellose Tochterpflanzen. Hier gibt es für Blumenhändler nichts zu verdienen, und auch uns braucht die Pflanze kaum. In der Natur pflanzt sich die Graslilie selbst fort, wenn die Satelliten den Grund berühren und wie ein Sonnensystem um die Mutterpflanze herum Wurzeln schlagen. Erdbeeren wachsen auch so. Sie wissen zwar, daß es sich gehört, sich mit Blüten und Früchten fortzupflanzen, aber wenn sie es eilig haben, erobern sie mit ihren Ablegern Land. Ackerwinden bilden in der Erde neue Wurzelstöcke und verschaffen sich so neuen Lebensraum – und dem Unkrautbekämpfer Kopfschmerzen. Der Kreosotbusch pflanzt sich völlig ungeschlechtlich fort. In der Mojavewüste in Kalifornien behauptet sich ein Exemplar auf diese Weise schon seit tausend Jahren. Bekannter ist wohl die Rebe Cabernet Sauvignon. Sie wird bereits seit achthundert Jahren aus Stecklingen weitergezüchtet. Bananen sind so prüde, daß sie schon seit Hunderten, wenn nicht Tausenden von Jahren keine fruchtbaren

Das geklonte Schaf Dolly.

252

Samen gebildet haben; sie lassen sich lieber von uns in alle Ewigkeit mit Stecklingen vermehren.

Es gibt auch Tiere, die sich auf diese Weise vermehren. Nur heißt das dann Knospung oder Teilung. Quallen koppeln sich wie Untertassen von einem Stapel ab, Polypen sind anfangs Warzen auf der Haut ihrer Mutter und nehmen furchterregende Formen an, bevor sie sich von ihr lösen, um sich als selbständige Individuen niederzulassen. Sie sind so unsterblich wie eine Graslilie. Was uns so neidisch macht, ist, daß dafür weder eine komplizierte Technologie noch ein hochentwickeltes Gehirn nötig ist. Im Gegenteil: je niedriger der Organismus, um so größer seine Chancen auf die Ewigkeit. Selig sind, die einen primitiven Körperbau haben. Von den höheren Organismen kann sich allenfalls der Salamander ungeschlechtlich fortpflanzen, bei Einzellern ist es gang und gäbe. Pantoffeltierchen und Plattwürmer teilen sich wie eine Bakterie. Weil beide Töchter völlig identisch sind, ist die eine nicht älter als die andere, und die Mutterzelle ist keine Mutter in dem Sinn, daß sie älter wäre. Das Ideal, genauso alt zu sein wie die Tochter, ist also schon erreicht worden, bevor der erste Mensch, geschweige denn die erste Kosmetikerin, auf der Erde auftauchte. Natürlich kann auch eine Bakterie sterben. Sie kann von einem Blutkörperchen gefressen oder mit Zahnpasta totgeputzt werden, oder sie vertrocknet einfach. Auch für sie hat der Tod viele Gesichter: Am Alter jedoch stirbt sie nicht. Jede Bakterie ist direkt durch Teilung aus der Eva aller Bakterien entstanden. Alle lebenden Bakterien sind Milliarden Jahre alt.

Im Grunde ist das Klonen, worauf die Biologen so stolz sind und wovor die Menschen soviel Angst haben, nichts anderes als eine Vermehrung durch Stecklinge. Was ist daran falsch, wenn wir einmal von dem Aufwand und dem Theater absehen? Das zeigte sich beim Klonen von Dolly, dem schottischen Schaf, das 1996 zur Welt kam, oder wie das bei geklonten Tieren auch immer heißen mag. Es war noch kein Jahr alt, als seine Zellen bereits Alterungserscheinungen zeigten. Das ist nicht überraschend, weil Dolly aus dem Erbmaterial eines erwachsenen Schafs geklont worden war. Aus Schaffleisch kann man kein Lammfleisch klonen. Schaffleisch will der Konsument nicht, er will Lamm. Wie aber macht man Lammfleisch aus einem Schaf? Das wüßte sicherlich jeder Schlachter gern. Die Antwort kann uns jeder Bauer geben: Man braucht einen Bock. Läßt man einen Bock zu den Schafen, dann rollt innerhalb kürzester Zeit reichlich Lammfleisch heraus, sorgfältig in Wolle verpackt und auf unsicheren Beinchen. Jedes Frühjahr eine ganze Weide voll. Fortpflanzung ist die ideale Verjüngungskur. Das liegt auf der Hand, aber wir tun, als handele es sich um eine fernöstliche Weisheit. Die Japaner haben das besser begriffen. Der Shinto-Tempel in Ise wird nicht restauriert, sondern seit dem fünften Jahrhundert alle zwanzig Jahre neu errichtet. Sonst würde er trotz aller Reparaturen längst nicht mehr dort stehen.

Damit sich etwas verjüngt, muß die Fortpflanzung geschlechtlich sein. Das hatte der Gelbe Kaiser von China richtig erkannt. Nur wird man dabei leider nicht selbst jünger, sondern die Nachkommenschaft. Zwei alte Menschen machen zusammen ein junges Kind. Das erscheint wie ein Wunder, das dem ewigen Leben eines Christen nach dem Tod in nichts nachsteht. Die Lösung ist denn auch vergleichbar. Man muß einen Menschen aufspalten. Genauso wie Gläubige der Ansicht sind, aus einer sterblichen Hülle und einer unsterblichen Seele zu bestehen, so unterschied der Biologe August Weismann 1885 einen sterblichen Körper und einen unsterblichen Keim. Die gewöhnlichen Körperzellen sind so flüchtig wie bei den Katholiken und Protestanten, ewig ist nur der Keim, der sich als Samen- oder Eizelle seinen Weg von der einen Generation zur nächsten bahnt. Aus der Sicht einer Keimzelle ist der Körper nur ein Hilfsmittel, das neue Keimzellen entstehen läßt. Das Keimplasma, aus dem Ei- und Samenzelle entstehen, ist so unsterblich wie der Heilige Geist. Wie um die Unwichtigkeit des Körpers zu unterstreichen, wird das Keimplasma schon sehr früh vom Rest des Embryos getrennt gehalten, bei Säugetieren schon in der ersten Woche, und es wird beseitigt, sobald es die nächste Generation hervorgebracht hat. Alte Kerle müssen verschwinden, wenn sich neue Typen einfinden. Junge Leute können sich schließlich besser fortpflanzen als ihre Väter und Mütter, die immer mehr im Wege stehen.

Manche Forscher meinen, daß in jeder Zelle eine Zeitmaschine stecke, die die Zelle zum Selbstmord auffordert, wenn es soweit ist. Das ist sicherlich eine romantische Vorstellung, aber wohl nicht notwendig. Wenn es schlecht um die Zellen steht, räumen sie sich schon von allein aus dem Weg. Fabrikanten bauen schließlich auch keine teuren Zeitbomben in ihre billigen Armbanduhren ein, um dadurch den Absatz zu steigern. Die Kunst des Fabrikanten besteht darin, seine Ware so zu konzipieren, daß sie kaputtgeht, nachdem die Garantie abgelaufen ist, und zwar am besten nicht allzulange danach. Lassen wir einmal Herzinfarkt oder Gehirnblutung außer acht, dann sterben auch Menschen nicht so plötzlich, als ob ein Wecker abläuft. Es ist nicht sofort nach dem Eisprung, oder wenn das letzte Kind aus dem Haus ist, mit Ihnen vorbei. Nach der Garantiezeit gibt es eine gerngesehene Zugabe, die der Große Uhrmacher vorsichtshalber eingebaut hat, um teure Reparaturen zu vermeiden. Trotzdem ist es irgendwann vorbei. Neue Uhren warten aufgeregt darauf, ihre Zeit zu verticken. Wer ein gutes Verjüngungssystem hat, braucht das Alte nicht mehr. Weg damit! Hiermit liegt mit den Worten von Alfred Russel Wallace »der Ursprung von Alter, Verfall und Tod greifbar nahe; denn es ist klar, daß ein oder mehrere Individuen, die genügend Nachwuchs erzeugt haben, ihre eigenen Nachfahren benachteiligen, indem sie immer noch Nahrung benötigen. Die natürliche Selektion rottet sie deshalb auch aus und fördert häufig die Rassen, die ziemlich rasch, nachdem sie Sprößlinge hinterlassen haben, sterben.« Der Tod ist der Preis, den wir für Sex zahlen müssen. Ein hoher Preis zwar, aber dafür hat man ja auch etwas bekommen.

Die Erkenntnis, daß Keimzellen mehr wert sind als die sterbliche Hülle, die sie hervorbringen, gewinnt auch in Zoos immer mehr an Boden. Warum soll man einen teuren Zoo mit lauter kackenden Tieren, geldgierigen Wärtern und kreischenden Kindern unterhalten, wenn man die Arten auch in Form ihrer ewigen Keimbahn aufbewahren kann? Mindestens vier Zoos in der Welt haben schon auf Tiefkühlen umgestellt. Im *frozen zoo* warten Eizellen, Samenzellen und fürs erste der Einfachheit halber auch blutjunge Embryos, bis sie gebraucht werden. Anstelle eines männlichen Pandas schickt man heutzutage seinen Samen bei 196 Grad unter Null durch die ganze Welt. In Zukunft ist vielleicht selbst das nicht mehr nötig. Für die Erhaltung der Art reicht es aus, daß Keimzellen vorhanden sind. Der Rest ist Zirkus, Gefühlsduselei und Sensation.

Wenn Körperzellen altern wie die Rädchen in einer Armbanduhr, wie können Keimzellen dann ewig jung bleiben? Zum Teil mit Hilfe der Telomerase. Bei Ei- und Samenzellen ist wie bei Krebszellen das Gen für Telomerase angeschaltet. Das garantiert die Ewigkeit. Jetzt kommen wir zur Jugend. Sie beruht wie so vieles in der Natur auf natürlicher Selektion. So wie der Wald für Tiere die Arena ist, in der der Beste sich beweisen kann, so ist der Körper für die Ei- oder Samenzelle der Dschungel, in dem nur die Besten das Ziel erreichen können. Von den Millionen Eizellen, die eine Frau bei ihrer Geburt in sich trägt, kommen nur ein paar hundert zum Zuge. Nur die besten reifen, verschmelzen mit einer Samenzelle und nisten sich ein. Und auch dann noch wird so manche befruchtete Eizelle wegen kleiner Mängel vorzeitig abgestoßen. Ein Mann produziert täglich 100 Millionen Samenzellen. Dabei ist jeden Tag so viel DNS im Spiel, daß sie aneinandergeknüpft zweimal die Erde umspannen würde. Um diese endlose Fehlerquelle einzudämmen, werden alle Samenzellen einem Test unterworfen, neben dem die Gralssuche der Ritter der Tafelrunde verblaßt. Nur die Allertapfersten dürfen einmal eine Eizelle in den Fadenschwanz schließen. Und damit noch nicht genug. Weil Fehler in der Keimbahn viel größere Folgen haben als Fehler in Körperzellen, werden Keimzellen bei der Anfertigung strenger kontrolliert und repariert. Hier wird Qualitätssicherung auf höchstem Niveau betrieben. Erst wird alles getan, um Fehler zu vermeiden, dann wird das Ergebnis derartig strengen Tests unterzogen, daß Schwächlinge gnadenlos ausgemustert werden.

Wenn Sex im Spiel ist, könnte man meinen, daß es für die Natur am besten wäre, so schnell wie möglich soviel Jugend wie möglich in die Welt zu setzen und alles Alte zu beseitigen. Dann würde die Natur sich verhalten wie das Hongkong zur Zeit des *made in* in den sechziger Jahren. In der Natur gibt es jedoch ein Prinzip, das viele Manager nicht begreifen wollen: die alternative Strategie. Es läuft darauf hinaus, daß etwas auf unterschiedliche Weise geschehen kann. Oft sind die Methoden einander entgegengesetzt, aber trotzdem gleich gut. Das können Kinderfragen verdeutlichen.

»Papa, warum ist ein Elefant so groß?«

»Ein Elefant ist deshalb so groß, mein Kind, weil er dann vor niemandem Angst zu haben braucht. Deshalb gibt es Elefanten.«

»Aber warum sind Mäuse dann so klein, Papa?«

»Mäuse, mein Kind, sind deshalb so klein, damit sie immer ganz schnell in einem Loch verschwinden können. So brauchen sie vor niemandem Angst zu haben. Deshalb gibt es Mäuse.«

Papa hat recht. Es ist gleichgültig, ob man ein großer Elefant oder eine kleine Maus ist. Beide Strategien können gleich große Vorteile haben. Man sollte nur kein kleiner Elefant und keine große Maus sein. Man muß sich klar entscheiden: gut getarnt oder knallbunt, erzkonservativ oder ständig auf der Suche nach dem letzten Schrei, stehenden Fußes flüchten oder sofort zum Angriff übergehen. Am besten erforscht ist das Prinzip der alternativen Strategie bei der Fortpflanzung. Wir sind unsere Art und Weise gewohnt. Wir produzieren nicht zu viele Kinder und kümmern uns so gut um sie, daß nach unserem Tod genügend übrigbleiben, die unseren Platz einnehmen können. Vögel machen das auch so. Deshalb senden manche Fernsehanstalten so gern Naturfilme über das Vogelnest. Papa Vogel und Mama Vogel kümmern sich brav um die kleinen Vöglein – es wirkt wie ein Lobgesang auf das bürgerliche Dasein, man sieht geradezu die Stehlampe in ihrem Nest.

Menschen und Vögel sind jedoch Ausnahmen. Die meisten Tiere machen es genau entgegengesetzt. Ganz unchristlich bringen sie möglichst viele Junge mit möglichst vielen Partnern hervor und machen sich dann aus dem Staub. Ein Extrembeispiel ist der Kabeljau: Eier und Sperma werden einfach ins Wasser abgegeben, und die Keimzellen müssen selbst sehen, wie sie zueinanderkommen. Damit wenigstens eine gewisse Chance besteht, produzieren die Weibchen Hunderttausende von Eiern; Männchen vergießen wenn möglich noch mehr Samenzellen. Und wenn es nur bei einem von zehntausend klappt, ist eine Grundlage für Nachkommenschaft gelegt. Heringe, Seegurken, Korallentierchen und Schleimfische machen es genauso.

Eine Storchenfamilie.

Wir sind keine Fische. Wir kümmern uns lange um unsere Handvoll Sprößlinge. Das kostet Zeit. Wenn man die Zeit hinzurechnet, die man selbst gebraucht hat, um erwachsen zu werden, wird deutlich, weshalb wir zu einer der am längsten lebenden Tierarten gehören. Und wir haben entgegen einer oft von Älteren zu hörenden Klagen nicht nur auf die Jugend gesetzt. Es kostet so viel Mühe, einen Menschen zustande zu bekommen, aufzuziehen und ihm beizubringen, was er später braucht, daß es schade wäre, ihn sofort wieder wegzuwerfen. Aushilfskräfte im Supermarkt sind genug zu bekommen, mit Physikprofessoren muß man sparsamer sein. Eine Frage von Investition und Rendite. Ist ein Mensch erst einmal fertig, kann man zwei Dinge tun. Entweder man investiert in die Reparatur dessen, was man hat, oder man investiert in das Hervorbringen neuer, fehlerloser Kinder. Letztendlich zieht das Alter immer den kürzeren. Peter Medawar wußte schon 1952, warum. Es gibt immer mehr Junge als Alte. Das muß

Die unsterb-
lichen Struld-
brugs aus
Gullivers Reisen.

auch so sein, denn die Alten waren länger Gefahren ausgesetzt. Ob es sich dabei um Löwen oder Autos oder ultraviolette Strahlung handelt, ist egal. In einer Welt mit mehr Jungen als Alten gibt das Interesse der Jungen den Ausschlag. Eigenschaften, die für Junge vorteilhaft sind, bleiben bestehen, auch wenn man im späteren Leben darunter leidet. Ältere pflanzen sich wenig fort, und die natürliche Selektion kann ihnen nichts mehr anhaben. Die Jugend sitzt immer am längeren Hebel. Wie schön, daß jeder einmal jung ist.

Menschen möchten das Leben gern strecken, wie Kinder, die noch nicht ins Bett wollen. Wenn ich als Kind dann schließlich doch im Bett lag, träumte ich von einer Welt, in der man nie ins Bett mußte und immer aufbleiben und spielen durfte. Erwachsene haben diese Kinderträume oft aufgeschrieben, aber niemand hat sie uns so bewußt gemacht wie Jonathan Swift. Auf einer seiner Reisen hört Swifts Held Gulliver von Menschen, die nie sterben, den Struldbrugs. Das würde Gulliver auch gefallen:

> Hätte ich das Glück gehabt, als Struldbrug auf die Welt zu kommen, so würde ich mich [...] dazu entschließen, mir [...] Reichtümer zu verschaffen. [...Und ich würde] mich von meiner frühesten Jugend an dem Studium der Künste und Wissenschaften widmen. [...] Zu alledem käme noch das Vergnügen, die verschiedenen Umwälzungen der Staaten und Reiche zu erleben, die Veränderungen in den niederen und höheren Sphären, wie alte Städte in Trümmer fallen und unbedeutende Dörfer zu Residenzen von Königen werden. Wie sich berühmte Flüsse zu seichten Bächen verkleinern, wie der Ozean die eine Küste trocken werden läßt und eine andere überschwemmt; die Entdeckung vieler jetzt noch unbekannter Länder.

Gullivers Gastgeber können angesichts soviel Naivität ein Lächeln kaum unterdrücken. Ja, sie wissen, daß die Menschen überall lange leben wollen. »Jeder, der schon mit einem Fuß im Grabe steht, halte ganz gewiß den anderen mit aller Macht zurück. Der Älteste habe noch die Hoffnung, einen Tag länger zu leben«, aber in diesem Punkt sind sie klüger. Weil sie das Beispiel der Struldbrugs direkt vor Augen haben.

> Struldbrugs benähmen sich gewöhnlich wie Sterbliche, bis sie etwa dreißig Jahre alt wären; dann würden sie allmählich melancholisch und niedergeschlagen [...]. Wenn sie nun das achtzigste Lebensjahr erreichten, [...] so zeigten sie nicht allein alle

Torheiten und Schwächen anderer alter Männer, sondern noch viel mehr, die eine Folge der furchtbaren Aussicht, niemals zu sterben, seien. Sie wären nicht allein eigensinnig, verdrießlich, habgierig, mürrisch, eingebildet und geschwätzig, sondern auch zur Freundschaft unfähig und unempfänglich für jede natürliche Zuneigung, die sich nie über ihre Enkel hinaus erstrecke. [...,] und wenn sie einen Leichenzug sehen, so klagen und murren sie, daß andere in einen Hafen der Ruhe eingegangen sind, den zu erreichen sie niemals hoffen können.

Die Unsterblichen beneiden die Sterblichen zu Recht, denn:

Mit neunzig Jahren verlieren sie die Zähne und Haare. In diesem Alter nehmen sie keinen Geschmacksunterschied mehr wahr, sondern essen und trinken ohne Vergnügen oder Appetit, was sie bekommen können. Die Krankheiten, denen sie ausgesetzt waren, dauern immer fort, ohne sich zu verschlimmern oder zu bessern. Beim Sprechen vergessen sie die gewöhnlichsten Bezeichnungen von Sachen und die Namen von Menschen, sogar derjenigen, die ihre nächsten Freunde und Verwandten sind. Aus demselben Grund können sie sich niemals mehr mit Lesen die Zeit vertreiben, weil ihr Gedächtnis nicht ausreicht, sie vom Anfang eines Satzes bis zu seinem Ende zu bringen.

Gulliver kommt zur Einsicht. Er schämt sich für seine naiven Vorstellungen und kommt zu dem Schluß, »kein Tyrann könne einen Tod erfinden, in den ich nicht mit Freuden aus einem solchen Leben gehen würde«. Es schien ihm eine gute Idee, ein paar Struldbrugs mit nach Hause zu nehmen, »um unser Volk gegen die Furcht vor dem Tode zu wappnen«.

Die Geschichte von den Struldbrugs erinnert sehr an die griechische Sage von dem Trojaner Tithonos. Er hat sich in die Göttin der Morgenröte verliebt. Eos bittet deshalb Zeus, Tithonos unsterblich zu machen, vergißt aber, gleichzeitig auch um die ewige Jugend zu bitten. Das Glück ist dem Paar hold, bis dann Tithonos älter wird und zuletzt in einem Kämmerchen in alle Ewigkeit immer weiter zusammenschrumpelt. Weder Gulliver noch Tithonos haben über die Jahrhunderte ihre warnende Wirkung eingebüßt. Das ewige Leben ist so etwas wie das Paradies oder das Schlaraffenland: Es ist zwar herrlich, sich danach zu sehnen oder davon zu träumen, aber nicht, sich tatsächlich dort aufzuhalten. Jeder, der schon einmal in einem Urlaubsparadies gewesen ist, versteht, was ich meine.

Jonathan Swift ist bereits seit 1745 tot, aber er lebt in seinen Geschichten weiter. Einen neuen Swift können wir leider nicht machen, aber seine Bücher kommen, wenn es sein muß, zu Tausenden pro Stunde aus der Druckmaschine. Die Religion hat also doch noch recht bekommen: Der Körper stirbt, aber der Geist lebt weiter, als Botschaft für die Überlebenden.

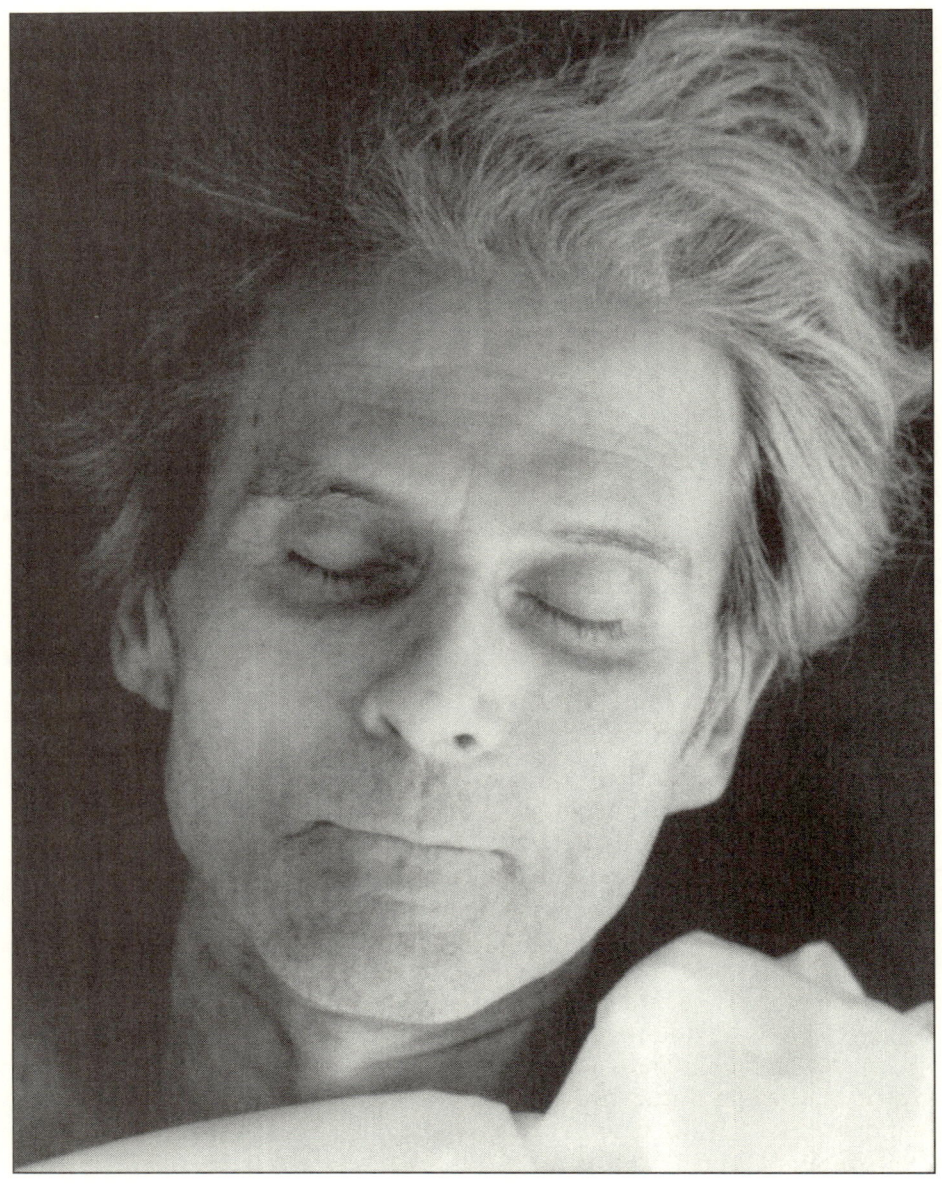

10
Verfall oder Erfüllung?

»Es ist vollbracht!« Und er neigte das Haupt und verschied.
Auf daß die Schrift in Erfüllung gehe.

So ereignet es sich in der Bibel. Die Sintflut, die zehn Plagen in Ägypten, das Opfern eigener Söhne, das Zeugen dieser und jener, Sodom und Gomorrha sowie die wundersame Brotvermehrung finden ihren Höhepunkt auf dem Kalvarienberg. Nach Hunderten von Seiten über Erzväter, Ehebrecher und Pharisäer werden der Welt die Sünden genommen, Prophezeiungen gehen in Erfüllung, und die Menschheit wird erlöst. Als Epilog ersteht Jesus wieder auf. Deus ex machina. Happy ending. Mit einem Seufzer der Erleichterung schlägt man das Buch zu.

Im ganzen Christentum geht es um dieses Ende, das jedes Jahr, jetzt schon fast zum zweitausendsten Mal, gefeiert wird. Messen werden zelebriert, der Papst dankt für die Blumen, Einkaufsstraßen machen gute Geschäfte. Der Herr ist wahrlich auferstanden. Dennoch kann es Ostern nicht mit Weihnachten aufnehmen. Während für Weihnachten Städte geschmückt und Kriege unterbrochen werden, ist Ostern nach ein paar Schokoladeneiern schon wieder vorbei, bevor man es richtig mitbekommen hat. Zu Ostern bekommt man keine teuren Geschenke, die Bäume dürfen im Garten stehenbleiben, und von Osterliedern haben Gott sei Dank selbst die Amerikaner noch nichts gehört. Lieber feiern wir die Geburt von Jesus Christus als Seinen Tod, auch wenn damit alles angefangen hat. Ein Versprechen ist schöner als eine Erfüllung. Voller Erwartung klopft unser Herz. Ziele sind dazu da, daß man auf sie hinlebt. Es ist kein Zufall, daß Weihnachten auf den 25. Dezember fällt, wenn die Tage wieder länger werden und ankündigen, daß ein neues Jahr geboren wird.

Jedes Jahr ist es dasselbe Lied: Der Frühling bricht an. Lämmer tummeln sich auf der Weide, Unkraut streckt seine Keimblätter wie Periskope empor, Mücken versetzen ihre Stechrüssel in Bereitschaft, Knospen bersten wie reife Geschwüre. Die ganze Natur wird wieder neu errichtet. Wie ein Strandpavillon. Für ihren soundsoviel-millionsten Frühling stellt Mutter Natur die Pumpen der Baumwurzeln an, Igel überqueren wieder unvorsichtig die Straßen, Vögel räuspern sich. Nester werden gebaut, junge Menschen auf Ideen gebracht. Während der Nachbar seinen neuen Rasenmäher knattern läßt, werden im Schlachthof die Lämmer geschlachtet. Zu leicht bekleidete Sonnenanbeter holen sich scheußliche Erkältungen. Die ganze Natur zwitschert, flötet und summt. Das neue Leben greift um sich wie eine Epidemie. Die Natur erwacht.

Es ist die Frage, ob das wirklich schön ist. Wer steht schon gern auf? Ein normaler Mensch dreht sich lieber noch einmal um. Mutter Natur ist ein normaler Mensch. Nur mit Widerwillen macht sie sich ans Werk. Und für wen? Es ist schön für die Eulen, wenn es wieder Mäuse gibt, aber Mäuse wollen mit Eulen lieber nichts zu tun haben. Eulen haben Hunger, Mäuse haben Hunger, die ganze Natur dürstet nach Wasser, Blut und neuen Erfahrungen, alles freut sich am Leben und fiebert. Mit dem Frühling bemächtigt sich eine enorme Unruhe der Welt.

Aus freien Stücken geschieht das nicht. Warum sollte man als Vogel ein Nest bauen? Warum sollte man sich von seiner eigenen Brut die Haare vom Kopf fressen lassen? Warum sollte man sein Leben für das seiner Kinder aufs Spiel setzen? Wenn ein Vogel selbst entscheiden könnte, würde er erst gar nicht damit anfangen. Aber er kann nicht selbst entscheiden. Die Hormone haben das Sagen. Jedes Frühjahr kommen Vögel wieder in die Pubertät, als ob einmal im Leben nicht schlimm genug wäre. Sie verhalten sich dann wie hoch aufgeschossene Jugendliche vor einer Frittenbude. Sie flattern kühn durch die Lüfte und pfeifen den Mädchen hinterher. Etwas wird passieren, das spüren sie, aber was? Sie haben nicht die leiseste Ahnung davon, daß sie sich in ein paar Wochen als brave Familienväter für die selbstgezeugte Nachkommenschaft abrackern werden. Aber erst muß ein Nest gebaut werden. Nicht weil sie sich wie ein verliebtes Pärchen bei Prénatal auf den liebevoll zugedeckten Sprößling freuen, sondern weil sie zu dumm sind, etwas zu bauen, was ein paar Jahre hält. Und Eile ist geboten. Kaum sind sie aus Afrika zurück, machen ihnen die Hormone zu schaffen. Von wegen ein bißchen erholen. Sofort ans Werk. So ein Mist! Was wir Frühling nennen, ist nichts anderes als die Morgenlaune der Natur.

Menschen gehen gern in dieser morgenmuffligen Natur spazieren. Im Frühjahr ziehen sie massenweise in die Betuwe, um die Obstgärten zu suchen, die dort früher blühten. Schilder mit Aufschriften wie Apfelstraße, Birnenstraße und

Kirschstraße helfen ihnen, doch so viele Blicke auf Blüten zu erhaschen, daß sie ein Frühjahrsgefühl bekommen. Sollte es regnen, kommen die Busse trotzdem. Sie waren schließlich bestellt. Es ist erstaunlich, wie viele alte Menschen in einen Bus passen. Man kann sehen, wie sie die Schönheit genießen, aber auch die Erwartung. Jede Blüte ist ein Versprechen. Einst werden aus den Blüten Äpfel, Birnen oder Kirschen. Das ist der eigentliche Anlaß. Wegen der Birnen bekommt ein Birnbaum Blüten und der Birnenbauer Subventionen. Daß die Blüten Touristen anziehen, ist eine angenehme Nebenerscheinung. Pflanzen anzubauen und dann die Touristen zu melken, die sich davon anlocken lassen, ist auch eine Form des Mischbetriebs. Aber von Touristen allein kann der Schornstein nicht rauchen. Sie kommen nur im Frühling.

Im Herbst sieht man keinen Touristen in der Betuwe. Sind die Äpfel und Birnen endlich reif, ist niemand da, der ihre Pracht genießt. Unbewundert hängen sie an ihren Zweigen, bis sie von gleichgültigen Händen gepflückt und in kalte, dunkle Scheunen gebracht werden. Obwohl es zu Beginn der Ernte noch Sommer ist, hat der Fremdenverkehrsverband nichts von den Früchten der Arbeit der Obstbauern. Apfelstraße und Birnenstraße sind nicht dazu da, jemanden an Äpfeln und Birnen entlangzuführen. Die gibt es täglich beim Obsthändler zu sehen. Die Menschen wollen die zarten Anfänge der Früchte genießen, die ihnen das gleiche Gefühl vermitteln, wie die Lämmer auf der Weide oder die pausbäckigen Babygesichter im Kinderwagen.

Ein wesentliches Kennzeichen des Herbstes ist, daß er nicht aufgibt. Es fängt an zu regnen und zu wehen, heftige Windstöße erschrecken uns, Menschen werden depressiv. Jeder zehnte Niederländer ist im Herbst müde, bekommt Hunger und ist nicht aus dem Bett zu bekommen. Es wird mehr getrunken, als gut ist. In Ländern, in denen es immer Herbst zu sein scheint, wie in Skandinavien, grassiert der Alkoholmißbrauch. Mit niedrigeren Temperaturen hat das nichts zu tun, denn auch auf Hawaii, wo es immer schön warm ist, sind Herbstdepressionen bekannt. Es muß etwas mit dem Licht zu tun haben. Vielen Patienten geht es nach einer halben Stunde unter einer hellen Leuchte etwas besser. Ob diese halbe Stunde genau mittags oder zu einer anderen Tageszeit liegt, ist egal; offenbar geht es nicht um die Tageslänge, sondern um die Lichtintensität. Natürlich gibt es auch Men-

Wenn Äpfel und Birnen endlich reif sind, ist niemand da, der ihre Pracht genießt.

schen, die gerade den Herbst genießen, aber das sind in der Regel eher beschaulich eingestellte Typen, die die Vorliebe für den Frühling als Kinderspiel betrachten, als etwas für Anfänger, wie die Liebe zu Hunden. Etwas zu lieben, was einen auch liebt, ist keine Kunst, sagen erfahrene Katzenliebhaber. Aber es geht nichts über die Liebe, die völlig willkürlich und nach Belieben erwidert wird. Es würde mich nicht überraschen, wenn man herausfinden würde, daß Herbstliebhaber in erster Linie unter Katzenliebhabern zu suchen sind.

Vor allem die Natur selbst ist auf den Herbst versessen. Für sie ist er der König der Jahreszeiten. Zu keiner anderen Zeit des Jahres werden so viele Ziele endlich erreicht, gehen so

Im Herbst ist die Natur ein Schlaraffenland.

viele Erwartungen in Erfüllung. Endlich sind Bäume und Sträucher mit Beeren und Nüssen beladen. Das mühsame, zeitraubende Knospenbilden, Austreiben, Bestäuben und Befruchten ist endlich vorüber. Erleichtert geben die Bäume dem Wind ihre überflüssig gewordenen Blätter mit. Tiere, die Samen mögen, wähnen sich im Schlaraffenland. Von nah und fern nähern sich Finken unseren Tannenwäldern, um die Zapfen leer zu picken. Andere Vögel sind der Ansicht, daß sie nach dem Ausbrüten und Großziehen der Jungen endlich Urlaub verdient haben, und fliegen gen Süden. Hirsche finden endlich Zeit, den Hirschkühen nachzustellen. Unbekümmert lassen diese sich den Hof machen, die Geburtswehen kommen erst ein halbes Jahr später. Selbst auf dem Erdboden geht es im Herbst fröhlich zu. Was wir mit unseren Menschenaugen als Schicht von Verrottung und Verfall ansehen, ist in Wirklichkeit ein Festmahl, bei dem sich Millionen von Schimmelpilzen und Bakterien an den überflüssig gewordenen Blättern und anderen Organen gütlich tun. Im Herbst erntet die Natur sich selbst. Danach darf sie endlich in Ruhe schlafen. Bis sie im nächsten Frühjahr wieder raus muß.

Menschen sind keine Ernter. Wir sind keine Mäher, wir sind Säer. Vorbereitungen zu treffen finden wir schöner als die Resultate. Nach einem halben Jahr Umgraben, Pflanzen und Gießen sieht man in etlichen Schrebergärten ins Kraut geschossenes Gemüse stehen. Essen wir unser Gemüse, läuft dies nach dem gleichen Muster ab: Den Vorbereitungen kommt die meiste Aufmerksamkeit zu. Ob man nun selbst erntet oder im Geschäft einkauft, das Zusammenstellen der Zutaten, Aussuchen des Rezepts, Vorwärmen des Ofens, Kochen, Tischdecken und Servieren nehmen fünfmal soviel Zeit in Anspruch wie das eigentliche Essen. Bücher über Essen heißen nicht Eßbücher, sondern Kochbücher. Kochen ist für viele Menschen von einer alltäglichen Pflicht zu einer Freizeitbeschäftigung geworden, wenn nicht zu einer Kultur. Menschen, die viel kochen, genießen höheres Ansehen als Menschen, die viel essen. Der größte Unterschied in der Bewertung des Vorher und Nachher kommt jedoch, wenn das Essen längst verzehrt ist. Das Entleeren der Gedärme ist am wenigsten angesehen. Darüber gibt es keine Gedichte, die Zeitungen haben neben der Kochrubrik keine Kackrubrik eingerichtet, kacken tut man klammheimlich, als wäre es illegal. Haben Sie etwa in letzter Zeit jemanden kacken sehen? Falls ja, wette ich zehn zu eins, daß es nicht das Herrchen war, sondern der Hund. Dennoch ist kacken nicht weniger befriedigend als essen. Versuchen Sie doch einmal, damit aufzuhören. Ich habe Freunde, die nicht mehr rauchen, andere haben aufgehört zu trinken, es gibt auch welche, die aufgehört haben, Freunde zu sein, aber niemals mehr zu kacken, schafft keiner. Wenn Kacke auch unappetitlich sein mag, Kacken ist eine Wonne. Bei vielen Menschen sieht man, wenn sie von der Toilette zurückkommen, ein unbestimmtes Lächeln oder gar unverhohlenen Stolz. Und zu Recht, denn Kacken ist ein kreativer Prozeß. Man produziert etwas. Ganz anders als beim Essen, das rein destruktiv ist. Es stimmt, daß jemand beim Kacken kein schöner Anblick ist, aber das ist beim Essen auch nicht der Fall. Wenn Sie das bei Ihrem Gegenüber am Tisch einmal genau beobachten – das Mahlen der Zähne, das Einspeicheln jedes Bissens, die schmatzenden

Kacken ist ein kreativer Prozeß.

Geräusche, das wollüstige Wippen des Adamsapfels –, dann ist auch ein Essen kein Vergnügen. Wenn es vorbei ist, fühlt man sich aufgebläht. Ganz im Gegensatz zu dem Gefühl nach einem Toilettenbesuch. Beim Kacken fällt etwas von einem ab, man wird etwas los. Das macht es zu einem Vergnügen einer anderen Zeit. Das Bedürfnis, sich eines Teils seiner selbst zu entledigen, gehört in die Zeit von Aderlaß und Einläufen. Noch im letzten Jahrhundert hatte man grundlegend andere Vorstellungen über das Wohlbefinden als heute. Fühlte man sich nicht gut, dann steckte etwas Böses in einem, das herausmußte. Beim Aderlaß wurde Blut abgezapft, um das Gleichgewicht mit den drei anderen Körpersäften wiederherzustellen. Wenn es nicht am Blut lag, nahm man ein Brechmittel oder unterzog sich einer Schwitzkur. Mit einem Klistier wurde der Körper dazu angeregt, sich von hintenher zu reinigen. Heutzutage geht die Medizin genau umgekehrt vor. Es wird kein Blut mehr abgezapft, sondern eingefüllt. Wenn ein Mensch des siebzehnten Jahrhunderts eine Blutübertragung unserer Zeit sehen würde, würde er glauben, es gehe um die Gesundheit des Spenders. Heute denken wir, daß nicht etwas Böses heraus-, sondern etwas Gutes hineingehört: Kleie, Vitamine, Plasma, eine Spritze.

Tod, Herbst, Kacke: Erfüllung wird wie Verfall behandelt. Alter Dreck. Alte Menschen werden schlichtweg diskriminiert. Das Alter ist ein Grund, jemandem zu kündigen, jemanden zu bevormunden, zu berauben oder auszulachen. Am schlimmsten ist die Normierung. Alte Menschen werden nur toleriert, wenn sie den Erwartungen entsprechen. Alt sein ist kein Zustand, sondern eine Rolle. Alte Männer in der Kneipe sollen bei ihren Stammtischgesprächen unter sich bleiben; draußen sollen sie im Schrebergarten auf ihren Spaten gestützt vor sich hin starren. Alte Frauen sollen sich nicht in alles einmischen, rechtzeitig an ihre Inkontinenzbinden denken und junge Menschen, die es eilig haben, im Geschäft vorlassen. Alte Menschen sollen vor allem nicht im Weg sein, unsichtbar werden, die jungen Leute nicht mit ihrer Existenz erschrecken. Altersheime werden dort gebaut, wo Grundstücke billig sind, weit von den Yuppie-Apartments im Zentrum der Stadt entfernt. Viele junge Menschen kommen tagelang mit keinem alten Menschen in Berührung. Wie sollen sie so überhaupt erfahren, daß früher alles besser war?

Alte Menschen dürfen immer weniger mitmachen. Während 1980 in den Niederlanden noch die Hälfte der Männer zwischen sechzig und fünfundsechzig berufstätig war, ist es jetzt weniger als ein Drittel. Nicht nur beim Bau und auf See, auch in der Regierung und an den Universitäten braucht man die Älteren immer weniger. Bis siebzig Professor zu bleiben ist nicht mehr drin. Man geht davon aus, daß die geistigen Fähigkeiten ab dem fünfundsechzigsten Lebensjahr drastisch abnehmen. Diskriminierung bei der Arbeit ist jedoch noch nicht das Schlimmste. Auch auf Partys, im Bordell oder im Fußballstadion wird man nur wenigen Älteren begegnen. Während ein Jüngerer jede körperliche Lust, die er heraufziehen spürt, sofort ausleben kann, sind alte Leute, die auch nur Anstalten in diese Richtung machen, gleich alte Schweine. Alte Menschen leben in einer Welt, an der sie keinen Anteil mehr haben. »Jede Gesellschaft ist bestrebt zu leben, zu überleben«, schrieb Simone de Beauvoir, »sie preist die Kraft und Fruchtbarkeit, die mit der Jugend verbunden sind, und fürchtet die Abnutzung und Sterilität des Alters.«

Wenn die Alten die gleichen Wünsche, die gleichen Gefühle, die gleichen Rechtsforderungen wie in der Jugend bekunden, schockieren sie; bei ihnen wirken Liebe, Eifersucht widerwärtig oder lächerlich, Sexualität abstoßend, Gewalttätigkeit lachhaft. Sie müssen ein Beispiel für alle Tugenden geben. Vor allem fordert man von ihnen heitere Gelassenheit; man behauptet einfach, sie besäßen sie, was einem erlaubt, gleichgültig über ihr Unglück hinwegzusehen. Weichen sie von dem erhabenen Bild ab, das man ihnen aufnötigt, nämlich dem des Weisen mit einem Heiligenschein weißer Haare, reich an Erfahrung und verehrungswürdig, hoch über dem menschlichen Alltag stehend – so fallen sie tief darunter: Diesem Bild steht das des alten Narren gegenüber, der dummes Zeug faselt und den die Kinder verspotten. Auf jeden Fall stehen die Alten, sei es dank ihrer Tugend, sei es durch ihre Erniedrigung, außerhalb der Menschheit.

Alte Menschen dürfen immer weniger mitmachen.

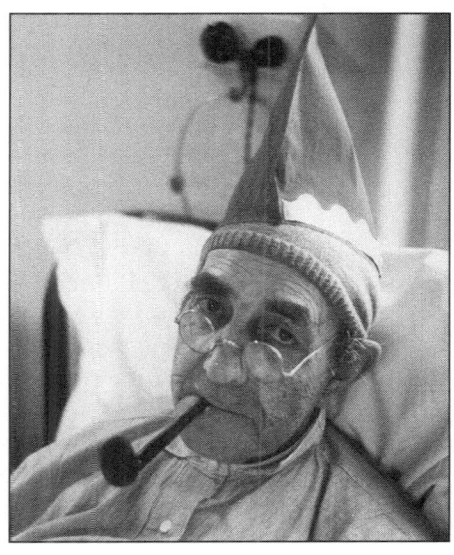

Dies wurde 1977 geschrieben. Der niedrige Status des Alters ist viel älter. Wie Georges Minois in *History of Old Age* berichtet, waren »die Gesellschaften von der Antike bis zur Renaissance, wie sie sich auch entwickelten, im wesentlichen auf physische Kraft und körperliche Energie gegründet; von Anfang an waren die Voraussetzungen für ein hohes Alter ungünstig«. Nur in der Römerzeit, als ein starker Staat Zucht und Ordnung durchsetzte, wurden Schwache, zum Beispiel die Alten, einigermaßen vor den Starken geschützt. Im alten Griechenland erging es den Greisen besonders schlecht. Damals hat man makellose Körper in einem Maße verherrlicht, wie wir es erst in heutiger Zeit wieder erleben; hutzlige Männer durften nicht mitreden. Erfahrung konnte nach Aristoteles den körperlichen Verfall nicht ausgleichen. Während die Jugend seiner Ansicht nach noch zu wenig Erfahrung hatte, hatten die Alten zuviel davon. Weil sie oft betrogen worden waren und viele Fehler gemacht hatten, waren alte Menschen mißtrauisch und unsicher. Sie waren aus Schaden klug geworden, saßen auf ihrem Geldbeutel und waren lieber feige als tapfer. Diese schlechten Eigenschaften wurden durch den Optimismus, die Kraft und das jugendliche Feuer nicht kompensiert. Wenn Ältere überhaupt liebten, dann nicht mit ganzem Herzen. Klagen konnten sie besser als lachen, sie interessierten sich weniger für das Gute als für das Nützliche. Alles in allem fehlte es ihnen an Vertrauen in die Zukunft.

Daran hat sich wenig geändert. Alte Menschen finden es noch immer nicht schön, alt zu sein. Marjan Berk stellte zusammenfassend fest: »Das Leben schrumpft. Das Nest wird leer. Und wenn nicht das Nest, dann das Bett. Oder der Kopf.« Karel van het Reve klagte mit dreiundsiebzig Jahren, er wisse nicht mehr, ob er nun Schriftsteller ist oder Schriftsteller war. Seine Schärfe ist zu Dumpfheit verflacht. Die Erinnerung versagt.

Jetzt fällt mir etwas ein, eine bestimmte Passage oder eine Argumentation. Ich möchte sie gern aufschreiben. Die Argumentation hat noch keine klare grammatische Form, sie ist noch halb Empfindung, noch halb verborgen. Während ich mich über meinen Einfall freue und denke: daraus kann ich etwas machen, merke ich, wie er verschwindet. Er verdunstet. Das ist verhängnisvoll. Derzeit kann es mir mitten in einem Gespräch passieren, daß der Name Goethe nicht mehr zum Vorschein kommt, wenn ich etwas äußerst Geistreiches über Goethe sagen möchte. Dann denke ich: Halt nächstes Mal bloß den Mund, wenn du etwas Interessantes sagen willst.

Van het Reve zieht sich immer mehr aus dem Leben zurück. Er hofft darauf, daß es, wenn er soweit ist, eine Selbstmordpille gibt, die man selbst nimmt, wann man es für richtig hält. Aber »sie sollte nicht zu teuer sein, denn dazu bin ich zu geizig. Ich bin nicht bereit, mehr als einen Fünfziger dafür auszugeben.«

Außenstehende und Eingeweihte sind sich also einig, wie ein Alter aussieht und was er ist: ausgeschlossen, eine Last für die Gesellschaft, das Sterben nicht wert und seit Jahr und Tag geizig. Jeder Diskriminierung liegen stereotype Vorstellungen zugrunde, aber wie soll man sich jemals von ihnen lösen, wenn der Diskriminierte selbst diese Stereotype bestätigt? Wenn jemand sich selbst für einen alten Knacker hält, wie kann er dann erwarten, daß seine Umgebung anderer Ansicht ist? Unsere Wirtschaft kann sich glücklich schätzen, daß alte Menschen ein schlechtes Gedächtnis haben. Wenn man sie nicht daran erinnert, daß sie alt sind, vergessen sie es. Durch Schaden klug geworden, haben Werbefirmen diese Lektion gelernt. Man kann jungen Menschen zwar viel verkaufen, indem man das Wort JUNG! draufschreibt, alten Menschen aber nur wenig, wenn das Wort ALT! auf dem Produkt steht. Das ist schade, denn alte Menschen haben viel Geld und noch mehr Zeit, es auszugeben. Und sie werden immer mehr. Und sie werden immer älter. Aber eine Zeitschrift für Ältere wollen sie nicht lesen, und es ist völlig undenkbar, daß ein Anbieter das Risiko eingeht, daß sein Produkt als etwas für alte Knacker betrachtet wird. Der tragische Untergang des kleinen DAF mit dem pfiffigen Schaltknüppel hat genügend Lehrgeld gekostet. Aber Ältere kaufen gern Naturzeitschriften, mögen Radios mit wenig Knöpfen dran und entscheiden sich für Verpackungen, die leicht zu öffnen sind. Werben Sie also mit Natur, leichter Handhabung und vor allem auch mit Gesundheit, denn dafür sind die Senioren empfänglich. Außerdem zeigt sich, daß auch viele Jüngere davon angezogen werden. Man ist nie zu jung für Natur, leichte Handhabung und Gesundheit. So erschließt man sich mit Älteren einen jungen Markt.

Wozu sind alte Menschen sonst noch gut? Dazu sollte man einmal überlegen, worin sich ältere von jüngeren Menschen unterscheiden. Betrachten wir einmal die Heilige Dreifaltigkeit. Der Held der drei ist Jesus Christus, geboren von Maria, die der Heilige Geist geschwängert hat. Wie es sich für einen Helden gehört, ist er jung gestorben: mit dreiunddreißig, also lange bevor der Verfall einsetzen konnte. Aber im Gegensatz zum römischen Weltreich und zum Dritten Reich besteht das

Charles Darwin im Alter von einundachtzig Jahren.

christliche Weltreich immer noch. Dem Jungen Helden steht ja auch Sein Betagter Vater zur Seite. Jesus Christus wird immer als Hollywoodstar mit Bart abgebildet, so daß man in Hollywood nie lange nach einem Hauptdarsteller für Bibelverfilmungen zu suchen braucht, und Gottvater ist ausnahmslos ein alter Mann mit Bart, der Inbegriff des Weihnachtsmanns. Lange Bärte symbolisieren sowohl Alter als auch Weisheit, man findet sie bei Patriarchen, Propheten und Missionaren. Bärte bedecken einen großen Teil des Gesichts und wirken dadurch geheimnisvoll. Wichtiger ist jedoch, daß sie hauptsächlich die untere Gesichtshälfte verdecken. Genauso wie die untere Körperhälfte für die geschlechtliche Seite steht, repräsentiert die untere Gesichtshälfte mit Lippen, Kiefern, Zähnen und Speichel das Niedere im Menschen. Augen und Stirn dagegen werden von einem Bart als die höheren, geistigen Anteile betont. Wie auch ein langer Bart wächst die Weisheit mit den Jahren – das sieht man sofort. Während der Körper verfällt, wächst der Geist.

Früher, vor der Zeit von Telekommunikation, Computern und Internet, stellten alte Menschen ein Reservoir an Weisheit dar, das dem Wohl der ganzen Gesellschaft zugute kam, die gern und dankbar daraus schöpfte. In *Unter Professoren* läßt W. F. Hermans eine seiner Romanfiguren diese Gedanken zusammenfassen:

Alte Menschen, das sind die Juden und Zigeuner der Zukunft. Vor hundert Jahren war es ein großes Privileg, ein gesunder alter Mann zu sein. Alte Menschen wurden in Ehren gehalten, weil es wenige von ihnen gab. Man hörte auf sie, weil sie Erfahrung hatten. Und es lohnte sich, auf sie zu hören, weil ihre Erfahrung manchmal wirklich wertvoll war. Man war glücklich, wenn man alt war. Alt zu werden war die Belohnung für ein Leben voller Mühsal. Aber in unserer Zeit? Alles, was man heute für wichtig hält, ist jungen Menschen vorbehalten: Revolution machen, Popmusik, Radrennen, Boxen, mit einer Rakete auf den Mond fliegen, Sex. Und alles ändert sich so schnell! Da stehst du dann mit deiner überholten Erfahrung! Lieber Gott. … Jahrelang hatte [man] sich angestrengt, etwas zu lernen, und dann braucht man es auf einmal nicht mehr.

Früher war alles besser als heute. Heute ist die Welt nur noch in einigen Ländern in Ordnung, die so weit entfernt liegen, daß es dort noch immer früher ist. Indianerhäuptlinge, Stammesälteste von Kopfjägern, mächtige Scheichs, Kirchenfürsten – sie können uns kaum alt genug sein. So haben wir es

von Karl May und Hollywood gelernt. Aber weise ist etwas anderes. Was hier zum Tragen kommt, ist nicht das Alter, sondern unser Gefühl für Romantik.

Romantik ist die Überzeugung, daß es woanders und früher besser war oder woanders und später besser sein wird. In Lelystad oder Tiel, wo die Alten einfach in Heime gesteckt werden, erzählen Indonesier ihren Enkeln voller Heimweh, wie sehr man in Ambon auf die Alten hört. Die Enttäuschung ist groß, wenn sie dahin zurückkehren. Alte Menschen werden dort mit Respekt behandelt, das stimmt, aber so alt sind sie nun auch wieder nicht. Auf einen Älteren hört man, solange sein Körper noch in Ordnung ist. Werden die alten Männer gebrechlich, dann werden sie genauso subtil oder brutal aus der Verwaltung des Kampongs verdrängt wie bei uns ein Vorsitzender des Briefmarkenvereins, der seine eigene Unterschrift nicht mehr lesen kann. Das gilt keineswegs nur für Molukker. Untersuchungen zeigen, daß mehr als die Hälfte der nichtwestlichen Gesellschaften ihre Alten schlecht behandelt. Sie bekommen weniger zu essen und werden schlecht versorgt, wenn sie krank sind. Aber ist man nicht auch der Ansicht, daß sie der Geisterwelt näherstehen und dort ein gutes Wort für uns einlegen können? Vielleicht. Die Verbindungen zur Geisterwelt haben jedoch auch eine Kehr-

In vielen Kulturen werden alte Frauen als Hexen beschimpft.

seite. Sowohl alte Frauen als auch alte Männer werden in vielen Kulturen für Hexen gehalten. Wie hätten sie sonst so alt werden können?

Weisheit folgt dem Prinzip von Angebot und Nachfrage. In Gesellschaften, in denen die Traditionen mündlich überliefert wurden, hatten es alte Menschen gut. Sie waren als Übermittlungsinstanz von der einen zur anderen Generation unentbehrlich. Ohne dieses kollektive Gedächtnis hätte man weder im alten Griechenland noch im Mittelalter Recht sprechen können. Der größte Feind alter Menschen ist das Buch. Erfahrungen kann man genausogut in einem Buch festhalten wie in einem alten Mann, und Bibliotheken sind billiger als Altersheime. In unserem Informationszeitalter ist das in einem Alten gespeicherte Wissen nichts im Vergleich zu den Datenbeständen im Computer. Außerdem lebt unsere Gesellschaft von Veränderung. Erfahrung kann dabei hinderlich sein. Damit man etwas Neues lernen kann, muß man sich erst von etwas Altem trennen. Das ist doppelt soviel Aufwand wie für jemanden ohne Erfahrung. Bei einer Untersuchung in Berlin sollten alte Menschen eine neue Fertigkeit erlernen, für die sie zuerst neue Kenntnisse erwerben mußten. Das fiel ihnen nicht leicht. Es ist kein Wunder, daß alte Menschen Probleme mit neuen Geräten, noch mehr Knöpfen und all dem anderen modernen Schnickschnack haben. Unsere Gesellschaft ist zu schnell für alte Menschen. Das trifft sich gut. Um so schneller kann sich nämlich daran etwas ändern. Warten Sie nur ab, bis die geburtenstarken Jahrgänge vergreist sind. Mit demselben Schwung, mit dem sie in ihrer Jugend das Jungsein an die Macht gebracht haben, werden sie der neuen Jugend demnächst einbleuen, daß zu deren Pech jetzt Altsein angesagt ist.

Alte Menschen waren wohl dann am höchsten angesehen, als es nur wenige gab. Lange vor der Erfindung der Schrift waren sie am nötigsten und starben am schnellsten. Der Mensch lebte damals noch genauso kurz wie die anderen Menschenaffen. Wie wir sind Affen auf Wissen angewiesen. Mehr Wissen, als sie bei der Geburt in ihre Gene eingepflanzt bekommen. Sie müssen viel von älteren Gruppenmitgliedern lernen. Wenn sie erwachsen sind, lassen sie sich von einem erfahrenen Männchen leiten. In der Regel ist das eines der ältesten Tiere. Was ihm an Kraft fehlt, wird durch Wissen ausgeglichen. Ist es zu alt, um die Führung weiter wahrzunehmen, werden seine Ratschläge dennoch befolgt. In der Schimpansenkolonie im Burgers Dierenpark in Arnheim war es ein altes Weibchen mit Namen Mama, das durch seine

Weisheit großen Einfluß auf das Wohl der Gruppe hatte.
Gerade weil Mama keinen offiziellen Status hatte, den man
ihr hätte streitig machen können, sorgte sie immer wieder für
Aussöhnung und Stabilität. Ihre Position verglich der Forscher Frans de Waal »mit der einer Großmutter in einer spanischen oder chinesischen Familie«. Wenn die Spannungen
in der Gruppe unerträglich wurden, kamen die Widersacher

*Die weise alte
Schimpansin
Mama.*

immer zu ihr, auch die erwachsenen Männchen. So endete mancher Streit zwischen zwei Männchen in ihren Armen. Aber auch die Welt der Schimpansen ist keine Idylle. Werden die Affen wirklich gebrechlich und krank, dann könnten sie buchstäblich auf der Stelle tot umfallen, wenn es nach den anderen ginge.

Elefanten bilden eine Ausnahme. Außer vor dem Tod scheinen sie auch vor dem Alter Respekt zu haben. Das älteste Weibchen weiß am besten, wo in der Trockenzeit noch Wasser zu finden ist, und kennt alle Fluchtwege. Die ganze Herde folgt dieser Matriarchin. Wird sie gebrechlich, wird sie nicht verstoßen – im Gegenteil. In Afrika gab es eine Herde, die von einer blinden sechzigjährigen Elefantenkuh angeführt wurde. Von Helferinnen unterstützt, legte sie anhand von Gerüchen die Wanderroute fest. Als sie schließlich starb, war die ganze Herde wochenlang durcheinander.

Nur in der Gruppe hat ein Tier die Chance, alt zu werden. Je sozialer die Art, desto größer die Chance. Hunde und ihre Verwandten passen genauso selbstverständlich auf ihren Opa auf wie auf ihre Kinder. Sie warten zusammen, bis die Jagdmeute zurückkommt und Nahrung erbricht, zuerst für die Jungen, dann für die Alten und erst dann für die Aufpasser. Tiger brauchen sich von ihren Artgenossen nichts zu erhoffen. Sie sind zu sehr Einzelgänger. Wird ein Tiger altersschwach, dann kann er sich noch eine Zeitlang auf die einfachste Beute verlegen und Menschenfresser werden. Damit ein einziger alter Tiger länger leben konnte, verloren früher Dutzende von Dorfbewohnern in Indien ihr Leben. Heutzutage verhindern die modernen Gewehre, daß man als Menschenfresser alt wird. Wenn man alte Tiger sehen will, muß man in den Zoo. Da das Züchten jetzt immer besser klappt und immer weniger Tiere aus der Wildnis geholt werden müssen, gleichen viele Zoos allmählich Altersheimen. Daß viele Altersheime Zoos zu ähneln scheinen, hat einen anderen Grund.

Alte Affen und Elefanten werden geduldet, weil sie noch Wissen besitzen, von dem die Gruppe profitiert. Viele Antilopen haben im Alter nur noch ihren Körper aufzubieten. Sie werden von der Herde an den Rand gedrängt, wo sie als Blitzableiter für Raubtiere dienen. Die haben es sowieso auf die schwächste Beute abgesehen. Die ältesten gesteht die Herde ihnen zu, aber an die verletzlichen Jungtiere dürfen sie nicht herankommen. Während der Räuber sich mit seinem Sühneopfer aus dem Staub macht, werden die Jungen wie ein kostbarer Schatz in der Mitte der Gruppe umhegt. Honigbienen brauchen keinen Schubs, sie opfern sich selbst. In jungen Wochen verrichten die Arbeiterinnen Hausarbeit im Bienenkorb. Sie geben den Larven zu essen und halten Ordnung. Einkaufen dürfen sie erst nach drei Wochen. Im Verlauf der Wochen verschleißen sie dadurch schnell. Je fleißiger eine Biene ist, desto schneller ist es mit ihr vorbei, und desto eher fällt sie einer Spinne oder einem anderen Bienenfresser zum Opfer. Draußen lauert überall Gefahr, aber die Mitbienen trauern nicht. Bienen gibt es mehr als genug. Solange junge Arbeiterinnen im Bienenkorb aus den Larven neue Arbeiterinnen ziehen, können die alten Arbeiterinnen scharenweise ums Leben kommen. Als Mensch muß man sich daran erst gewöhnen: Wir schicken junge Männer in den Krieg, aber wenn wir uns in einen Ameisenhaufen setzen, sind es die alten Ameisen, die das Hinterteil heben und das unsere mit Gift bespritzen. Man riskiert sein Leben nur, wenn man nicht mehr lange zu leben hat. Der größte Unterschied zwischen ihren sechsbeinigen und unseren zweibeinigen Soldaten besteht übrigens nicht einmal darin, daß es bei ihnen alte Tiere sind, die die Dreckarbeit erledigen, sondern darin, daß es die Weibchen sind. Weibchen sind bei ihnen die zähesten Kämpfer. Und je älter das Weibchen, desto aggressiver ist es. Aber das scheint auch bei uns vorzukommen.

Biologisch betrachtet hat ein alter Mensch schlechte Karten. Seinen Körper will niemand mehr haben, sein Wissen kann direkt ins Museum. Er ist auf die Gnade seiner Mitmenschen angewiesen. Das war's. Wer nimmt in unserer Gesellschaft noch seine alte Mutter bei sich auf? Wer heutzutage seine alten Tage zu Hause verbringen möchte, muß eine Katze oder ein Hund sein. Bei einer Umfrage ergab sich, daß neunundzwanzig Prozent der niederländischen Hunde und sechzehn Prozent der niederländischen Katzen älter als zehn Jahre sind. Alte Tiere werden also nicht wie alte Mütter weggegeben, die Menschen halten ihren Tieren die Treue, bis daß der Tod sie scheidet. Es gibt nicht einmal Katzen- oder Hundealtersheime. Auffangstellen für obdachlose und asylsuchende Schmusetiere sind zwar vorhanden, aber betagte Hunde und Katzen brauchen so etwas nicht. Während alte Menschen von Haus und Hof vertrieben werden, schweigend in einem Aufenthaltsraum sitzen und sich bis zu ihrem Tod das Hinterteil von fremden Rotznasen mit Ringen in den Ohren waschen lassen, liegen hochbetagte Katzen auf ihrem eigenen Kissen am extra für sie angefachten Kamin und schnurren. Auch für alte Pferde und Kühe gibt es Heime, aber die sind schließlich an Gruppenunterkünfte gewöhnt. Das

Pferd als edles Tier bekam in den Niederlanden zuerst sein Altersheim: in Soest. Heime für Kühe sind vor allem in Indien zu finden, aber seit kurzem gibt es auch das Rinderasyl De Leemweg in Zandhuizen. Eine normale Milchkuh wird nach ungefähr fünf Jahren geschlachtet, aber Auserwählte wie die belgische Kuh Claartje dürfen in De Leemweg ihre zwanzig, dreißig Jahre vollenden. Neben ihr ruht sich eine Kuh von den 120 000 Litern Milch aus, die sie im Laufe ihres Lebens gegeben hat. Hier darf sie genießen und muß nichts mehr machen, auch keine Milch. Es ist das gleiche wie mit dem einen Pferd in der Manege, das immer bleiben darf: Alle Karren, die es gezogen hat, werden aufgezählt, die gewonnenen Medaillen, die Mädchen, die auf ihm geritten sind. Es ist der Gipfel der Vermenschlichung. Menschen haben sich ihr Alter ja auch wohlverdient. Den ganzen Tag herumsitzen ist in Ordnung, wenn man früher hart gearbeitet hat. Erst bekommt man einen krummen Rücken von der Arbeit, dann vom Rheuma. Genießen Sie es, sagt die Pflegerin.

Die meisten Alten genießen nicht gern. Sie nörgeln lieber. Darin sind sie nach all den Jahren sehr versiert. Haben Sie endlich zu Ende genörgelt, dann machen alte Frauen etwas, was Frauen häufiger tun, wenn sie zu Ende genörgelt haben: bequeme Schuhe anziehen, in die Stadt gehen und unbequeme Schuhe kaufen. Schuhe, in denen man nicht so alt aussieht. Leider schauen sie sich in der Stadt nicht auch noch ein wenig um. Vielleicht stehen im Zentrum noch viele alte Gebäude, manche davon älter als sie. Das wäre doch schon ein Trost. Aber warum stehen die alten Gemäuer da noch herum? Man hätte doch auch ein Neubauviertel bauen können, eine Einkaufspassage in Marmor, einen schattenspendenden Park, ein Kinocenter. Aber die Menschen sehen lieber ihren alten Marktplatz, ihre Waage, ihre Grachtenhäuser. Sie sind stolz darauf. Stolz auf einen Haufen Steine. Warum? Weil sie wie ein Schwamm Geschichte aufgesogen haben. Menschen brauchen Geschichte, wenn auch nur, um Distanz zur Gegenwart zu bekommen. Man muß, um mit Ivan Illich zu sprechen, die Gegenwart als Zukunft der Vergangenheit betrachten können. Eine alte Stadt gibt einem reichlich Gelegenheit dazu. Die Häuser haben Kriege überstanden, Kinder groß werden sehen, Untergetauchte beherbergt, Feste miterlebt, Heringstonnen aufgenommen. Zum Glück ist ihnen das anzusehen. Alte Häuser strahlen etwas aus, was alte Menschen heutzutage nur noch selten ausstrahlen: Ehrwürdigkeit.

Das Schöne an Ehrwürdigkeit ist, das sie mit dem Alter

wächst. Sie braucht Zeit. Ehrwürdigkeit ist etwas, was zwar ein Rathaus hat, nicht aber ein Bürohochhaus; es ist der Unterschied zwischen dem Weihnachtsmann und dem Nikolaus, zwischen Königin Wilhelmina und Prinz Willem-Alexander. Wer versucht, sie von Anfang an mit einzubauen, landet bei den größenwahnsinnigen Bauwerken Mussolinis oder der kommunistischen Architektur. Man braucht Geduld. Ein paar uralte Säulen auf einem griechischen Hügel beeindrucken mehr als der ganze funkelnagelneue Potsdamer Platz. Das zieht Touristen an, auch wenn sie selbst nicht wissen, warum. Ehrwürdigkeit ist ein Sieg über die Zeit. Sie ist das Gegenteil von Verfall. Sie ist Erfüllung.

Auf dem Gebiet war mein Opa gut. Während manche alten Menschen noch jung aussehen, war er schon jung alt, und das paßte zu ihm. Er war bis hin zu den Gamaschen tadellos gekleidet; im Sommer trug er einen Sommerhut, im Winter einen Winterhut, und zur großen Freude seines Enkels hing an seiner Uhrkette immer der Zigarrenabschneider, eine Guillotine in Taschenformat, die meine Phantasie schon früh anregte. Das Messerchen wurde regelmäßig benutzt, denn ein richtiger Opa raucht Zigarren. Ein Opa, der keine Zigarren raucht, versteht sein Handwerk nicht. Entweder man ist sieb-

Abschied von dem hochbetagten Pferd Corrie, Soest 1962.

279

zig, oder man ist es nicht. Jedes Alter hat seine Rolle. Babys müssen Windeln füllen, Pubertierende müssen ihre Selbstmordneigungen mit Entschlußlosigkeit kompensieren, junge Männer müssen für Ideale durchs Feuer gehen, was sie später bereuen, und alte Menschen müssen alt sein. Ein anderes Alter haben zu wollen als das, was man hat, ist kindisch. Kinder wollen groß werden. Man kann froh sein, wenn das klappt. Wenn aber jemand mit siebzig alles daransetzt, wie ein Fünfzigjähriger auszusehen, wie kann dann ein Dreißigjähriger einem Siebzigjährigen gegenüber Respekt aufbringen? So wird man nie ehrwürdig. Ehrwürdigkeit hat nichts mit Wichtigtuerei und einem Sommerhut zu tun, sondern mit Selbstachtung.

Menschen, die jung bleiben wollen, verlängern ihr Leben nicht, sie verkürzen es. Sie verpassen die zweite Hälfte ihrer Lebenstreppe. Weil das Panorama auf dem Weg nach oben so schön war, trauen sie sich nicht, während des Abstiegs nach unten zu schauen. Es ist, als wollte man nach der Pause nicht mehr in den Theatersaal zurück, weil man fürchtet, das Stück könne zu Ende gehen. Aber das Zuendegehen ist nun einmal das Wesentliche an einem Theaterstück, Film oder Roman. Je schöner die Geschichte ist, um so mehr wünscht man sich, daß sie nie zu Ende geht, und um so schneller möchte man zugleich wissen, wie sie ausgeht. Wie kann einen etwas interessieren, wenn man nicht auf den Ausgang neugierig ist? Was ist spannender, als zu erfahren, wie es mit einem selbst weitergeht? Als Junge wollte ich immer wissen, wie es ist, ein Mädchen zu sein. Nicht aus Unzufriedenheit, sondern weil es schön ist, sich in jemand anderen hineinzuversetzen. Es mußte bei dem Wunsch bleiben. Niemals werde ich am eigenen Leibe erfahren, wie es ist, eine Frau zu sein. Aber jemand anders kann ich dennoch werden. Ich kann ein alter Mann werden. Das scheint mir spannend, denn ein alter Mann bin ich noch nie gewesen. Und erst dadurch werde ich ich selbst. »Je älter man wird, um so mehr gleicht man sich selbst«, lautet eine These in der Dissertation von P. Olinga. Alles, was man in seinem Leben erlebt, hinterläßt seine Spuren, bei jedem Menschen andere. Mit jedem Schritt in Richtung Grab wird man sich selbst ähnlicher, bis man schließlich mit sich selbst verschmilzt. Dann bleibt nichts mehr zu tun. Es ist vollbracht.

FINIS

Henricus Hondius excudit.

Anno 1649

Literatur

Aafjes Bertus: *De karavaan.* Amsterdam 1953.

Abeles, Ronald, P., Helen C. Gift, Marcia G. Ory, (Hrsg.): *Aging and Quality of Life.* New York: Springer 1994.

Alberti, Leon Battista: *Zehn Bücher über die Baukunst.* 1. Aufl. Wien, Leipzig: Heller 1912. Unveränderter Nachdruck Darmstadt: Wissenschaftl. Buchgesellschaft 1975.

Allen, Judy und Jeanne Griffiths: *The Book of the Dragon.* London: Orbis 1979.

Andrew, Warren: *The Anatomy of Aging in Man and Animals.* New York: Grune & Stratton 1971.

Andrews, Carol: *Egyptian Mummies.* London: British Museum Publications 1984.

Andrews, Michael: *The Life that Lives on Man.* London Faber & Faber 1976.

Arber, Sara und Jay Ginn: *Gender and Later Life.* London: Sage 1991.

Ariès, Philippe: *Bilder zur Geschichte des Todes.* München: Hanser 1984.

Ariès, Philippe: *Geschichte des Todes.* München: Hanser 1980.

Ariès, Philippe: *Studien zur Geschichte des Todes im Abendland.* München: Hanser 1976.

Aristoteles: *De longitudine et brevitate vitae.* In: *Werke in deutscher Übersetzung in 37 Bänden.* Herausgegeben von: Flasher, Hellmut; Band 14, Teil 3: *Parva naturalia. Kleine naturwissenschaftliche Schriften. De Imsomniis de divinatione per somnun.* Vorw. und Bearb. von Eijk, Philip J. van der. Berlin: Akademie Verlag 1994.

Arking, Robert: *Biology of Aging – Observations and Principles.* Eglewood Cliffs (N. J.): Prentice-Hall 1991.

Barbier, Patrick: *Histoire des castrats.* Paris: Grasset 1989.

Bartels, Dieter: *Ambon is op Schiphol – Socialisatie, identiteitsontwikkeling en emancipatie bij Molukkers in Nederland.* Leiden, Utrecht: Centrum voor Onderzoek van Maarschappelijke Tegenstellingen en Inspraakorgaan Welzijn Molukkers 1990.

Barthélemy, Guy: *Les jardiniers du roy – Petite histoire du Jardin des Plantes de Paris.* Le Vey Clecy: Pélican Amitié et Civilisation 1979.

Beaufort, C. C. Th. de: *Het behouden van bouwwerken uit de oudheid.* Haarlem: De erven F. Bohn 1969.

Beauvoir, Simone de: *Das Alter.* Reinbek: Rowohlt 1972.

Beek, James und Michael Daley: *Art Restoration – The Culture, the Business and the Scandal.* London: John Murray 1993.

Benjaminse, M. E. und I. C. Laboyrie: *De wasmodellen van Petrus Koning.* Utrecht: Universiteitsmuseum 1985.

Berenbaum, May R.: *Blutsauger, Staatsgründer, Seidenfabrikanten: die zwiespältige Beziehung von Mensch und Insekt.* Heidelberg, Berlin, Oxford: Spektrum Akademischer Verlag 1997.

283

Berends, Rob: *Monumentenwijzer.* Den Haag: Sdu 1995.

Berg, Arie van den: *Van binnen moet je wezen.* Amsterdam: De Arbeiderspers 1989.

Bergeon, Ségolène: *Science et patience – Ou la restauration des peintures.* Paris: Réunion des Musées Nationaux 1990.

Bergvelt, Ellinoor und Renée Kistemaker (Hrsg.): *De wereld binnen handbereik – Nederlandse kunst – en rariteitenverzamelingen, 1585–1735.* Zwolle, Amsterdam: Waanders er. Amsterdams Historisch Museum 1992.

Berk, Marjan: *Koken met kraaiepoten.* Wormer: Imerc 1993.

Bertin, Léon u. a.: *Buffon.* Paris: Le Muséum National d'Historie Natuelle 1952.

Blunt, Wilfried: *The Complete Naturalist – A Life of Linnaeus.* London: Collins 1971.

Boeke, J.: *Problemen der onsterfelijkheid – Leven, dood, levensduur en onsterfelijkheid, biologisch beschouwd.* Amsterdam: Meulenhoff 1941.

Boheemen, Petra van und Paul Dirkse: *Duivels en demonen – De duivel in de Nederlandse beeldcultuur.* Utrecht. Museum Het Catharijneconvent 1994.

Bonner, John Tyler: *Evolution und Entwicklung. Reflexionen eines Biologen.* Braunschweig, Wiesbaden: Vieweg 1995.

Boonen, Christianne: *Een steenhard bestaan – Zeldzame muurbegroeiing langs Utrechtse grachten.* Utrecht: Westers 1982.

Bowden, Douglas M (Hrsg.): *Aging in Nonhuman Primates.* New York u. a.: Van Nostrand Reinhold 1979.

Bradbeer, J. W.: *Sees Dormancy and Germination.* Glasgow: Chapman & Hall 1988.

Brand, Stewart: *How Buildings Learn – What Happens after They 're Built.* Harmondsworth: Penguin 1994.

Brink, R. H. S. van den: *Attitude and Illness Behaviour in Hearing Impaired Elderly.* Dissertation Groningen 1995.

Brodie, Harold J.: *Fungi – Delight of Curiosity.* Toronto, Buffalo, London: University of Toronto Press 1978.

Bronswijk, Johanna E. M. H. van: *House Dust Biology – For Allergists, Acarologists and Mycologists.* Zeist: NIB 1981.

Brookbank, John W.: *The Biology of Aging.* New York: Harper & Row 1990.

Brophy, John: *The Human Face Reconsidered.* London u. a.: George G. Harrap & Co. 1962.

Brothwell, Don: *The Bog Man and the Archaeology of People.* Cambridge (Mass.): Harvard University Press 1987.

Burnet, Frank M.: *Intrinsic Mutagenesis – A Genetic Approach to Aging.* New York: J. Wiley & Sons 1974.

Burton, Maurice: *Living Fossils.* London: Readers Union/Thames and Hudson 1956.

Buss, Leo W.: *The Evolution of Individuality.* Princeton (N. J.): Princeton University Press 1987.

Bustad, Leo K.: *Animals, Aging and the Aged.* Minneapolis: University of Missesota Press 1980.

Calder, William A.: *Size, Function and Life History.* Cambridge (Mass.): Harvard University Press 1984.

Camporesi, Piero: La carne impassibile. Mailand: Il Saggiatore 1983.

Cantor, Norman: *Medieval History – The Life and Death of a Civilisation.* New York: MacMillan 1963.

284

Chapman, Philip: *Caves and Cave Life*. London u. a.: HarperCollins 1993.

Chargesheimer: *Schöne Ruinen*. Köln: Wienand 1994.

Charlesworth, Brian: *Evolution in Age-structured Populations*. Cambridge: Cambridge University Press 1980.

Child, Charles Manning: *Senescence and Rejuvenescence*. Chicago: Chicago University Press 1915.

Christensen, Clyde C.: *The Molds and man*. Minneapolis: University of Minnesota Press 1972.

Cobb, Gerald: *English Cathedrals – The Forgotten Centuries*. London: Thames & Hudson 1980.

Cole, Thomas R. und Mary G. Winkler, (Hrsg.): *The Oxford Book of Aging*. Oxford, New York: Oxford University Press 1994.

Comfort, Alex: *The Biology of Senescence*. Edinburgh: Churchill Livingstone 1979.

Cool, Cath. und H. A. A. van der Leek: Paddestoelenboek (1913). Amsterdam, Batavia, Paramaribo: W. Versluys 1936.

Cornaro, Alvise: *The Art of Living Long*. Milwaukee: Butler 1918.

Cottrell, Leonhard: *Verschollene Königreiche*. Stuttgart: Diana Verlag 1959.

Curtis, Howard J.: *Das Altern: Die biologischen Vorgänge*. Stuttgart: Fischer 1968.

Dale-Green, Patricia: *Cult of the Cat*. New York: Weathervane 1963.

Dante Alighieri: *Die göttliche Komödie*. Deutsch von Friedrich Freiherr von Falkenhausen. Frankfurt: Insel Verlag 10. Aufl. 1994.

Darlington, A.: *Ecology of Walls*. London: Heinemann Educational Books 1981.

David, Rosalie und Eddie Tapp: *Evidence Embalmed – Modern Medicine and the Mummies of Ancient Agypt*. Manchester: Manchester University Press 1984.

Davidson, Gustav: *A Dictionary of Angels – Including the Fallen Angels*. New York, London: The Free Press and Collier-MacMillan 1967.

Davies, Kenneth S. und John A. Day: *Das Wasser, der Spiegel der Wissenschaft. Physik und Wasser*. München, Wien, Basel: Desch 1961.

Davis, Kathy: *Reshaping the female Body: The Dilemma of Cosmetic Surgery*. New York: Routledge 1994.

Dawkins, Richard: *Der blinde Uhrmacher. Ein neues Plädoyer für den Darwinismus*. München: Kindler 1987.

Dekkers, Midas: *Bestiarium*. Amsterdam: Bert Bakker 1977.

Dekkers, Midas und Han van Hagen: *Gekorven diertjes*. Heusden: Aldus 1983.

Dekkers, Midas und Han van Hagen: *Mummies*. Amsterdam: Contact 1986.

Dekkers, Midas: *Cahier ECOS – Mens, energie & milieu*. Den Haag: Museon/Ministerie VROM 1987.

Dekkers, Midas: *Geliebtes Tier. Die Geschichte einer innigen Beziehung*. München: Hanser 1994.

Denslagen, Willem Frans: *Omstreden herstel – Kritiek op het restaureren van monumenten*. Den Haag: Staatsuitgeverij 1987.

Deth, Louise van und Johanne Radersma: *Dwars door de overgang*. Amsterdam: Meulenhoff 1995.

DiGiovanna, Augustine Gaspar. *Human Aging – Biological Perspectives*. New York u. a.: McGraw-Hill 1994.

Douglas, Mary: *Reinheit und Gefährdung. Eine Studie zu Vorstellungen von Verunreinigung und Tabu*. Frankfurt/Main: Suhrkamp 1988.

Draaisma, Douwe: *Het verborgen raderwerk – Over tijd, machines en bewustzijn.* Baarn: Ambo 1990.

Drewermann, Eugen: *Über die Unsterblichkeit der Tiere. Hoffnung für die leidende Kreatur.* Olten, Freiburg: Walter 1990.

Drimmer, Frederick: *Very Special People. The Struggles, Loves and Triumphs of Human Oddities.* New York: Amjon 1973.

Dunning, Arend Jan: *Extreme Betrachungen zum menschlichen Verhalten.* Frankfurt: Eichborn 1993.

Evans. Howard Ensign: *Life on a Little-known Planet.* Chicago, London: The University of Chicago Press 1968.

Everdingen, J. J. E. van und N. S. Klazinga: *Maat en getal in taal en teken. Geneeskundig gestoei met cijfers en letters.* Untrecht, Antwerpen: Bohn, Cheltema & Holkema 1988.

Everdingen, J. J. E. van (Hrsg.): *Beesten van mensen. Microben en macroben als intieme vijanden.* Overveen: Belvédère 1992.

Ex, Nicole: *Zo goed als oud. De achterkant van het restaureren.* Amsterdam: Amber 1993.

Faas, P. C. P.: *Rond de tafel der Romeinen. Met meer dan 150 originele recepten.* Diemen: DOMUS 1994.

Farson, Daniel und Angus Hall: *Vampires, Zombies and Monstermen. Monsters and Mythic Beasts.* London: Aldus 1975.

Feltkamp, C.: *De begrafenismoeilijkheden in 1945 te Amsterdam.* Amsterdam: Bureau voor Pers, Propaganda en Vreemdelingenverkeer o. J.

Fenema, Joyce van: *Wat dacht je van een nieuw lijf? – Alles over esthetische plastische chirurgie.* Den Haag: BZZTôH 1995.

Ferraro, K. F. (Hrsg.): *Gerontology. Perspectives and Issues.* New York: Springer 1990.

Fiedler, Leslie: *Freaks. Myths and Images of the Secret Self.* New York: Simon and Schuster 1978.

Finch, Caleb E.: *Longevity, Senescence and the Genome.* Chicago, London: The University of Chicago Press 1990.

Franssen, Maarten: *Archimedes in bad. Mythen en sagen uit de geschiedenis van de wetenschap.* Amsterdam: Prometheus 1990.

Frisch, Karl von: *Zehn kleine Hausgenossen.* München: Ernst Heimeran 1940.

Garfield, Sydney: *Teeth, Teeth, Teeth. A Treatise on Teeth and Related Parts of Man, Land & Water Animals from Earth's Beginning to the Future of Time.* New York: Simon & Schuster 1969.

Godwin, Malcolm: *Engel. Ein bedrohte Art.* Frankfurt: Zweitausendeins 1991.

Gordon, David George: *The Complete Cockroach. A Comprehensive Guide to the Most Despised (and Least Understood) Creature on Earth.* Berkeley (Cal.): Ten Speed Press 1996.

Goudsmit, Samuel A. und Robert Claiborne: *Die Zeit.* Frankfurt: Time-Life International 1967.

Gould, Stephen Jay: *Der Daumen des Panda. Betrachtungen zur Naturgeschichte.* Basel, Boston, Stuttgart: Birkhäuser 1987.

Gould, Stephen Jay: *Wie das Zebra zu seinen Streifen kommt. Essays zur Naturgeschichte.* Basel, Boston, Stuttgart: Birkhäuser 1986.

Gould, Stephen Jay: *Der falsch vermessene Mensch.* Frankfurt: Suhrkamp 1988.

Gould, Stephen Jay: *Die Entdeckung der Tiefenzeit. Zeitpfeil oder Zeitzyklus in der Geschichte unserer Erde.* München: Hanser 1990.

Gould, Stephen Jay: *Illusion Fortschritt. Die vielfältigen Wege der Evolution.* Frankfurt: Fischer 1998.

Grijp, Louis Peter, Everdien Hoek und Annemies Tambour (Hrsg.): *De dodendans in de kunsten.* Utrecht: HES 1989.

Haagsma, Ids und Hilde de Haan: *Architekten-Wettbewerbe. Internationale Konkurrenzen der letzten 200 Jahre.* Stuttgart: DVA 1988.

Habermehl, Karl-Heinz: *Die Altersbestimmung bei Haus- und Labortieren.* Berlin, Hamburg: Paul Parey 1975.

Haire, Norman: *Rejuvenation: The Work of Steinach, Voronoff and Others.* London: George Allen and Unwin 1924.

Haldane, John Burdon Sanderson: *On Being the Right Size and Other Essays.* Oxford, New York: Oxford University Press 1985.

Hamilton, David: *The Monkey Gland Affair.* London: Chatto & Windus 1986.

Haneveld, G. T.: *Het mirakel van het hart.* Baarn: Ambo 1991.

Hapgood, Fred: *Why Males Exist. An Inquiry into the Evolution of Sex.* New York: William Morrow and Company 1979.

Hart, Maarten 't: *Ratten. Over het gedrag, de leefwijze en het leervermogen van de rat, over de rattenbestrijding en de rattenkoning. Met enkele aanwijzingen voor het houden van de rat als huisdier.* Amsterdam: Wetenschappelijke uitgeverij 1973.

Hartnack, Hugo: *Unbidden House Guests.* Tacoma (Wash.): Hartnack 1943.

Hawking, Stephen: *Eine kurze Geschichte der Zeit. Die Suche nach der Urkraft des Universums.* Reinbek: Rowohlt 1988.

Hayflick, Leonhard: *Auf ewig jung? Ist unsere biologische Uhr beeinflußbar?* Köln: vgs 1996.

Hazelzet, Korine: *Heethoofden, misbaksels en halve garen. De bakker van Eeklo en de burgermoraal.* Zwolle: Catena 1988.

Hazelzet, Korine: *De levenstrap.* Zwolle: Catena o. J.

Hellema, Henk: *Geur en gedrag.* Amsterdam: De Brink 1994.

Henderson, Michael: *The BMA Guide to Living with Risk.* New York: John Wiley & Sons 1987.

Hendrickson, Robert: *More Cunning than Man. A Social History of Rats and Men.* New York: Dorset Press 1983.

Hepkema, Jacob: *Wieuwerd en zijn historie (1896).* Oosterend: Van der Eems 1977.

Herodot: *Historien. Griechisch-deutsch.* Herausgegeben von Josef Feix. München, Zürich: Artemis Verlag.

Hickin, Norman E.: *Termites. A World Problem.* London: Hutchinson 1971.

Hickin, Norman E.: *Bookworms. The Insect Pests of Books.* London: Sheppard Press 1985.

Hillenius, Dick: *Het romantisch mechaniek.* Amsterdam: De Arbeiderspers 1969.

Hillenius, Dick: *De hand van de slordige tuinman.* Amsterdam: G. A. van Oorschot 1996.

Howell, Michael und Peter Ford: *The True History of the Elephant Man.* London: Allison & Bushby 1980.

Jackson, John Brinckerhoff: *The Necessity for Ruins. And Other Topics.* Amherst. The University of Massachusetts Press 1980.

Jacobs, Jane: *Tod und Leben großer amerikanischer Städte.* Berlin: Ullstein 1963.

James, J.: *Celveroudering en celdood*. Amsterdam: Amsterdam University Press 1994.

Johnson, Julia und Robert Slater (Hrsg.): *Ageing and Later Life*. London, Thousand Oaks, New Delhi: Sage Publications 1993.

Jones, Steve: *Die Botschaft der Gene. Evolution als Erblast und Chance*. München, Leipzig: List 1995.

Jones, Steve: *In the Blood. God, Genes and Destiny*. London: HarperCollins 1996.

Joost, Th. van und L. Reijnders: *Milieu en huid. De huid als spiegel van het milieu*. Meppel, Amsterdam: Boom 1992.

Joost, Th. van und J. J. E. van Everdingen: *Meer dan huid alleen. Cultuurhistorische verkenningen*. Amsterdam, Overveen: Boom en Belvedère 1996.

Kievit, C. Joh.: *Het slot op den Hoef*. Amsterdam: Van Holkema en Warendorf, 7. Aufl. 1937.

Klijn, E. M. Ch. F.: *Ratten, muizen en mensen. De bestrijding van ratten en muizen in het verleden*. Arnhem, Zutphen: Het Nederlands Openluchtmuseum en Terra 1979.

Knipping, John B.: *Pieter Bruegel de Oude. De val der opstandige engelen*. Leiden: L. Stafleu 1949.

Knutson, Roger M.: *Furtive fauna. A Field Guide to the Creatures Who Live on You*. New York: Penguin Books 1992.

Koch, Tankred: *Lebendig begraben*. Leipzig: Edition Leipzig 1990.

Köhler, Wim: *Lang en gelukkig? Levensverwachting en doodsoorzaken van Nederlanders*. Utrecht, Antwerpen: Kosmos 1992.

Kohn, Robert R.: *Principles of Mammalian Aging*. Englewood Cliffs (N. J.): Prentice Hall 1978.

Köster-Lösche, Kari: *Die sieben Todesseuchen. Von Pest bis Aids – Vom Altertum bis heute*. Husum/Nordsee: Cobra 1989.

Kousbroek, Rudy: *De onmogelijke liefde*. Amsterdam: Meulenhoff 1988.

Kreienbühl, Jürg: *Le monde merveilleux de la Galerie de Zoologie*. Basel: Galerie Specht 1988.

Kruit, Wilfred und Govert Schilling. *Dimensies in de natuur*. Amsterdam: Aramith 1987.

Kruit, Wilfred: *Leeftijd. Een speurtocht naar de biologische oorzaken van veroudering*. Amsterdam, Antwerpen: Contact 1996.

Krutch, Joseph Wood: *The Great Chain of Life*. Boston: Houghton Mifflin 1956.

Kruyt, W.: *Wat groeit en bloeit op oude muren*. Zutphen: Thieme 1987.

Kurtén, Björn: *How to Deep-freeze a Mammoth*. New York: Columbia University Press 1986.

Laermans, Rudi: *Individueel vlees. Over lichaamsbeelden*. Amsterdam: De Balie o. J.

Lam, Ineke: *De mythe van het »lege nest«. Over echtpaarrelaties als de kinderen het huis uit zijn*. Dissertation Utrecht 1994.

Landau, Terry: *Von Angesicht zu Angesicht. Was Gesichter verraten und was sie verbergen*. Heidelberg, Berlin, Oxford: Spektrum Verlag.

Laslett, Peter: *Das dritte Alter. Historische Soziologie des Alterns*. Weinheim, München: Juventa Verlag 1995.

Leche, Wilhelm: *Der Mensch. Sein Ursprung und seine Entwicklung*. Jena:. Gustav Fischer 1911.

Levy, Matthys und Mario Salvadori: *Why Buildings Fall Down. How Structures Fail*. New York, London: W. W. Nortin & Company 1994.

Liederkerke, Anne-Claire de und Hans Devisscher (Hrsg.): *Fiamminghi a Roma 1508/1608. Kunstenaars uit de Nederlanden en het prinsbisdom Luik te Rome tijdens de renaissance*. Brüssel, Gent: Vereniging voor tentoonstellingen van het Paleis voor Schone Kunsten en Snoeck-Ducaju & Zoon 1995.

Lodrick, Deryck O.: *Sacred Cows, Sacred Places*. Berkeley, Los Angeles, London: University of California Press 1981.

Lowenthal, D. (Hrsg.): *Our Past Before Us. Why do We Save it?* London: Temple Smith 1981.

Macaulay, Rose und Roloff Beny: *Pleasure of Ruins*. London: Thames & Hudson, Reprint 1966.

Mak, Geert: *De engel van Amsterdam*. Amsterdam: Atlas 1992.

McDannell, Colleen und Bernhard Lang: *Der Himmel. Kulturgeschichte des ewigen Lebens*. Frankfurt: Suhrkamp 1990.

McGee, Harold: *On Food and Cooking. The Science and Lore of the Kitchen* (1984). London, Syndney: Unwin Hyman 1987.

McGrady, Patrick M.: *The Youth Doctors*. London: Arthur Barker 1969.

McHargue, Georges S.: *Mummies*. Lippincott Philadelphia 1972.

McMahon, Thomas A. und John Tyler Bonner: *Form und Leben. Konstruktionen vom Reißbrett der Natur*. Heidelberg: Spektrum der Wissenschaft 1985.

Medawar, Peter B.: *Aging. An Unsolved Problem of Biology*. London: H. K. Lewis 1952.

Medawar, Peter B.: *Die Einmaligkeit des Individuums*. Frankfurt: Suhrkamp 1969.

Meeuse, Bastiaan und Sean Morris: *Blumen-Liebe. Sexualität und Entwicklung der Pflanzen*. Köln: DuMont 1984.

Middelkoop, Norbert: *De anatomische les van Dr. Deijman*. Amsterdam: Amsterdamsch Historisch Museum 1984.

Minois, Georges: *History of Old Age. From Antiquity to the Renaissance*. Cambridge: Polity Press 1989.

Moore-Ede, M. C., F. M. Sulzmann und Ch. A. Fuller: *The Clocks that Time Us*. Cambridge (Mass.), London: Harvard University Press 1982.

Morgan, Elaine: *The Scars of Evolution*. London u. a.: Penguin Books 1991.

Morowitz, Harold J.: *Entropy and the Magic Flute*. New York, Oxford: Oxford University Press 1993.

Mostafavi, Mohsen und David Leatherborrow: *On Weathering. The Life of Buildings in Time*. Cambridge (Mass.), London: MIT 1993.

Moudon, Anne Vernez: *Built for Change*. Cambridge (Mass.), London: MIT 1986.

Nater, Johan P.: *De dood is in de pot, man gods! Ziekte en genezing in de bijbel*. Rotterdam: Erasmus Publishing 1994.

Nesse, Randolph M. und George C. Williams: *Warum wir krank werden. Die Antworten der Evolutionsmedizin*. München: Beck 1997.

Niesthoven, J. C.: *Informatie in woord en beeld over schadelijke en lastige dieren in en om het huis*. Amsterdam: Moussault's Uitgeverij 1970.

Niesthoven, J. C.: *Enge beestjes in huis. Over ratten en muizen, faraomieren, spinnen...* Amsterdam, Antwerpen: Kosmos 1979.

Noodén, L. D. und A. C. Leopold: *Senescence and Aging in Plants*. New York: Academic Press 1988.

Nijhoff, Peter u. a.: *Langs pakhuizen, fabrieken en watertorens*. Utrecht, Antwerpen: Kosmos 1991.

Nijhoff, Peter und Gerlo Beernink: *Industrieel erfgoed. Nederlandse monumenten van industrie en techniek.* Utrecht, Wormer: Teleac en Immerc 1996.

Oddy, Andrew (Hrsg.): *The Art of the Conservator.* London: British Museum Press 1992.

Oei, Loan (Hrsg.): *Indigo. Leven in een kleur.* Weesp: Fibula-Van Dishoeck 1985.

Ordish, George: *The Living House.* London: Rupert Hart-Davis 1960.

Pagels, Elaine: *Adam, Eva und die Schlange. Die Geschichte der Sünde.* Reinbek: Rowohlt 1994.

Patterson, J. H.: *The Man-eaters of Tsavo. And other East African Adventures* (1907). London, Glasgow: Fontane, Collins 1973.

Penninx, Kees: *Beeldvorming over ouder worden.* Houten, Diegem: Bohn Stafleu Van Loghum 1995.

Pierce, Benjamin A.: *The Family Genetic Sourcebook.* New York u. a.: John Wiley & Sons 1990.

Piras, Susanne (Hrsg.): *Latrines. Antieke toiletten, modern onderzoek.* Meppel: Edu'Actief 1994.

Pleij, H.: *Het gilde van de blauwe schuit. Literatuur, volksfeest en burgermoraal in de late middeleeuwen.* Amsterdam: Meulenhoff 1983.

Preston, Douglas J.: *Dinosaurs in the Attic. An Excursion Into the American Museum of Natural History.* New York: St. Martin's Press 1986.

Purcell, Rosamond Wolff und Stephen Jay Gould: *Illuminations. A bestiary.* New York, London: W. W. Norton & Company 1986.

Purcell, Rosamond Wolff und Stephen Jay Gould: *Finders, Keepers. Eight Collectors.* London: Hutchinson Radius 1992.

Rademaker, L. A.: *Crematie en het crematorium te Velzen.* Amsterdam: A. J. G. Strengholt 1940.

Rammeloo, J. (Hrsg.): *De huiszwam en andere schadelijke zwammen in gebouwen.* Meise: Nationale Plantentuin von België 1989.

Rawie, Jean Pierre: *Woelig stof.* Amsterdam: Bert Bakker 1989.

Reumer, Jelle W. F. und Kees Moeliker: *Depotographie. Bizarre fotos's uit het Natuurmuseum-depot.* Fotos von Sandi Warnaar. Rotterdam: Natuurmuseum 1991.

Ricklefs, Robert E. und Caleb D. Finch: *Altern. Evolutionsbiologie und medizinische Forschung.* Heidelberg, Berlin, Oxford: Spektrum Akademischer Verlag 1996.

Rietveld, W. J.: *Biologische ritmen. Een inleiding in de chronobiologie.* Utrecht, Antwerpen: Bohn, Scheltema & Holkema 1984.

Robertson, James: *The Complete Bat.* London: Chatto & Windus 1990.

Rose, Kenneth Jon: *Die menschliche Uhr. Von der Geburt bis zum Tod – die Abläufe in unserem Körper.* Hamburg: Rasch und Röhring 1991.

Rose, Michael R.: *Evolutionary Biology of Aging.* New York, Oxford: Oxford University Press 1991.

Rosebury, Theodor: *Life on Man.* London: Martin Secker & Warburg 1969.

Rossi, Paolo: *The Dark Abyss of Time. The History of the Earth and the History of nations from Hooke to Vico.* Chicago, London: University of Chicago Press 1984. Übersetzung aus dem Italienischen: I segni del tempo. Mailand: Feltrinelli 1979.

Rümke, H. G.: *Levenstijdperken van de man.* Amsterdam: De Arbeiderspers 1938.

Russell, Jeffrey Burton: *Lucifer. The Devil in the Middle Ages.* Ithaca, London: Cornell University Press 1984.

290

Ryder, Michael L.: *Hair*. London: Edward Arnold 1973.

Schäfer, Rudolf: *Der ewige Schlaf. Visages de morts*. Hamburg: Keller 1989.

Schama, Simon: *Der Traum von der Wildnis. Natur als Imagination*. München: Kindler 1996.

Schneepmaker, Nico: *Over alles*. Amsterdam: Nijgh & van Ditmar 1991.

Segal, Sam: *Flowers and Nature. Netherlandish Flower Planting of Four Centuries*. Amsterdam: Hijnk International 1990.

Senden, Leo: *Bewoners van krotten en achterbuurten*. Antwerpen u. a.: Boekhandel de Standaard, Vlaamsche Boekcentrale 1936.

Sliggers, B. C. und A. G. van der Steur: *Portretten van Nederlandse »Honderdjarigen«*. Haarlem: Teylers Museum 1989.

Slijper, Everhard J.: *De geheimen van reuzen en dwergen in het dierenrijk*. Leiden: A. W. Sijthoff 1964.

Smit, Pieter: *Artis. Een Amsterdamse tuin*. Amsterdam: Rodopi 1988.

Smith, Anthony: *The Body*. London: George Allen & Unwin 1968.

Snijders, J. Th. (Hrsg.): *Laat seizoen. Gedichten voor ouderen*. Houten: Agathon 1989.

Sparks, John: *The Sexual Connection*. Newton Abbot, Devon: David & Charles 1977.

Stavenuiter, Monique, Karin Bijsterveld und Saskia Jansens (Hrsg.): *Lange levens, stille getuigen. Oudere vrouwen in het verleden*. Zutphen: Walburg Pers 1995.

Stearn, William T.: *The Natural History Museum at South Kensington. A History of the British Museum (Natural History) 1753–1980*. London: Heinemann 1981.

Stearns, Stephen C.: *The Evolution of Life Histories*. Oxford, New York, Tokio: Oxford Universiy Press 1992.

Stewart Alison G.: *Unequal Lovers. A Study of Unequal Couples in Northern Art*. New York: Abaris Books 1979.

Stoddart, Michael: *The Scented Ape. The Biology and Culture of Human Odour*. Cambridge u. a.: Cambridge University Press 1990.

Strehler, Bernard L.: *Time, Cells, and Aging*. New York: Academic Press 1977.

Stubbe, Hannes: *Formen der Trauer*. Berlin: Reimer 1985.

Stuijvenberg, Willem van: *De toekomst van het ouder worden. Praktische gids voor gepensioneerden*. Baarn: Tirion 1988.

Suzman, Richard M., David P. Willis und Kenneth G. Manton (Hrsg.): *The Oldest Old*. New York, Oxford: Oxford University Press 1992.

Swain, John: *A History of Torture* (1931). London: Tandem Books 1965.

Swift, Jonathan: *Ausgewählte Werke 3: Gullivers Reisen*. Frankfurt: Insel 1972.

Thomas, Carmen: *Ein ganz besonderer Saft: Urin*. Köln: vgs 1993.

Thomas, Carmen: *Berührungsängste? Vom Umgang mit der Leiche*. Köln: vgs 1994.

Thomas, Lewis: *Een brein op een miljoen pootjes*. Amsterdam: Contact 1987.

Thomson, G.: *The Museum Environment*. London: Butterworths 1978.

Thomas, Keith Stewart: *Living Fossil. The Story of the Coelacanth*. London u. a.: Hutchinsion Radius 1991.

Thornton, Peter und Heln Dorey: *A Miscellany of Objects from Sir John Soane's Museum. Consisting of Paintings, Architectural Drawings and Other Curiosities from the Collection of Sir John Soane*. Laurence King 1992.

Thijsse, Jac. P.: *Paddestoelen*. Zaandam: Verkade's Fabrieken 1929.

Töpffer, Rudolphe: *Die Abenteuer des Herrn Cryptogam.* Reinbek: Rowohlt 1956. Unveränderter Nachdruck: Zürich, Hildesheim, New York: Olms 1993.

Toth-Ubbens; Magdi: *Verloren beelden van miserabele bedelaars. Leprosen, armen, geuzen.* Lochem, Gent: De Tijdstroom 1987.

Trimmer, Eric J.: *Rejuvenation. The History of an Idea.* London: Robert Hale 1967.

Tudge, Colin: *The Food Connection. The BBC Guide to Healthy Eating.* London: BBC 1985.

Turner, Alice K.: *The History of Hell.* New York, San Diego, London: Harcourt Brace & Company 1993.

Veen, Hanneke van (Hrsg.): *Het hergebruikboek. Dubbellang plezier van duizend en een dingen.* Boxtel: De Kleine Aarde 1980.

Vervoorn, Richard (Hrsg.): *Noorderkerk Amsterdam. Bouw, interieur, orgel, restauratie, functie.* Amsterdam: Stichting Vrienden van de Noorderkerk 1992.

Vevers, Gwynne: *London's Zoo. An Anthology to Celebrate 150 Years of the Zoological Society of London, With Its Zoos at Regent's Park in London and Whipsnade in Bedfordshire.* London, Syndney, Toronto: The Bodley Head 1976.

Vogel, Steven: *Vital Circuits. On Pumps, Pipes, and the Workings of Circulatory Systems.* New York, London: Oxford University Press 1992.

Voûte, A. M. und C. Smeenk: *Vleermuizen.* Zwolle: Waanders 1991.

Waal, Frans de: *Unsere haarigen Vettern. Neueste Erfahrungen mit Schimpansen.* München: Harnack 1983.

Waal, M. de: *Dieren in de volksgeneeskunst.* Antwerpen: De Vlijt o. J.

Ward, Peter Douglas: *Der lange Atem der Nautilus oder warum lebende Fossilien noch leben.* Heidelberg, Berlin, Oxford: Spektrum Akademischer Verlag 1993.

Warren, Nigel: *Metal Corrosion on Boats.* London: Stanford Maritime 1980.

Weisman, Avervy D.: *On Dying and Denying. A Psychiatric Study of Terminality.* New York: Behavioral Publications 1972.

Wetenschappelijke Raad voor het Regeringsbeleid: *Duurzame risico's. Een blijvend gegeven.* Den Haag: Sdu 1994.

Whitbourne, Susan Krauss: *The Aging Body. Physiological Changes and Psychological Consequences.* New York: Springer 1985.

Whitrow, G. J.: *Natural Philosophy of Time.* Oxford: Clarendon Press. 2. Aufl. 1980.

Wilmink, Willem: *Verzamelde liedjes en gedichten.* Amsterdam: Bert Bakker 1986.

Wissen, Ben van (Hrsg.): *Dodo (Raphus cullatus) (Didus ineptus).* Amsterdam: ISP, Zoologisch Museum 1995.

Wood, Gerald L.: *The Guinness Book of Animal Facts and Feats.* Enfield: Guiness Superlatives 1972.

Young, John Z.: *An Introduction to the Study of Man.* Oxford u. a.: Oxford University Press 1971.

Zeuner, Frederick E.: *Dating the Past. An Introduction to Geochronology.* London: Methuen & Co. 1946.

Zinsser, Hans: *Rats, Lice and History* (1935). New York: Pocket Books 1945.

Zomeren, Koos van: *Het scheepsorkest.* Amsterdam: De Arbeiderspers 1989.

Bildnachweis

3 Philippe de Champaigne (1602–1674), Vanitas.
6 Joost Swarte, Zeichnung, 1994. (© Joost Swarte).
9 Anonym, ca. 1640.
13 Anonym, Holzschnitt, Deutschland, ca. 1470.
14–15 Anonym, Deutschland, 15. Jh.
16 Rhonald Blommestijn, Zeichnung 1996.
18 Foto George Burggraaf.
23 Foto C. P. Carbo, 1956.
24 Foto Mark Weller.
27 John Jennens, Lithographie, 1862 (Mary Evans).
30 Foto G. Riebicke, aus: Hans Surén, *Mensch und Sonne*. Berlin 1936.
32 Charles Louis Clérisseau (1721–1820), gezeichnet auf dem Nerva-Forum in Rom.
34 Foto Coen Gravendaal.
35 Jacob Matham nach Hendrik Goltzius, Gestrandeter Wal bei Berckhey, 1598.
36 Foto ABC Press.
37 Foto Simon Marsden, Clonony Castle, Irland.
38 Rom, Gabinetto dei Disegni delle Stampe. Inv.nr. FN 491.
40 Vaduz, Sammlung des Regierenden Fürsten von Liechtenstein.
41 Berlin, Staatliche Museen, Kupferstichkabinett, Sammlung der Zeichnungen und Druckgraphik. Inv.nr. KdZ 12918.
42 Aus: G. van Laar, *Magazijn van tuin-sieraaden*. Amsterdam, 1802.
43 Foto Sam Wagenaar/NFA, Berlin, Juli 1945.
44 Foto Chargesheimer, St. Alban, ca. 1949.
45 Arthur Rackham, 1935 (Mary Evans).
47 Foto Jaap Hoogenboom/Natura.
49 Foto George Bruggraaf.
50 –51 Aus: M. Godwin, *Angels. An endangered species*. London, 1990.
50 Johann Nussbiegel, Gravur nach G. Dadelbeck, *Vampyrum spectrum*.
53 Foto Kees Hageman.
58 Foto Charles Breijer/NFA, ca. 1938.
60 Foto Ed van der Elsken/NFA.
61 H. Saftleven, Zeichnung, 1674–1677.
64 Fotos H. Chandlee Foreman, 1956, 1959, 1961, 1965.
66 Foto aus der Zeit vor 1875, Giseh, die Große Sphinx.
69 Foto B. Rheims, 1992.
72 Wien, Albertina, Inv.nr. 1926/1779.
75 Foto Simon Marsden, Skulptur in Toddington Manor, Gloucester-shire.
77 Foto R. Harding Picture Library.
80 Foto Frits van Daalen/Natura.

83 Foto M. Wolf/ABC Press.

84 – 85 Fotos Ronald Hoeben, 1997.

86 Aus: J. Hawkes, *The Atlas of Early Man*. London, 1976.

87 Aus: M. Andrews, *The Life that lives on man*. London, 1976.

91 Foto IFA/Fotostock.

94 Foto Superstock.

96 Foto Thomas Howard/Associated Press, 1928, Sing-Sing.

98 Aus: Gillo Dorfles, *Der Kitsch*. Gütersloh, 1977. Das Atomium in Brüssel.

99 Foto Penny Gentieu/Transworld.

103 Pressefoto des Schauspielers Ken Maynard, 1929.

104 Jacopo della Quercia, ca. 1406–1408, Lucca, San Martino.

106 Tommaso Giovanne di Masaccio, Florenz, Brancaccikapelle.

108 William Hogarth, Gravur, 1761.

110 Foto Gerald Davis/Transworld.

111 Foto Rob Huibers/Hollandse Hoogte.

112 Philibert Bouttats der Jüngere, Kupfergravur, Atlas van Stolk, Historisches Museum, Rotterdam.

114 Foto Julien Quideau/ABC Press, Simone Signoret.

115 Fotostock.

118 Tim Bobbin, 1773 (Mary Evans).

119 Fotostock.

123 Ad. Mulder, Zeichnung, aus: Bulletin KNOB, 1996–2/3.

125 Cooper-Hewitt Museum, New York.

126 Foto ANP.

128 Jan Steen (1625/26–1679), Warschau, Museum Narodowe, »Die Wahl zwischen Jugend und Reichtum«.

130 Aus: W. F. Stearn, *The Natural History Museum at South Kensington*. London, 1981.

133 Nach einer Abbildung von Hartsoecker, 1694.

136 Tony Stone Images/Hulton Getty, 1923.

139 Tony Stone Images/Hulton Getty, 1955.

142 Foto Michel Gunther/BIOS.

144 Pier Leone Ghezzi (1674–175), Federzeichnung.

146 Foto ABC Press.

148–149 Sammlung streekmuseum Admiraliteitshuis, Dokkum.

152 Foto Peter Martens/Hollandse Hoogte, Spanien, 1986.

154 Foto Jan van Arkel/Natura.

156 Foto Fred Hazelhoff/Natura.

157 Pressefoto des Schauspielers Ronald Reagan, Superstock.

161 Aus: H. Robin, *The Scientific Image*. New York, 1992.

163 Foto Cinerama Releasing, Peter Cushing in *Tales from the Crypt*.

164 Aus: A. Destrée, *Geschiedenis van de techniek. Brüssel*, 1980.

166 Aus: Flammarion, *Hemel en aarde*, bearbeitet durch B. C. Goudsmit. Zutphen, o. J.

168 Foto aus der Zeitschrift *Het Leven*, 1911.

169 Foto ANP/EPA.

171 Manchester Museum, Manchester.

172 Foto Judith Szabo/Hollandse Hoogte, Budapest, 1985.

175 Foto Vincent van Merwijk.

180 Anonym, 17. Jh. Neapel, Congrega di Santa Maria.

183 Foto Martijn de Jonge.

184–185 Aus: *Der Totentanz*. Leipzig, 1922.

187 Foto Christopher Cormack/Impact Photos, in den Katakomben von Palermo.
189 Foto B. Barbey/ABC Press.
190–191 Fotos Martijn de Jonge/Kippa.
193 Aus: *De begrafenismoeilijkheden in 1945 te Amsterdam.* Amsterdam, o. J.
194 W. Reiche, Zeichnung, 1874.
196–197 Aus: J. Franke, *Crematie in Nederland 1875–1955.* Utrecht, 1989.
198 Aus: M. Andrews, *The life that lives on man,* London 1976.
204 Sammlung Anatomisch Embryologisch Laboratorium, AMC, Amsterdam, Siamesische Zwillinge, anatomisches Präparat von Willem Vrolik, 18. Jh.
205 Foto Rosamond Wolff Purcell, anatomisches Präparat von Frederik Ruysch, 18. Jh.
206 Sammlung D. van Hooff, 19. Jh.
208 oben: Antonio Chichi (ca. 1750–ca. 1805), Sammlung RMO, Leiden.
208 unten: aus Gillo Dorfles, *Der Kitsch.* Gütersloh, 1977, der Eiffelturm als Pfeffermühle.
209 Tony Stone Images/Hulton Getty, 1955.
210 Foto Mirja de Vries.
214 Lithographie, 19. Jh. (Mary Evans).
215 Aus: Pierre Boitard, *Études antediluviennes. Paris avant les hommes.* Paris, 1861.
216 Anonym, 1862.
219–220 Fotos François le Diascorn/NFA.
221 Foto Rosamond Wolff Purcell.
222 Sammlung Anatomisch Embryologisch Laboratorium, AMC, Amsterdam.
223 Foto Rosamond Wolff Purcell, anatomisches Präparat von Frederik Ruysch, 18. Jh.
225 Foto W. Kruyt/Natura.
226 Aus: G. F. Richardson, *Geology for Beginners.* London, 1843.
229 Foto Martin Harvey/Natura, Chobe Nationalpark, Botswana.
230 Spaarnestad Fotoarchief.
232 Aus: G. Richter, *Kitschlexikon von A bis Z.* Gütersloh, 1985.
234 Domenico Feti, De melancholie, ca. 1613, Paris, Musée du Louvre.
236 Aus: E. A. Sutton, *The Happy Isles.* London 1938.
238 Sammlung RMO, Leiden.
239 Maison Mère des Sœurs de la Charité de Nerves.
240 Foto Bert Verhoeff.
242 György Konescni, Plakat, 1935.
245 Tony Stone Images/Hulton Getty.
248 Werbeprospekt, 19. Jh.
250 Science Photo Library.
252 Foto Reuters.
257 Foto John Launois/Transworld.
258 Arthur Rackham, Zeichnung, 1900 (Mary Evans).
262 Foto Rudolf Schäfer, aus: R. Schäfer, *Der ewige Schlaf.* Hamburg, 1989.
265 Foto George Burggraaf.
266 Tony Stone Images/Hulton Getty, 1942.

268 Holzschnitt, 12./13. Jh.
269 Tony Stone Images/Hulton Getty, 1952.
271 John Collier, 1881, National Portrait Gallery, London.
273 Tony Stone Images/Hulton Getty, England 1929.
276 Foto Frans de Waal, aus: F. de Waal, *Chimpanseepolitiek*. Amsterdam, 1982.
279 Spaarnestad Fotoarchief.
281 Henricus Hondius, Gravur, 1649.

Register